管理教材译丛

BUSINESS ETHICS

DECISION MAKING FOR PERSONAL
INTEGRITY &
SOCIAL RESPONSIBILITY

5th Edition

企业伦理学

（原书第5版）

[美] 劳拉·哈特曼　　约瑟夫·德斯贾丁斯　　[加] 克里斯·麦克唐纳德　◎著
（Laura P. Hartman）　（Joseph DesJardins）　　　（Chris MacDonald）

苏勇 郑琴琴 顾倩妮 ◎译

机械工业出版社
CHINA MACHINE PRESS

本书主要阐述了企业伦理的产生，以及中外重要的伦理思想、个人与职业的伦理决策、企业文化中的伦理、企业社会责任等基本理论。同时，还介绍了环境责任、营销伦理、会计伦理、公司治理伦理等内容。本书在介绍企业伦理基本理论的同时，还阐明了伦理决策的一般规律。书中融入了大量生动、翔实的案例，并提供了一些富有争议性的伦理问题供学生思考和讨论。书中引用的案例对管理者解决现实伦理问题来说也很有借鉴意义。

本书既可作为管理学相关专业本科生、研究生的教材，又可作为企业伦理相关领域研究人员和管理实践者的参考书。

Laura P. Hartman, Joseph DesJardins, Chris MacDonald.

Business Ethics: Decision Making for Personal Integrity & Social Responsibility, 5th Edition.

ISBN 978-1-260-26049-6

Copyright © 2021 by McGraw-Hill Education.

All Rights reserved. No part of this publication may be reproduced or transmitted in any form or by any means, electronic or mechanical, including without limitation photocopying, recording, taping, or any database, information or retrieval system, without the prior written permission of the publisher.

This authorized Chinese translation edition is published by China Machine Press in arrangement with McGraw-Hill Education (Singapore) Pte. Ltd. This edition is authorized for sale in the Chinese mainland (excluding Hong Kong SAR, Macao SAR and Taiwan).

Translation Copyright © 2024 by McGraw-Hill Education (Singapore) Pte. Ltd and China Machine Press.

版权所有。未经出版人事先书面许可，对本出版物的任何部分不得以任何方式或途径复制或传播，包括但不限于复印、录制、录音，或通过任何数据库、信息或可检索的系统。

此中文简体字翻译版经授权仅限在中国大陆地区（不包括香港、澳门特别行政区及台湾地区）销售。

翻译版权 © 2024 由麦格劳 – 希尔教育（新加坡）有限公司与机械工业出版社所有。

本书封面贴有 McGraw-Hill Education 公司防伪标签，无标签者不得销售。

北京市版权局著作权合同登记　图字：01-2022-3184 号。

图书在版编目（CIP）数据

企业伦理学：原书第 5 版 /（美）劳拉·哈特曼（Laura P. Hartman），（美）约瑟夫·德斯贾丁斯（Joseph DesJardins），（加）克里斯·麦克唐纳德（Chris MacDonald）著；苏勇，郑琴琴，顾倩妮译.
北京：机械工业出版社，2024.6. --（管理教材译丛）.
ISBN 978-7-111-75705-4

Ⅰ. F270-05

中国国家版本馆 CIP 数据核字第 20245X3C84 号

机械工业出版社（北京市百万庄大街 22 号　邮政编码 100037）
策划编辑：吴亚军　　　　　责任编辑：吴亚军
责任校对：张慧敏　李小宝　责任印制：任维东
河北鹏盛贤印刷有限公司印刷
2024 年 9 月第 1 版第 1 次印刷
185mm×260mm · 18.5 印张 · 456 千字
标准书号：ISBN 978-7-111-75705-4
定价：79.00 元

电话服务	网络服务
客服电话：010-88361066	机　工　官　网：www.cmpbook.com
010-88379833	机　工　官　博：weibo.com/cmp1952
010-68326294	金　　书　　网：www.golden-book.com
封底无防伪标均为盗版	机工教育服务网：www.cmpedu.com

译者序

对于《企业伦理学（原书第 5 版）》中文版的出版，我深感欣慰。早在我们翻译第 3 版时，我就感到这是一本非常实用的教材。原书的哈特曼教授等三位作者在企业伦理学领域深耕多年，不仅在理论上造诣颇深，而且高度关注全球范围内企业管理中实时发生的伦理问题，并不断有新思考和新见解。本书不仅在企业伦理学方面有很多精到的理论阐述，而且从最重要的企业决策视角，多角度指出管理者在决策时必须要考量的伦理原则。在原书第 5 版中，作者又主要对书中的开篇伦理决策做了修订，更新了相关主题和案例。例如，加入了 Facebook 和富国银行等公司的案例，以及反性骚扰运动（MeToo 运动）和数字隐私等新话题，这使得本书更加契合企业管理中所面临的伦理现状和困境，更加与时俱进。

虽然作者在本书前言中略显悲观地提到，在他们 2006 年写作第 1 版时，安然公司等一波重大的公司丑闻震撼了金融界，媒体的头条新闻使这些卷入道德丑闻的公司家喻户晓，而当写作第 5 版时，这些问题同十年前一样活跃。原书第 5 版继续见证了历史性的金融和道德渎职行为，市场机制、内部治理结构或政府监管依然无力阻止这些行为。但作者也辩证地指出，如今无数的大小公司提供了高度道德和盈利相关的企业案例。对此，国内学者们也感同身受。虽然在中国经济转型和企业快速发展中，依然不时出现不顾伦理道德甚至触碰法律底线的公司，有的还造成了极为恶劣的国际影响，但同样也有不少中国公司正日益将企业伦理提升到公司发展的战略高度来认识，这些公司从企业社会责任（CSR）的良好实践开始向更进一步的企业环境、社会、公司治理（ESG）的高度和更广泛的领域迈进，并正在做出可喜的成绩。

当今社会，不确定性增强，许多问题错综复杂。因此本书作者指出，伦理决策并非小事，尤其在一个必然是多学科的领域。本书许多实例旨在帮助教师和学生以及管理实践者将来自哲学、法律、经济学、管理学、金融学和市场营销的概念和材料与做出现实生活中的决策这一非常实际的目标结合起来。对此，我们也非常认同这一宗旨。无论是企业经营还是日常生活，伦理问题都贯穿其中，涉及每一个人。而企业管理者因为掌握资源多，决策影响大，因而其所秉持良好的伦理准则就更为重要。

企业伦理的建设绝非一日之功，更不可能毕其功于一役。只要有企业经营活动和企业决策产生，企业伦理问题便永远存在。我在拙著《管理伦理学》（已于 2017 年在机械工业出版社出版）的"前言"中说过："我并不奢望通过一学期的课程就可以改变学生（尤其是MBA、EMBA学生）的价值观和经营理念。我一直强调只是希望通过管理伦理学课程，让我们的学生在做管理决策时能够有清晰的伦理认知，知道什么该做，什么不该做，而最后决策结果则不是本课程教学所能够控制的。"

我要感谢复旦大学管理学院郑琴琴教授和上海工程技术大学管理学院顾倩妮副教授。我们在原书第3版的翻译工作中合作愉快，如今她们二位在繁忙的教学、研究工作中又抽出时间来翻译原书第5版，并承担了主要工作。我还要衷心感谢机械工业出版社吴亚军先生的信任，让我们有机会再次承担此项翻译任务。

苏 勇

2024年4月于复旦大学

前　言

我们在 2006 年开始编写《企业伦理学》第 1 版时，一波重大的公司丑闻震撼了金融界，头条新闻使这些卷入道德丑闻的公司家喻户晓，如安然、世通、安达信、毕马威、摩根大通、美林、摩根士丹利、花旗集团、所罗门美邦等。当时，我们提出，鉴于如此重大的金融欺诈、管理不善、犯罪和欺骗案件，企业伦理学的重要性已毋庸置疑。

可悲的是，当我们进行《企业伦理学》第 5 版的修订工作时，同样的问题和 10 年前一样层出不穷。在《企业伦理学》第 2 版出版之前，2008—2009 年发生了前所未有的金融危机，美国国际集团、雷曼兄弟、美林和贝尔斯登等公司就面临着道德问题，第 5 版则继续见证了一些公司的金融和道德渎职行为。然而，市场机制、内部治理结构或政府监管无力阻止这些行为。

当然，也不全是坏消息。虽然企业欺诈案件继续成为头条新闻（想想大众汽车、富国银行和 Facebook[⊖] 的丑闻），但是仍有无数大大小小的公司在恪守商业伦理和道德，而且也是盈利的。共益企业（见第 5 章）的出现就是企业致力于共同利益的一个例子。简而言之，在第 5 版中，我们旨在真实地讲述商业中的好故事和坏故事。

当我们反思过去 10 年中企业伦理和道德得失方面的案例时，商业伦理的重要性是显而易见的。如今的问题已不再是伦理是否应该成为企业战略的一部分，以及必要时成为商学院课程的一部分，而是哪些价值观和原则应该用来指导企业决策，以及如何将伦理的内容融入商业活动和商科教育中。

本书对商业活动中出现的伦理问题进行了翔实的阐述。学生会发现，与不熟悉会计、财务知识一样，不了解企业伦理也同样意味着自己对职业生涯未做好充分的准备。事实上，即使对会计学、财务管理、金融学、人力资源管理、市场营销、工商管理等传统专业的学生来说，如果未能充分了解和掌握这些特定专业领域中所出现的企业伦理问题，他们也依然没有做好充分的准备。

虽然市面上也有其他比较不错的入门教科书，但是有几个重要特点让本书与众不同。我们强调伦理学的决策方法，并在整本书中为教师和学生提供了强有力的教学支持。这种决策

⊖　2021 年 10 月，Facebook 的创始人扎克伯格宣布将公司名更改为 Meta。Meta 作为官方公司名称，涵盖 Facebook、Instagram 等业务板块，Facebook 等应用程序的名称不变。

方法着重引导学生得出自己的结论,而不是把别人的答案强加给他们。我们的目标是帮助学生为自己做出负责任的决定。

伦理决策并非小事,尤其是对一个必然跨学科的领域而言。本书设置了许多小案例和实例,旨在帮助教师和学生将来自哲学、法律、经济学、管理学、金融学、市场营销学的概念和材料与做出现实生活中的决策结合起来。我们的目标是定期让学生参与讨论,并且使讨论建立在他们已经熟悉的问题上,从而启发学生深入思考。

第 5 版的新变化

虽然第 5 版和第 1 版的目标都是"对商业活动中出现的伦理问题进行翔实的阐述",但是读者会注意到一些变化。与以往一样,新版也会用新颖、鲜活的案例和主题来更新教材的内容。读者会发现有关 Facebook 和富国银行等公司的新讨论,以及 #MeToo 运动和数字隐私等话题。然而,最引人注目的变化也许是新版删除了章末的阅读材料,这要解释一下。

在第 1 版中,我们的目标是尽可能地保持《企业伦理学》内容的新颖性和鲜活性,不仅包括每章中的案例,还包括每章末的阅读材料。我们的想法是,这些材料能引导教师和学生更深入地探讨相应的主题,并拓展讨论话题的范围。例如,它们可以作为书面作业或课堂讨论的话题。然而,通过互联网和其他方式获取这些材料已经变得很容易了,所以它们不再是实现我们最初目标所必需的。事实上,我们的选择反而会限制而不是扩大思想碰撞空间。

此外,教材成本的增加是每位教育工作者密切关注的话题之一。学生们应该知道,虽然他们受成本上涨的影响最直接,但教师、作者甚至出版商也对此感到不安,并经常寻找降低教材成本的方法。当我们(作者和我们的出版商麦格劳-希尔公司)寻找控制成本的方法时,每章末的阅读材料就变得非常引人注目。近年来,重印阅读材料的许可费大幅增加,特别是在这个电子和定制出版的时代,阅读材料篇幅的增加也导致了生产成本的增加。我们认为,这些额外的成本不再合理,特别是这些阅读材料通常可以在网上获得。在"合理使用"的版权准则下,学生通常不需要花费任何费用。阅读材料总是作为补充教材核心内容的一种手段,我们现在得出的结论是:删除章末的阅读材料,将新版的重点更多地放在教材的核心内容上,以更好地服务学生。在一些情况下,我们已经能将阅读材料作为现实检验或伦理决策整合到正文中。

我们保留了前几版的逻辑结构和章节编排,因为我们从许多同行和审稿人那里得知,这种结构对开设一学期的企业伦理学课程来说非常有效。不过,我们对每章内容都进行了修订,包括设置了全新的和更新的材料、案例、主题等。重要的是,我们继续提供更广阔的国际视角,特别是参考了加拿大、英国的立法和制度。新版的具体变化如下:

- 每一章的开篇伦理决策都进行了更新,包括新的案例或深入讨论的话题,比如富国银行的例子、工作安全和保密性、高管薪酬、工作场所的言论自由、Facebook 的例子、数字营销、食品业务等。

- 增加了有关以下公司和主题的新案例、现实观察或伦理决策，比如 Mylan、贪婪、#MeToo 运动、特斯拉、优步、数字隐私、性别认同。

一如既往，我们对整本书都进行了审读和完善，以确保可读性、一致性和清晰性。

致谢

一本教材应该向学生介绍一个领域内最前沿的学术研究。正如任何基于他人工作而创作的作品一样，我们深深地感谢从事这项研究工作的同行。由于他们的慷慨，我们的书对教师和学生来说都是一个有效的工具。

在这里，我们特别感谢瑞尔森大学的学生 Stefania Venneri、Tanya Walia 和 Daniel Marotta 的有益建议，感谢芝加哥大学的 Katrina Myers、德保罗大学的 Summer Brown 提供的出色研究和编辑协助。此外，我们对审稿人和其他为使这本书变得更有效而努力的人员表示最诚挚的谢意，他们是：朗沃德大学的谢丽尔·阿德金斯、肯塔基大学研究生中心的理查德·斯蒂尔曼、威尔明顿大学的林达·富勒、费尔菲尔德大学的杰弗里·约德、摩海德州立大学的丹尼尔·F. 内林。

我们也要感谢麦格劳 - 希尔教育公司的团队成员：迈克尔·阿布莱斯梅尔（负责人）、丽莎·格兰杰（营销经理）、劳拉·赫斯特·斯佩尔（投资组合副经理）、梅丽莎·M. 莱克（高级内容项目经理），他们助力了这本书的出版。

目 录

译者序
前言

第1章　伦理和商业　/1

开篇伦理决策
富国银行和客户欺诈　/1
学习目标　/3
1.1　引言：熟悉话题　/4
1.2　商业伦理的案例　/6
1.3　伦理与法律　/10
1.4　伦理决策中的商业伦理　/14
1.5　个人诚信和社会责任的商业伦理　/15
伦理决策 1-1　管理伦理　/15
伦理决策 1-2　石油泄漏后的道德规范　/16
再论开篇伦理决策
富国银行案件：是个人行为不端还是企业文化的失败　/19
练习与应用　/20
注释　/21

第2章　伦理决策：个人和职业背景　/23

开篇伦理决策
我要失业了，你会怎么做　/23
学习目标　/24
2.1　引言　/24
2.2　伦理决策过程　/25
伦理决策 2-1　富国银行案件：谁是重要的　/30
伦理决策 2-2　决策模型的应用　/32
2.3　当伦理决策失败时，为什么"好人"会做出"坏行为"　/33
伦理决策 2-3　伦理润滑剂：选择你的毒药　/35
2.4　管理角色中的伦理决策　/37
再论开篇伦理决策
我要失业了，你会怎么做　/37
练习与应用　/39
注释　/40

第3章　哲学伦理与商业　/41

开篇伦理决策
与员工相比，CEO 的薪酬是否过高　/41
学习目标　/43
3.1　引言：伦理框架——后果、原则、特征　/43
伦理决策 3-1　谁来判定这是对的还是错的　/45
3.2　功利主义：基于伦理结论做出的决策　/46

伦理决策 3-2　法规是否使汽车更安全　/49

3.3　原则与权利的伦理　/52

伦理决策 3-3　所有人权都应成为法律权利吗　/58

3.4　德行伦理：基于诚信和品格的决策　/59

3.5　企业伦理决策模型的再认识　/64

再论开篇伦理决策

重新审视高管薪酬与员工薪酬　/65

练习与应用　/66

注释　/66

第 4 章　企业文化：影响和启示　/67

开篇伦理决策

创建一个伦理计划　/67

学习目标　/68

4.1　引言：什么是企业文化　/68

4.2　文化与伦理　/76

4.3　基于合规和价值观的文化　/79

4.4　道德领导和企业文化　/80

伦理决策 4-1　领导者要承担责任　/81

4.5　有效的领导和有道德且有效的领导　/84

4.6　建立基于价值观的企业文化　/85

伦理决策 4-2　短期与长期　/88

4.7　强制性和执行文化：《联邦组织量刑准则》　/93

伦理决策 4-3　违反保密规定的法律压力　/98

再论开篇伦理决策

创建一个伦理计划　/99

练习与应用　/100

注释　/101

第 5 章　企业社会责任　/105

开篇伦理决策

Facebook　/105

学习目标　/108

5.1　引言　/108

5.2　伦理与社会责任　/110

5.3　CSR 的经济模型　/113

5.4　CSR 的利益相关者模型　/116

5.5　CSR 的一体化模型　/119

5.6　探索开明的自我利益："好道德"是否意味着"好生意"　/122

再论开篇伦理决策

Facebook 的挑战继续　/126

练习与应用　/127

注释　/128

第 6 章　伦理决策：雇主的义务和雇员的权利　/129

开篇伦理决策

言论的自由选择　/129

学习目标　/131

6.1　引言　/131

6.2　工作场所的伦理问题　/132

6.3　雇用关系中的考量因素　/134

伦理决策 6-1　职场欺凌　/135

伦理决策 6-2　危险的工作是否可以出口　/145

伦理决策 6-3　多少钱才够　/147

6.4　全球劳动力和全球挑战　/148

伦理决策 6-4　如何看待童工问题　/152

6.5　冲突中的权利和义务：歧视、多样性和平权行动　/153

伦理决策 6-5　MeToo 运动为工作场所带来变化了吗　/154

伦理决策 6-6　市场能否解决歧视问题　/156

伦理决策 6-7　女性经济发展项目　/160

再论开篇伦理决策

言论的自由选择：形象意识　/164

练习与应用　/165

注释　/167

第7章 伦理决策：工作场所中的技术和隐私 /172

开篇伦理决策

智能手机的智能使用问题 /172

学习目标 /173

7.1 引言 /173

7.2 隐私权 /175

伦理决策 7-1 员工隐私 /181

7.3 连接隐私价值的科技伦理问题 /182

伦理决策 7-2 技术困境 /184

7.4 对员工的监管 /185

伦理决策 7-3 雇用时私人信息的限制 /191

7.5 监管的其他形式 /192

7.6 下班后的行为规则 /195

伦理决策 7-4 约会还是不约会 /197

再论开篇伦理决策

智能手机的智能使用问题 /202

练习与应用 /203

注释 /204

第8章 伦理与营销 /211

开篇伦理决策

数字营销与伦理 /211

学习目标 /213

8.1 引言 /213

8.2 营销环境中的伦理问题 /214

8.3 产品的责任：安全和可靠性 /217

8.4 产品责任：广告与销售 /222

伦理决策 8-1 药品广告 /222

8.5 广告中的道德问题 /224

8.6 营销伦理与消费者自主权 /226

8.7 针对消费脆弱群体的营销 /228

8.8 供应链责任 /231

再论开篇伦理决策

规范数字营销 /233

练习与应用 /233

注释 /234

第9章 企业与环境的可持续发展 /235

开篇伦理决策

食品行业 /235

学习目标 /237

9.1 引言 /237

9.2 企业伦理和环境价值观 /239

伦理决策 9-1 促进食品安全还是抵制食品浪费 /240

9.3 企业环境责任：市场途径 /242

9.4 企业环境责任：法律途径 /243

9.5 企业环境责任：可持续发展途径 /245

9.6 可持续发展经济的"商业案例" /247

9.7 企业可持续发展原则 /249

9.8 可持续营销 /250

伦理决策 9-2 金字塔底层的营销 /252

伦理决策 9-3 漂绿的例子 /254

再论开篇伦理决策

市场需求与食品行业 /255

练习与应用 /256

注释 /257

第10章 公司治理与会计实务中的伦理决策 /258

开篇伦理决策

大众汽车柴油门欺诈案 /258

学习目标 /261

10.1 引言 /261

10.2 职业职责与利益冲突 /262

伦理决策 10-1 伦敦银行间同业拆借利率欺诈案 /263

伦理决策 10-2 如何解决"代理问题" /264

伦理决策 10-3 当面临利益冲突时该怎么办 /266

伦理决策 10-4 裙带资本主义：政府与企业的伙伴关系 /267

10.3 2002年《萨班斯-奥克斯利法案》 /268

10.4 企业内部环境控制 /269

10.5 超越法律之外：成为一名有道德的董事会成员 /270

10.6 会计和金融市场上的利益冲突 /273

10.7 高管薪酬 /275

10.8 内幕交易 /278

伦理决策 10-5 无所不知的人 /279

伦理决策 10-6 你信任苹果公司还是高盛？还是都信任 /280

再论开篇伦理决策

政府监管与大众丑闻 /281

练习与应用 /281

注释 /282

第 1 章

伦理和商业

> 要赢得好的声誉需要 20 年，而毁掉它只需要 5 分钟，如果你认识到这一点，你会做不同的事情。
>
> ——沃伦·巴菲特（Warren Buffett）
>
> 伦理是新的竞争环境。
>
> ——彼得·罗宾森（Peter Robinson），
> 山地设备合作公司首席执行官（2000—2007）
>
> 雪崩时，没有一片雪花是无辜的。
>
> ——伏尔泰（Voltaire，1694—1778）

∷ 开篇伦理决策

富国银行和客户欺诈[1]

2013 年 12 月，《洛杉矶时报》公布了对富国银行正在进行的调查的结果。该报道提到了一种高压销售策略——交叉销售的策略，目的是向现有客户推销额外的金融产品。该报道还称，富国银行的员工未经客户同意或知晓，一直以客户的名义开设新账户。这篇报道涉及对美国各地分公司经理的采访，他们描述了不合理的高销售目标和配额并鼓励了这种不道德的做法。为了回应这起事件，富国银行宣称，要严肃对待所有法律或道德上的失察，但否认存在任何系统性的不正当行为。一位发言人表示将设立一个新的企业道德项目办公室，该办公室将监督企业道德标准的遵守情况。

在这篇报道发布之后，从洛杉矶市到加利福尼亚州，再到整个美国，消费者金融保护局（CFPB）开始了对富国银行的一系列调查。2016 年 9 月，当 CFPB 宣布富国银行员工以现有客户的名义欺骗性地开设了数百万张未经授权的信用卡和大量存款账户时，富国银行在交叉销售方面的激进做法变得明朗起来。富国银行承认不正当行为，并同意向所在州和联邦当局缴纳 1.85 亿美元的罚款。

调查发现了大量的欺诈行为，包括申请信用卡、开设新账户、建立新的信用额度，或者购买保险和透支保护。所有这些行为都是在未经客户同意甚至未经知晓的情况下完成的。在某些情况下，员工伪造客户签名或使用自己的地址，以便这些账户的信息能被送到自己的手中，而不是受欺骗的客户的手中。涉案的过程相当简单，通常由应届大学毕业生从事的入门级职位来进行操作，这些员工可以随时获得开设新账户所需的信息：姓名、地址、社会安全号码、信用报告等，只需点击几下鼠标，就可以为现有客户申请并确认新产品的销售。调查显示，数千名员工都涉及该欺诈行为。

《洛杉矶时报》这篇报道所描述的大部分活动都发生在各地的分行，涉及柜员、私人理财顾问、分行经理等各级员工。当然，监管这些分支机构的经理不可能忽视如此广泛的欺诈行为。真相不久就浮出了水面，分行经理也参与了这些活动，包括指导如何做及如何避免被客户察觉。未达到销售目标的分行经理会受到上司的公开斥责和威胁，未能完成交叉销售目标的员工会被要求加夜班和周末加班，无法升职和加薪。不愿参与或试图揭发的员工不仅会失去工作，还会受到负面评价，实际上影响了他们在银行业的就业。虽然不那么直接，但也许更有效的是，管理层通过制定和执行严格的销售配额及工资和薪酬结构来引导这种行为，奖励那些实现目标的员工。

富国银行凭借向现有客户推销额外产品的交叉销售做法，在商业战略方面享有领导地位。在传统模式中，银行和金融服务公司认为自己是为客户提供咨询服务的专业人士，就像律师或会计师为自己的客户提供专业服务一样。在此种模式中，衡量成功与否的标准是能否实现客户在风险控制、投资回报等方面的收益。这种商业信托模式旨在使公司利益与客户利益保持一致，当客户成功时，公司也就成功了。但近几十年来，许多银行和金融机构已经放弃了这种信托模式，转而采用一种交易型的、消费主义的模式，在这种模式下，客户仅仅被视为公司销售产品的对象。在该模式下，公司的成功是以销售了多少产品及从中赚取了多少利润来衡量的。当然，这种转变的一个弊端是，客户利益和公司利益可能并不总是一致的，因为无论客户是否获利，公司都可以盈利。富国银行就是第一批朝这个方向积极行动的银行之一。

2016 年，富国银行宣布：自 2011 年以来，该银行员工开设了 150 多万个欺诈账户，并且以现有客户的名义申请了 50 多万张未经授权的信用卡。在对 2011 年之前活动的进一步调查中还发现，富国银行还开设了 50 多万个欺诈性在线账单支付账户，并且向毫无防备的客户出售了数十万份欺诈性保单。截至 2018 年年初，富国银行承认向客户出售了 350 多万套未经授权的金融产品。

2018 年 4 月，美国 CFPB 和货币监理署宣布对富国银行追加罚款，以惩罚它欺骗性地为客户的汽车贷款购买非必要保险及操纵抵押贷款利率的做法，多达 60 万辆汽车贷款可能牵涉这种非必要的附加保险。

最初，富国银行首席执行官兼董事会主席约翰·斯顿夫（John Stumpf）声称，过错在于那些因"不诚实"的行为而被解雇的员工，因为这些欺诈行为而被解雇的员工共计 5 300 人。在向美国参议院银行委员会作证时，斯顿夫声称："我确实想澄清一点，那就是本公司并没精心策划，也不存在某些人口中的计划。我们从未指示或希望被称为团队伙伴的员工向客户提供那些不需要的产品和服务。"[2] 斯顿夫解释说，这种欺诈行为的普遍性很可能是员工之间的内部交流造成的。

但是更详细的分析显示，最高层的决策、行为和论调形成了一种导致欺诈盛行的文化。斯顿夫本人就以他的"八个就好"口号而闻名，他的目标是为每位客户推销八个产品，而这个行业的平均水平还不到这个目标的一半。斯顿夫每次出席季度收益电话会议时，都向投资者吹嘘交叉销售记录的水平在持续上升。其中一部分原因是，在富国银行欺诈行为盛行的5年里，斯顿夫自己持有的股票价值增长了2亿多美元。

还有证据表明，早在欺诈销售行为被公开之前，高管就已经知道了。毕竟，《洛杉矶时报》的那篇报道是在3年前发表的。此外，富国银行自己的培训手册中还有一项提醒：在未征得客户明确同意的情况下不得销售产品，培训手册以这种强调的方式暗示此类情况的发生。与此同时，富国银行高管的内部报告显示，交叉销售的稳步增长与从未被客户使用账户的稳步增长直接相关。

富国银行的整个企业文化似乎就是为了鼓励欺骗和抑制诚实的销售行为而设计的。例如，从小时工的销售目标到高管的奖金，激励制度让所有人都明白，积极的交叉销售是所有人的期望。一位直接负责销售部门的高管在丑闻曝光的前夕退休，获益超过1.25亿美元（富国银行最终追回了一半）。员工表示，关于内部伦理热线电话和企业伦理机制的报告未被提及。在回应有关他们未能按照美国联邦法律规定履行监督职能的指控时，董事会成员后来声称他们并不知情，他们是从媒体那里了解到这一丑闻的。和许多公司一样，这位富国银行的首席执行官也担任着董事会主席。

值得注意的是，这起事件涉及多个政府部门。洛杉矶市和加利福尼亚州的调查人员对揭露这场骗局起着至关重要的作用。美国CFPB和货币监理署也参与了这次调查，并对富国银行开出了巨额罚单。美国参议院银行委员会举行了几次听证会，委员公开批评富国银行的高管及董事会。作为美国银行业主要监管机构的美国联邦储备委员会对富国银行及董事会实施了严厉处罚，采取了前所未有的惩罚措施，包括限制它的未来增长，要求更换几名未能履行监管职责的董事会成员。但事实证明，包括以禁止欺诈来保护举报人的法律、要求遵守道德规范与法律的政府行为对制止持续多年的普遍欺诈行为是无效的。[3]

讨论题

1. 伦理分析的首要有效路径是寻找利弊。这种欺诈造成了什么危害？你能否确切地解释伦理错误是什么？除了客户外，还有哪些人受损？哪些人获益？获益方是否应得收益？收益是否公平，是否符合道德规范？
2. 你认为这起丑闻的主要责任在谁，是伪造客户账户的某些员工，监管这些员工的经理、高管、董事会成员，还是企业本身？
3. 有时，当需要我们承担责任时，我们会找一个有过错的人来承受责罚。在本案例中，谁为此负责？
4. 有时，谈及责任问题可以让我们看清原因，进而防止悲剧再次发生。为了防止这种情况再次发生，你有什么建议？
5. 你怎样理解商业客户关系中信托模式和交易型模式之间的区别？信托模式存在的理由是什么？为什么金融公司或者银行（或者律师事务所、会计师事务所、医院）不寻求从自己的客户那里赚到尽可能多的钱呢？信托模式和交易型模式之间是否存在伦理差异？

∷ 学习目标

在学完本章之后，你应该能够：
1. 解释商业伦理决策的三个层次。

2. 解释商业伦理作为一门学科的本质。
3. 解释伦理在商业环境中重要的原因。
4. 解释伦理责任超出法律约束的原因。
5. 区分个人操守伦理和社会责任伦理。
6. 区分伦理层面和商业层面的规范及价值。
7. 描述以实践推理为形式的伦理决策。

1.1 引言：熟悉话题

当我们在21世纪初开始写这本书的第1版时，安然丑闻的财务和道德影响仍是头版新闻。近20年后，安然公司已经从公众的意识中淡出。安然公司之所以淡出公众视野，其中一个原因，也是这起丑闻的直接结果：安然公司及其会计师事务所安达信如今都已消失不在了。然而在2000年，它们都是知名的、备受尊敬的全球性公司。

几年后，当我们准备再版时，整个全球经济正处于自20世纪30年代大萧条以来最严重的经济衰退之中。那次经济衰退的起因是房地产泡沫破裂，而房地产泡沫破裂是由道德上有问题的次级抵押贷款操作和基于这些高风险抵押贷款支持证券的欺诈性金融工具的广泛交易，以及对公司、专业人士和政府层面的监管不力导致的。这些道德缺失的直接后果是，数百家银行倒闭，数十家全球活跃的金融机构，例如不复存在的雷曼兄弟、贝尔斯登、全国金融公司和华盛顿互惠银行等知名大公司，要么破产，要么被其他公司以极低的价格收购。

仅在21世纪的头20年里，卷入重大道德丑闻的主要商业公司名单就长得令人沮丧。名单里提及的企业还包括以下大型跨国公司：沃尔玛、耐克、苹果、美林证券、摩根大通银行、毕马威会计师事务所、瑞士信贷、日本高田公司、哈利伯顿公司、美国国际集团、世通公司、美国泰科、环球电讯公司、美国来爱德公司、阳光公司、废物管理公司、南方保健公司、安永会计师事务所、花旗集团、所罗门美邦、高盛投资公司、美国银行、深水地平线、艾克森美孚石油公司、美国强生公司、美国辉瑞制药公司、费尔斯通、英国石油公司、美国范妮梅公司，甚至还有纽约证券交易所自身。

可悲的是，公司丑闻的名单还在继续增长。除了本章开篇的富国银行事件外，在过去的几年里，很多大公司涉及近期持续的道德丑闻，如Facebook、谷歌、大众、普渡制药、德意志银行、剑桥分析公司、尼桑、特斯拉、艾奎法克斯、优步。

但消息也不全都是不好的，还有无数的典型模范企业和商业案例。例如，出现了一种相对较新的商业模式，被称为"共益企业"（benefit corporation）（在第5章讨论），它是指以盈利为目的的企业确立明确的公司使命，为公众利益服务。例如，Ben and Jerry's 冰激凌公司、亚瑟王面粉公司（King Arthur Flour）、七世代（Seventh Generation）和巴塔哥尼亚服装（Patagonia）等知名公司都采用了共益企业模式。此外，围绕企业家精神而成长的领域寻求利用企业家的技能和创造力来应对社会挑战。共益企业无处不在，涉及从每年捐赠数百万美元的大型企业基金会，到各地区联盟支持学校、艺术项目的小企业，以及提供数亿美元慈善捐赠的美国男孩女孩俱乐部（Boys and Girls Clubs）、美国联合慈善总会，红十字会和仁人家园之类的社区组织。

毫无疑问，我们可以在现代商业中看到好行为和坏行为。我们既可以找到一些深度腐败的公司，又可以找到一些承担社会责任的模范企业。在大多数情况下，我们在每个公司都能遇到好行为和坏行为、好人和坏人。我们希望这本书可以帮助你通过这些挑战，避开不道德情况的陷阱。

本章作为开篇，将介绍作为决策过程的商业伦理问题。简言之，上述所有组织的丑闻造成的伤害，都是由道德沦丧和不道德决策造成的。本书提供了一个决策模型，我们相信它可以帮助我们分析过去的伦理困境，避免未来再次出现。

正如富国银行案例所反映的，商业决策是在几个层次上发生的。富国银行的每一天都在进行人类个体的活动，从当地分行的柜员和私人理财顾问，再到高级管理人员和董事会成员，每个人都必须决定自己将要做什么。我要开立欺诈性账户吗？我该如何面对为我工作的人？我应该大声疾呼，反对这些要求，还是应该随波逐流，勉强相处呢？我应该继续为强迫我做这些不道德事情的公司工作吗？作为一名董事会成员，我应该提出质疑并挑战首席执行官，还是应该仅仅根据季度收益来评判他的工作？

富国银行的决策也发生在组织层面。个体决策是在组织政策、实践、预期和规范的背景下做出的。该组织通过其管理层制定了激励政策、纪律政策、解雇措施、销售目标、员工手册、伦理程序、高管奖金，甚至关于如何创建欺诈账户及如何防止客户了解这些账户的具体指示。如果管理层不鼓励的话，公司文化是不会允许如此不道德的行为发生的。

但富国银行的事件也引发了超出组织内部决策范围的问题。除了个人和组织层面，还有更广泛的社会和政治层面的决策，此类决策也与商业伦理有关。鉴于我们提到的许多企业丑闻，以及所有受到这些丑闻伤害的公民，公民们必须对政府、法律和法规的职责提出质疑。例如，什么类型的法律和法规应该管理商业市场？我们对CFPB这样的监管机构有什么预期？有多少商业决策应该交由市场竞争和消费需求等市场机制，又有多少商业决策应该受制于法律和监管标准？

商业伦理能帮助我们分析和评估三个层次的全部决策。商业伦理涉及个人、组织及更广泛的社会和政府层面的决策。作为个人，我们每个人都以客户、员工和企业运营所在国公民的身份与企业互动。商业伦理课程可以帮助我们思考：如果我们是被富国银行欺骗的客户，我们将会做什么？如果我们是准备开通欺诈账户的个体员工，我们可能会做什么？当这些欺骗行为有可能在国家中发生时，我们作为公民应该做什么？

但是，没有什么是无缘无故凭空出现的。正如富国银行的案例所表明的那样，在一个腐败的组织中，君子很难坚守他的标准。同样地，在一个提倡并追求高道德标准的组织中，小人不易做出不道德的行为。正如我们将在本书后面看到的，组织文化和企业领导在决策制定中扮演着重要角色。需要说明的是，商业组织本身并不是空中楼阁。每个企业都位于一个或多个社会群体、经济和政府机制之中。正如个人的决策和行为会受到周围组织的影响一样，个体企业和整个行业的决策也会受到社会、经济和政治环境的影响。在加拿大魁北克经营的企业将面临与在美国得克萨斯州达拉斯经营的企业截然不同的社会文化环境。

显然，法律本身是社会将标准和期望强加于企业的主要手段。但是，正如我们在后面的章节中所描述的，遵守法律不足以履行道德责任。的确，商业运作所处的社会、经济和政治环境都承载着重要价值，商业伦理课程应该帮助我们仔细思考社会价值、经济价值和政治价值，以及我们每个人在做决定时考虑的个体价值。

众所周知，商业伦理是一个多学科领域。首先，商业伦理根植于更为普遍的哲学伦理学科，该学科的作用是提供伦理学的基本语言和范畴。数千年来，哲学家一直在思考和建立相关类别的理论，例如，权利和义务、美德和价值、社会正义、责任、自由、平等和共同利益等方面。这些不同的概念如何融合在一起，如何证明它们是合理的，它们的优势和不足是什么，如何将它们应用于生活中，这些都是哲学家千百年来一直在研究的问题。了解哲学伦理为我们学习商业伦理提供了知识基础，这样我们就不会从零开始。

其次，商业伦理还包括以下领域的内容：心理学、企业管理、组织行为学、领导力研究和社会学。人们如何以及为什么会有这样的行为表现，组织环境如何鼓励和阻止各种行为，组织和个人如何创造出这种蓬勃发展的伦理社会行为文化，这些问题都是由各类社会科学团队提出的。

最后，当我们思考商业组织如何适应更广泛的社会和政治背景时，诸如法律、经济学和政治学一类更广泛的社会学科促成了商业伦理。

总之，作为一个领域，商业伦理研究涉及个人、组织和社会或政治层面的伦理问题。作为有道德担当的人，我们都应该考虑如何以个体消费者、个体雇员、经理、高管和公民的身份与企业互动。本书为商业伦理的学术领域做出了贡献，目的是描述、检查和评估商业环境中出现的伦理问题，帮助我们成为更有道德的个体并助力我们创建更多的伦理机构。因此，商业伦理课程可以帮助我们：

1. 发展评判伦理问题所需的知识基础和技能。
2. 理解人们如何以及为什么做出不道德的行为。
3. 决定我们应该如何行动、我们应该做什么，以及作为个体我们应该成为什么类型的人。
4. 创建伦理机制。
5. 彻底想清楚作为公民的我们应该支持的社会、经济和政治政策。

1.2 商业伦理的案例

对商学院学生来说，学习商业伦理知识的必要性应该和学习其他商业教育子领域知识的必要性同样明确。如前所述，如果不了解上述内容，学生将毫无准备地进入当代职场。企业本身必须考虑到伦理问题，并将伦理纳入自身的组织结构，这既是伦理的要求，也是商业经营的需要。对不打算从事企业管理或商业监管的个人来说，熟悉商业伦理也是至关重要的。作为雇员、消费者和公民，我们的生活受到商业机构决策的影响，因此，每个人都有充分的理由去关注这些决策者的职业道德。

20世纪90年代中期，《华尔街日报》《哈佛商业评论》等主要刊物的文章，就质疑过传授商业伦理的价值。即使在今天，学生对商业伦理课程的必要性及价值持怀疑态度的情况也并不少见。这种怀疑主义部分可能来自对伦理本身的普遍怀疑。许多人认为，伦理是感情用事和个人意见的混合体，会妨碍企业的有效运作。从这个角度来看，伦理是一种主观的感受和意见，可以被安全地、合理地忽略（见第3章伦理决策3-1"谁来判定这是对的还是错的"）。

这种怀疑主义下更有影响力的一个观点涉及一些人提及的"区分理论"。[4]这种观点认为，一般的道德思考应该与商业决策分开，因为商业有自己的对错标准。支撑这一观点的是最著名的诺贝尔经济学奖得主米尔顿·弗里德曼。1970年发表的《企业的社会责任是其增加的自身利润》一文已成为企业伦理学的经典之作。弗里德曼说:"企业有且只有一种社会责任,那就是在遵守游戏规则的前提下,利用其资源,从事旨在增加其利润的活动,也就是说,参与公开、自由的竞争,不受欺骗或欺诈。"[5] 在那篇文章的其他地方,弗里德曼还解释道,"游戏规则"包括法律和"伦理习俗"。

公平地说,这种区分理论在商业界普遍存在。根据这一观点,商业实践应该区分并独立于普通的伦理问题。企业通过在法律和经济游戏规则范围内追求利润来履行其社会和道德责任。这些经济规则是保证经济市场有效运行的必要条件。在一个没有欺诈和欺骗的市场中,竞争压力和市场需求会将利己主义的利润追求导向合乎伦理的方向。因此,没有理由用外部的伦理思考来使问题复杂化。

关于伦理学与经济学之间关系的问题,同经济学领域本身一样古老。亚当·斯密经常被认为是现代市场经济学的创始人,他在《国富论》中提出,在竞争市场的条件下,仅靠自身利益就会"仿佛通过一只看不见的手"达到符合伦理的目的。[6] 然而,在亚当·斯密的另一本重要著作《道德情操论》中,他论证同情和仁慈是人类最基本的动机。这两本书之间的关系一直困扰着学者。一种经济模式似乎认为利己主义足以确保社会的良好结果,而另一种伦理心理学则认为同情和仁慈是基本原则,人们该如何调和这种经济模式呢?

事实的真相,可能也是斯密自己的观点,是人类会有各种各样的动机和行为,从狭隘的利己主义到广泛的同理心和利他主义。在这一点上,商业与人类生活的其他方面没有什么不同。有些动机,比如自私、贪婪,对金钱、权力、名誉或声望的追求,会导致人们做出可能造成伤害的决定,这些决定会违反基本原则,还会腐蚀美国前总统林肯曾经说过的"人性中的善良天使们"。斯密的市场条件旨在将利己动机引向更大的社会目标,但斯密自己并不认为人类总是且一定是利己的(想要了解认为人类总是自私自利的观点,请见现实观察1-1)。

⊙ 现实观察 1-1

心理利己主义:人类天生自私吗

在伦理与商业间相关性被质疑的背景下(这也是区分理论背后的部分原因),存在一种被称为心理利己主义的理论。这一理论旨在解释人类的动机,该理论认为,人类从根本上不可避免地受到自身利益的驱使。换句话说,我们所做的一切都是为了我们自己,是为了利己。因为这被认为是人性的"事实",所以这种观点认为,期望我们为他人的利益而行动的伦理考虑是不现实的。因此,只有将商业规则与普通道德区分开来才是现实的。

心理利己主义者得出结论,因为人类无法出于利他动机而行动,我们唯一合理的选择就是以引导个人利己主义为社会利益的方式安排机构。政治哲学中的社会契约传统与托马斯·霍布斯(Thomas Hobbes)有关,例如他的理论承认个体的自我利益,但他也认为合作的社会行为是基于个体的自身利益。亚当·斯密的理论为这种方法提供了另一种思考。亚当·斯密认为,理性的利己主义者在一个开放和竞争的市场中行动,并受到禁止欺诈和胁迫的限制,这似乎会导致"看不见的手"引导人们获得更大的社会利益。

但是心理利己主义是关于人类动机的准确理论吗?心理利己主义是否对商业伦理构成了严重的挑战?首先要注意的是,如果这是对伦理的挑战,捍卫者必须声称,利己主义不仅仅是人类的一种倾向(tendency)。如果人类只是在某些时候自私,但在其他时候却能做出利他行为(就像亚当·斯密自己得出的结论),那么我们就没有理由放弃伦理学,也没有理由采用区分理论。事实上，这可能是伦理学的主要观点：人们倾向于表现得自私；因此，伦理学的存在就是为了约束这种自私的行为。

为了让心理利己主义威胁到伦理的相关性，辩护者必须声称，人类不仅有自私行为的普遍倾向，而且必须始终且仅出于利己主义行事。但是，从表面上看，这种说法显然是错误的。父母和朋友就是经常为他人的福祉而行动的很常见的两类人群。一般来说，如果心理利己主义是正确的，我们则需要从根本上修改或完全放弃诸如友谊、爱、慈善、志愿服务、牺牲、慷慨、忠诚和无数其他假定利他动机的行为等概念。

利己主义者有两种方法来应对这一问题。首先，他们可能会声称，当人们以这种方式行事时，他们仍在做自己想做的事，因此，他们的行为仍是自私的。但这种选择是被严重误导的。一方面，如果这是一种关于人类行为的经验主义主张，那显然是错误的，因为人们总是在做一些他们"不想"做的事情（比如看牙医和做哲学作业）。另一方面，如果这不是一种经验性的主张——如果这是一种将个人利益定义为做任何个人想做的事的尝试——那么自我主义者就放弃了对伦理的攻击。也就是说，如果利己主义者承认，人有两种自私自利的行为：造福自己的和造福其他人的——而既然有时仍需要后者而不是前者，那么通往伦理的大门仍是敞开的。

其次，利己主义者通常会做出的第二种回应是，即使在牺牲和慈善的情况下，人们也会从道德行为中获得满足。这表明，即使是最仁慈的行为也隐含着自私。因此，即使是为孩子做出牺牲的母亲也是自私的，因为她从这种行为中获得了关爱孩子的满足感。但这种回应也失败了，因为它混淆了行为的意图或动机（伦理所关注的事情之一）与行为后的感觉或反应。只有当我帮助我的孩子的原因（或意图、动机）是为了自我感觉良好时，我才是自私的自我主义者。如果我帮助朋友的目的只是从这种行为中获得一些个人利益，那我就是自私的。但这并不是父母、朋友或我们大多数人帮助他人的动机。我们的理由和动机是帮助他人，而事后的感觉良好并不会改变这种行为的道德本质。

熟悉心理利己主义将有助于企业伦理的研究。商业管理者有时需要牺牲自身利益，通常是以利润的形式履行他们的道德责任。人们经常认为这样的要求是不现实的、不合理的。对那些被某些经济学理论教育之后称人类是天生自私的人来说，这可能十分正确，但心理利己主义并不支持这样的结论。

注：你将在每章中看到现实观察这一栏目。与伦理决策略栏目不同的是，它提供了该章节所讨论概念的实际应用，或者在"真实"业务决策中这些概念的应用示例。

质疑伦理与商业的相关性曾经是一个开放的问题，但今天更紧迫的问题不是是否需要，而是如何有效地将伦理纳入商业实践。毕竟，区分理论也认为企业应该受到某种道德和价值观的约束。我们不应忽视遵守法律、要避免欺诈和欺骗、参与自由和公开的竞争，这些都是对商业伦理的考量。区分理论称，这种小范围的道德考量足以让企业履行其责任，但是考虑到前面提到的众多公司丑闻及腐败案例，许多人会不同意这种判断。

以富国银行为例，成千上万的人失去了工作，数万名消费者面临成本上升和信用评级下降的问题，当一些消费者几乎无力负担增加的欺骗性贷款时，他们的汽车甚至会被没收。回顾安然公司的例子，成千上万无辜的人失去了工作，投资者也失去数十亿美元养老基金和退休基金。

2008年全球经济崩溃所造成的危害也十分显著，这场崩溃很大程度上是由金融和房地产行业的伦理失范造成的。仅仅在美国，调查人员发现，2008年的经济危机使得2 600万人失去了工作,家庭财富损失超过 11 万亿美元。在经济衰退的第一年,加拿大的失业率从 6.3% 上升到 8.6%,超过 40 万加拿大人失去了他们的工作。在美国和加拿大,数十万家庭失去了住房,数百家银行倒闭,无数其他企业破产。随着经济崩溃迅速蔓延到全球,这场危机产生了诸多连锁反应。

美国政府关于这次经济衰退的官方调查得出结论,金融危机是可以避免的,因为它是由企业管理、监管和公司治理的失败,以及"责任和伦理系统性崩溃"造成的。[7] 在这份报告发布后的一年内,美国政府就成立了 CFPB,这正是负责调查富国银行欺诈案的政府监管机构。

到目前为止,商业伦理的理由应该很清楚了。商业决策可以对企业内外无数个人的福祉产生重大影响。商业决策和人类生活的其他方面一样,都无法逃避伦理评判。正如已经讨论过的一些例子所表明的那样,企业的存在和它所处的条件都要求决策者超越分离命题所涵盖的狭隘的责任观,以考虑这些决策对广泛利益相关者的影响。一般来说,商业利益相关者会或好或坏地影响他人或受公司内部决策影响的任何人。如果不考虑这些额外的利益相关者,他们及股东和公司整体的长期可持续性将会受到不利影响。这就是全食超市的"相互依存宣言"的观点。

> 满足所有利益相关者并达到我们的标准是我们的准则。全食超市领导层最重要的责任之一是确保各种利益相关者的利益、愿望和需求达到平衡。我们认识到这是一个动态的过程,它需要所有利益相关者的参与和沟通,需要同情地倾听,仔细地思考,正直地行动。任何冲突都必须得到调解,并找到双赢的解决方案,创造和培养该利益相关者群体对我们公司的长期成功同样至关重要。[8]

现实观察 1-2 描述了自安然公司丑闻发生以来美国所创造出的法律要求。除了这些具体的法律义务外,组织的生存在很多方面都依赖于伦理决策。不道德的行为不仅会给企业带来法律风险,还会带来财务风险和营销风险。为了管控这些风险,要求经理和高管对公司的道德保持警惕。现在比以往任何时候都更清楚的是:如果没有人关注公司的道德标准,一家公司就可能会在市场上失利、倒闭,其员工也可能会锒铛入狱。

⊙ 现实观察 1-2

法律如何支持道德行为

正如我们将在下一节解释的那样,道德和法律是不一样的,但是法律和道德在很多方面有重叠。好的法律之所以成为法律,正是因为它们促进了重要的道德价值观。但在某些情况下,法律以另一种方式支持道德行为,即通过将企业领导者的注意力集中在努力确保组织中道德行为的必要性上。例如,2002 年,美国国会通过的《萨班斯-奥克斯利法案》是为了应对公司和会计丑闻的浪潮。该法案第 406 条"高级财务官员道德准则",要求公司要有"适用于主要财务主任、审计主任或主要会计主任,或者履行类似职能的人士"的道德标准,该标准必须包括以下内容:

1. 诚实且合乎道德的行为,包括合乎道德地处理个人和职业关系之间的明显利益冲突。
2. 在发行人要求提交的定期报告中进行全面、公正、准确、及时和可理解的信息披露。
3. 遵守适用的政府规章制度。

最后一点，我们应该承认，实行良好的道德规范是具有良好商业和财务表现的原因。第一，良好的声誉本身就对生意有好处。巴塔哥尼亚和 Ben and Jerry's 等大公司明确地将自己定位为追求有益的高道德目标。看看零售营销广告，看看公司使用"信任""诚实""可靠""关怀"等词来促进市场业务的频率，也能体会到这一点。第二，正如一些最引人注目的腐败案件所证明的那样，不道德的行为可能会对企业自身造成严重损害，甚至导致企业破产。第三，道德良好的公司比声誉不好的公司更容易吸引和留住员工。第四，像耐克、麦当劳、Facebook、沃尔玛、Chick-fil-A、雀巢和塔吉特等公司已经认识到，消费者抵制不道德的商业行为会给企业带来巨大的财务成本。

1.3 伦理与法律

在讨论伦理决策之前，我们有必要反思一下法律所扮演的角色。如果不考虑法律，任何关于正当商业行为的规范和标准的讨论都是不完整的。事实上，一些区分理论的辩护者会辩称，法律为商业伦理提供了唯一需要的社会规范和标准。

的确，决定一个人在商业中应该做什么，需要考虑法律的要求、期望或许可。法律确实为伦理决策提供了重要的指导，而本文将在整个过程中整合法律考虑，但是法律规范和道德规范并不完全相同，也不总是一致的。例如，有些道德要求，如尊重员工，虽然在道德上是合理的，但在法律上是不需要的。另外，一些行为可能是法律允许的，如无理由解雇员工，但这不符合普通的道德标准。

正如区分理论所反映的那样，一些人始终认为，企业仅仅通过遵守法律来履行其社会责任，这种观点在近年来的商业丑闻发生以前则更为普遍。从这个角度来看，一个道德上负责任的企业仅仅是一个遵守法律的企业，并没有进一步对自身责任提高要求。个体工商户可能会选择做高于法律要求的事情，比如某企业支持当地艺术，但这些选择是自愿的。大量关于企业社会责任的管理文献都以这一方法为中心。商业伦理要求企业遵守法律；除此之外的任何事情都是出于企业的仁慈宽厚，是值得称赞和允许的，但不是道德所要求的事情。

在过去20年里，许多公司都建立了伦理计划，并聘请了负责管理企业伦理计划的伦理官员。伦理官员做了大量有益且有效的工作，但公平地说，他们的工作主要集中在法律合规问题上。当然，不同的公司、不同的行业所处的环境也不尽相同。安然公司丑闻之后制定的美国《萨班斯－奥克斯利法案》，为在美国经营的公司带来了戏剧性的、广泛的、新的法律合规问题。但是，遵守法律是道德行为的全部要求吗？为了推进我们将道德作为更有效的决策指南的讨论，让我们在此简要探讨仅遵守法律是不够的几个有说服力的原因。

（1）相信遵守法律足以履行一个人的道德义务会引发法律本身是否合乎道德的问题。历史上的例子，包括纳粹德国和南非的种族隔离，表明一个人的道德责任可能与法律背道而驰。在更实际的层面上，这个问题可能对全球经济产生重大影响，在这样的经济体中，企业在与本国法律制度不同的国家或地区开展业务。例如，一些国家允许基于性别的歧视，而一些国家则严格谴责互联网内容。在这样的国家开展业务的公司必须决定是遵守当地法律还是忠于道德准则。从道德的角度来看，企业并不能仅仅通过遵守法律来避免考虑道德责任，因为有时可能必须决定法律本身是否值得遵守。

（2）重视个人自由的社会将不愿意在法律上要求比道德最低要求更多的东西。这种自由社会将寻求合法地禁止最严重的道德伤害，尽管它们不会在法律上要求可能构成发达文化的社会结构的慈善行为、共同的体面行为和个人诚信。法律可以是防止严重危害的有效机制，但它在推广"美德"方面并不是很有效。即使是这样，在法律上要求诸如个人情操之类的事情所造成的人类自由方面的成本也将是非常高的。如果法律要求父母爱他们的孩子，甚至有法律禁止在任何情况下说谎，那这个社会会是什么样子？

（3）在更实际的层面上，如果一家企业的行为表现得好像其道德责任以遵守法律而告终，这样它只会招致更多的法律监管。想想制定法律以应对每一个可能的商业挑战的难度，这项任务将要求得非常具体，以至于受监管领域的数量将变得难以控制。除此之外，由于个人伦理的失败发生在安然等公司，《萨班斯－奥克斯利法案》才得以颁布。同时，由于次级抵押贷款腐败事件的发生，也随之促使了美国消费者金融保护局的成立。如果企业将其道德责任限制为遵守法律，那么政府出台新一轮法规和法律限制也就不足为奇了。通过现实观察1-3和现实观察1-4，可以看出公众对企业的看法在制定监管企业的法律方面发挥着重要作用。

⊙ 现实观察 1-3

怎样判定企业高管腐败

透明国际：商业腐败		
透明国际要求世界各地的人们对这一声明做出回应："你认为你们国家有多少企业高管卷入了腐败？"以下显示的是选定的国家的回复："大多数"或"所有"。		
国家	大多数	所有
澳大利亚	16%	5%
巴西	25%	10%
智利	31%	25%
埃及	28%	11%
法国	14%	3%
加纳	29%	10%
日本	15%	2%
俄罗斯	18%	9%
英国	15%	6%
美国	25%	10%

资料来源：Data extracted from Transparency International; Putting Corruption out of Business' Responsibility; www.transparency.org/research/bps2011.

⊙ 现实观察 1-4

商业伦理规范

众所周知，很大一部分公众难以信任公司的CEO。每当企业丑闻登上新闻头条时，人们就会越来越多地谈论企业尤其企业领导者是不可信的。但公众对CEO的信任度到底有多低呢？公众对CEO的信任与他们对其他职业和职业成员的信任有何不同？2014年，瑞尔森大学的德·罗杰斯领导力研究中心（在加拿大的多伦多）开展了一项全国性的调查，询问加拿大人对吸烟的看法。他们的问题是："总的来说，你在多大程度上相信下列职业人员在他们的角色中表现得遵守道德——也就是说，在履行职责时达到公众和专业的标准？"以下是相信下列职业人员具有道德行为的受访者的百分比：

医生：78% 企业 CEO：22%
法官：65% 工会领袖：20%
警察：60% 政治人员：16%
公务员：36% 政治家：13%
记者：33% 说客：9%

当然，关于如何解释这些数据还有一些重要的问题。值得注意的是，这些数据表明，我们对各种职业的信任程度与我们对它们的熟悉程度之间存在相关性。大多数人知道并依赖他们的家庭医生，而且大多数人对法官的工作都有很好的了解。然而，很少有人了解 CEO 的工作，因此，被表达为缺乏信任可能只是反映了缺乏理解；也可能不是。但面对这样的数据，我们总是应该考虑一系列的解释。

资料来源："Public Perceptions of the Ethics of Political Leadership," Ted Rogers Leadership Centre (November 5, 2014), www.ethicssurvey.ca (accessed June 6, 2016). The survey was conducted among a nationally representative sample of $n = 1039$ Canadians between October 17 and 22, 2014, using an online panel.

（4）法律不能预测企业可能面临的每一个新的道德问题，因此往往没有针对企业领导者所面临的特殊困境的规定。例如，当工作场所的电子邮件还处于编辑阶段时，关于谁实际上拥有电子邮件传输的权利（雇员或雇主）的法律还没有到位。因此，人们别无选择，只能依靠当权者的伦理决策过程，尊重员工隐私的适当边界，同时充分管理工作场所（见第 7 章关于工作场所监控的法律影响的更完整的讨论）。当新的困境出现时，人们必须依靠道德，因为法律可能还没有，或者可能永远不会有解决的条例。

（5）最后，认为合规就足够的观点是对法律的误解。认为企业需要做的就是遵守法律，意味着法律是清楚的、明确的规则，可以很容易地应用。这种法律规则模式非常普遍，但并不十分准确。有些法律——比如高速公路上的限速——是清楚而明确的。但是许多其他法律，特别是管理大多数商业交易的民法领域的法律却没有规定得如此清楚。自然而然，如果法律是清楚和明确的，律师和法庭就不会有太大的作用。

这些考虑表明，企业无法避免做出道德判断，即使它完全致力于遵守法律。例如，思考一下，如果一家企业承诺遵守《美国残疾人法案》（Americans with Disabilities Act，ADA）等法律规定的法律要求，将需要什么条件。与许多国家的类似法律一样，这项法律要求美国雇主为残疾雇员提供合理的便利［在英国，类似的法律有《平等法案》（2010 年）；在加拿大，雇用法是一个地方法案，有像《安大略残疾人法案》（2002 年）和《马尼托巴省无障碍法案》（2013 年）这样的法律］。所有的这些法律都在使用"合理"或"障碍"，甚至"残障"这类词。但什么算是残障，什么才算是"合理"的住宿条件，是什么造成了就业"障碍"？多年来，已经有人声称相关的残疾包括肥胖、抑郁、诵读困难、关节炎、听力损失、高血压、面部疤痕和恐高。这些情况是否受法律保护取决于很多因素，包括疾病的严重程度及其对雇员工作能力的影响等。假设你是一名企业人力资源经理，一名员工要求你合理地适应他的过敏反应。根据《美国残疾人法案》，你如何判断过敏是否构成残疾？

一般来说，大多数与商业有关的法律都是基于已有先例的普通法。每个先例都是将一般规则推广到个别案件的具体情况。这种普通法提供了对"残疾"做出"合理安排"的一般指导，但法院会根据具体情况，决定某些行为是否合理，或者这种情况是否构成残疾。在大多数商业场合，问自己"这合法吗"实际上是在问，"这些情况是否与过去的案例足够相似，从而从这些案例中得出的结论是否也适用于这里"。因为在各种情况下总是会存在一些不同，所以人们对这个问题总是会保持一定的开放性。因此，对一个只希望遵守法律的有责任心的企业经理来说，这个问题没有明确的答案。只有很少的情况下，决策者可以简单地找到适用的规则，将其应用于当下的情况，并从中推断出答案。对于应该做什么，决策者不能逃避自己的决策责任。

我并不是要批评法律行业（尤其是因为本书的作者之一就具有法律背景），我只是为了证明前面提到的模糊性。值得注意的是，许多卷入近期公司丑闻浪潮中的人本身就是律师。例如，在安然事件中，公司的律师和会计师被鼓励去"挑战"法律的底线。特别是在民法中，像前面说的那样，许多法律是由过去的先例确立的，因此，案件在适用法律时总是存在模糊性的空间。此外，在民法中还有一种含义：如果没有法院裁定某人违反了法律，就没有人做任何违法的事情。这意味着，如果没有人提起诉讼，一切都会被认为是合法的。

正如一些企业社会责任理论所指出的，如果一位企业经理被告知：她有责任在法律允许的范围内实现利润最大化，那么有能力的她就会找企业律师和税务会计师，询问法律允许什么，或者要求这些专业人士"挑战极限"，看看他们能在法律上逃脱哪些惩罚——这一般能反映他们为什么愿意在法庭上辩护。一位负责任的律师或会计师会建议经理，在经理的行为明显违法之前可以合法地跟进多少。在这种情况下的问题是：管理者是否有责任为了追求利润而"挑战"合法性。

本章开头提到的大多数公司丑闻案件都涉及律师和会计师，他们向客户或老板建议，他们可以就自己的所作所为在法庭上为自己辩护。安然公司和安达信破产的核心因素是账目以外的伙伴关系，这是根据律师的建议设计的。律师认为，如果受到挑战，他们至少有合理的机会在法庭上获胜。在商业环境中，该策略属于组织风险评估的范畴，组织风险评估的定义是"识别可能影响实体的潜在事件并将风险控制在其风险承受范围内，为实现实体目标提供合理保证……的过程"。[9] 因此，"挑战极限"的决定就变成了风险评估、成本效益分析和伦理道德之间的权衡——公司愿意做什么，愿意冒险吗？如果使用这种模式，决策者可能会在采取行动之前做以下评估：

- 在法庭上受到挑战的可能性。
- 输掉官司的可能性。
- 解决经济损失的可能性。
- 这些成本的比较。
- 采取行动的经济利益。
- 可用选项的伦理含义。

重要的是，我们要认识到风险评估不仅仅是一个价值中立的专业决策过程，对律师和会计师来说，确定一种结果与另一种结果的可能性是一种职业决策，而不是决定某件事是否值得冒险。归根结底，这是一种价值决策，当风险涉及各利益相关者的潜在损失和利益时，这种决策就涉及伦理了。

因为法律往往是模棱两可的——在许多情况下，法律要求的根本就不明确——所以这些决定也很少是确定的。因此，企业经理经常会面临他们的伦理决策，如果出错的话，只会呈现出对企业现实的虚假描绘。因此，即使是那些致力于严格遵守法律的商人，也会经常面临基本的道德问题：我该怎么办？我该如何生活？

如前所述，无论我们是否后退一步，当别人明确地问这些问题时，我们每个人在历次做出如何行动的决定时都会含蓄地解答这些问题。负责任的决策需要我们退后一步，反思决策，然后有意识地选择我们做出决策所依据的价值观。毫无疑问，这是一项艰巨的任务，即使对经验丰富的领导者来说也是如此。幸运的是，我们并不是独自面对这个挑战。在思考道德问题及决定如何采取行动时，既有更好的方法也有更糟糕的方法。

1.4　伦理决策中的商业伦理

正如本书书名所暗示的，我们的商业伦理方法将强调伦理决策。没有一本书能神奇地创造出有道德责任感的人，也没有一本书能以任何直接的方式改变人们的行为，这些当然也不是我们期望实现的目标。但是，学生可以学习和通过实践获得可靠的思考及思维方式。我们认为，一个决策经过深思熟虑和认真推理的过程将会变得更加可靠，更加合乎伦理，换句话说，可靠的决策和审议将引发更可靠的结果。

那么，商业伦理课程的目标到底是什么呢？伦理学是一门有着几百年历史的学科。因此，在一门伦理学课程中，学生可能会了解历史上伟大的伦理学家，如亚里士多德、约翰·斯图尔特·密尔和康德。

然而，伦理理论和伦理史又似乎没那么重要。许多希望雇用商学院毕业生的"观察者"，都期待伦理学课程能够引发（即使不能直接生成）道德行为，而不仅仅是讲授有关道德的信息和知识。事实上，如果伦理学课程不能有助于防止未来发生像富国银行和安然公司这样的丑闻，那么伦理学课程又有什么用呢？伦理知识是一回事，伦理行为是另一回事。许多人认为，商业伦理学课程的着眼点应该是行为，而不是知识。

就目标而言，伦理学不仅指一门学科，还指这门学科所研究的人类生活的舞台，即人类应该如何正确地生活。我们认为，商业伦理的目标应该是传授伦理知识和推动更具责任性的行为。我们相信，本书提供的工具将更好地助益学生，让他们清楚地思考这些问题。至少，在学习本书后，他们应该比普通大众更清楚地思考商业中的伦理问题，并就这些问题提出合理的观点。

此时此刻，对影响课堂的行为进行警告是恰当的。当讲授伦理学中的争论部分可能涉及滥用情况时，教师应该在课堂上宣传特定的道德观点吗？许多人认为，教师在课堂上应该保持价值中立，不要试图把自己的观点强加给学生。而激励学生和片面地操纵学生就成了造成这种担忧的部分原因。有很多方法可以影响某人的行为，包括威胁、内疚、压力、欺凌和恐吓，最近一些卷入严重公司丑闻的高管就非常擅长使用这些方法来激励为他们工作的人。据推测，这些方法都不属于大学课堂，当然也不属于伦理学课堂。

但另一种选择是，不放弃有助于形成更具道德的商业环境的一切希望。并非所有影响行为的举动都会引起人们对操纵或强迫行为的担忧，操纵某人和说服某人，威胁（不道德的）和说理（更可能是道德的）之间存在很大差异。这本书通过强调伦理审判和伦理决策，消除了影响行为和操纵之间的紧张关系。我们同意一些人认为伦理学课程应该在学生中培养更多道德行为的观点，但我们也相信，在学术上和道德上唯一合法实现目标的方法就是通过仔细和理性的决策。我们的基本假设是，一个理性决策的过程、一个涉及仔细思考和深思熟虑的过程，能引导更加合理、更负有责任、更加道德的行为。

也许，出现下面的情况一点儿也不奇怪。考虑商学院课程中的任何一门，大多数人都会同意：管理课程旨在培养更好的管理者。任何否认学习教材与财务及会计实践有关联的财务会计类课程都可能被视为失败的。商学院的每一门课程都假定课堂讲授的内容与相应的商业行为之间存在联系。管理学、会计学、金融学和市场营销学的课程都旨在影响学生的行为。我们假设，在课堂上学习的知识和推理技能能引导人们做出更好的决策，由此可以产生商业环境中更好的行为，商业伦理课程也遵循同样的方法。

很少有老师认为他们的职责是告诉学生正确的答案、告诉学生应该怎么想、告诉学生应该怎么生活；更很少有老师会认为知识和行为之间是不应该有联系的。作为老师，我们的角色不应该是向被动的听众宣传我们自己的伦理信仰，而是应该把学生当成主动的学习者，让他们参与到思考、质疑、深思的积极过程中。以苏格拉底为例，哲学伦理学反对对权威的被动服从或简单充分地接受习惯规范伦理学观点。在这种观点下，讲授伦理学必须让学生们接受独立思考的挑战。

1.5 个人诚信和社会责任的商业伦理

在最基本的层面上，伦理决定我们如何行动和如何生活。伦理学可能涉及人类也许会问到的一个最重大的问题：我们该如何生活？从这个意义上说，伦理是实用的，这与我们如何行动、选择、行为和做事有关。哲学家经常强调，伦理学是规范性的，这意味着它涉及我们对应该如何行动的推理。心理学和社会学等社会科学，也研究人类的决策和行动，但这些科学是描述性的，而不是规范性的。当我们说它们是描述性的时，是指它们提供了一个事实，即人们如何及为什么会以他们所描述的方式行事。作为一门规范学科，伦理学寻求的是人们如何及为什么应该以某种方式行动，而不是如何行动（有关此类决策的一些相关因素的探索，请见伦理决策1-1"管理伦理"）。

■ 伦理决策 1-1

管理伦理

假设你正在市场营销学或组织行为学课程中阅读本章的开篇伦理决策。在讨论何人或何事应该对此负责时，你会得出什么结论？你对富国银行或政府监管机构有什么建议？如何防止类似事件重演？当你分析并提出建议后，反思自己的想法，然后再描述这些建议背后的价值。

1. 哪些事实可以帮助你做出决定？
2. 这个案例的哪些方面提高了管理者特有的价值观？
3. 你的建议应该涉及哪些利益相关者？
4. 你在提供建议时所依据的价值观是什么？

我们该如何生活？这个基本的伦理问题可以用两种方式来解释。"我们"可以指我们每一个人，也可以指我们所有人。在第一种意义上，这是一个关于我应该如何生活的问题——我应该如何行动，我应该做什么，我应该成为什么样的人。伦理的意义是基于我们的价值结构，由我们的道德体系定义，因此，伦理有时也被称为道德，也就是我们所说的"个人情操"。在一个商业环境中，个人在很多时候需要退后一步问自己：我该怎么做？我该如何行动？假设你是一位在富国银行工作的私人银行家，如果你的上司指示你在现有客户不知情的情况下为他开一个新账户，你会怎么做？如果说道德指的是作为我们决策基础的潜在价值观，那么伦理则指的是道德在决策本身中的应用。因此，个人可能有诚实的道德价值观，当应用于他的决定时，会导致其拒绝开立欺诈账户。

在第二种意义上，"我们应该如何生活"是指我们如何在社区中共同生活。这是一个有关社会和社会机构的问题，比如，应该如何构建人人共同生存的企业。这一领域有时被称为社会伦理，它引起了正义、公共政策、法律、公民美德、组织结构和政治哲学的问题。在这样的意义下，商业伦理与企业的组织架构、社会责任和决策系统都有密切关系。商业伦理的这一方面要求我们从社会而非个人的角度来审视商业机构。因此，我们可以得出结论：富国银行的交叉销售行为是不道德的。我们把这种涉及更广泛社会层面的伦理决策称为社会责任决策。

从本质上说，管理决策总是会涉及伦理学的两个方面。例如，业务经理所做的每一个决定不仅涉及个人的决定，还涉及他代表特定社会、法律和政治环境中存在的组织所做出的决定。因此，我们的书名涉及商业伦理的两个方面。在商业环境中，个人经常会被要求做出影响个人诚信和社会责任的决定。

从我们应该如何生活的角度来看，学习伦理学的主要原因就变得清晰了。无论我们是否明确审视这些问题，每人每天都通过生活中的行为来回答它。无论企业管理者做出什么样的决定，他们都会在道德问题上表明自己的立场，至少会含蓄表明。我们每个人所采取的行动和我们所过的生活都为基本的道德问题提供了非常实际且不可避免的答案。因此，我们做出了一个非常真实的选择，这是我们有意或无意的回答。哲学伦理学只是要求我们从这些隐含的日常决定中退一步，去检查和评估这些决定。在2000多年前，对于为什么要学习伦理学，苏格拉底给出了哲学上的答案："未经审视的生活不值得一过。"

为了将道德规范与企业内部面临的其他实际决策分离开来，请考虑两种处理安桥漏油事件的方法（伦理决策1-2）。这个案例可以在管理、人力资源、商业法律或组织行为学课上进行研究，也可以在伦理学课上进行研究。在管理或工商管理课程中，更常见的社会科学方法是通过探索导致不同结论的因素，或者通过询问经理为什么这样做，来进行情况和决策的检查。这也就是第一种方法。

■ 伦理决策 1-2

石油泄漏后的道德规范[10]

2011年8月，有报道称，在加拿大西北地区偏远的箭牌小镇附近，安桥能源公司拥有的一条石油管道发生了泄漏。一点也不奇怪的是，居民们都对漏油事件感到不满，安桥面临着如何清理漏油及如何安置箭牌小镇居民的双重困境。简单来说，安桥的管理人员必须弄清楚，在泄漏事件发生后，他们的义务是什么，以及谁担负这些义务。

箭牌镇——比阿拉斯加的安克雷奇稍靠北，但更靠近内陆——2011年的人口约为165人。其大多数社区居民是加拿大土著团体Dené的成员。箭牌镇的居民受教育水平很低——大多数人没有接受过任何正规教育。这个社区有一半以上的人失业。贫穷及如何获得现代生活的基本设施是个严峻的挑战。目前，箭牌镇连一条全年通行的路都没有，他们维持着以狩猎、捕鱼为基础的传统生活方式，这使得他们几乎完全依赖于当地优质的森林和水源。对箭牌镇的人来说，环境保护不仅是一个原则问题，还是一个生存问题。

在泄漏事件被发现后，估计有1500桶石油已经泄漏，但安桥公司高管表示，很幸运石油没有到达附近的Willowlake河。当地人对此表示怀疑，有些人还说现在的水喝起来味道很奇怪。在发现泄漏后，该公司立即制订了一份详细的清理计划——一份超过600页的文件。但当地居民对此并不满意，他们认为这份复杂的技术文件太难理解了。但当这家公司出价5000美元，让社区雇用自己的专家来评估这个计划时，当地人却被激怒了。当地人认为，一家富有的石油公司怎么能这样侮辱他们，先污染他们的土地，然后支付这么少的赔偿？

对安桥公司而言，此次漏油事件对其持续努力维持的积极形象是一个重大打击。就在一年前，2010年的夏天，该公司位于密歇根州的一条输油管道破裂，导致2万多桶石油泄漏到当地的河流中，该事件一时间登上了新闻头条。当时，安桥公司正试图让其拟议的北方通道管道项目获得批准，但遭到了环保组织和土著社区的强烈反对。

在箭牌小镇漏油事件之后，该公司面临着一系列难题。很明显，首先要考虑的是清理泄漏的石油，其次是修复问题——试图将受污染的土地恢复到原始状态，此外，还有一个问题是，是否及如何补偿对一些传统狩猎场所的污染。所有这一切都是在围绕石油管道对其流经土地和社区的影响这一争议背景下发生的。

讨论题

1. 你认为是什么促使公司决定花5000美元让社区居民自己聘请专家为社区提供服务？你认为社区为什么会认为受到侮辱？如果你是公司的本地经理，你会怎么做？
2. 作为一个局外人，在评估泄漏事件之后的公司行为时，哪些事实对你有帮助？
3. 在这种情况下涉及哪些价值观？安桥公司内部将如何回答这个问题？如果被问到这个问题，箭牌的人将如何回答？
4. 安桥公司除了清理管道泄漏直接影响的区域外，还有其他义务吗？它是否有义务提供5000美元？考虑一下社区成员提出的建议，安桥应该捐款为当地孩子建造游泳池或曲棍球场吗？这种捐赠能帮助公司履行对社区的义务吗？

安桥漏油事件的第二种处理方法是从道德和实际情况的角度出发，问管理者：应该做什么？涉及哪些权利和责任？这种情况会带来什么好处？安桥现有的公平、公正、善良、忠诚等理念值得信赖吗？而这种规范的商业方法就是商业伦理的核心。伦理决策涉及伦理的基本范畴、概念和语言：应该、应当、权利、责任、美德、公平、正义、德行、善良、忠诚、诚信、诚实。

我们称伦理学是一门规范性学科，也就是说伦理学处理的是规范：适当和恰当（或"正常"）行为的标准。规范建立了指导方针或规范所要求的标准决定我们应该做什么，我们应该怎么做，以及我们应该成为什么样的人。表达这一观点的另一种方式是说，规范基于某些价值观，这些价值观将通过以某种方式行动来促成或实现。规范性学科预设了这些潜在的价值观。

但称伦理学是一门规范性学科，并不意味着所有规范性学科都涉及伦理学的研究。毕竟工商管理和行政管理不也都与制定规范性有关吗？难道业务经理不会制定规范来假定一组业务的价值吗？人们可以将会计和审计及经济、金融、政治和法律加入这个列表。每一门学科都需要一套价值观来建立各自领域内适当行为的规范。

这些例子表明，有许多不同类型的规范和价值。回到价值观和伦理观之间的区别，我们可以把价值观看成是促使我们以一种方式行动或做出决定的基本信仰。因此，我对教育的重视让我决定今晚学习，而不是玩电子游戏，我也相信教育比玩游戏更有价值。如果我决定把钱花在食品上而不是度假上，那是因为我更看重食物而不是放松。而一家公司的核心价值观，就是为它的种种决策提供最终指导的信念。

以这种方式理解，许多不同类型的价值可以被识别为金融、宗教、法律、历史、营养、政治、科学和美学等各个方面。个人可以有自己的价值观，更重要的是，机构也可以有价值观。企业文化就是指企业有一套可识别的价值观，这些价值观建立了该企业对正常行为的期望。这些准则往往含蓄地指导员工以公司重视且认为有价值的方式行事。当然，这一指导的一个重要含义是，个人或公司的价值观可能导致符合伦理的结果，也可能导致不符合伦理道德的结果。以富国银行的企业文化为例，该企业为了追求利润，似乎一直致力于深入推进交叉销售。这是企业的价值观吗？是的，但这是企业的伦理价值观吗？不是的。

有一种区分这些不同类型价值观的方法是：根据价值观所服务的目的或目标进行区分。金融价值服务于货币；宗教价值服务于精神；审美价值服务于审美；法律价值服务于法律、秩序和正义；等等。不同类型的价值观因这些行为和选择所服务的目的不同而有所区别。伦理价值与其他类型的价值有何区别？伦理学的目的又是什么？

一般来说，以往的价值观被描述为使我们倾向于以一种方式而不是另一种方式去行动或选择的信念。再想想富国银行因道德沦丧所造成的伤害，一些人为了提高公司收入或自己的工资而做出伤害成千上万无辜人的决定。这个例子揭示了伦理价值观的两个重要因素。

第一，伦理价值观的目的是服务于人类福祉。寻求促进人类福祉的行为和决定是以伦理价值为基础的。当我们试图定义人类幸福时可能会出现争议，但我们可以从一些普遍性的观察开始。幸福当然是其中的一部分，尊重、尊严、正直和意义也是其中的一部分。自由和自主似乎也是人类福祉的必要元素，友谊和健康同样如此。

第二，由伦理价值观推动的幸福不是一种个人或自私的幸福。毕竟，富国银行和我们提到的所有其他公司的丑闻都是许多个体追求自身幸福的结果。伦理学要求公正地促进人类福祉。从伦理的角度来看，没有一个人的幸福比其他人的幸福更有价值。从所有相关的观点来看，伦理的行为和选择应该是可接受的且合理的。因此，我们可以提供伦理描述和伦理价值的初步特征：伦理价值是那些公正地促进人类福祉的价值——那些指导决策的意见。

我们把伦理描述为实用性和规范性的，这与我们的行为、选择、决定和对我们应该如何行动的推理有关。因此，伦理学是实践推理（即关于我们应该做什么的推理）的一个重要组成部分，它与理论推理（即关于我们应该相信什么的推理）是有区别的。本书对伦理决策的看法完全符合这种将伦理作为实践推理的一部分的理解。

将伦理学视为一种实践推理有助于明确我们对伦理学的期望。许多人认为伦理学应该能证明自身结论，而且很容易让人相信，如果无法实现，那么就没有办法建立或证明伦理决策。

如果一个人不能"证明"什么是对的，什么是错的，那么为什么还要去研究伦理呢？亚里士多德就是用理论推理和实践推理的区别来说明了这种思维方式的错误。

理论推理是对真理的追求，同时也是我们应该相信什么的最高标准。根据这一传统，科学是真理的伟大仲裁者。科学提供了确定真理的方法和程序，它通过建立科学中的"证据"来做到这一点。因此，科学方法可以被认为是对理论推理的基本问题的回答：我们应该相信什么？那么问题来了，是否有一个可比较的方法或程序来决定我们应该做什么和我们应该怎么做？

简单的答案是，没有一种方法可以在各类情况下为这个问题提供一个清晰而明确的答案，但是有一些指导方针可以为相对合理和负责任的决策提供方向和标准。实践推理的目标不是确定什么是真实的、什么是你应该相信的，而是确定什么是合理的。我们认为：哲学伦理的传统和理论可以被认为正是以这种方式对合理决策做出了贡献。几千年来，哲学家一直在思考人类应该如何生活这一基本问题，并且发展和完善了解决伦理问题的各种方法。这些传统，或者通常被称为伦理理论的东西，解释和捍卫了有助于负责任地做出伦理决策的各种规范、标准、价值观和原则。伦理理论是一种思维模式或方法论，可以帮助我们决定什么是合理的。

下一章将介绍一个做出道德上负责任的决策的模型。从某种意义上说，该模型可以被看成是一个实践推理的模型，如果要通过这些步骤来决定你要做什么，你当然会基于合理的推理做出决定。但你将无法以科学建立真理的方式"证明"你的判断是正确的，而一个经过谨慎的过程逐步得出的判断将比其他判断更合理。我们在第3章中描述的伦理传统和理论将有助于充实和详细阐述此决策过程。当然，其他方法也有可能适用，此类方法不能保证对每个决定都有一个确定的和绝对的答案。但此类方法是一个有益的开端，有助于制定负责任、合理和符合道德的决策。

再论开篇伦理决策

富国银行案件：是个人行为不端还是企业文化的失败

截至2019年4月，富国银行因它在这场丑闻中的行为而被所在州和联邦政府罚款超过15亿美元。此外，该公司还支付了6亿多美元来解决由该丑闻引发的各种诉讼。作为进一步的惩罚，美国联邦储备银行禁止富国银行在美国扩张银行业务，直到它能证明自身已经明显改变了企业文化，可以防止这些欺诈行为再次发生。截至2019年4月，这一禁令仍未解除。

2019年3月，《纽约时报》刊登了富国银行事件的后续报道，富国银行依然面临问题。这篇报道指出，虽然高管声称滥用行为已经得到解决，富国银行的企业文化已经改变，但在对美国各地员工的采访中发现，许多导致丑闻的高压销售做法仍在继续。

员工描述了企业声明与实际行动之间的差距。尽管高管声称，已经采取了防范措施，以防止过去的做法再次发生，但各地分支机构的员工反映激进的销售目标文化仍然存在。该报道援引员工的话说，公司声称的改善是"肤浅的"和"言不由衷的"，目的是创造良好的公共关系，但实际上并没在各地分支机构中做出多大改变。

例如，企业高管指出，富国银行大幅减少了通过与销售目标挂钩的奖金补偿员工的做法，奖励制度的这一变化旨在减轻员工销售更多产品的压力。然而，员工声称，这样做的结果是员工的收入变少了，而相应的销售目标却保持稳定，甚至在某些情况下销售目标还有所增加。

在此期间，员工注意到，富国银行首席执行官蒂莫西·斯隆获得了1 700万美元的薪酬，较之前增长了36%。

对富国银行来说，公司报表与分行实际情况之间的明显脱节是一个长期持续存在的问题。回想一下丑闻首次公开时，前首席执行官约翰·斯顿夫给出的解释。斯顿夫将责任归咎于不诚实的个人，同时否认存在任何公司或系统问题。对于欺诈行为如此普遍的问题，斯顿夫的解释是：员工只是通过口口相传来相互学习。

富国银行事件提供了一个很好的反思视角：伦理分析必须在哪些层次进行。从基层的银行柜员到中层的私人理财顾问、信贷员、分行经理，再到高层的管理人员，各个角色都要做出决策。然而，公司和组织的客观现实也会显著影响个人的决策。虽然这种企业文化往往很微妙，但它在决策过程中发挥着强大的作用，弄清个人决策和企业文化之间的相互作用是商业伦理的一项重要研究内容（详见第4章）。

想一想对富国银行事件的两种极端解读。一方面，正如斯顿夫的最初回应所暗示的那样，我们面临着这样一种情况：成千上万的"不诚实的"个人，依靠口口相传，选择做出不道德的决定，欺骗了成千上万的客户。不知何故，组织不能阻止这种情况的发生，结果，组织因自己成员的行为而导致自身腐化。因此，组织剩下的责任是建立机制和制定政策来防止不诚实的员工按照自己不道德的动机行事。

另一方面，似乎正如《纽约时报》记者采访的员工所暗示的那样，基本上正派和诚实的人都发现他们所在的组织在奖励渎职行为，却不鼓励诚实的行为。企业的政策和做法创造了腐败猖獗的环境，如不加以制止，优秀的人最终也会做出不道德的行为，因为这是组织所"期望和奖励的"。

回到开篇伦理决策最后讨论的问题，并结合富国银行事件思考一下，你应该将责任落实到哪里？何人或何事有最大的过错？为了防止再次发生，最需要改变什么？

练习与应用

1. 伦理和价值问题经常出现在大学的各种课程中，特别是在商业和职业学校。在你们学校的课程中，有没有一些课程（可能不要求使用诸如道德或社会责任之类的词汇）也讨论"该做的事情"？经济学和金融学课程又是怎样涉及价值维度的？
2. 为什么法律规则可能不足以让一个人履行道德责任？你能想到商人做了法律允许但在道德上是错误的事情吗？那么反过来，是否存在这样的情况：一个商人的行为在法律上是错误的，但在道德上是正确的？
3. 不道德的商业行为会带来什么好处和代价？区分个人和公司的利益及损害。
4. 回顾个人道德与社会道德之间的区别。你能想到在哪些情况下，某些决定在社会政策方面是有价值的但在个人道德方面是不好的吗？又是在哪些情况下，就个人道德而言是好事，就社会政策而言则是坏事？
5. 如本章所述，《美国残疾人法案》要求企业为残疾员工提供合理的便利。考虑以下残疾情况：肥胖、抑郁、诵读困难、关节炎、听力损失、高血压、面部疤痕、情绪障碍、过敏、注意力缺陷障碍、创伤后应激综合征和恐高。假设你是一名人力资源经理，一名员工的条件满足以上某些条件，要求你提供便利。在什么状态下，这些情况可能构成足够严重的损害，值得法律保护？在回答这个问题时，你会考虑哪些因素？在做出这些决定之后，反思一下你的决定是合法的还是符合道德的。

6. 在网上搜索最近关于石油泄漏的新闻，这些报道中是否涉及一些石油公司极其明智或不明智的行为？你认为像 Keystone 这样大型的输油管道项目引起的争议会改变人们对石油泄漏清理在道德层面的评价吗？

7. 列出所有在富国银行事件中受到不利影响的人。在这些人中，你认为谁的权利受到了侵犯？富国银行对这些资助者负有什么责任？

8. "伦理"行为是否需要以伦理价值为基础，以此评价道德上的好与坏？如果一家企业为了获得良好的宣传而做出了有益于社会的行为，或者它创造了一种道德文化作为一种商业战略，那么这家企业的行为在道德上是否值得称赞？认为道德是"对企业有益"的想法是误导还是符合实际？

9. 在2008—2009年的经济衰退期间，许多信誉良好的公司破产，而其他公司则在挣扎求生。在那些留下来的企业中，有些企业选择大幅缩减劳动力规模。想象一下，在这样的经济衰退时期，你在帮助经营一家公司，经营得相当不错，每个季度都公布利润，并显示出可持续增长的未来预期；然而，市场的普遍不安导致该公司的股价下跌，为了解决这个问题，首席执行官决定解雇一些员工，以削减成本，提高效益。这一行动提高了投资者的信心，因此股票价格上涨了。你对这位首席执行官的决策有怎样的印象？在解雇员工的过程中是否存在道德上的失误？或者说这是公司生存所必需的实际决定吗？

10. 每年，《道德界》(*Ethisphere*) 杂志都会发布一份世界上最具道德的公司的名单。登录它的网站，找到并评估它的评级方法和标准，然后完善评估体系（也就是说，为你可能做出的任何修改提出建议，以形成一个基本全面的列表，等等）。

注释

1. Decision points appear throughout each chapter in the text. These challenges are designed to introduce the concepts discussed in each chapter by raising the ethical issues in real-life cases. Discussion of these cases should introduce the ethical issues and various perspectives that might be taken on each.

2. Source: Testimony of Wells Fargo John Stumpf in front of the Senate Banking Committee, September 20, 2016.

3. This case was developed from E. Scott Reckard, "Wells Fargo's Pressure-Cooker Sales Culture Comes at a Cost," *Los Angeles Times* (December 21, 2013), www.latimes.com/business/la-fi-wells-fargo-sale-pressure-20131222-story.html; Emily Flitter and Stacy Cowley, "Wells Fargo Says Its Culture Has Changed. Some Employees Disagree" (March 9, 2019), www.nytimes.com/2019/03/09/business/wells-fargo-sales-culture.html?action=click&module=Top%20Stories&pgtype=Homepage.

4. A critique of the separation thesis can be found in R. Edward Freeman and Jared D. Harris, "The Impossibility of the Separation Thesis," *Business Ethics Quarterly* 18, no. 4 (October 2008), pp. 541–48. A thorough analysis of the nuances involved in the separation thesis can be found in J. Sandberg, "Understanding the Separation Thesis," *Business Ethics Quarterly* 18, no. 2 (2008), pp. 213–32.

5. Source: Milton Friedman, "The Social Responsibility of Business Is to Increase Its Profits," *The New York Times Magazine* (September 13, 1970)

6. The full quote from Smith is: *Every individual . . . neither intends to promote the public interest, nor knows how much he is promoting it . . . he intends only his own security; and by directing that industry in such a manner as its produce may be of the greatest value, he intends only his own gain, and he is in this, as in many other cases, led by an invisible hand*

    to promote an end which was no part of his intention. Adam Smith, *An Inquiry into the Nature and Causes of The Wealth Of Nations,* Book 4, ch. 2, p. 456, para. 9 (1776).

7. Financial Crisis Inquiry Commission, *The Financial Crisis Inquiry Report: Final Report of the National Commission on the Causes of the Financial and Economic Crisis in the United States* (Washington, D.C.: Government Printing Office, January 25, 2011). Canadian data are taken fromhttps://www150.statcan.gc.ca/n1/pub/75-001-x/2009112/article/11048-eng.htm.

8. Source: Whole Foods Market IP, LLP, "Declaration of Independence," www.wholefoodsmarket.com/company/declaration.php (accessed January 15, 2012). See also Knowledge @ Wharton, "Building Companies That Leave the World a Better Place," February 28, 2007, p. 2, excerpting R. Sisodia, J. Sheth, and D. Wolfe, *Firms of Endearment: How World-Class Companies Profit from Passion and Purpose* (Philadelphia, PA: Wharton Business School Publishing, 2007), ch. 6.

9. Committee of Sponsoring Organizations (COSO) of the Treadway Commission, "Executive Summary," *Enterprise Risk Management—Integrated Framework,* September 2004, p. 2.

10. See "Wrigley Residents Voice Pipeline Spill Concerns," *CBC News* (August 12, 2011), www.cbc.ca/news/canada/north/story/2011/08/11/nwt-wrigley-enbridgemeeting.html (accessed July 19, 2012).

第 2 章

伦理决策：个人和职业背景

> 了解自己是怎样的人是很重要的。去做出决策。去展示你自己。
>
> ——马拉拉·尤萨夫扎伊（Malala Yousafzai）
>
> 在一个重要的决定中，无论决策者花费多少钱或等待多久，他都很难掌握一个好的决定所需要的百分之百的信息。并且如果等得太久，他将会遇到不一样的问题，而且必须从头再来。这就是犹豫不决的决策者的可怕困境。
>
> ——罗伯特·格林里夫（Robert Greenleaf）
>
> 有两种人，一种是做事的人，另一种是会拿功劳的人，尽量选择待在第一种人里，竞争会比较少。
>
> ——英迪拉·甘地（Indira Gandhi）

∷ 开篇伦理决策

我要失业了，你会怎么做

你在一家公司工作，该公司是该地区的主要医疗保健提供者之一。该公司在该地区经营一家大型医院和众多医务室及诊所。你的专业背景是会计，并且你已经在医疗保健业务方面工作了 15 年。[1]

与许多其他行业一样，医疗保健正在经历一个重大的整合时期，这主要是由于医学专业化程度的提高和成本的不断增加，尤其是诊断和治疗技术的成本。基于你的会计背景，你充分理解该领域整合的经济理由。你有着通过在患者记录保存、疗程安排，尤其是保险管理和报销方面提高效率来节省大量成本的第一手经验。但是，你也相信巩固治疗是符合患者的最佳利益。一旦融入区域医疗系统，患者将有更多机会获得专业护理和治疗，同时经济效率也有助于降低成本。

两年前，作为战略计划的一部分，你所在的公司收购了另一家规模较小的医疗保健公司，该公司在该地区的农村城镇经营多家诊所。在大多数情况下，这些诊所是镇上唯一能提供医疗保健的地方。一家典型的由几名文员和行政人员，以及几名受过高级诊断培训和拥有开药执照的护士组成的诊所。医生每周有几天在现场。诊所的大部分日常工作包括常规医疗程序：诊断和治疗小病、提供健康护理建议及提供常规检查。更严重或更复杂的病例会安排在医生在场时，或者转给大型医疗机构的专家。

在此期间的大部分时间里，你的工作是帮助这些诊所将它们的会计程序和行政操作整合到你所在公司的系统中。你在工作和结识每个诊所的员工上花费了许多时间。起初，你意识到他们将你视为对本地运营构成威胁的局外人。员工明白，就像许多收购中经常发生的那样，有些人可能会失去工作，甚至有些诊所可能会关闭。尽管如此，他们还是很快意识到你的工作旨在帮助他们将业务整合到你所在公司的系统中，并且随着时间的推移，你成功地与许多员工建立了信任和相互尊重的关系。

然而，最近你被要求协助高级管理层分析每家诊所长期的财务可行性。根据之前的收购和公司的战略计划，你认为这些小诊所中利润最低的将关闭，而利润更高的将扩张。诊所的大部分行政工作——患者记录保存、疗程安排和保险管理，将与中央办公室合并。在地方层面上，所有可以解释合并趋势的理由都同样有道理。经济和运营效率为遵循这一战略提供了强有力的理由。你知道，如果这种整合发生，医疗保健的专业人员——所有的护士、医生助理和医生将在其他诊所获得职位，但大多数其他员工将失去工作。

由于分配上的这种变化，你已经注意到你与诊所员工的关系性质也开始发生变化。毫无疑问，部分原因在于你自己的犹豫。知道有些人会因为你的建议而失去工作，你试图保持相对冷漠，不愿加入谈话，并拒绝了共进午餐的邀请。你要求的信息和你提出的问题也开始引起员工的怀疑。

在最近访问过一家诊所后，你收到了办公室接待员的电子邮件。她首先告诉你，根据你之前的工作关系，她认为她可以信任和依赖你。然后，她提醒你诊所对当地城镇的重要性。她指出，他们治疗的大多数病例都是儿童和老人，而且他们对大多数患者的认识到了可以直呼其名的程度。该诊所提供了在大型系统中越来越不常见的个性化医疗保健类型。最后，她告诉你，办公室里到处都是关于诊所即将关闭的谣言。她解释说，这个小社区几乎没有其他工作机会，她担心失去工作。然后，她告诉你她了解到有另一份工作，但工资和福利比她现在的工作低。她直接问你，诊所是否很可能关闭。她最后问道："我会失业吗？""我应该从事另一份工作吗？"

::学习目标

在学完本章之后，你应该能够：
1. 描述做出符合伦理责任的决策过程。
2. 将决策模型应用于伦理决策。
3. 解释"好"的人可能从事不道德行为的原因。
4. 探索管理角色对我们决策性质的影响。

2.1 引言

第1章介绍了我们将商业伦理作为一种实践推理形式，一种商业决策的过程。将伦理付诸实践不仅需要做出决策，还需要负责任地决策。第1章还提出，即使一个人无意识地考虑一个决定，他自己的行为也会做出选择和表明立场。就像本章开篇伦理决策的会计师一样，你将无法避免地做出决定，无论是作为还是不作为。无论你在回答员工问题时做什么或不做什么，你都将做出一个选择，该选择将在伦理方面进行评估并具有伦理影响。

前一章提供了思考商业伦理的一般背景；在本章中，我们开始通过检查日常商业情况中可能发生的伦理决策来将这个主题带到更实用的水平。我们将研究个人决策中涉及的各种要素，并将这些概念应用于个人每天在业务中做出的决策。本章还研究了伦理决策可能出错的各种情况，以及企业领导者如何进行最有效的伦理决策建设。

2.2　伦理决策过程

让我们通过考虑对开篇伦理决策末尾所描述的电子邮件的一些可能的回复，来着手制定伦理决策过程的草图。你可能首先会反思这样一个事实：你真的不知道这家诊所会发生什么。虽然你的分析会严重影响决策，但你不是决策者，你的分析尚未完成。你最初的想法是回复你不知道，可能还会进一步解释这不是你的决定。你也不太了解这个女人，你给任何人建议都会不舒服，更不用说给交情不深的人提供关于离职的建议。

但你犹豫不决，延迟给出任何答复。你的直接反应是在这个位置上感到不舒服，然后你开始探索这种感觉。什么让你不舒服？部分原因是因为你被要求揭露那些你没有责任去揭露的信息。你也对这个女人所表达的明显恐惧和担忧很敏感。但你感到不舒服也因为事实上，你知道你的分析可能是建议关闭诊所，而这将导致患者受到所担心的伤害。而且你意识到这些伤害将来自你自己的决定和建议。

当你犹豫时，你也会反思员工所说的话。诊所在小镇上确实发挥着重要作用，你想知道你的财务分析是否充分考虑了这些事实。当你被要求提供财务分析时，你想知道你的角色是否应该包括提出更广泛的社会问题。但是你怎么能在你的分析中解释这一点呢？你是否应该将它仅仅作为标准财务分析的内容去考虑这些事实？

退一步说，我们应该认识到，做出任何负责任决策的第一步是确定情况的属实性，这至关重要。付出属实的努力来了解情况，将事实与纯粹的意见区分开是必不可少的。有时，看似伦理上的分歧可能会变成事实上的分歧。例如，一个人可能认为失去诊所是不道德的，因为它会剥夺人们的医疗保健。另一个人会相信同样的行为在伦理上是合理的，因为在事实上，他知道将会安排提供更好的护理替代医疗保健。

但是，确认事实并不像看起来那么简单。事实上，你的报告会建议关闭吗？从某种意义上说，你的答案是否定的，因为报告尚未编写，所以目前这不是事实。然而，如果说你不知道的话则会有点虚伪。你知道你的公司正计划关闭几家诊所，并且高级管理人员一直听从你的建议，此时你认为你会建议关闭。

你还认为该员工关于该镇的工作前景所说的话并不完全正确。虽然工资和福利相匹配的工作可能不多，但你确实知道劳动力市场并不像员工认为的那样暗淡。但是，由于你自己的工作技能和就业能力，这对你来说可能很容易相信。你想知道一个在小镇工作、几乎没有技能的女性如何看待这种情况。这种认识表明，除事实之外，围绕个人如何体验和理解情况的认知差异可以解释许多伦理分歧。一个靠薪水养家糊口的女性对失去工作的看法与拥有许多其他工作机会前景广阔的公司高管截然不同。了解事实并仔细审查情况大大有助于解决分歧，并可以为做出负责任的决定奠定基础。

在做出决定之前了解哪些事实是有用的？如果你知道这家诊所将继续营业，你会更愿意回复电子邮件吗？假设你被明确告知不要向员工透露任何信息；假设你被告知只凭自己的判断力想象一下呢？如果你知道你的公司计划在诊所关闭的地区引入新的远程医疗系统，让患者能使用电脑或手机在线获得诊断帮助和治疗呢？

根据对确定的事实而做出的伦理判断，比不顾事实而做出的伦理判断更为合理。一个基于对事实的仔细考虑而采取行动的人，比一个没有经过深思熟虑的人以更负责任的方式行事。鉴于确定事实的普遍重要性，科学（和批判性思维）在任何伦理研究中都发挥着作用。科学，也许尤其是社会科学，可以帮助我们确定围绕我们决策的事实。确定事实通常涉及对未来进行预测。例如，诊所关闭后，农村社区患者的医疗保健费用会怎样？回答这个可能关于未来结果的问题——确定事实——将涉及应用一些基本的经济学原理。

对于另一个业务案例，请考虑哪些事实可能与做出有关童工的决定有关。例如，考虑人类学和经济学的社会科学如何帮助我们了解在外国工作场所雇用童工的事实。将该策略应用于业务运营，将鼓励业务决策者寻找可能替代的或稍微不太传统的收集事实的方法，以确保他在做出最合乎伦理的决策时收集了所有必要的数据。

负责任的伦理决策的第二步要求能将决策或问题确认为伦理决策或伦理问题。确定所涉及的伦理问题是做出负责任决定的下一步。由于未能确认某些决定含有伦理成分，很容易误入歧途（当然，第一步和第二步可能会以相反的顺序出现，取决于具体情况。有时，你会有一系列导致出现特定的伦理困境或问题的事实。然而，同样可能的是，有时你从一开始就会遇到问题，比如说，当同事向你请求指导时，伦理困境就具有挑战性。因此，问题识别成为第一步，而事实收集是必要的第二步）。

在这种情况下，一些伦理问题立即显现出来。首先，你确实有责任对雇主保密。你对员工的同情也是值得承认的伦理问题。失去工作或失去保健诊所对社区的伤害是其他伦理问题。诚实和避免欺骗是伦理价值观，在决定如何回复电子邮件时也起着作用。

也许在商业中，识别伦理问题的挑战比在容易将决策简单地描述为"业务"或"财务"决策的情况下更重要。在许多情况下，对一个人来说似乎是一个伦理问题，但其他人会认为仅仅是一个财务决定。与第1章讨论的区分理论有关的一个举动是，人们普遍倾向于认为：如果企业决策是基于经济或金融原因做出的，则不受伦理批评。当我们为自己的决定辩护时，这种情况可能会特别普遍。

考虑一下，通过声称你"只"进行标准财务分析来排除关闭诊所的社会影响是多么容易。如果你能将决策归类为会计或经济决策，那么很容易认为你不再需要担心所涉及的伦理问题。还有另一种误导性倾向，有时也与区分理论有关，即伦理问题可以打折扣，因为这只是"感觉"或"情绪"。例如，如果某人认为该决定应基于会计和经济的"硬事实"，而不是同理心和同情心的"软感觉"，那么对诊所案例做出反应的情况并不少见。

但是，如何确定是否提出了伦理问题呢？商业决策何时成为伦理决策？我们首先需要认识到，"商业"或"经济"决策和伦理决定不是相互排斥的。仅仅基于经济原因做出决定并不意味着它不涉及伦理考虑。人们不能仅仅因为决定进一步提高利润或经济效益就免除伦理责任。除财务考虑外，我们还需要问的是：我们的决定将如何影响相关人员的福利。归根结底，我们的决定如何影响他人的福利，是将决定带入伦理领域的原因。对伦理问题敏感是伦理责任人需要培养的重要特质。

考虑在阿迪达斯公司于 2016 年宣布的恢复德国制造业的决定中,伦理学和经济如何相交。阿迪达斯是一家生产鞋类和运动服的德国公司,几十年来主要在发展中国家开展制造活动。阿迪达斯"返回"德国的决定或许值得德国人庆祝,但其中有一个陷阱:阿迪达斯在德国制造的鞋子将由机器人制造。关于在制造中使用何种技术的决定似乎是一个纯粹的技术问题,在哪里制造似乎是一个简单的运营效率问题。但这两个问题都有明显的伦理含义。使用机器人制造鞋子意味着人们的工作岗位更少了。在德国制造(而不是在印度尼西亚制造)至少意味着会给德国人提供一些工作岗位。但对印度尼西亚人来说,这意味着没有(新的)工作岗位,他们平均来说要穷得多,因此比德国人更迫切需要工作。这个决定是比不同的决定更好还是更坏并不明显,但应该清楚的是,这是一个具有重大伦理层面内涵的决定。

伦理的一个基本承诺在于公正地促进人类福祉。伦理责任人不仅关心自己的福祉,也关心朋友或家人的福祉,而且关心每个参与者的福祉。同理心和同情的反应不是一些随机的情感或感觉,而是一种认识,就像自己一样,其他人也会受到伤害和伤害。如果一个决定考虑到所有人的幸福、健康、尊严、正直、自由、尊重,那么这是一个合乎伦理的决定。在它忽视或无视他人福祉的程度上,这是一个伦理上不负责任的决定。最后,几乎不存在任何对他人福祉没有影响的重大商业决策。因此,人们可以争辩说,几乎所有的商业决策都具有伦理意义。

在许多商业环境中,人们很容易参与决策的技术方面,以至于忽略了伦理方面。也许阿迪达斯董事会没有考虑其决定对不同员工和潜在员工的差别影响。再次考虑在进行财务分析时忽略关闭诊所的社会成本的情况。一些作者称,这种无法识别伦理的问题是"规范性近视",或者是对价值观的短视。[2] 规范性近视不仅在商业上是个问题,而且在商业环境中,人们可能会特别专注于手头任务的技术方面,因此不能认识到伦理方面(见现实观察 2-1)。

⊙ 现实观察 2-1

是否有写论文的伦理规范

也许学生和教师面临的最常见伦理问题涉及剽窃。事实上,2010 年,一项对 43 000 名高中生的调查显示,三分之一的学生承认利用互联网剽窃作业。[①]从学术角度来看,没有比剽窃他人作品更严重的罪行了。然而,许多学生似乎真的惊讶地发现,他们认为是研究的东西被老师解释为不道德的行为。[②]

许多学生在写学校论文时依赖互联网。他们非常容易将在线资源的部分剪切并粘贴到自己的作业中,而忽略加上引号并标明引用来源。在某个特定网站上,用户可以发布他们正在努力解决的问题,并确定他们愿意为答案支付的金额。然后,"导师"(即答题人)编写一个自定义课程,回答张贴的问题,以便收到付款。该网站声称,它不是在帮助学生作弊,相反,它只是提供在线辅导服务。它争辩说,所有用户,无论是学生还是"导师",都必须同意网站的学术诚信政策,才能使用网站的服务。

毫无疑问,其中一些人是故意作弊,例如学生从"导师"或其他互联网来源下载或购买整篇论文的回答。但是,在许多情况下,学生似乎真的很困惑,因为他们的老师将未注明来源的剪切和粘贴的段落视为作弊。大多数教师都记得他们不得不向学生解释为什么这种做法是不道德的。

这种情况并不罕见。人们经常做出错误的伦理决定,因为他们不明白其中涉及伦理问题。

通常，他们没有考虑其决定的影响，也没有从他们的处境中脱离，以反思他们的选择，并从其他角度考虑他们的决定。通常，他们只是太过深入眼前的情况，不敢去想这样的事情。这是规范性近视和无意失明的一个很好的例子。

① "Installment 2: The Ethics of American Youth: 2010," Josephson Institute: Center for Youth Studies (February 10, 2011), http://charactercounts.org/programs/reportcard/2010/installment02_report-card_honesty-integrity.html(accessed July 17, 2012).
② For just one website of many that compiles definitions of violations of academic integrity, as well as strategies to maintain academic integrity, see http://academicintegrity.depaul.edu.

学者丘格（Chugh）和巴泽曼（Bazerman）同样警告人们注意"无意失明"，他们认为关注过于狭窄的问题会产生这样的结果。[3]如果我们碰巧专注于或者如果我们被特别告知只关注决策或事件的一个特定元素，我们很可能会错过许多周围的细节，无论它们多么明显。然后，这些集中的失败会导致我们问自己："我怎么会错过呢？"你可能还记得开车时和某人交谈过，也许错过了高速公路的岔路口，因为你的"头脑在别处"。

问题是，当我们把注意力集中在错误的事情上，或者没有集中注意力时，我们可能看不到使我们成功或防止不道德行为的关键信息：我们可能无法使用这些信息，因为我们不知道它是否相关；或者我们可能知道，但我们可能无法将它贡献给团队。任何这些故障都可能带来灾难性或危险的后果（有关未能查看到的更多相关信息，请见现实观察 2-2）。

⊙ 现实观察 2-2

自欺欺人

"人们认为自己比其他人更有伦理、更公平、更客观，但往往违背自己的伦理指南针。"

塞泽尔（Sezer）、吉诺（Gino）和巴泽曼提出了"伦理盲点"①，认为导致伦理盲点的关键因素包括：

- 隐含的偏见（"个人通常认识不到隐性偏袒群体成员对社会群体成员造成的伤害。"）。
- 时间距离（我们倾向于相信，"当时"我们会遵循我们的伦理指南针，但当时机成熟时，我们更有可能顺应我们眼前的需求）。
- 没有注意到别人的不道德行为（当我们从中受益时，或者当我们鼓励他人的伦理行为时，我们不太可能谴责他人的伦理行为）。

① O. Sezer, F. Gino, and M. H. Bazerman, "Ethical Blind Spots: Explaining Unintentional Unethical Behavior," *Current Opinion in Psychology* 6 (2015), pp.77-81.

丘格和巴泽曼确定了伦理问题可能被忽视的第三种途径：改变盲目性。当决策者没有注意到随着时间推移逐渐变化时，就会出现这种遗漏。他们举了阿瑟·安徒生（Arthur Andersen）审计师的例子，他们并没有注意到安然公司在其不道德的决定方面已经跌得有多深。防范这些决策风险的方法之一是确保决策者在决策过程中征求他人的意见。研究人员报告说，群体输入——任何其他输入——几乎总是一个积极因素，因为集体可以比任何一个人拥有和利用更多的信息。

伦理决策的第三步涉及其更重要的要素之一。负责任的决策期望我们识别并考虑所有受决策影响的人，人们通常称他们为利益相关者。从这个意义上说，利益相关者包括受公司或个人决策、政策或运营影响的所有群体或个人（见图 2-1）。从自身以外的各种角度审视问题有助于使自己的决策更加合理和负责。相反，从狭隘的和个人角度进行思考和推理实际上必然导致我们不能完全了解情况。从狭隘的和个人角度做出决定同样使我们很容易做出不适当考虑他人和观点的决定。

考虑决策对他人的影响，一个有益做法是转变角色。如果你是可能失去工作的人，或者可能无法获得当地卫生保健服务的人，你会怎么看这个案子？这会如何影响你的思维？如果你是征求意见的人，你会有什么判断？哲学伦理学的悠久传统认为，伦理合法性的一个关键考验是，从有关各方的角度来看，一项决定是否可以接受。如果你能接受一个

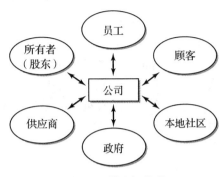

图 2-1　利益相关者

合理的决定，无论你采取什么观点，这个决定可能是公平、公正和合乎伦理的。如果你只从一个角度承认关闭诊所的决定是合理的，那么这充分表明该决定不是公平或合乎伦理的。

作为如何考虑利益相关者的一个例子，全球采矿和开采公司必和必拓（BHP Billiton）进行了全面的利益相关者的排查，然后将这一分析结果发布到互联网上，以便向利益相关者展示对透明度的承诺。[4] 它将关键利益相关者定义为：就是那些对我们所做的事情感兴趣的人，或者那些对我们所做的事情有影响的人。[5] 然后，它要求所有开采点确定关键利益相关者，并考虑他们对运营生命周期内所有运营活动的期望和关注。"网站还必须具体考虑任何少数群体（如土著群体），以及任何对利益相关者参与至关重要的社会和文化因素。"[6] 通过现实观察 2-3，你可以看到另一家公司与各种利益相关者互动的方式范围。

⊙ 现实观察 2-3

约翰逊·马泰的利益相关者参与度

英国化学品公司约翰逊·马泰（Johnson Matthey）的网站中详细阐述了它的利益相关者是谁，以及公司用来吸引他们的方法。换句话说，公司认识到，从伦理上讲，仅仅知道你的利益相关者是谁是不够的；你需要让他们参与讨论。公司还认识到，不同的利益相关者需要以不同的方式参与。约翰逊·马泰与几个关键利益相关者接触的方式如下：

约翰逊·马泰的利益相关者参与度

利益相关者①	探讨	调查	例会	审查	审计	综合年度报告
雇员	是	是	是	是		是
股东	是	是	是			是
顾客	是	是	是		是	是
监管机构	是					是

① 约翰逊·马泰还列出了其利益相关者中其他内容，包括机构投资者/分析师、供应商、非政府组织、行业协会、伦理投资市场和自愿计划。

资料来源：Johnson Matthey, "Our Stakeholders," www.matthey.com/sustainability/sustainability-governance/stakeholders.

■ 伦理决策 2-1

富国银行案件：谁是重要的

回想第 1 章的开篇伦理决策。参与欺诈的员工似乎不太可能认真考虑他们的行为将如何影响他们的客户。

考虑富国银行各级做出的决定，从董事会到首席执行官和其他高管，从中层经理和分支机构经理到一线员工。在每个级别，考虑可能考虑的利益相关者的范围，然后想象本应考虑的整个利益相关者范围。受信托模式向交易型模式转变影响的利益相关者是谁？哪些利益相关者受到奖励高交叉销售率的薪酬模式的影响？哪些利益相关者受到由此产生的丑闻的影响？

还要考虑安桥在箭牌镇漏油事件后的决定，如第 1 章伦理决策中所述。作为一家上市公司，安桥对其股东负有财务义务。仅考虑这一义务，就可能导致决定只满足清理清油区域的最低法律要求，以避免产生影响利润的额外成本。然而，只考虑股东观点的决定并不是一个负责任的决定。漏油事件还影响到箭牌镇的居民，他们严重依赖该地区的森林和水道来谋生和生活。现实观察 2-3 进一步探讨了利益相关者的影响。

许多决策将涉及多个利益相关者的利益，这也有助于我们理解伦理决定面临的重大挑战。有许多观点和利益处于危险之中，这一事实意味着伦理决定往往涉及冲突和两难境地。每种选择都会给一些利益相关者带来成本，并给其他利益相关者带来好处。做出有利于一个群体的决定往往意味着其他利益相关者将被剥夺利益。经济学家根据放弃的机会来定义成本，这样我们做出的每一个决定都会带来成本，因为每一个决策都会在打开一些机会之门的同时关闭另一些机会之门。伦理要求我们考虑谁承担成本，谁获得利益，以及成本如何分配。

一旦我们审查了事实，确定了所涉及的伦理问题，并确定了利益相关者，我们转向第四步，并考虑可用的替代方案。存在哪些选项呢？有时，我们因没有考虑一系列替代方案而做出决定，这可能是想象力的失败。识别道德选择的创造力也被称为道德想象力，这是区别能够做出伦理道德决策的好人与不能做出伦理道德决策的好人的一个因素。[7] 重要的是，不仅要考虑特定环境下的显而易见的决策，也要考虑一些乍一看并不明显并且更加微妙的问题。

再考虑一下开篇伦理决策中的案例。一个人可能认为，唯一的选择是给出一个真实的答案（诊所很可能关闭，员工可能会失去工作）或给出一个欺骗性答案（声称你不知道）。另一个人可能会给出一个更微妙的回答。一个更有创造力的人可能预见到这些问题，并在进程开始前制定了一项战略，寻求主动平息恐惧并解释各种选择。

决策过程中的第五步是比较和权衡替代方案。创建一个心理电子表格（或者，如果你有时间，情况又很复杂，请创建一个真正的电子表格），也许完成这项任务最有帮助的方法是尝试把自己放在对方的位置上，正如前面讨论的那样。从他人的角度了解情况，努力"穿上对方的鞋子走一英里⊖路"，对负责任的伦理决策有重大贡献。权衡备选方案将涉及预测所有利益相关方可预见的后果。这一评价的一个关键要素将是考虑减轻、最小化或弥补任何可能的有害后果或增加和促进有益后果的方法。

伦理学专家有时会要求决策者考虑，如果《华尔街日报》(或《环球邮报》，或者任何相关

⊖ 1 英里 = 1 609.344 米。

的日报）将这一决定作为头版文章发表，他是否会感到自豪或羞愧。或者，正如这种情况可能发生的那样，想象一下，如果你的电子邮件回复被广泛转发。如果会被其他人知道了，你的行为会改变吗？完全透明或缺乏透明度是对决定伦理性质的一个很好的考验。这项工作的要点是认识到，一个完全负责和合乎伦理的决定应当对所有的利益相关方做出可解释、站得住脚和合理的决定。通常，我们希望隐藏的是不负责任的决定（见现实观察2-4）。

⊙ 现实观察2-4

认识到利益相关者信任的价值

大众汽车股份公司（Volkswagen AG）首席执行官马丁·温特科恩（Martin Winterkorn）博士的声明（2015年9月20日）：

美国环境保护署和加利福尼亚州空气资源委员会透露了它们的发现，在测试大众汽车集团（Volkswagen Group）的柴油车时，它们发现了违反美国环保标准的操纵行为。

大众汽车股份公司的管理委员会非常重视这些发现。我个人深感遗憾，我们丧失了客户和公众的信任。我们将与有关负责机构充分合作，明确、公开和彻底查明本案的所有事实。大众汽车已下令对此事进行外部调查。我们不会也不能容忍违反任何内部规则或法律的行为。

客户和公众的信任现在及将来仍是我们最重要的资产。我们大众汽车公司将尽一切可能重新建立这么多人对我们的信任，我们将尽一切可能弥补造成的损失。这件事对我个人和整个管理委员会来说都很重要。

资料来源："Statement of Prof. Dr. Martin Winterkorn, CEO of Volkswagen AG" (September 20, 2015), www.volkswagenag.com/content/vwcorp/info_center/en/news/2015/09/statement_ceo_of_volkswagen_ag.html (accessed June 17, 2016).

但是，衡量对所有利益相关方的影响并不是比较替代方案的唯一手段。有些替代方案可能涉及凌驾于后果之外的原则、权利或义务问题。在业务环境中，个人通常可能具有与其职位相关的具体职责。大型零售商店的采购经理有责任指导自己避免在与供应商打交道时出现利益冲突。是否涉及与公司规则、专业行为准则、业务角色或法律职责相关的职责，这可能是你在回复员工电子邮件时首先考虑的问题之一。你对你的雇主负有保密义务，这似乎禁止你提供任何建议。也许在特定情况下，你可以从这些来源或其他来源处获得指导（见现实观察2-5）。

⊙ 现实观察2-5

寻求指导

和比你更好的人在一起会更好。挑选那些比你优秀的同伴然后跟他们在一起，你会渐渐也跟他们一样优秀。

——沃伦·巴菲特（Warren Buffett）

我认为，每一项权利都意味着一种责任；每一个机会，意味着一项义务；每一份财产，意味着一项责任。

——洛克菲勒（John D. Rockefeller Jr.）

正直的人，通过他们的存在，重新点燃了作为一个人我们可以生活在伦理污秽之上的信念。我们需要这种信念：一个愤世嫉俗的社会是一个腐败的社会。

——约翰·威廉·加德纳（John W. Gardner）

比别人优越没有什么高尚的。真正的高尚在于优于你以前的自我。

——印度谚语

我希望，我人生的成就将是这些——我会为正确和公平而奋斗，我会为此冒风险，我会帮助那些需要帮助的人，我会为我所做的一切和我所成为的人，让地球变得更加美好。

——霍普（C. Hoppe）

法律和原则不是用在没有诱惑的时候，而是像现在这样，当身体和灵魂想要起而反抗它们的严酷的时刻……如果我为了自己的方便，而可能会破坏它们，那么它们还有什么价值？

——夏洛蒂·勃朗特，《简·爱》
（Charlotte Bronte，in *Jane Eyre*）

　　比较和权衡替代方案的另一个因素是考虑决策对自身完整性、美德和品格的影响。了解自己的性格和价值观应该在决策中发挥作用。人们通常根据对自己是谁及想成为什么样人的理解来做出决定。一位负责人会问："什么样的人会做出这个决定？我会通过以这样而不是那样的方式决定养成什么样的习惯？我创造和鼓励什么样的企业文化？我或我的家人如何描述做这样决定的人？这是我愿意在公开场合捍卫的决定吗？"这些问题真正触及商业伦理领导的核心。以开篇伦理决策中的问题为题，一个诚实的人甚至可能不考虑误导诊所员工。

　　一旦你探索了这些变量，最后一步就是做出决定。但是，该过程尚未完成。业务决策通常不是简单的。"是"或"否"的决定；在大多数情况下，做决定意味着制定计划并实施计划。此外，要在我们的决策中负起责任来，仅仅考虑这个过程是不够的。相反，我们作为人类有能力从我们的经验中学习。这种能力意味着有责任通过进入最后一步来完成这一进程：评估我们决定的影响，监测和从结果中吸取教训，并在今后面临类似挑战时相应地修改我们的行动。从体制上讲，这可能意味着利用所学知识制定预防未来危机的计划，建立新的做法，并制定新的政策和程序。伦理决策 2-2 让我们有机会将这一决策过程付诸实践。

■ 伦理决策 2-2

决策模型的应用

　　让我们想一想：汉堡连锁店——麦当劳或汉堡王自愿决定向员工支付倡导者建议的每小时 15 美元的工资会是新的、合法的工资吗？

　　多年来，拥护者一直主张政府应该大幅提高最低工资，或许要提高到每小时 15 美元。你如何使用本章中提供的伦理决策过程做出此决定？让我们仔细想想前几步。

　　（1）**哪些事实可能相关？**你需要首先考虑你目前每小时所支付的费用，以及一个典型的工人每周工作多少小时。你也可以考虑由此产生的总工资与生活成本的比较。其他工作场所中具有类似技能水平的工人获得的薪酬也具有相关性。考虑一下：谁是你的员工？他们是试图支持一个家庭的父母，还是为了一点现金而做第一份工作的年轻人？支付更多的工资能吸引更好的工人吗？如果你提高每小时的工资，你需要做些什么来抵消额外成本？

　　（2）**本案提出了哪些伦理问题？**对大多数人来说，最重要的伦理问题是公平。但公平可以意味着很多事情。一种公平与一天工作的公平报酬有关。另一种与员工、客户和股东等各种利益相关者之间公平分配利益有关。

（3）**谁是利益相关者**？最明显的利益相关者是你的员工及其家人。同样相关的是更资深的一线工人，他们可能会讨厌这样一个事实，即初级工人在经过几年的经验积累后赚得和他们一样多。你的客户也可能在这方面占有一席之地，尤其是在劳动力成本增加意味着需要提高价格的情况下。最后，如果你的公司是公开交易的公司，你的股东是另一个明显的利益相关者群体。

（4）**有哪些备选方案**？有许多选项可用。保持现状是一种选择，将工资提高到维权人士要求的水平也是一种选择。当然，小幅加薪也是一种选择。还有一种选择是降低问题的重要性（正如一些汉堡店所做的那样），减少雇用最低工资雇员和安装自助服务亭。但不要忘记运用你的想象力，超越那些显而易见的选择。可能还有其他选择，其价值几乎与加薪一样，比如提供额外津贴、医疗保健福利、大学或大学学费援助等。

（5）**自己完成流程**。你如何权衡连锁餐厅的替代品？你认为餐厅应该根据这种替代选择的权衡做出什么决定？公司应如何监控结果，以确保吸取适当的教训？

注：截至2019年，美国联邦政府规定的最低工资为每小时7.25美元。一些州已经建立了更高的最低标准。美国许多州已经建立了高于联邦水平的最低标准，2014年，美国几座城市（旧金山、西雅图和洛杉矶）批准了每小时最低15美元的标准，将逐步实施。相比之下，在加拿大，严格来说最低工资是省级问题，最低工资因省而异，但一般在9～12美元之间。

我们在下一章中描述的伦理传统和理论将帮助我们充实与阐述这一决策过程。其他对伦理负责的决策方法也是可能存在的，并且我们这种方法不能保证对每一项决策都做出唯一和绝对的答复。但这是一项负责任的和合乎伦理的决策发展的有益开端（见图2-2）。

- 确定事实
- 确定所涉及的道德问题
- 确定利益相关者，并从他们的角度考虑情况
- 考虑可用的替代方案，也称为运用道德想象力
- 比较和权衡备选方案，根据：
  - 后果（针对所有利益相关者）
  - 义务、权利、原则
  - 对个人完整性和品格的影响
- 做出决定
- 监控并从结果中学习

图2-2 伦理决策过程

2.3 当伦理决策失败时，为什么"好人"会做出"坏行为"

我们说每个人都有能力遵循类似的决策过程，或者我们每个人都有能力做出自主的决定，并不是说每个人都总是这样做。负责任的决策在许多方面可能出错，人们无法按照他们的伦理判断行事。当然，人们有时可能选择做一些不道德的事情。我们不应低估不道德选择和不道德行为的真正可能性。

但在其他时候，即使是善意的人也未能做出合乎伦理的选择。哪些因素决定哪些公司或个人从事伦理行为，哪些公司或个人不从事伦理行为。为什么我们认为"好人"有时会做"坏事"？做坏事的人真的是好人，并不意味着这些不道德的决定或行为是可以原谅的，但从

事不道德行为的人可能出于各种原因这样做，而我们可能并不清楚。事实证明，负责任的决策和行为有许多绊脚石。

阻碍负责任的行动的一些绊脚石是认知或智力。正如本章概述的伦理决策模型所表明的，某种类型的无知可以解释伦理选择的不良原因。有时候，这种无知几乎是故意的。回到开篇伦理决策提到的情况，你可能会为自己合理化，关闭诊所不是你的决定，以此回应咒骂，"我不能说"。你可以试着说服自己，你只是在做别人在这种情况下会做的事，来证明这个决定是正当的。你可能并不真的相信这一点，但会以此自我安慰。你甚至可以选择不去想它，并试图把任何内疚的感觉从你的脑海清除。

另一个认知障碍是，我们有时只考虑有限的替代方案。当面对一种情况提出两个明确的替代办法时，我们往往只考虑这两条明确的道路，而忽略了其他选择是可能的这一事实。负责任的决策需要我们约束自己，探索其他解决方法。如果你仔细考虑诊所的情况，你可能会看到，有相当多不同的方式可用来推进。在我们的伦理决策过程中，我们称之为伦理想象力的运用。

我们人类也常常对简化的决策规则感到最舒服。有一个简单的规则可以让许多决策者放心。例如，你可能会说公司规则阻止你发表评论，从而避免承担责任。或者，你可能会呼吁简单的经济规则："当然，如果诊所没有足够的利润，它应该关闭"。使用简单的决策规则似乎可以减轻我们对于决策的责任，即使它可能不是最好的决定。你可能认为，你并没有"做出"这个决定：规则要求做出这一决定。这是一个令人欣慰的想法，但它会导致我们误入歧途。

我们还经常选择符合最低决策标准（又称满意）的替代方案。我们选择"足够"的选项："足够好"，即使它可能不是最好的。但有时，也许特别是在伦理学方面，"足够好"可能既不好，也不够。想象一下，一个需要做出决定的工作组，他们可能会花几个小时得出结果，并最终达成协议。在这一点上，不太可能有人会站起来说："等一下，让我们再花几个小时，找出一个更好的答案！"一个决定是通过协商一致（或疲惫，或沮丧）达成的，这一事实可以让每个参与者相信它一定是最合理的决定，即使它显然不是。

其他障碍不是智力上或认知上的，而是动机和意志力的问题。希腊哲学家亚里士多德在解释为什么有些人即使知道什么是对的，也会不道德地行事时，称之为"意志的弱点"。正如当代作家约翰·格里舍姆在他的小说《雨点》中解释的那样："每位（律师），在每一个案例中至少会有一次感到自己越过了一条他并不想跨越的界线。它只是发生了。"[8]有时做错事更容易。考虑如何回答现实观察 2-6 中提出的问题。

⊙ 现实观察 2-6

作弊的伦理

2010 年，对 43 000 名美国高中生进行的一项调查发现，三分之一的男孩和四分之一的女孩承认去年从商店偷过东西，近 60% 的人承认去年考试作弊，但近 90% 的人说，做一个好人比做富人更重要。①

尽管这些统计数字可能骇人听闻或令人不安，但学生在按学科分类时情况会更糟。研究表明，与预科生和普通民众相比，商科学生最有可能在考试中作弊。②针对"不作弊是长期进步的最佳方式"的说法，商科学生声称："一旦不留神，你就被人抢先了。"③这是否意味着，也许，由于进入商业领域的人已经开始作弊，商业领域的伦理是存在失败的？还是说，商科学生意识到商业领域需要这种不道德的行为，所以他们从一开始就做好准备？竞争力可能会模糊伦理与不道德之间的界限。无论哪种方式，正如我们的父母告诉我们的，仅仅因为环境充满了某种行为并不意味着我们必须效仿，也不意味着它能减轻我们在那种环境中采取行动的责任（因此，父母的常见问题是：如果珍妮从桥上跳下来，你会跟着吗）。

① "Installment 2: The Ethics of American Youth: 2010," Josephson Institute: Center for Youth Studies (February 10, 2011), http://charactercounts.org/programs/reportcard/2010/installment02_report-card_honesty-integrity.html (accessed July 17, 2012).

② Rick Tetzeli, "Business Students Cheat Most," *Fortune*, July 1, 1991, p. 14. See also James Stearns and Shaheen Borna, "A Comparison of the Ethics of Convicted Felons and Graduate Business Students: Implications for Business Practice and Business Ethics Education," Teaching Business Ethics 2 (1998), pp. 175-95. This research found that MBA students were more likely to cheat than convicted felons.

③ James Stearns and Shaheen Borna, "A Comparison of the Ethics of Convicted Felons and Graduate Business Students: Implications for Business Practice and Business Ethics Education," *Teaching Business Ethics* 2 (1998), p.18.

不幸的是，我们并不总是提前为适当的行为划清界限，即使我们这样做，它们也并不总是清晰明了。正如格里舍姆所言，做一件跨越界限的小事通常很容易，下次更容易，再下一次更容易。然后，有一天，你会发现你比自己想象的要远远超过你的伦理底线。

人们有时也会做出决定，而后来后悔，因为他们缺乏勇气做其他事情。做出正确的决定并不总是容易的：你可能会失去收入，你的工作，或者你生活中的其他有价值的组成部分。安然公司高管谢伦·沃特金斯（Sherron Watkins）最终指证了他人，她解释说，她不愿站出来反对不诚实行为，是因为安然高层管理人员的恐吓和恐惧文化。当被问及他们参与欺诈的事情时，富国银行的许多分行经理也表达了类似的担忧。

在应对同龄人的巨大压力时，勇气也是必要的。虽然我们可能相信我们可以在高中或大学将它抛在脑后，但不幸的是，我们一生都受制于它。我们倾向于在专业环境中屈服于同行的压力，这既是因为我们希望"融入"我们的组织并取得成功，也因为我们的实际思维受到同行的影响。我们担心我们的分歧意味着我们可能错了。因此，我们要么改变自己的想法以适应环境，要么只是倾听支持这种新思维方式的证据，直到我们的想法自己慢慢改变。毫无疑问，类似的事情发生在富国银行、安然公司、大众汽车公司和其他许多公司的丑闻中。

当然，在每天头版头条的丑闻中，不道德行为的惯常嫌疑人仍非常明显。公司高管的薪酬水平高得惊人，对公司高管决策缺乏监督，决策者与那些他们的生活受到影响的人之间存在巨大距离，财务挑战，以及一套尚未赶上技术进步的伦理价值观，所有这些因素都可能创造一个充满伦理挑战和不道德决策的环境。事实是，我们常常可以从不道德的行为中获益，从获得像良好的工作评价这样简单的东西，到获得像1.8亿美元薪金一样巨额的财富。贪婪和诱惑往往在我们身边，任何人都可以屈服于它。最难回答的问题往往是那些在定义我们是谁时最重要的问题。你可以在伦理决策2-3中试一试。

■ 伦理决策2-3

伦理润滑剂：选择你的毒药

2011年秋季，一个名为EthicalOil.org的加拿大组织发起了一场公关运动，旨在反击对加拿大油砂商业开发的批评。批评者对油砂开发提出了严厉批评，声称这种采油方法对环境造成了巨大的破坏，同时对人类健康也造成了威胁。EthicalOil.org 试图通过指出另一种选择来反驳这种批评：它们认为，任何选择不购买从加拿大油砂中提取的石油的人，实际上是在选择某些非民主的中东国家生产的石油，这些国家侵犯人权的记录非常糟糕。谁能支持侵犯人权的国家？因此，有人声称，加拿大的石油远不值得批评，确实是"合乎伦理的石油"。

当然，EthicalOil.org 说加拿大油砂中的石油是"合乎伦理的石油"这一事实并不能使之成为现实。

记住，你的车里的汽油是从石油中提炼出来的。想象一下，作为消费者，你可以在从一个石油开采对环境造成巨大破坏的国家购买汽油和从石油利润有助于支持有侵犯人权历史的独裁政权国家购买汽油之间做出选择。你会买哪种汽油？为什么？你愿意多付一点钱来获得更合乎道德的石油吗，不管这对你意味着什么？

接下来，想象一下，你有责任签署一份合同，为公司的车队提供汽油。如果可以选择，你会选择最环保的汽油吗？还是与侵犯人权关系最少的汽油？或者你会去买最便宜的汽油吗？

最后，考虑在购买危害环境的汽油和侵犯人权而提炼的汽油之间做出选择，是否穷尽了这些情况下的替代方案。是否有其他行动方针可供拥有汽车的个人消费者使用？是否有其他方案供负责为公司车队采购汽油的经理参考？

资料来源：Adapted from Chris MacDonald, "Ethical Oil: Choose Your Poison," *Canadian Business* [Blog] (September 21, 2011), www.canadianbusiness.com/blog/business_ethics/46555 (accessed July 19, 2012).

在一生中做出合乎伦理的决策也许是我们所有人面临的最严峻的挑战。最简单的做法是保持被动，只符合社会和文化期望，"顺其自然"。但这种被动正是苏格拉底声称不值得活下去的那种未经审视的生活。为了过有意义的人类生活，我们必须退后一步，反思我们的决定，作为自主的生命承担责任。

在离开讨论之前，值得反思的是，并不是我们做出的每一个决定都是有意识的审议和选择的结果。在我们大多数人中，包括我们自己的日常行动中，我们不会停止故意和有意识地选择行动。我们只是这样做。试想一下，如果在开篇伦理决策的案例中提出的问题不是发生在电子邮件中，而是发生在面对面的会议中。在这种情况下，你将没有时间确定事实、确定伦理问题、考虑替代方案等。

在下一章中，我们将描述强调伦理品格和美德的伦理传统。对许多人来说，伦理上困难的情况根本不会造成多少两难境地。许多人在行动之前不需要考虑该做什么，也不需要经历一个决策过程。许多人已经养成了某种性格，以及一套伦理习惯，这将鼓励他们，不经过深思熟虑，以符合伦理的方式行事。一个善良和温柔的人当面回答问题会不同于一个粗野和麻木不仁的人。在许多情况下，我们的行为与其说是出于深思熟虑的决定，不如说我们的行为出自我们的性格，或者因为我们就是那种人。

例如，考虑行政补偿问题。1980 年，一位美国公司高管的平均薪酬是公司普通员工的 40 倍；如今，上市公司的平均薪酬比已跃升至 300：1 以上。这些数字引起了相当大的关注，批评人士指责许多首席执行官的贪婪是不可原谅的。在高管薪酬大幅上升的背景下，全食公司（Whole Foods）首席执行官约翰·麦基（John Macey）数十年来坚持公开的薪酬比率上限，这一标准是一个显著的例外。2010 年，全食公司的薪酬比率定为 19：1，而麦基本人自愿将自己的年薪定为 1 美元，没有获得任何股票奖励或奖金。[9] 在时任首席执行官丹尼尔·迪米科

（Daniel DiMicco）的领导下，公司通过将包括高管在内的所有员工的薪酬与绩效紧密挂钩，在 2009 年前后的经济衰退时期始终坚持"不裁员"的理念[10]（见现实观察 2-2）。

在下一章关于美德的讨论和第 4 章对企业文化的讨论中，我们将研究决策模型为伦理行为提供不完整描述的情况。然而，在大多数于组织环境中做出决定的商业环境下，有意识的、深思熟虑的决策将成为常态，而且我们认为，伦理上负责任的决策是可以实现的。

2.4 管理角色中的伦理决策

本书已经强调，个人决策会受到自己所处社会环境的影响，社会环境可以使自己按得出的最佳判断采取行动变得更容易或更难。在商业世界中，一个组织的背景有时使人们很难以合乎伦理的方式行事，即使他们真的想这样做。同样，正确的组织文化和结构也会使不诚实的人难以表现出不道德行为。塑造可以鼓励符合伦理的行为并可以阻止不道德行为的社会环境的责任主要落在企业管理和执行团队身上。当我们介绍企业文化和伦理领导的概念时，第 4 章将更详细地研究这个问题，但在决策范围内去探讨这个主题是有帮助的。

本章引入的决策模型从发现自己处于特定情况的个人的角度出发。个人诚信是这种个人决策的核心：我是什么样的人，我想成为什么样的人？我的价值观是什么，我代表什么？每个人还承担着各种社会角色，这些角色承载着一系列的期望、责任和义务。在业务环境中，每个人必须考虑个人和专业决策的伦理影响。我们的一些角色是社交性的：朋友、儿子或女儿、配偶、公民、邻居。有些角色是机构性的：经理、员工、家长、孩子、教授、学生俱乐部主席。我们将在本案文中审查的主要角色和责任包括与特定职业相关的角色和责任，包括律师、会计师、审计师、财务分析师和其他人员。在这些背景下的决策提出了更广泛的社会责任和社会正义问题。

考虑不同的角色如何影响你对诊所员工电子邮件的响应方式的判断。你的判断肯定会受到你作为员工所在职位的影响，员工有责任对与工作相关的信息保密。作为一名员工，你还可以在创建和塑造自己公司的文化方面发挥作用。你的决定也将受到你作为会计的专业责任的影响。但你与要求信息的人的个人关系也会起到相应的作用：你更倾向于向亲密的朋友提供更多的信息，而不是向交情不深的人。

■ 再论开篇伦理决策

我要失业了，你会怎么做

要想将我们的决策模型应用于此案例，我们应首先尝试确定事实。我们在本章的前面讨论了其中的一些问题。也许你会考虑的第一组事实涉及预测将来会发生什么。一方面，你确实不知道会发生什么。另一方面，你知道你对这家诊所做了什么，知道你对自己公司做了什么，你有充分的理由相信，最有可能的结果将是关闭。你可能还希望探索社区就业前景的事实，以及社区中人们的医疗保健的替代性选择。

查明伦理问题肯定会包括诸如保密、真实性和欺骗性以及参与对他人造成伤害等问题。对这种情况最明显的解释是，你发现自己陷入了伦理困境，你必须在履行保密雇用义务和如实回答问题之间做出选择。

以这种方式解释案例提供了一种明确的方法来识别至少三个利益相关者：你、发送电子邮件的诊所员工，以及你自己的雇主。经过反思，你可能还需要考虑其他工作人员，包括将获得其他工作的专业人员和不会获得其他工作的专业人员。你也可以考虑诊所的客户，他们将失去随时获得医疗保健的机会，但可能会获得更广泛的医疗保健选项。你也可以考虑更广泛的社区，将失去其唯一的诊所和几个好工作。

伦理困境通常被描述为只有两种选择，每个选择都有问题。决策模型考虑替代方案的规则旨在通过寻找其他问题较小的选项，来削弱任何两难处境的现实。用你的伦理想象力寻找替代方案。你能否与你的经理交谈以寻求指导或允许你做出回应？你能想出一种方法来回复一封既不泄露机密信息也不误导员工的电子邮件吗？甚至你是否希望制定公司政策，以预防这种情况再次发生？

一旦你确定了替代方案，下一个显而易见的步骤是计算这些备选方案的后果，包括好的和坏的。你知道员工最终会了解他们的命运，但是现在延迟会因为阻止员工从事其他工作而造成不必要的伤害吗？你是否会因为泄露信息而危及自己的地位，或者这有可能被你的经理原谅吗？毫无疑问，其中一部分还将涉及比较替代后果，并考虑可能的权衡，以尽量减少伤害和最大化有益的结果。

但是，你还需要考虑利害攸关的原则或规则。说真话的原则是否压倒了自己就业的风险？信息保密的义务是否凌驾于员工可能遭受的伤害上？

接下来，你可能会考虑自己的诚信。你能忍受那种故意误导和欺骗别人的人吗？你是那种会努力寻找减轻伤害和解决冲突的方法的人吗？避免冲突并遵守雇主设定的期望对你来说是否最重要？

当然，最终你需要做出决定（请认识到，即使你试图通过忽略电子邮件而不回复来避免这种情况，你仍做出了决定。做决定是不可避免的）。

那么，你会决定做什么呢？为什么？最后，想象一下，过了一段时间，你的团队走到一起，回顾一下发生了什么。团队首先要求你审查你的决定及产生决策的想法。你们从中吸取了什么教训？对于今后你有什么建议？

⊙ 现实观察 2-7

那么，正确答案是什么

在决策模型的指导下，通过"开篇伦理决策"进行推理后，人们有一种非常正常的倾向，即期待得到明确的答案。你应该怎么做？正确的答案是什么？你是否应该如实回答？在我们自己的商业伦理教学经验中，学生往往期望得到答案，当没有准确无误的答案时，他们感到沮丧是可以理解的。除非你能得到答案，否则为什么要经历决策程序的麻烦，甚至为什么选修商业伦理课程？

伦理学是用来处理对人类生活很重要的问题，因此我们希望得到某些明确的答案是可以理解的。但伦理学不像科学、数学或会计，在会计中，正确的答案可以通过精确计算得出。我们在本书中介绍的决策程序并非旨在为任何结论提供证据，但它可以帮助你的决策变得越来越合理。正如我们在上一章中所讨论的，伦理学是实践理性的一个分支，它旨在建立合理的决定，而不是绝对或特定的决定。

比较在这种情况下不充分思考就回复电子邮件的人，和那些通过应用决策过程的某个版本系统地思考整个案例的人。也许第一个人是那些只对一种情况做出反应的人，或者一个对简单化规则有吸引力的人。第二个人首先了解事实，了解问题和所有利害攸关的观点，考虑替代方案，权衡所有利益相关方的后果，并反思相关原则和规则。当然，他们最终可能以同样的方式行事，但可以肯定的是，我们会把第二个人描述为比第一个人更合理、更周到、更体贴。归根结底，这就是商业伦理课程的目标：帮助你做出更合理、更周到、更体贴的决定。

在下一章中，我们将研究一种称为伦理相对主义的哲学立场，该立场由于无法提供可证明的结论而对伦理学得出了更具怀疑性的结论。我们希望本章为你提供了拒绝这种怀疑的资源。

在商业环境中，个人担任员工（包括新员工和"老手"）、经理、高管和董事会成员等职务。经理、高管和董事会成员有能力创建和塑造所有员工决策的组织环境。因此，他们有责任促进鼓励伦理行为和阻止不道德行为的组织安排。

接下来三章将讨论这些主题：第 3 章概述了一些主要的伦理传统如何为个人决策者和创建与塑造社会组织的人提供指导；第 4 章考察企业文化、伦理组织和伦理领导的主题；第 5 章着眼于企业社会责任、伦理组织和伦理领袖应达到的目标。

练习与应用

1. 想一想你目睹某人从事不道德行为，但你对此无动于衷的情况（如果你不能从自己的经历中想出一个例子，想象一下自己处于一个你认识的人的位置上，他目睹了这样的情况）。你希望你做了些什么吗？你需要什么来直言不讳，要么阻止不良行为，要么将它上报？处于权威地位的人怎么才能让你更容易采取行动呢？
2. 考虑自己的个人价值观，并解释其来源。你能确定它们的起源吗？你在多大程度上选择了自己的价值观？你自己的价值观在多大程度上属于你的家庭、宗教或文化背景，或者属于你这一代人的价值观？价值观从何而来重要吗？
3. 你认为哪一个小变化对当今世界的影响最大？在一篇简短的文章中分享，然后说服你的读者，为什么他们对这个问题的关注也如此重要。使用前几章中讨论的理论来说服读者相信你的论点的价值。
4. 你的 CEO 认可你在决策和沟通方面拥有异常强大的技能，因此她向你咨询如何最好地传达她即将裁减公司员工的计划。你建议她在做出这样的决定和发布公告时采用哪些关键策略？
5. 描述你认为"伦理领袖"所必需的素质。请说明你的观点并解释为什么领导者应该展示这些品质才能被视为"符合伦理"。然后，找出你相信在他的领导中体现这些品质的人，并提供相关行为的例子。最后，举一个你认为不具备这些品质的人的例子，并描述这个人的领导。
6. 在制定全球营销计划时，全球化公司如何能最好地确保它考虑了由于不同文化、宗教、种族和其他因素而可能存在的感性差异？
7. 许多人将 2008—2009 年全球金融危机归咎于单一的价值或动机，即贪婪。你如何定义贪婪？你认为真正的贪婪在普通民众中有多普遍？在华尔街的人身上比在普通民众身上更常见吗？

8. 作为课堂练习，简要说明你在工作环境中目睹的任何不道德或伦理上值得怀疑的经历。阅读并讨论课堂上的例子，保持作者匿名。考虑所涉及的组织如何允许或鼓励此类行为，以及可能采取哪些措施来防止此类行为。
9. 琳达正努力筹集资金，支持在她家乡一个贫穷社区建立一个免费诊所。她一直在努力，但她一直未能筹集到足够的资金使诊所启动和运行。一天，她从一位高调的企业高管那里得到了一张巨额支票，她是在一次募捐会上遇见这位高管的。她欣喜若狂，终于看到她的梦想成形了。然而几天后，给琳达钱的人因欺诈、洗钱和逃税而被捕。她应该做什么？她应该把钱留着，对问题视而不见吗？钱的来源重要吗？还是为了目的不择手段？
10. 大众汽车的工程师们设计了伪造排放测试结果的方法，你认为他们的动机是什么？你认为他们的动机在计划实施的这些年里是如何演变的？在他们被抓捕的五年前，如果让他们反思激励他们工作的价值观，你认为他们会说什么？

注释

1. This fictional case is an amalgam of the experiences of several former students, working in separate industries, who described examples of ethical dilemmas they have faced in their own work. Details have been combined and changed in ways that prevent identifying either the students or their employers, but which maintain the essential details of their real-life work experiences.
2. The concept of normative myopia as applied to business executives can be found in Diane Swanson, "Toward an Integrative Theory of Business and Society," *Academy of Management Review* 24, no. 3 (July 1999), pp. 506–21.
3. D. Chugh and M. Bazerman, "Bounded Awareness: What You Fail to See Can Hurt You," *Mind & Society* 6 (2007), p. 1.
4. See, for example, BHP Billiton, "Our Future: Sustainability Report 2011," pp. 36–37, www.bhpbilliton.com/home/aboutus/sustainability/Pages/default.aspx (accessed January 20, 2012).
5. Source: BHP Billiton, "Our Future: Sustainability Report 2011," www.bhpbilliton.com/home/aboutus/sustainability/Pages/default.aspx (accessed January 20, 2012), pp. 36–37.
6. Source: BHP Billiton, "Our Future: Sustainability Report 2011," www.bhpbilliton.com/home/aboutus/sustainability/Pages/default.aspx (accessed January 20, 2012), pp. 36–37.
7. For a far more in-depth analysis of moral imagination, please see P. H. Werhane, *Moral Imagination and Management Decision-Making* (New York: Oxford University Press, 1999).
8. Source: John Grisham, *Rainmaker* (New York: Doubleday, 1995).
9. Kristin Lin, "Companies Disclose Pay Ratio Before SEC's Final Rule," *The Wall Street Journal* (July 20, 2015), http://blogs.wsj.com/cfo/2015/07/20/companies-disclose-pay-ratio-before-secs-final-rule/ (accessed June 20, 2016).
10. "National Magazine Inducts 10 Manufacturing Leaders into the IW Manufacturing Hall of Fame," press release, *Market Watch* (December 14, 2011), www.marketwatch.com/story/national-magazine-inducts-10-manufacturing-leaders-into-the-iw-manufacturing-hall-of-fame-2011-12-14 (accessed January 21, 2012); C. Helman, "Test of Mettle," *Forbes* (May 11, 2009), www.forbes.com/forbes/2009/0511/081-executives-companies-business-test-of-mettle.html (accessed January 21, 2012).

第 3 章

哲学伦理与商业

> 浑浑噩噩的生活不值得一过。
> ——《苏格拉底的申辩》,柏拉图对苏格拉底审判的描述 [本杰明·乔维特(Benjamin Jowett)译]

> 与比你更好的人在一起会更好。挑选出那些行为比你好的同事,你就会朝着那个方向发展。
> ——沃伦·巴菲特(Warren Buffett)

> 一个除了赚钱什么都不会的企业,是糟糕的企业。
> ——亨利·福特(Henry Ford)

∷ 开篇伦理决策

与员工相比,CEO 的薪酬是否过高

2019 年 4 月,美国 7 家最大银行的首席执行官被传唤到美国众议院金融服务委员会作证(富国银行首席执行官蒂莫西·斯隆不在现场,他几周前因第 1 章所述的丑闻而辞职)。在 2008—2009 年的经济衰退之后,美国政府采取了包括金融救助在内的行动,帮助这些银行避免了包括破产在内的严重财务问题。政府当时的理由是,许多这些银行"太大而不能倒闭"。现在,危机过去 10 多年了,国会委员会正在调查银行的状况。

在这些听证会上,一个备受关注的话题是 CEO 的薪酬过高。纽约国会女议员尼迪亚·维拉兹克斯(Nydia M. Velázquez)就花旗集团首席执行官迈克尔·科尔巴特(Michael Corbat)2018 年 2 400 万美元的薪酬问题对他进行了质询。这位女议员指出,科尔巴特的工资是花旗集团员工平均工资的 486 倍。加利福尼亚州国会女议员凯蒂·波特(Katie Porter)向摩根大通首席执行官杰米·戴蒙(Jamie Dimon)提出质询,要他解释摩根大通在加利福尼亚州欧文市(波特的家乡)的一名员工是如何靠每小时 16.5 美元的起薪生存下去的。波特计算出,按这个工资水平,一名员工每月的收入将比欧文市的正常生活费用少 500 多美元。戴蒙 2018 年的薪

酬为 3 100 万美元，是每小时 16.5 美元的员工工资的 900 多倍。就在戴蒙在国会作证的当天，摩根大通公布了 2019 年第一季度创纪录的收入和利润。

高管薪酬与员工最低或平均工资之间的差距是衡量高管薪酬是否过高的常见标准。这种差距，尤其是美国国内的差距，已经扩大到几十年前无法想象的程度。专注于经济平等问题的无党派智库经济政策研究所（Economic Policy Institute）得出结论：1960 年，首席执行官的税后平均工资是工厂工人平均工资的 12 倍；到 1965 年，这个数字上升到 20 倍，到 1989 年，上升到 59 倍。1998 年，《财富》杂志在一篇名为《伟大的 CEO 薪酬劫案》(*The Great CEO Pay Heist*) 的文章中估计，这一差距已达到 182 倍，到 2007 年，这一差距已达到普通工人工资的 275 倍。2018 年，科尔巴特的为 486 倍，戴蒙的为 949 倍。

就在这些银行的 CEO 们出现在国会后不久，另一个 CEO 薪酬过高的例子就上了新闻。迪士尼首席执行官鲍勃·艾格 2018 年的薪酬遭到了一个意想不到的批评。迪士尼公司联合创始人罗伊·迪士尼的孙女阿比盖尔·迪士尼公开谴责艾格 6 500 万美元的薪酬是"疯狂的"。在她的公开批评中，她指出，这相当于迪士尼最低员工工资的 1 424 倍。在她的公开讲话中，她解释说，艾格一年的薪酬本可以让每位迪士尼员工加薪 15%，且仍能给艾格带来 1 000 万美元的薪酬。

当然，有两种方法可以降低这种薪酬差异。第一，可以提高低收入员工的工资。第二，可以降低 CEO 的薪酬。这两种方法最近都有一些例子。一些大公司已经宣布了超出法律要求的加薪计划。在 2019 年 4 月致股东的信中，亚马逊首席执行官杰夫·贝佐斯写道："今天，我向我们的顶级零售竞争对手（你们知道你们是谁！）发起挑战，看你们敢不敢与我们的员工福利和每小时 15 美元的最低工资比拼。采取行动吧！如果能提高到每小时 16 美元，再向我们发起挑战就更好了。这是一种双赢的竞争。"[1] 塔吉特公司此前曾宣布，计划到 2020 年将最低工资提高到每小时 15 美元，但截至 2019 年，其最低工资仍仅为每小时 13 美元。沃尔玛的最低时薪是 11 美元，但沃尔玛在回应贝佐斯的评论时指出，如果包括福利，其员工的平均时薪是 17.55 美元。

正如前面所说，第二种方法是限制 CEO 的薪酬。2015 年 4 月，Gravity Payments 公司首席执行官丹·普莱斯（Dan Price）发表了一项令人震惊的声明。普莱斯也是公司的创始人和共同所有人，他决定把自己的薪水削减 93%，然后用这笔钱和一大笔公司利润，确保他的每名员工至少能赚 7 万美元[2]（按照超过 2 000 小时的年工作时间，相当于每小时收入为 35 美元）。

这一消息当然受到了公司员工的欢迎（对工资最低的员工来说，涨到 7 万美元意味着他们的工资翻倍）。普莱斯在评论人士和社交媒体上广受好评。

在许多 CEO 因接受天文数字般的高薪酬而受到批评的背景下，普莱斯的举动尤其值得注意。除了上述提到的银行 CEO，彭博社网站 2015 年发布的一篇关于高管薪酬的文章称，[3] 特斯拉汽车公司（Tesla Motors Inc.）首席执行官埃隆·马斯克（Elon Musk）2014 年的收入略高于 1 亿美元。但即便如此，也远未达到高管薪酬的高端水平：同一篇文章还指出，GoPro 公司首席执行官伍德曼（Nicholas Woodman）当年的收入高达 2.85 亿美元。对 CEO 薪酬的批评不仅聚焦于他们的绝对收入，还有 CEO 薪酬与员工薪酬之间的比例。据彭博社报道，"2013 年，标准普尔 500 指数公司中，有 350 家公司的 CEO 的收入达到了其员工的 331 倍"。[4]

有些人为 CEO 的高薪辩护，指出最高的薪酬水平是通过股票期权实现的，这意味着 CEO 只有在公司股票价值上涨时才获得高薪，这表明 CEO 实际上做得很好。然而，其他人则持怀疑态度。正如彭博社的文章所指出的，"股票期权曾被认为能使高管与股东保持一致，因为当股价上涨时它们会升值，但现在却被嘲笑为牺牲长期规划而鼓励短期金融工程"。换句话说，股票期权鼓励CEO寻找短期的方法来提振股价（比如通过裁员来降低成本），即使这些做法不符合公司和股东的长期利益。第1章开头描述的富国银行案例提供了一个例子，说明了CEO如何从利用不道德手段操纵的股价中获益。

让我们回到普莱斯的决定。不同的人对这个决定有不同的反应。一些人称赞这是在补偿方面走向正义或公平的一步。其他人认为这是一个精明的商业举措，旨在通过激励员工和为公司获得免费宣传来为Gravity Payments带来更好的结果。还有一些人认为它很好地体现了普莱斯的性格。在他们看来，与许多其他公司贪婪的CEO相比，普莱斯表现出了一个优秀CEO应该有的样子。

讨论题

1. 你认为丹·普莱斯是英雄吗？为什么？在对本案例做出判断之前，你是否还想了解更多事实？
2. Gravity Payments由丹·普莱斯和他的兄弟所有。如果Gravity Payments是一家拥有数千名股东的上市公司，这会改变你对他所做决定的道德观吗？如果真是这样，那么是以哪种方式？
3. 如果你是Gravity Payments的一名员工，已经赚了7万美元，你如何看待那些过去收入只有你的一半的员工突然赚到和你一样多的钱？
4. 最低工资法在美国、加拿大和许多其他国家很常见。是否应该制定最高工资法（也许通过对可以从税单中扣除的工资设定上限）？

资料来源：Caleb Melby, "Executive Pay: Valuing CEOs (March 15, 2015)," www.bloomberg.com/quicktake/executive-pay (accessed June 26, 2016).

::学习目标

在学完本章之后，你应该能够：
1. 解释功利主义的伦理框架。
2. 描述功利主义思维如何成为经济和商业决策的基础。
3. 解释自由市场如何被认为是服务于最大化整体利益的功利主义目标。
4. 解释功利主义决策的一些挑战。
5. 解释基于原则或基于权利的伦理框架。
6. 解释人权的概念及其与商业的关系。
7. 区分精神权利和法律权利。
8. 解释基于原则的伦理的几个挑战。
9. 描述并解释基于美德的伦理思考框架。

3.1 引言：伦理框架——后果、原则、特征

考虑一下可能会被提出来捍卫或批评丹·普莱斯决定让自己的工资与员工的工资持平，或者决定向CEO支付数千万美元年薪的原因。经过反思，我们相信你会发现这些原因分为三

大类。一些原因可以解释这一举措的后果：它们要么会，要么不会为产生良好的工作和有益的未来结果提供激励。还有一些原因符合了某些原则："没有人的工作价值是其他人工作价值的14倍"，或者"每个人都应该得到维持生活的工资"。其他原因则引用个人性格问题：你接受数百万的报酬，而其他人几乎付不起房租，这是贪婪或令人反感的。当你有能力加薪时，给员工加薪，这正是一位优秀而体面的老板会做的。

事实证明，我们在本书中依赖的伦理框架的三大传统就对应着这三类原因。这应该不足为奇，因为哲学中的伦理传统反映了思考和推理我们应该如何生活、应该做什么的常见方式。后果伦理学、原则伦理学和人格伦理学是本章将介绍的三大传统。

第1章和第2章介绍了作为一种实践推理形式的伦理学，以支持有关我们应该如何生活的决策。伦理学涉及可能是任何人都可以问的最重要的问题：我们应该如何生活。当然，这个问题并不新鲜。人类历史上每一种主要的哲学、文化、政治和宗教传统都曾与它作斗争。有鉴于此，在我们开始审视商业伦理问题时忽视这些传统是不明智的。

尽管如此，许多学生认为哲学伦理的讨论过于抽象，对商业没有多大帮助。对伦理"框架"的讨论似乎过于理论化，与业务无关。在本章中，我们希望提出一种对伦理更易于理解和更务实的解释，这将为伦理框架在商业人士面临的实际问题上的应用提供一些启示。

简单来看，伦理框架只不过是试图为基本伦理问题提供系统的答案：人类应该如何生活。在许多方面，这是一个我们每天都会问的简单问题，至少是含蓄地问。我今天要做什么？为什么道德可以理解为检查这些决定并思考问题答案的实践？

伦理学试图回答我们应该如何生活的问题，但它也给出了支持这些答案的理由。伦理学试图为我们为什么应该以特定的规定方式行事和决定提供合理的理由。任何人都可以为你应该做什么和你应该如何行动提供处方，但哲学和理性的伦理必须回答"为什么"的问题。

为什么问"为什么"这么重要，至少有两个理由。第一，"为什么"很重要，因为如果没有提供理由，那么我们所做的只是发表意见。就其本身而言，意见并不是非常有用。你可能认为你的公司应该解雇一个特定的员工，但如果你要说服老板，光凭你的意见是起不了多大作用的。为了说服老板，你需要提出意见。在企业中，你几乎总是需要说服某个人，无论是你的老板、员工，还是你的队友。

第二，"为什么"的问题很重要，因为表面上的一致可以掩盖潜在的分歧。想象一下，一个由三人组成的管理团队同意有必要解雇一个名为 Tahmina 的员工。你们都同意这一事实，你们应该感到安慰吗？如果你们都不知道，该怎么办？你们中的一个人认为 Tahmina 该被解雇，因为他（错误地）认为 Tahmina 作为一名员工的表现不好；另一个人认为她应该被解雇，因为需要削减成本；第三个人认为 Tahmina 应该因为她的性取向而被解雇。在这里，看似一致的事实掩盖了深刻而重要的分歧，这些分歧需要在采取任何行动之前加以解决。

世界各地的许多人和文化都会用宗教术语回答这个"为什么"的问题，并将他们的规范性判断建立在宗教基础上。"你应该以某种方式生活，因为这是上帝的命令。"或者"你应该按照我们圣书上的命令行事。"当然，这种方法最大的实际问题是，人们在宗教信仰方面存在着巨大的差异。如果伦理以宗教为基础，不同文化的宗教信仰大相径庭，那么伦理似乎无法摆脱相对主义的困境（有关道德相对主义的更多信息，请参见伦理决策3-1）。

■ 伦理决策 3-1

谁来判定这是对的还是错的

你是一个伦理相对主义者吗？伦理相对论坚持认为，伦理价值是相对于特定的人、文化或时间的。它否认存在任何基于理性的合理或客观的道德判断。当人或文化中的伦理争论出现时，伦理相对主义者推断出没办法去解决这个争论并证明一方是正确的或比另一方更加合理。

通常，人们用"不合口味的"来形容他们不认同的行为。这里，我们认为口味是个人的、主观的东西。你喜欢辛辣的印度食物，而我更喜欢简单的汉堡和薯条。这都是个人口味的问题。你可能认为天价的高管薪酬是令人不快的，但是其他人认为他们值得高薪酬。伦理相对主义者相信伦理的价值很像口味；它完全依赖于，或者它完全与一个人的背景、文化及个人观点有关。

许多伦理学家相信伦理相对论不是一个可靠的观点，但是仍有许多人受到了它的引诱。

你相信现在没有办法决定伦理上的对或错吗？想象一下，一位老师对你的作业给了一个F等级的评价。当你寻求一个解释时，你被告知，这位老师没办法相信像你这样的人（如男人、基督徒、非洲裔美国人）能在这个领域（如科学、工程学、数学、金融学）取得好的成绩。当你反对这种做法，认为这是不公平且错误的时，这位老师给出了一个相对论者的解释。"公平是个人观点的问题"，这位老师解释道。"谁来决定什么是公平，什么是不公平呢？"你问。你的老师声称他关于什么是公平的观点和其他观点一样是合理的。因为每个人都有权有自己的个人观点，老师也有权不认可你的资格，在他的观点里，你不值得成功。

讨论题
1. 你能接受这个解释并满足于F的成绩吗？如果不能，你将如何维护你的反对意见？
2. 有什么相关的事实可用来支持你的观点吗？
3. 这个争论中包含了什么价值观念？
4. 你可以做出什么选择？
5. 除了你和你的老师，还有什么其他利益相关者——什么人也在或应该参与其中？
6. 你将给教务长提供什么理由去呼吁改变成绩？
7. 这位老师的做法会在教育上带来什么后果？
8. 如果以理相劝和合情合理的说服没起作用，这个争论还能如何解决？

与用宗教术语解释人类福祉的宗教伦理学不同，哲学伦理学提供的解释必须适用于所有人，而不考虑他们的宗教背景。哲学伦理学的论证倾向于将伦理学的"应该"与人类福祉的某些基本解释联系起来。因此，例如"你应该为救灾做出贡献，因为这将减少人类的痛苦"是伦理判断的哲学解释，而"你应该为救灾做出贡献，因为上帝命令它，或者因为它将给你带来天堂般的回报"是宗教解释，不是哲学解释。

伦理不是由单一的原则或框架组成的。不同的伦理框架随着时间的推移而演变，并由许多不同的思想家加以完善和发展。如果能真正挑出人类经验中的一些重要元素，伦理框架的洞察就被证明是持久的。为了强调这一事实，本章将更普遍地将这些理论称为伦理"传统"。这些传统起源于特定哲学家的著作，但它们是在我们的文化、文学和法律思维中具有广泛影响的思维方式。

本章将介绍三个伦理框架，这些框架对商业伦理的发展具有影响力，并在评估现代商业中的伦理问题时具有非常实际的相关性。功利主义是一种伦理传统，指导我们根据行为的总体后果来决定。基于原则的框架主张在尊重人权的道德原则的基础上行动。美德伦理学告诉我们要考虑个人的品德，以及各种性格特征是如何促成或阻碍幸福而有意义的人类生活的。这三者也就是前文中所说的后果伦理学、原则伦理学和人格伦理学。

3.2　功利主义：基于伦理结论做出的决策

第一个应该检验的伦理传统——功利主义，源于18世纪和19世纪的社会政治哲学，但它的核心思想在21世纪仍有意义。功利主义的基本洞察力是结果问题，所以我们应该通过衡量我们所有的行为会造成的结果来决定怎么做。从这个意义上说，功利主义已经被称为对伦理和社会政策的结果主义方法：我们应该在能想到的选择中选择一个产生最好结果的行动方式。有更多需要被说明来将这个简单的发现转换成一个适当的伦理学方法。首要且显而易见的问题是：什么是"更好的结果"？

考虑一下结果主义思想是如何在对高管薪酬问题的一些常见回应中发挥作用的。一个典型的对如此高薪酬的辩护是认为高薪酬对产生激励有作用。这种说法是，高回报的承诺将为高管更好地服务企业提供激励。特别是当CEO的工资与股票收益相关时，CEO只有在整个公司受益时才能受益。只有当公司有丰厚的利润时，CEO才有高额的薪酬。这是一个结果主义的论点：CEO的工资是由它产生的有益结果来决定的。

在商业背景下，人们很容易依据金融结果来回答问题：正确的决定是产生最佳经济回报的那一个。但是这个答案通过确定道德上最好的就是经济上最好的，将伦理学简化为了经济学。一个更加有用且合理的关于这个问题的答案可以通过前面几章中介绍伦理价值的内容来给出。"更好的结果"是那些促进人类幸福的结果——所有受影响的人的幸福、健康、尊严、完整、自由及尊重。如果这些要素是人类的基本价值观，那么从伦理学的角度看，一个能比其他可供选择的行动更好地促进这些要素的行动是更加合理的。换句话说，从伦理学的观点来看，一个能为最多的人促进这些价值观中最多方面的决定是最合理的决定。

功利主义通常被认为是"为最多数的人创造最大的幸福"的规则。功利主义者认为，最终的伦理目标是考虑受决定影响的各方，努力创造整体的最佳结果。完成了这个目标的决定是合乎道德的正确决定；那些造成了不良后果的决定在道德上是错误的。

功利主义强调为最多数人创造最大的利益，这使它成为一种社会哲学，它反对那些只让一小部分人在社会上、经济上或政治上受益的政策。从历史上看，功利主义为民主体制和政策提供了强有力的支持。政府和所有社会机构的存在是为了全人类的幸福，而不是为了促进君主、贵族或一小部分精英群体的利益。同样，经济和经济体制的存在是为了向大多数人提供更高水平的生活，而不是为少部分人创造财富。因此，一个不同的结果主义论点可以被提出来批判高昂的高管薪酬。一些人会争辩说，虽然高薪酬的激励可能会给股东带来有效的短期结果，但它并没有使包括长期投资者在内的更大范围利益相关者的利益最大化。

另一个业务相关的例子是，考虑一下童工的情况，在第6章中将进行更详细的讨论。功利主义思想会建议我们考虑所有在工厂里雇用儿童的做法可能造成的结果。显然，这会造成一些有害的后果：儿童遭受了身体和心理上的伤害，他们被剥夺了受教育的机会，他们能得到的低廉工资不足以让他们摆脱贫困的生活，等等。这与之前提到的许多人类的价值观冲突。但是，这些后果必须和其他可供选择的决定所造成的后果比较。如果贫困地区的儿童不被允许在工厂工作，会有什么样的后果呢？这些孩子依然没有接受教育的机会；他们依然处于贫困中；并且他们用于食物和家庭支持的钱将更少。在很多情况下，被禁止参加工作的儿童唯一可以选择的可能得到收入的方法，包括犯罪、毒品、卖淫。此外，我们不仅应该考虑对儿童自身的后果，也应该考虑对整个社会的后果。允许雇用童工可以通过将外国投资和资金引入贫穷的国家来制造有益的结果。在一些观察人士看来，允许儿童在血汗工厂的条件下工作，每天赚几分钱，总体上比其他可行的选择产生更好的结果。因此，有人可能会基于功利主义的理由辩称，这种劳动行为在伦理上是允许的，因为他们创造了比其他选择更好的整体结果。

这个例子突出强调了功利主义推理的几个重要方面。因为功利主义者严格地以结果为基础做出决定，而我们行为的结果又依赖于每种情况的具体事实，所以功利主义者往往是非常实际的思想家。没有一种行为在任何情况下都是绝对地正确或错误的，这总是取决于结果。例如，根据功利主义者的观点，说谎本身并不是正确或错误的。可能在某些情况下，说谎能产生比说实话更大的整体利益。在这种情况下，说谎在道德上是正当的。在CEO薪酬问题的考虑中，功利主义的判断将取决于，在事实上，高薪酬是否创造了一个确实产生了整体利益的有效的激励。在一种情况下可能是这样，但在另一种情况下可能就不是（如富国银行的案例）。

童工的例子也突出了一个事实，即功利主义推理通常承认对竞争性问题的不同观点的支持，即禁止雇用童工对整体利益有害，或者允许雇用童工对整体利益有利。功利主义现实地承认，可能存在支持不同选择的相互矛盾的证据。决定替代决策的伦理合法性要求我们，对我们的行为可能产生的后果做出判断。我们怎么做呢？在功利主义传统中，有一种强烈的倾向，即求助于社会科学来做出这种预测。毕竟，社会科学研究的是个人和社会行为的原因和后果。谁能比社会科学家更好地帮助我们预测我们所做决定的社会后果呢？考虑一下人们为了确定童工制度可能造成的后果而可能关注的领域。经济学、人类学、政治科学、社会学、公共政策、心理学及医学和健康科学等领域，都是可以帮助确定这些做法在特定文化中的可能后果的领域。

一般来说，功利主义者的立场是，幸福是最终的善，是唯一可以因其本身而被珍视的东西。幸福是对人类美好生活最好且最合理的诠释（毕竟，不幸福是好的而幸福是坏的这种说法你认为听起来合理吗）。伦理学的目标，无论是对于个人还是作为公共政策的一个问题，都应该是使整体幸福最大化（见现实观察3-1）。

⊙ 现实观察 3-1

每个人都很重要

虽然将快乐或幸福最大化的义务听起来是自私和自我的，但功利主义与利己主义在重要方面是不同的。利己主义也是一种结果主义理论，但它只关注做出决定的人自己的幸福。换句话说，利己主义寻求的不是"为大多数人谋取最大利益"，而是"为我谋取最大利益"。

功利主义通过行为对整体利益的影响来评判行为。然而，与对民主平等的功利主义承诺相一致的是，公共利益必须考虑到每一个受行动影响的人的福祉。这样看来，功利主义服务于伦理学的终极目标：公正地促进人类福祉。它是公正的，因为它考虑了对每个人的后果，而不仅仅是对某个人。那些只追求他们自己或他们自己的公司的幸福最大化的人不是功利主义者，他们是利己主义者。

3.2.1 功利主义和商业

我们之前说过，研究伦理理论对商业伦理具有实际意义。事实上，功利主义对哲学思想的最大贡献可能来自它对经济学的影响。根植于亚当·斯密的 20 世纪经济学——本质上就是我们所认为的自由市场的伦理观点，它绝对是功利主义的。这样看来，功利主义始终对商业和商业伦理有着非常强烈的影响。

功利主义回答了伦理学的基本问题。例如，我们应该做什么？通过引用一个非常简单的规则：最大化整体利益。这条规则可能会提醒你进行成本 – 收益分析的财务实践，并根据最大的净收益做出决策。但是，即使我们同意最大化整体利益是正确的目标，另一个问题仍有待回答：我们如何实现这个目标？功利主义的社会政策可以从手段和目的两方面来理解。达到整体利益最大化这一功利目的的最佳手段是什么？有两个答案被证明与商业和商业伦理密切相关。

功利主义思想中的一个运动指向了起源于亚当·斯密的思想路线，并声称自由和竞争的市场是达到功利主义目的的最佳手段。这里的论点是，自愿交易使人们更富裕，因此，一个这样的交易系统——一个自由的市场——将使整体利益最大化。这一版本的功利主义将促进放松对私营工业的管制、保护产权、允许自由交换和鼓励竞争的政策。在这种情况下，理性利己的个体决定，就像亚当·斯密所说的"看不见的手"引导的那样，将使个人幸福得到最大满足。

在经典的自由市场经济学中，经济活动的目的是满足消费者的需求。当人们得到他们想要的东西时，他们就会感到幸福——人类的权利或幸福感增加。因此，当消费者需求的总体满意度提高时，人类的整体幸福感就会提升。供给和需求定律告诉我们，经济应该，而且健康的经济也确实做到了，生产（提供）消费者最想要（需要）的商品和服务。因为稀缺和竞争阻止每个人得到他们想要的一切，自由市场经济的目标是最优地满足需求，从而使幸福最大化。捍卫者认为，自由市场最有效地实现了这一目标，因为它允许个人自行决定他们最想要什么，然后在自由和竞争的市场上为这些商品讨价还价。随着时间的推移，在适当的条件下，这个过程将保证需求的最佳满足，这一传统等同于整体幸福的最大化。

鉴于这一功利主义目标，当前的自由市场经济学建议我们，实现这一目标的最有效手段是根据自由市场资本主义的原则来构建我们的经济。这就要求企业管理者反过来寻求利润最大化。这一观点是企业社会责任共同观点的核心。通过追求利润，企业确保了稀缺资源将流向那些最能实现它们价值的人，从而确保了资源将提供最佳的满足。因此，竞争市场被视为实现幸福最大化这一功利目标的最有效手段。

功利主义思想的第二个有影响力的版本转向了政策专家，他们洞察各种政策的结果，并设计和实施政策，以达到功利主义的目的。功利主义推理决定了在结果的基础上做什么，因此合理的判断必须考虑我们的行为可能产生的结果。但是预测人类行为的后果是可以通过仔细观察加以研究和改进的。预测这类后果的专家通常受过经济学、政治学和公共政策等社会科学的培训，他们熟悉社会运作的具体情况，因此他们能确定哪种政策将使整体利益最大化（见现实观察 3-2）。

⊙ 现实观察 3-2

实践中的功利主义专家

想想中央银行（如美联储或英格兰银行）是如何设定利率的。有一个既定的目标，一项"好"公共政策——中央银行认为这对国家有最大的好处（这一目标类似于在最低通货膨胀的情况下实现最高的可持续经济增长率）。中央银行审查相关的经济数据，并对当前和未来的经济状况做出判断。如果经济活动似乎在放缓，央行可能会决定降低利率，作为刺激经济增长的手段。如果经济增长过快，通货膨胀率上升，美联储可能会选择加息。降低或提高利率本身无好坏之分，行为的正确性取决于结果。公务员的作用是利用他们的专业知识来判断可能的后果，并做出最可能在整体上为所有公众带来最佳结果的决定。

这种制定公共政策的方法是政府与其他组织的整个行政和官僚体系的理论基础。以美国的政治制度为例。从这个角度来看，立法机构（从国会到地方市政委员会）确立了他们认为将整体幸福最大化的公共目标。行政方面（总统、州长、市长）执行管理政策以实现这些目标。在政府部门工作的人知道社会和政治系统是如何运作的，并利用这种知识来执行立法机关的命令。政府中到处都是这样的人，他们通常在经济学、法律、社会科学、公共政策和政治学等领域接受过培训。例如，这种功利主义的方法将同情政府对商业的管制，因为这种管制将确保商业活动确实有助于整体利益。

这两种政策都基于功利主义是很重要的。它们都寻求实施有利于最大化总体良好结果的政策；但是，它们认为实现这一结果的方法存在很大差异。

我们可以称功利主义政策的这两种版本为功利主义的"市场"和"行政"版本，关于它们的争论是企业伦理中许多争论的特征。一个明显的例子涉及对工作场所健康和安全的监管（类似的争议可能会出现在产品安全、环境保护、广告监管以及几乎所有其他政府监管商业的例子上）。一方认为，安全问题和适当的风险水平应由专家确定，然后由专家制定企业必须满足的标准。政府监管机构之后将执行安全标准（见伦理决策 3-2）。

■ 伦理决策 3-2

法规是否使汽车更安全

北美洲的汽车工业受到严格的管制。当然，燃油效率是被（美国的环境保护署和加拿大的加拿大运输局）监管的，尾气排放也是如此。但更重要的是现代北美洲汽车行业所遵守的安全法规。安全标准涵盖了从安全带的设计到刹车系统的性能，安全气囊的存在和功能，以及前后保险杠在低速碰撞中的生存能力等方方面面。所有这些都使得北美洲人（和欧洲人）驾驶的汽车，无论是在"正常"驾驶条件下还是在紧急情况下，都比 50 年前安全得多。

经济学家兼博客作者 Alex Tabarrok 指出，为了全面评估安全法规的结果，我们需要看看这些法规是如何影响人们的决策的。① 它们影响消费者决策的一种方式是通过对价格的影响。安全设施不可避免地推高了汽车的价格。这使得一些消费者买不起汽车，一些消费者转而选择驾驶摩托车。毕竟，摩托车要便宜得多。举个例子，在北美洲，一辆本田基本款摩托车的价格可能还不到本田最便宜车型本田飞度（Honda Fit）的三分之一。

但是，摩托车比汽车便宜的同时也不如汽车安全（美国国家公路交通安全管理局表示，每行驶 1 英里，摩托车造成的死亡率是汽车的 26 倍②）。我们都知道，安全气囊使汽车更安全，但也更昂贵。也正如 Tabarrok 指出的，摩托车没有安全气囊。那么，一方面提高了汽车司机的安全水平，另一方面又促使一些司机转而购买摩托车的法规的净效应是什么呢？目前还不清楚是否有人知道这个问题的答案。

讨论题

1. 如果详细研究表明，死于汽车安全制造规章的人比获救的人更多，你会赞成允许制造商至少生产一些不太安全的汽车的规定吗？
2. 一个潜在的汽车买家选择购买摩托车，因为现在汽车对她来说太贵了，之后如果她在摩托车事故中死亡或受伤，我们应该责怪监管机构吗？
3. 如果监管机构不强迫汽车制造商安装安全设备，仅凭消费者需求是否足以促使汽车制造商这么做？或者，汽车制造商会滥用大多数消费者不知道哪些安全功能真正值得花钱的情况吗？

① Alex Tabarrok, "Unsafe Cars Can Save Lives," *Marginal Revolution* (May 23, 2016), http://marginalrevolution.com/marginalrevolution/2016/05/safety-is-relative.html (accessed June 28, 2016).
② Insurance Institute for Highway Safety, Highway Loss Data Institute, "Motorcycles," www.iihs.org/iihs/topics/t/motorcycles/fatalityfacts/motorcycles (accessed June 28, 2016).
资料来源： Inspired by "When Are Safer Cars a Bad Idea?" *Business Ethics Highlights* (May 23, 2016), https://businessethicshighlights.com/2016/05/23/when-are-safer-cars-a-bad-idea/ (accessed June 26, 2016).

另一方则认为，对可接受风险和安全的最佳判断者是工人自己。一个自由和竞争的劳动力市场将确保工人得到他们想要的安全水平。个人会自己计算他们希望承担的风险，以及为了获得安全愿意做出的权衡。愿意承担风险的工人可能会比要求更安全、风险更小的工作的工人获得更多的劳动报酬。效率这一最基本的经济学概念可以被理解为是追求总体幸福最大化的功利目标的占位符。因此，根据这一观点，以市场为基础的解决方案将最优地满足这些不同和相互竞争的利益，从而服务于整体利益。

3.2.2　对功利主义伦理的挑战

虽然功利主义传统对负责任的伦理决策有很大贡献，但它也并非没有问题。回顾功利主义面临的一些普遍挑战，可以指导我们评价功利主义决策的后续应用。

第一组问题涉及对结果进行计数、测量、比较和量化的实用主义推理的需要。如果功利主义建议我们通过比较不同行为的结果来做决定，那么我们必须有一种进行这种比较的方法。然而，在实践中，比较和测量是非常困难的。

例如，原则上，功利主义告诉我们，在计算一个决策的后果时，应该考虑到所有会受到决策影响的利益相关者的利益。但是，对于如何衡量和确定整体利益，功利主义者之间根本没有共识。许多商业伦理问题凸显出这是多么困难。考虑一下使用不可再生能源和燃烧化石燃料的后果。想象一下，比如投资建设一个核电站，其废料的毒性将持续数万年，或者想一想，国会议员决定提供数千亿美元来救助那些"太大而不能倒闭"的公司，要计算出这些决策的所有后果有多么困难。

第二个挑战直接指向功利主义的核心。功利主义的本质是对结果的依赖。道德和不道德的行为是由其后果决定的。简言之，对功利主义者来说，目的正当意味着手段正当。但这似乎否认了许多人学到的最早的伦理原则之一：目的并不总是为手段辩护。

这个挑战可以用道德原则来解释。当我们说"目的不能为手段辩护"时，我们的意思是，有些事情我们必须做，有些规则我们应该遵守，不管结果如何。我们行动的结果（目的）并不是唯一重要的；我们如何达到这些目的（即我们使用的手段）也很重要。换句话说，我们有一些义务或责任，我们应该遵守，即使这样做不会带来整体幸福感的净增加。这些义务的例子包括诚实、公正、忠诚和尊重等原则所要求的职责，以及我们作为父母、配偶、朋友、公民或专业人士所承担的责任。

可以用几个例子来解释为什么这是对功利主义推理的严肃批评。因为功利主义关注的是整体结果，功利主义似乎愿意牺牲某些个人的利益来换取更大的整体利益。例如，我们假设儿童被当成奴隶从事劳动，整体幸福感可能会增加。功利主义者之所以会反对童工，不是出于对原则的考虑，而是因为它损害整体利益。如果事实证明奴隶制和童工增加了整体幸福感，功利主义就必须支持这些做法。但在许多人的判断中，这样的决定将违反正义、平等和尊重的基本伦理原则。

我们将在下一节讨论的伦理传统认为，个人拥有某些基本权利，这些权利不应被侵犯，即使这样做会增加整个社会的幸福。权利的作用是保护个人不为更大的整体幸福而牺牲。因此，例如，人们经常争论说，即使童工制度有助于整体社会利益，它在原则上仍是不道德的，因为它侵犯了儿童的权利。

一个类似的例子列举了那些源自我们在日常生活中做出的承诺及由此产生的责任的原则。例如，作为父母，我们爱我们的孩子，对他们有一定的责任。为了使更大群体的利益最大化而违背这些承诺和义务，就需要个人为了公共利益而牺牲自己的正直。

这些承诺和义务在商业生活中扮演着重要的角色。契约和承诺是一个人应该遵守的诚信，即使结果是不利的。一个人作为职业角色的一部分所承担的职责也以类似的方式发挥作用。回顾安然事件，安达信的审计人员不应该仅仅为了产生他们认为总体上更有利的结果而违反他们的职责。同样，为大众汽车设计欺骗性排放装置的工程师也不应该违反他们的职责，伪造测试结果。律师有义务不去帮助他们的客户找到违反法律的方法，即便他们将因此得到很高的薪水。教师不应该违反他们的职责给他们不喜欢的学生评糟糕的等级。同理，一个人可能会反对关闭一家诊所的决定，通过指出这可能会带来不好的总体后果，但原则上，她必须对员工保持诚信。我们将讨论类似的主题，比如职业责任在商业机构中的角色。

尽管有这些挑战，功利主义推理确实在一些重要的方面对道德上负责任的决策做出了贡献。首先，也是最明显的，我们要知道，负责任的决策需要我们考虑我们的行为对广泛的人产生的后果。但同样重要的是，要记住，功利主义推理并没有穷尽伦理关注的范围。结果只是道德观点的一部分，负责任的道德决策还涉及职责、原则和个人诚信等问题。我们将在下面几节内容中讨论这些因素。

3.3 原则与权利的伦理

考虑可用选项的可能后果当然应该是负责任的道德决策的一部分。但这种做法必须通过认识到一些决策是原则问题，而不是后果问题来丰富。正如前面提到的，目的并不总是可以证明手段是正当的。但是，我们如何知道我们应该遵循什么原则，我们又如何决定什么时候一个原则应该超过我们产生有益结果的愿望呢？基于原则的伦理框架阐明了这些问题的细节。

例如，在宪政民主中建立的政府的立法和司法部门之间的关系。在一个民主政体中立法的作用可以被认为是追求创造政策为最多数人创造最大利益的功利目标，而司法机构的作用是执行正义和公平的基本原则。宪政民主重要的见解是，为大多数人寻求最大幸福的多数决策应该受到反映人权基本原则的宪法规定的限制。这个政治例子反映了这样一种观点，即功利主义的框架应该由一个同样解释基本伦理原则的框架来补充。换句话说，功利主义的目的并不能为达到这些目的的任何手段辩护。

第二个将被证明对商业伦理至关重要的伦理框架，它始于这样一种见解：我们应该根据原则而非后果来做出一些伦理决策。伦理原则可以被认为是一种规则，这种对伦理的理解告诉我们，有一些规则我们应该遵守，即使这样做会阻止好的整体结果的发生，甚至会导致一些坏的结果。原则是将价值付诸行动的伦理规则。我们可能重视诚实，但对于如何将其付诸行动，我们意见不一。只有当我们阐明了一个原则——例如，"绝不说谎"或"除非为了防止巨大的伤害，否则绝不说谎"——我们才知道重视诚实的价值在实际中意味着什么。

同样值得注意的是，原则（如"遵守法律""信守承诺""维护合同"）创造了道德义务，约束我们以某种方式行事或做出决定。例如，有一种道德规则禁止奴隶劳动，即使这种做法会对社会产生有益的经济后果。

什么原则或规则应该指导我们的决定？显然，法律规则是我们应该遵循的一套主要规则。我们有义务纳税，即使我们认为把钱花在孩子的大学教育上可能会更有效。遇到红灯时，我们应该停下来，即使没有车开过来，我们可以通过直接闯红灯来早一点到达目的地。我们不应当偷邻居的财物，就算他永远不会发现而我们也因此得到许多好处。商业环境中的决策将涉及许多情况，在这些情况下，人们应该遵守法律规则，即使在经济和其他方面的后果似乎是不值得期待的。

其他规则来源于我们所参与的各种机构，或者我们所扮演的各种社会角色。作为一名教师，我应该认真、勤勉地阅读每个学生的作业，即使他们永远不会知道其中的差别，他们的最终成绩也不会受到影响。作为一名教师和大学教员，我承担了一些无论何时我为了方便都不能放弃的责任。作为体育赛事的裁判，我有责任公平地执行规则，即使不这样做会更容易。类似的基于规则的义务遵循我们的不同角色：朋友（不要非议朋友）、家庭成员（要做家务）、学生（不要抄袭）、教会成员（要为教会持续捐款）、公民（要了解当下的问题）和良好的邻居（不要在早上 8 点之前操作割草机）。

在商业中，这种基于角色的职责会出现在很多场合。作为一名员工，他要承担一定的职责。每个企业都有一套员工必须遵守的规则。有时这些规则在行为准则中明确说明，有时在员工手册中说明，而还有一些则由管理者简单说明（见现实观察 3-3）。同样，作为一名企业经理，有许多关于股东、员工、供应商和其他利益相关者的规则应该遵守。

⊙ 现实观察 3-3

道德原则与《联合国全球契约》

道德原则和责任经常可以在公司和专业行为守则中找到。《联合国全球契约》（UN Global Compact）的十项原则就是这种具有全球影响的准则的一个例子。联合国于 2000 年发起了《联合国全球契约》，以鼓励世界各地的企业遵守商业伦理。加入全球契约的企业承诺在人权、劳工标准、环境和反腐败领域遵循十项普遍原则。《联合国全球契约》的十项原则如下：

人权
原则 1：企业应支持和尊重对国际人权的保护。
原则 2：确保它们不是侵犯人权的同谋。

劳工标准
原则 3：企业应维护结社自由，切实承认集体谈判权。
原则 4：消除一切形式的强迫和强制劳动。
原则 5：有效废除童工制度。
原则 6：消除就业和职业方面的歧视。

环境
原则 7：企业应支持对环境问题采取预防性措施。
原则 8：采取措施来提倡承担更大的环保责任。
原则 9：鼓励发展和推广无害环境的技术。

反腐败
原则 10：企业应打击各种形式的腐败，包括敲诈和贿赂。

资料来源：United Nations Global Compact, *The Ten Principles*, www.unglobalcompact.org/what-is-gc/mission/principles.Reprinted with permission of United Nations Global Compact.

也许，基于角色的职责最引人注目的例子就是专业人士在企业中的工作。律师、会计师、审计师、金融分析师和银行家在政治、经济机构中扮演着重要的角色。其中，许多角色通常被描述为"看门人职能"，确保经济、法律或金融体系的完整性和正常运作。第 2 章介绍了工作场所的专业责任的概念，这个主题将在第 10 章中进一步延伸。

安然和安达信事件为理解职责提供了一个有益的例子。在审查安然财务报告时，安达信的审计人员知道，严格的审计标准需要一个特别的决定——披露安然的财务欺诈行为。但他们也知道，这种审查会损害安达信的商业利益，因为安然是它的最大客户之一。有关安然–安达信丑闻方面的公正分析指出，安达信的审计人员之所以未能履行他们的道德义务，正是因为他们没有遵守行使自己职责的规则，并允许有利的后果压倒他们的职业原则。

同样，大众汽车的工程师也被夹在自己的职责和雇主的商业利益之间。作为工程师，他们有责任证明大众汽车排放装置中的软件程序准确地输出报告。作为员工，他们知道这样做将意味着大众的柴油车将无法达到环境和财务的标准，影响商业利润（关于职责和后果的另一个案例，请见现实观察 3-4）。

⊙ 现实观察 3-4

替代医学和基于结果的推理的风险

顺势疗法和其他"替代"疗法（如灵气疗法）仍有争议。科学家们很有信心地告诉我们，顺势疗法尤其没有任何治疗价值；顺势疗法不含任何有效成分，而且它们所依据的原理与所有已经确立的科学相冲突。其他替代疗法（包括一些草药疗法）可能会有一些物理效果，但这些效果往往是不确定的，并且在某些情况下，生产标准很低，导致产品质量参差不齐。尽管如此，许多药店仍在继续推销顺势疗法和其他替代疗法。美国国家补充和综合健康中心估计，美国人每年在这类治疗上的花费超过330亿美元。[①]但这是一个难题。药房通常由药剂师监督，他们是受过科学培训的卫生专业人员，他们能理解反对替代药物有效性的确凿证据。经过科学培训的专业人员怎么能销售在科学上有疑问甚至不可靠的产品呢？

当然，其中一个猜想是贪婪。这样的产品是有利可图的。但也有其他不那么愤世嫉俗的理由。例如，一些药剂师很乐意推销顺势疗法，因为他们认为没有什么害处。毕竟，它绝对没有副作用（记住顺势疗法中不涉及什么有效成分），对于轻微的疾病，"安慰剂"可能会给病人带来心理安慰。但是，如果一个重病患者使用顺势疗法，而不是寻求医生开出的有效药物，结果可能会非常糟糕。然而，如果病人真的想要并相信顺势疗法，药剂师拒绝讨论或销售顺势疗法相关产品，那么她可能会与病人完全疏远。这可能导致不信任，并导致患者远离科学证实的药物。因此，销售（或拒绝销售）顺势疗法相关产品的全部后果可能很难预见，[②]药剂师（或药房老板）可能自然倾向于只看到销售这种有利可图的产品的积极后果，而淡化其消极后果。

在这种情况下，基于结果的推理存在风险，这就是为什么许多药剂师提倡一种更简单、基于原则的伦理推理形式，其中包括以下核心原则：药剂师不应该出售他们认为没有可靠科学证据支持的产品。

① National Center for Complementary and Integrative Health, "The Use of Complementary and Alternative Medicine in the United States: Cost Data," https://nccih.nih.gov/news/camstats/costs/costdatafs.htm (accessed July 2, 2016).
② For more on the ethics of selling alternative medicines, see Chris MacDonald and Scott Gavura, "Alternative Medicine and the Ethics of Commerce," *Bioethics* 30, no. 2 (2016), pp.77-84.

到目前为止，我们已经提到了法律规则、组织规则、基于角色的规则和职业规则。我们可以把这些规则看成是一个非常广泛的社会协议或社会"契约"的一部分，它的功能是组织和缓和个人之间的关系。如果成员在任何时候都可以自由地决定做什么和如何做，那么任何团体都无法发挥作用。根据定义，任何合作活动都需要合作，也就是说，需要每个成员都遵守的规则。

在许多哲学家看来，有一些道德义务是更基本的，比合同或职业义务更严格地约束着我们。你不应该像通过解除合同或辞职来放弃职责一样"放弃"道德义务。在许多哲学家的语言中，伦理责任应该是绝对命令，而不是假设性的。假设性的伦理责任就像一种职业行为准则，只有当你是这个行业的一员时，它才会约束你。例如，只有当我是一名受聘的审计师时，我才有责任准确报告我的雇主的财务状况。绝对责任不包含这个"如果"条款——我应该或必须（命令式的）遵守一个基本的道德规则，无论在什么情况下（绝对的）。例如，无论如何，我都有责任不在工作场所剥削儿童。

3.3.1 人权与义务

是否有这种基本的或"绝对的"职责？有什么规则我们应该遵守，我们应该做的决定，不管结果是什么，不管我们是谁或我们想要什么？许多伦理传统从对每个人的基本尊重的角度回答了这些问题。这些传统都认为，每个人都有一种内在价值或基本尊严，不应被侵犯。例如，一些宗教传统认为这种固有的尊严是"造物主赋予的"，或者是根据上帝的形象被创造出来的。

表达这一观点的一种常见方式是说，每个人都享有受到尊重的基本人权，这一权利使每个人都有义务尊重他人的权利。18世纪的哲学家伊曼努尔·康德（Immanuel Kant）表示，这是我们所有人的基本义务，我们必须把每个人看成自己的目的，而不仅仅是实现自己目的的手段。换句话说，我们的基本责任是把人当成能过自己生活的主体，而不仅仅是为了我们自己的目的而存在的客体。用语法中熟悉的主语与宾语类别来说，人类是主语，因为他们是做出决定和执行行动的，而不是被行动所影响的对象。人类有自己的目标和目的，因此不应简单地将其视为达到他人目的的手段。换句话说，绝不能把人仅仅当成工具来对待（人们可以理解为什么这个传统中的伦理学家对"人力资源管理"这个词感到畏缩，拒绝接受人类可以成为被管理的"资源"的假设）。

这种人权或道德权利，在现代民主政治制度的发展中发挥了核心作用。美国的《独立宣言》提到了政府不能剥夺的"不可剥夺的权利"。其他民主国家的宪法中也有类似的权利，如加拿大的《权利与自由宪章》或法国的《人权宣言》。第二次世界大战之后，联合国制定了《世界人权宣言》，作为要求所有政府遵守基本道德标准的手段。

回到前面的例子，这种以权利为基础的道德框架将反对童工制度，因为这种做法违反了我们尊重儿童的义务。当我们把儿童仅仅当成达到生产和经济增长目的的手段时，我们就侵犯了儿童的权利。我们只是把他们当成手段，因为作为孩子，他们没有理性和自由地选择自己的目标。我们只是把他们当成工具、物体或资源来使用。因此，即使童工制度产生了有益的结果，它在伦理上也是错误的，因为它违反了一项基本人权。

这样，人权或道德权利的概念是以原则为基础的伦理传统的核心。每个人固有的尊严意味着我们不能对他人做任何选择。人权保护个人尊严不受侵犯，并且不能将其视为纯粹的对象或手段。权利意味着某些行为和某些决定是"禁区"。因此，我们的基本道德义务（绝对命令）是尊重他人的基本人权。我们的权利限制了他人的决定和权威。

考虑相对于整体利益最大化的功利目标，权利是如何发挥作用的。假设你在当地拥有一家企业，当地政府认为你的房产很适合建城市公园。假如你是唯一不同意的人。从实用主义的角度来看，把你的土地用于公园建设似乎最符合整体利益。然而，你的财产权阻止了社区征用你的土地（至少在没有公正补偿的情况下）来为公众服务。

结合2014年黑客入侵一些名人的iCloud文件存储账户这一事件，我们也可以得出类似的结论。[5]黑客随后窃取并发布了一些私人照片，其中很多是裸照。出于功利主义的考虑，有些人可能会认为这是一件好事。毕竟，虽然这些照片的发布让被攻击的名人感到尴尬，但还是有很多人喜欢看到这些照片。因此，黑客上传这些照片可能比他们什么都不做更让人开心。但这种分析忽略了名人的隐私权。很多人可能都喜欢这些照片，但这些人并不拥有这些照片。它们是相关名人的私人财产。当然，参与其中的名人会争辩说，他们的权利不应该仅仅为了给别人带来快乐而受到侵犯。

总之，我们可以说，人权旨在保护某些核心的人类利益，禁止仅仅为了提供整体幸福的净增加而牺牲这些利益。西方伦理传统所提供的关于人权的标准解释，将基本人权与一些关于基本人性的理论联系起来。康德的传统主张我们的基本人权及随之而来的义务来自我们作为自由和理性存在的本性。人类的行为不仅仅是出于本能和条件反射；他们可以自由选择如何生活，如何实现自己的目标。从这个意义上说，人类拥有一项基本的人权——自主权或"自治"。

3.3.2 人权与社会公正

从这些起源中，我们可以看到两种相关的权利是如何成为社会正义的基本组成部分的。如果自主权或自治是人性的基本特征，那么自己做出选择的自由作为一项基本权利理应得到特别保护。但由于所有人都具有这一基本特征，因此平等对待和平等考虑也必须成为基本权利。根据这一传统，自由和平等是"自然权利"，比政府和社区创造的合法权利更基本、更长久（见现实观察 3-5）。

⊙ 现实观察 3-5

基本人权被普遍接受吗

1948 年，也就是第二次世界大战结束三年后，联合国通过了《世界人权宣言》（本栏目以下简称《宣言》）。自那时以来，《宣言》已被翻译成 300 多种语言和方言。《宣言》载有 30 条概述基本人权的条款。《宣言》的部分内容如下：

序言
承认人类大家庭所有成员的固有尊严及平等和不可剥夺的权利是世界自由、正义与和平的基础。

第 1 条
人人生而自由，在尊严和权利上一律平等。他们被赋予理性和良心，并且应以兄弟相处的精神对待彼此。

第 2 条
人人有权享有本宣言所规定的一切权利和自由，不因种族、肤色、性别、语言、宗教、政治或其他见解、国籍或社会身份、财产、出身或其他身份等有任何区别。

第 3 条
人人享有生命、自由和人身安全的权利。

第 4 条
任何人不得被奴役或奴役他人；一切形式的奴隶制和奴隶贸易应予禁止。

第 5 条
任何人不得遭受酷刑或残忍、不人道或有辱人格的待遇或处罚。

第 9 条
任何人不得被任意逮捕、拘留或流放。

第 10 条
在确定其权利和义务及对其提出的任何刑事指控时，人人完全平等地享有由自由独立和公正的法庭进行公正和公开听证的权利。

第 18 条

人人有权享有思想、信仰和宗教自由；这一权利包括改变其宗教或信仰的自由，以及单独或与他人共同，公开或私下，在教学实践、礼拜和仪式中表明其宗教或信仰的自由。

第 19 条

人人有权享有意见和言论自由；这项权利包括不受干涉地持有意见的自由，以及通过任何媒介和不分国界寻求、接受和传播信息与思想的自由。

第 23 条

（1）人人有权工作，自由选择就业，享有公正和有利的工作条件，并享有失业保障。

（2）人人都有同工同酬的权利，不受任何歧视。

（3）劳动者有权获得公正和有利的报酬，使其本人和家庭过上有尊严的生活，并在必要时辅以其他社会保障手段。

（4）每个人都有权利去组织或加入公会来保护自己的利益。

第 25 条

（1）每个人都有权利为维持他本人及其家庭的健康和福利而拥有适当的生活水准，包括食物、衣服、住房和医疗服务及必需的社会服务，他们还应该拥有在失业、疾病、残疾、丧偶、年老或其他无法控制的情况下缺乏生计时获得保障的权利。

第 26 条

（1）人人都有受教育的权利。

资料来源：United Nations, Declaration of Human Rights.

自由和平等也是大多数现代社会正义观念的核心要素。它们是建立在民主社会和资本主义经济基础之上的社会正义理论的基础，因此，它们对理解商业伦理至关重要。

自由主义者对社会正义的理解认为，个人自由——不受他人强迫的自由——是社会正义最核心的元素。这意味着一个公正的社会是一个个人不受政府干涉的社会——只要他们不伤害他人。主张缩小政府规模和限制政府对市场的监管的政治观点通常援引个人自由作为其主要的伦理理由。

如果我们承认自由是最基本的人权，就很容易产生一个更自由放任的自由市场经济体制的论点。只要个人不伤害他人，他们就可以自由地从事任何自愿的经济交换。在这样一个体系中，政府的唯一作用是确保自由和公开的竞争，确保经济交易不受胁迫、欺诈和欺骗。

从自由主义者的角度来看，企业应该以自愿和非欺骗性的方式自由追求利润。有道德的企业是在法律允许的范围内追求利润的企业。不道德的商业行为包括欺诈、欺骗和反竞争行为。政府监管旨在防止此类行为，以及政府执行合同和赔偿损害的行为，将是公正的。其他所有政府监管都将被视为对市场的不公正干预。

另外，平等主义版本的正义，认为平等是社会正义的最核心元素。社会平均主义理论认为，基本经济商品和服务的平等分配是社会正义的核心。其他平等主义理论认为，机会平等比结果平等更重要。社会公正的平等主义理论通常支持政府在经济中承担更大的责任，作为保证机会平等结果的必要手段。

3.3.3　人权和法律权利

在这一观点上，区分人权和法律权利是有帮助的。为了说明这一区别，让我们以雇员权利为例。有三种员工权利在企业中很常见。第一，在立法或司法裁决的基础上，员工享有法律权利。比如，员工有权利得到最低工资、享有平等的机会、作为团体的一分子参与集体谈判、免于性骚扰等。第二，根据与雇主签订的合同，员工有权使用他们可以使用的物品。从这个意义上说，某一特定雇员可能有权享受特定的保健服务、一定数量的带薪假期、抚恤基金等。第三，雇员拥有基于道德权利的权利，雇员对这些权利的要求独立于任何特定的法律或合同因素。这些权利包括不被欺负的权利、不被欺骗的权利和不被性骚扰的权利。这些权利源于对他们作为人的尊重。

法律权利和合同权利如何相互作用是值得考虑的。一般来说，雇用协议的双方都会在工作条件上讨价还价。雇主提供一定的工资、福利和工作条件，并寻求工人的生产力作为回报。员工提供技能和能力，并寻求工资和福利作为回报。因此，就业权利产生于合同承诺。然而，某些货物在法律上免除了这种谈判。雇主不能将愿意接受性骚扰或接受低于法律规定的最低工资作为雇用协议的一部分。实际上，法律权利将某些问题置于雇用合同范围之外。这些法律权利规定了企业经营的基本法律框架。它们是由法律体系建立的，从这个意义上说，是做生意的代价的一部分。

同样，人权也不在雇主和雇员之间讨价还价的范围之内。与最低工资不同的是，道德权利是根据道德而非法律的考虑建立和证明的。道德权利为法律环境本身建立了基本的道德框架，更具体地说，为企业内谈判的任何合同建立了基本的道德框架。因此，正如美国的《独立宣言》和加拿大的《权利与自由宪章》所述，政府和法律的建立是为了确保更基本的自然道德权利。联合国早些时候摘录的各项权利符合这一基本道德权利的概念（见伦理决策3-3）。

■ 伦理决策 3-3

所有人权都应成为法律权利吗

员工拥有人权（作为个人）和法律权利（作为员工）。有些权利——如无关性别身份都应被平等对待的权利——直到最近才被承认为法律权利。例如，2015年美国平等就业机会委员会裁定，工作场所基于性取向的歧视是性别歧视的一种形式，因此根据1964年的《民权法案》来看是非法的。①然而，许多人会辩称，免受这种歧视是一项人权。也就是说，他们会辩称，所有员工都有不受歧视的权利。从道德的角度来看，这种权利并不是随着最近的法律承认而出现的——这种权利一直存在。这就提出了一个有趣的问题：所有人权是否都应在法律中确立，以便成为法律权利？为什么？为什么有些权利可以被承认为人权，却没有变成法律权利？

① Dale Carpenter, "Anti-gay Discrimination Is Sex Discrimination, Says the EEOC," *Washington Post* (July 16, 2015), www.washingtonpost.com/news/volokh-conspiracy/wp/2015/07/16/anti-gay-discrimination-is-sex-discrimination-says-the-eeoc/ (accessed July 3, 2016).

3.3.4 对权利和义务伦理的挑战

那么我们有什么权利，这对其他人的义务又意味着什么？在美国的《独立宣言》中，托马斯·杰斐逊（Thomas Jefferson）宣称我们拥有"不可剥夺的权利"，包括生命、自由和追求幸福。杰斐逊受到英国哲学家约翰·洛克（John Locke）的影响，洛克认为生命、健康、自由和财产是"自然权利"。联合国的《世界人权宣言》（再看一遍现实观察3-5）列出了超过26

项它认为是普遍的人权。

承认这种权利的多样性，就很容易理解这一道德传统面临的两个最大挑战。对于什么权利才是真正的基本人权，似乎存在很大的分歧，鉴于对此有多种看法，所以如何将这种做法应用于实际情况是不清楚的，特别是在权利似乎发生冲突的情况下。

以公民可能享有的医疗保健权为例。许多社会得出结论，医疗保健是一项人权，许多国家制定了国家保健计划，向公民提供最低限度的医疗保健。《世界人权宣言》似乎同意这一观点，声称人类有权"享有足以维持健康和福祉的生活标准"，这一权利包括医疗保健。但许多人不同意，并指出这样的权利将为其他人带来巨大的成本。例如，在2017年美国国会关于医疗改革的辩论中，许多人对人类享有医疗保健权的说法提出了质疑。如果每个人都有获得医疗保健的权利，那么谁有义务提供这些，费用又是多少？这是否意味着可以要求医生和护士提供免费医疗服务？这是否意味着政府有义务提供和支付健康保险？这项权利是否意味着人类有权获得尽可能最好的待遇？去做选择性的手术呢？去健康护理院或疗养院呢？去做整容手术呢？

批评人士指责说，除非有一个特定的人或机构有义务提供被称为"权利"的东西，否则谈论权利只不过是开列人们想要的东西的愿望清单。被认定为"权利"的东西往往只不过是大多数人渴望的好东西。但是，如果每个人都确实有权享受足以满足《世界人权宣言》第25条所述所有物品的生活水准，那么谁有义务提供这些东西呢？

与商业更相关的是《世界人权宣言》的第23条所述的每个人都有工作的权利，自由选择就业的权利。这对企业意味着什么？如果员工在经济衰退期间被解雇，那么说他或她的人权受到了侵犯，这有帮助吗？谁有义务为每个失业者提供工作？这条也提到了"获得公正和有利的报酬"的权利。但什么是公正的工资，谁来决定？

基于权利的伦理的第一个挑战是，对这种权利的范围没有达成共识。哪些好东西是权利，哪些只是人们想要的东西？批评人士指责说，要回答这个问题，没有无争议的方法。然而，除非有一些明确的方法来区分这两种权利，否则权利清单只会增加到不合理的长度，而相应的义务也会给每个人带来不合理的负担。

第二个挑战也指出了将权利理论应用于现实情况的实际问题。有一长串人权，都被声称是基本的，我们如何在个人获得医疗保健的权利和医生获得公正报酬的权利之间做出决定？假如需要医疗救治的人付不起合理的费用呢？

也许，在商业环境中最重要的与权利相关的冲突是当雇主的财产权与雇员所谓的工作权利、公平工资和医疗保健权利发生冲突时发生的。虽然《世界人权宣言》没有提到财产权是一项基本人权，但许多西方传统哲学家同意约翰·洛克的观点，并将其列入我们的自然权利之中。给予雇员经济权利似乎会与雇主的财产权产生许多冲突。评论家指出，关于权利和义务的伦理传统一直无法为如何解决这类冲突提供有说服力的和系统的解释。

3.4 德行伦理：基于诚信和品格的决策

在大多数情况下，功利主义和基于原则的框架关注的是，我们作为个人和公民在决定我们应该做什么时可能遵循的规则。这些方法在决定如何行动和做什么方面构想了一个实际的理由。然而，第1章指出，伦理也涉及一个人应该成为什么样人的问题。美德伦理学是哲学伦理学中的一种传统，它寻求对人格特征或美德的全面而详细的描述，这些特征或美德将构成美好而完整的人类生活。

美德可以被理解为构成美好而有意义的人生的性格特征。友好和愉快，有完整性，诚实、坦率和真实，有适度的希望，宽容是人们通常认为的美好而有意义的人生的一些特征（有关其他品质，请见现实观察3-6）。我们可以在日常生活中看到美德伦理的作用：我们都认识一些我们尊敬的人，我们尊重他们的品格，我们也都认识一些我们用正直来形容的人。

⊙ 现实观察 3-6

日常语言中的美德

对现代读者来说，"美德"和"罪恶"的语言可能显得过时或古怪，但这曾是几个世纪以来西方世界伦理学的主导观点。列出一个简短的用于介绍一个优秀人物性格的形容词列表，你会发现关于美德和罪恶的语言并不像看起来那样过时。

古希腊人确定了四种基本美德：勇气、节制、智慧和正义。早期的基督教徒描述了信仰、希望和仁爱的三大美德。

根据古代和中世纪的哲学家的观点，美德代表了两个极端之间的平衡点，即"中庸之道"，这两个极端都被认为是罪恶的。因此，一个勇敢的人会在勇气太少（懦弱）和勇气太多（鲁莽和有勇无谋）之间找到平衡。

美德是那些能带来美好、快乐和有意义的生活的性格特征或习惯。养成这样的美德和习惯，按照自己的性格行事，就是过着正直的生活。

当你停下来思考这个问题时，你会发现从性格特征的角度来讨论道德是很自然的。你能想出我们在日常与朋友的交谈中如何表达对某人性格的欣赏的例子吗？在军事背景下如何表达这种赞赏？在动作片里呢？在说唱音乐中呢？

也许最能体现美德伦理的地方是，每个希望培养出快乐、正派孩子的好父母的目标。父母们每天都要面对美德和罪恶的问题。我知道，如果我的孩子诚实、尊重他人、开朗、温和、不贪婪、不嫉妒、不阴郁、不傲慢和不自私，他们将过上更快乐、更有意义的生活。然而，仅仅告诉我的孩子们要诚实不要贪婪是不够的，我也不能消极地认为这些特质会自然发展。灌输这些性格特征和习惯是一个长期发展的过程。

在本书中，我们会发现美德伦理的语言有几个常用的地方，最明显的是在领导力和企业文化的讨论中。考虑一下你将如何回答以下问题：是什么造就了一个好的领导者？比如果断、透明、诚实、正直、有远见、公平、授权、尊重、能鼓舞人心和勇敢。每个词都描述了一种人类的美德，其他人可以依赖的特征，因为它们深深扎根于一个人的性格中。美德不是某一天养成的特质，第二天就忘记了、丢掉了。它们之所以经久不衰，是因为它们描述了个人的真实面目。差的领导者不仅缺乏这些特质，他们还可能被描述为以自我为中心、自私、卑鄙、胆小、不可靠和无纪律的。

同样地，考虑一下你会如何描述一个优秀的、有道德的员工。再一次，美德词汇浮现在脑海中，比如值得信赖、忠诚、有创造力、勤奋、积极、可靠和诚实。对零售业的员工来说，美德应该尤其包括开朗、耐心和乐于助人。差的员工的特征可能是懒惰、不诚实、不可靠或容易分心。

为了理解德行伦理与功利主义和原则主义框架的区别，考虑一下利己主义问题。正如前面提到的，利己主义是一种观点，认为人们的行为只是出于自身利益。例如，许多经济学家似乎认为，所有个人的行为都是出于自身利益；事实上，许多人似乎认为理性本身应该被定义为出于自身利益的行为。自我主义带来的最大挑战或许也是对伦理的最大挑战，是自利主义和利他主义之间的明显差距，或者是"以自我为中心"的动机和"以他人为中心"的动机之间的差距。道德要求我们，至少在某些时候，为他人的福祉而行动。然而，那些相信利己主义的人会声称这是不可能的。

美德伦理学将焦点从一个人应该做什么，转移到这个人是谁。这种转变不仅需要对伦理有不同的看法，同样重要的是，还需要对我们自己有不同的看法。这种区别隐含着一种认识，即我们作为个体的身份部分是由我们的欲望、信仰、价值观和态度构成的。一个人的性格——那些通常被称为"人格"的性格、关系、态度、价值观和信仰——并不是独立于这个人的身份之外的某种特征。性格不像一套衣服，你可以随意更换。相反，个性与一个人最基本、最持久的性格、态度、价值观和信仰是一致的。

请注意，这种转变如何改变了伦理学中正当化的本质。如果某些行为的正当性要求它与自身利益联系在一起，就像许多人认为的那样，我们不应该惊讶于这种正当性经常失败。伦理争议往往涉及利己主义和伦理价值观之间的冲突。如果这需要我放弃很多钱，我为什么要选择做合乎道德的事情？如果一个人的性格中还没有包含谦虚的倾向，那么唯一的辩护途径就是表明这种倾向如何服务于这个人的其他利益，比如她自己的利益。为什么一位高管应该拒绝数百万美元的奖金？回答这个问题的唯一方法似乎是表明这样做如何符合她的自身利益。但这在某些时候是不可能的。

另外，对那些已经具有谦虚、脚踏实地的欲望的人来说，为低工资辩护的问题就不那么重要了。如果我是那种对金钱有适度和克制欲望的人，那么就不会陷入为了大笔奖金而失去道德的诱惑。对许多人来说，自利的"自我"是一个关心他人、谦虚、真实、无私的自我。对这些人来说，自私自利和利他主义之间根本没有冲突。

因此，我们能为他人的幸福而行动的程度似乎取决于各种因素，比如我们的愿望、信仰、性格和价值观；简言之，这取决于我们的性格或我们是什么类型的人。如果人们是有爱心的、有同情心的、慈善的，那么自私和利己主义的挑战就不会成为人们做决定的影响因素。

美德伦理学认识到，我们的动机——我们的兴趣、愿望、欲望——不是我们每个人每天早上重新选择的那种东西。相反，人类根据他们是谁，根据他们的性格行事。到成年时，这些性格特征通常已经深深扎根于我们的内心。鉴于我们的性格在我们的行为中扮演着如此关键的角色，鉴于我们意识到我们的性格可以被可控的因素（由有意识的个人决定，由我们的成长方式，由我们生活、工作和学习的社会机构）塑造，美德伦理学试图理解这些特征是如何形成的，哪些特征是有意义的，哪些特征会破坏有意义、有价值和令人满意的人类生活。

美德伦理学可以让我们对商业生活有更全面的理解。不是简单地将人们的行为描述为好或坏，决定是对是错，道德规范鼓励对人作为一个整体进行更全面的描述。例如，我们可能会把告密者描述成英勇无畏的人。我们可以把丹·普莱斯这样的老板描述为一个正直的人，他同情员工，关心他们的幸福。其他高管可能会被描述为贪婪或无情、骄傲或好胜的（见现实观察3-7）。面对一个进退两难的问题，我们可能不会问"我该怎么办？"而是，一个正直的人会怎么做？一个诚实的人会说什么？我有勇气坚持我的信念吗？换句话说，你可能会想到（或想象）一个你认为特别有道德的人，然后问自己这个人在这种情况下会怎么做。一个有道德的人会怎么做？

⊙ 现实观察 3-7

令人震惊的贪婪

Mylan 是一家生产 EpiPen（一种易于使用的自动注射医疗设备）的美国制药公司。EpiPen 提供适当剂量的肾上腺素，这种药物可以安全有效地对抗过敏反应，过敏反应可以使人的呼吸道关闭并导致死亡。EpiPen 特别有效，因为只要将设备贴在皮肤上并按下按钮，任何人——他或她自己、同事、老师、旁观者——都可以迅速给病人注射适当剂量的肾上腺素。由于使用方便，EpiPen 在治疗儿童严重过敏症方面特别受欢迎，因此它挽救了无数生命。

该设备本身简单而廉价，制造成本最多只有几美元。肾上腺素药物也很便宜，每剂不到 1 美元。但随着时间的推移，肾上腺素会降解，所以医疗专业人士建议至少每年更换一次未使用的设备。对易过敏的人来说，在工作场所、学校或家里备好几支在手边并不罕见。因为 EpiPen 已经被使用了 40 多年，并且被证明了它的有效性，开发该产品所需的初始投资成本早就被收回了。

Mylan 在 2007 年购买了肾上腺素注射器的使用权。当时，EpiPen 每支售价不到 60 美元，年销售额接近 2 亿美元。到 2016 年，当竞争对手寥寥无几、Mylan 拥有了 90% 的市场份额时，该公司将两支 EpiPen 的价格提高到了 600 美元以上。据估计，2016 年 EpiPen 的销售额接近 15 亿美元。同期，Mylan 首席执行官的年薪从 230 万美元增至 1 900 万美元。据报道，2016 年，前首席执行官罗伯特·科里（Robert Coury）从 Mylan 获得了超过 9 000 万美元的薪酬。

2016 年，Mylan 因提高肾上腺素注射器的价格而受到公众的严厉批评。一些批评人士指出，Mylan 的首席执行官希瑟·布雷施（Heather Bresch）是西弗吉尼亚州前州长、现任美国参议员乔·曼钦（Joe Manchin）的女儿。这些批评人士声称，她的政治关系为政府监管铺平了道路，包括增加过敏反应的风险警告，鼓励学校储备 EpiPen，以及制定让 EpiPen 像除颤器一样公开可用的法规。

2016 年 10 月，布雷施被要求在美国国会出席，为 Mylan 的行为辩护。在布雷施向美国众议院监督和政府改革委员会作证时，国会议员约翰·邓肯（John Duncan）告诉她："这种贪婪令人震惊，令人作呕。我是一名非常保守、亲商的共和党人，但我真的对今天听到的和之前读到的有关这种情况的消息感到厌恶。在我看来，没有人能真正赚到或值得一年赚 1 900 万美元。"①

1. 用"贪婪"来形容年薪 1 900 万美元的 CEO 准确吗？退休后再付 9 000 万美元怎么样？
2. 在 1987 年的电影《华尔街》（Wall Street）中，由迈克尔·道格拉斯（Michael Douglas）饰演的角色戈登·盖柯（Gordon Gekko）曾说过一句著名的话："贪婪是好的。"贪婪是善还是恶？贪婪的人更可能生活得更好还是更糟？

---

① Congressman John Duncan, October 2016, *Response to Heather Bresch, Mylan CEO during testimony in front of U.S. House Oversight and Government Reform Committee.*

除了将美德与更完整的人类生活的概念联系起来，美德伦理学还提醒我们审视性格特征是如何形成和被塑造的。当我们长大成人时，我们的许多性格是受诸如父母、学校、教会、

朋友和社会等因素影响而形成的。但是强大的社会机构，如企业，尤其是我们自己的工作场所，以及我们在其中的特殊角色（如经理、专业人士和培训生），对塑造我们的性格有着深远的影响。假设有一家会计师事务所雇用了一群实习生，他们完全知道一年后只有不到一半的人会留下来，而且只有非常少的人会成为合伙人。这种企业环境鼓励员工的动机和行为，这与那些招聘人数较少但却给所有员工更大的长期成功机会的公司截然不同。一个设定不切实际的销售目标的公司会发现，它创造了一支不同的销售队伍，而不是把销售更多地理解为客户服务。美德伦理学提醒我们，要关注在商业世界中发现的实际实践，并问问这些实践造就了什么样的人。在商业伦理中出现的许多个人道德困境，可以被理解为源于我们想成为的人的类型和企业期望我们成为的人的类型之间的紧张关系（见现实观察3-8）。

⊙ **现实观察 3-8**

美德从何而来

美德从何而来？我们如何成为优秀的人？

在柏拉图著名的对话录《弥诺》（Meno）的开篇，主人公问苏格拉底这个基本问题：美德能被教导吗？如果正如德行理论家所认为的那样，伦理学涉及发展正确的性格特征和习惯，那么获得这些特征就成为伦理学的一个基本问题。我们能教人们诚实、守信、忠诚、礼貌、温和、尊重和富有同情心吗？

Meno（对话的主角）最初提出了一个选择题：美德是被教导的还是自然获得的。用现代术语来说，这是一个养育或先天、环境或遗传的问题。苏格拉底的回答更为复杂。美德不能简单地由别人传授，也不能自然而然地获得。每个人都有成为善的自然潜能，从周围环境中学习是这个过程的一部分。但是，归根结底，美德必须由每个人通过一个复杂的个人反思、推理、实践、观察及社会强化和制约的过程来发展。美德是习惯，养成任何习惯都是一个微妙而复杂的过程。

家长们每天都要面对这个问题。我知道，如果我的孩子诚实、尊重他人、开朗、温和、不贪婪、不嫉妒、不阴郁、不傲慢、不自私，他们将过上更快乐、更有意义的生活。然而，仅仅告诉我的孩子们要诚实不要贪婪是不够的；我也不能消极地认为这些特质会自然发展。灌输这些性格特征和习惯是一个长期发展的过程。

商业机构也开始认识到，性格塑造既困难又不可避免。员工在工作中有一定的性格特点和习惯，这些可以在工作场所得到塑造和加强。雇用一个有错误性格特征的人，就会有麻烦。对一个有道德的管理者来说，设计一个工作场所或创造一种企业文化来强化好的性格特征、打击坏的性格特征，是最大的挑战之一。

考虑一个由某人（本书作者认识的人）所描述的例子，他对市场营销公司和广告公司的价值进行了实证研究。这位人士报告说，有好几次，广告代理商告诉她，他们永远不会让自己的孩子观看自己公司制作的电视节目和广告。他们自己承认，这类节目的广告旨在操纵儿童购买或让他们的父母购买那些几乎没有真正价值的产品。在某些情况下，广告推销啤酒，广告商自己也承认，作为他们的"肮脏的小秘密"，他们的目标是青少年市场。此外，他们自己的研究证明，他们的广告在增加销量方面取得了成功。

独立于我们对针对儿童的广告所提出的伦理问题，美德伦理学方法将着眼于那些能将自己和自己的价值观与他们的工作及鼓励这种工作的社会机构和实践分离的个体类型。什么样的人愿意让别人的孩子接受他们自己的孩子不愿意接受的营销手段？这些人似乎甚至缺乏最基本的人格完整性。什么样的组织会鼓励人们用他们愿意承认不好的方式对待孩子？在这样的组织中，他们会成为什么样的人？

最后，专注于性格形成的美德伦理学应该引导我们思考我们所做的选择及这些选择是如何影响我们的性格的。这可能以两种方式发生。第一，请注意，你所做的每个决定都会对后续的决定产生微妙但有意义的影响。俗话说，每一个谎言，都会让下一个谎言的出现变得更容易。的确，每一个小谎言都会让你更容易说出更大的谎言。这表明性格和行为之间存在一种相互关系：我们的性格影响我们的行为，但我们的行为最终会影响我们的性格（想了解更多关于我们的选择如何影响我们最终成为什么样的人，见现实观察3-9）。第二，通过我们选择结交的人和我们选择成为的组织的一部分。如果你花时间同有耐心的、温和的人在一起，你会变得更像他们。如果你花时间同刻薄的、好斗的人在一起，你可能会变得更像他们。这对我们选择为之工作的公司有着重要的意义。正如我们将在第4章中进一步讨论的那样，我们选择成为其中一部分的组织文化将不可避免地改变我们作为人的本质。所以最好慎重选择。

⊙ 现实观察 3-9

当你退休时，他们会说什么

思考性格的一个有用方法是问自己这个问题：可能很多年以后，当你退休时，在你的退休派对上，人们会怎么评价你？当然，他们会祝贺你，并指出你的各种成就，以及你的职业生涯中的重要里程碑。但他们也可能会谈论你是谁。关于你是什么样的人，关于你的性格，他们会怎么说？

更重要的是，你想让他们怎么评价你？你想让他们说你在整个职业生涯中是"一个意志坚强的商人"还是"一个善良慷慨的同事"？你希望别人记住你是"留心的老板"还是"支持你的导师"？你希望他们描述你是"忠于工作"还是"忠于朋友和家人"？展望未来，你希望他们用其他什么性格特征来描述你和你的职业？

最后，问问你自己：我现在能做些什么来实现这个愿望呢？在未来的几十年里，我应该怎样做，才能让自己成为那种我希望他们在我退休时描述我的样子？

3.5 企业伦理决策模型的再认识

本章介绍了三个在历史上和哲学上都很重要的伦理框架。虽然本章涉及的一些材料对商业伦理课程来说可能显得过于深奥和抽象，但所有这些都有一个非常实际的目标。理解伦理学的哲学基础将使你更加意识到伦理问题，更好地认识到你的决定的重要性，并更有可能做出更明智、更合理的决定。此外，当我们被问到为什么我们已经或打算做一个特定的决定时，这些理论让我们能更好、更清晰地解释自己。一种解释，如"我们应该这样做，因为这是正确的"往往会被视为模糊的或不具说服力的；另一种解释，如"我们应该这样做，因为如果我们这样做，会有更多的人生活得更好，而不是受到伤害"会更有效和令人信服。当一个关键的利益相关者问你为什么支持或反对一个具体的提议时，你的回答现在有了全面的内容，因此会更加复杂、可信和有说服力。

这些伦理理论和传统也提供了发展第 2 章所介绍的决策模型的重要途径。这些伦理理论毕竟为思考和推理伦理问题提供了系统而复杂的方法。我们现在可以提供我们决策模型的一个更详细的版本，其中伦理理论被整合到一个明确的决策过程中。这里介绍的决策过程的首要目的是帮助你做出道德上负责任的商业决策。现在我们来更详细地回顾决策过程。

（1）确定事实。收集所有相关的事实。在这个阶段，至关重要的是，我们不能因为只收集支持某一特定结果的事实而无意地偏向我们以后的决定。

（2）确定所涉及的道德问题。伦理层面是什么？什么是伦理问题？我们常常甚至没有注意到道德困境。避免规范性短视。

（3）识别利益相关者。谁会受到这个决定的影响？他们与我的关系是什么？他们对我的决定或结果有什么影响力？谁与结果有利害关系？不要把你的调查局限于那些你认为你应该对他们负责的利益相关者；有时，只有在评估了对涉众的影响后，职责才会变得清晰。例如，你可能没有必要首先将竞争对手视为利益相关者；然而，一旦你了解了你的决定对那些竞争对手的影响，道德责任就可能产生。

（4）考虑可用的替代方案。练习"道德想象力"。有没有创造性的方法来解决冲突？不仅要探索那些显而易见的选择，还要探索那些不那么明显、需要创造性思维或"跳出框架"思考的选择。

（5）比较和权衡备选方案。从其他人的角度看问题。我的决定如何影响每个利益相关者？比较和权衡这些选择：伦理理论和传统在这方面可以有所帮助。

1）结果。对所有受影响的各方产生有益和有害的后果。

2）义务、权利、原则。法律是怎么说的？是否涉及专业职责？哪些原则是最具强制性的？人们被公平对待、被尊重了自主权和平等吗？

3）对个人正直和品格的影响。通过这个决定，我将成为什么样的人？我自己的原则和目的是什么？我能接受公开这个决定吗？这是一个值得我骄傲的决定吗？这一决定会令人尴尬吗？

（6）做决定。这是一个特定时间点的决定，还是会随着时间的推移而执行的事情？你的计划是什么，你打算如何实施？结果发生了意想不到的事情，你会怎么办？

（7）监控和学习。你是否建立了评估你的决定和可能的修改的机制？确保你从每个决定中学习，并带着增加的知识前进；将来你可能会面临类似的决定，或者发现有必要改变你目前的状况。因为某种情况或其解决方案，政策或程序是否需要修改？

再论开篇伦理决策

重新审视高管薪酬与员工薪酬

在丹·普莱斯（Dan Price）于 2015 年 4 月宣布辞职后的一年里，他卷入了一场与其兄弟卢卡斯·普莱斯（Lucas Price）的法律纠纷。卢卡斯是 Gravity Payments 的共同所有人。[一] 卢卡斯起诉丹，称他的兄弟违反了 2008 年关于公司所有权和管理的协议。根据该协议的条款，丹拥有公司 67.5% 的股份，而卢卡斯则放弃了之前在公司的日常工作。卢卡斯提起诉讼的部分原因是，他说即使是在非常重大的决策中，他的兄弟也没有让他参与，包括改变 Gravity

---

[一] Rachel Lerman, "Gravity Payments Brothers Square Off in Court," *Seattle Times* (May 31, 2016), www.seattletimes.com/business/technology/brothers-square-off-in-court-over-company-paying-employees-70k-a-year/.

Payments 的员工工资的决定。该诉讼还称，丹给自己的工资过高。法庭文件显示，丹曾试图将自己的赔偿总额提高到 550 万美元，这相当于公司总收入的一半以上。在撰写本报告时，该案件的法官同意了两兄弟的请求，允许他们通过调解尝试在庭外解决他们的问题。

1. 丹决定向员工支付更多薪水，这需要花费公司的部分利润。考虑到他没有先征求卢卡斯的意见，这是否侵犯了他兄弟卢卡斯的权利？
2. 丹宣布自己将大幅减薪（以支付他的员工将获得的部分加薪），而就在两周前，他得知他的兄弟正在起诉他。这是否改变了你对他决定将自己的大部分薪酬转移给员工的道德评价？
3. 用德行伦理学的词汇，你会如何描述你对丹的最初印象？根据这个案例中的信息，你又会如何描述他？

● 练习与应用

1. 并非所有的道德规范都能在法律中确立。在哪种哲学传统中——结果、权利或美德——我们最有可能找到最终成为法律的规范？
2. 是什么让一个决定或问题成为伦理的？你如何解释伦理/非伦理和道德/不道德之间的区别？
3. 你在自己的工作场所经历过哪些道德争议或困境？你在自己参加的社团或学生团体又经历过哪些道德争议或困境呢？这些争议或困境是如何解决的？
4. 在网上搜索国际人权和/或基本道德权利。你能找到任何一种似乎在所有文化中都得到普遍承认的道德权利吗？
5. 为什么经济增长被认为是功利主义目标？
6. 一些政治哲学家认为立法的伦理基础是功利主义的，而司法的伦理基础是义务主义的。你如何解释这种区别？
7. 如果自治的权利是你自己自由和深思熟虑的选择的权利，你认为在这种权利上必须有什么限制？自主权真的允许我们做任何我们想做的事吗？
8. 私有财产权常被描述为一组权利。财产所有权涉及哪些权利？基于这种理解，股东是否应该被视为公司的所有者？
9. 诚实、忠诚、值得信赖、同情和谦卑等性格特征能被教导吗？人们是学会了自私、贪婪、好斗，还是这些性格都是天生的？
10. 像医生、会计和律师这样的专业人士，有其他人没有的职责和义务吗？这些义务从何而来？

● 注释

1. Source: Jeff Bezos, April 2019. *Letter to Amazon Shareholders*.
2. Patricia Cohen, "One Company's New Minimum Wage: $70,000 a Year," *The New York Times* (April 13, 2015), www.nytimes.com/2015/04/14/business/owner-of-gravity-payments-a-credit-card-processor-is-setting-a-new-minimum-wage-70000-a-year.html (accessed June 26, 2016).
3. Caleb Melby, "Executive Pay: Valuing CEOs," *Bloomberg.com* (March 15, 2015), www.bloomberg.com/quicktake/executive-pay (accessed June 26, 2016).
4. Caleb Melby, "Executive Pay: Valuing CEOs," *Bloomberg.com* (March 15, 2015), www.bloomberg.com/quicktake/executive-pay (accessed June 26, 2016).
5. See "iCloud Leaks of Celebrity Photos," *Wikipedia,* https://en.wikipedia.org/wiki/ICloud_leaks_of_celebrity_photos (accessed July 3, 2016).

第 4 章

企业文化：影响和启示

文化把战略当早餐吃。

——彼得·德鲁克（Peter Drucker）

如果你有幸成为某人的雇主，那么你在道义上就有义务确保员工期待早上来上班。

——约翰·麦基（John Mackey），
全食超市首席执行官、联合创始人

在 IBM 工作期间，我看到，文化不仅仅是游戏的一个方面，它就是游戏。归根结底，一个组织只不过是其员工创造价值的集体能力的载体。

——路易斯·格斯特纳（Louis Gerstner），
IBM 前任董事长兼首席执行官

∷ 开篇伦理决策

创建一个伦理计划

想象一下，你在公司的人力资源部门工作。首席执行官要求你的部门为公司制定一项伦理规范计划，并指派你负责制定这项计划。你需要在两周内向首席执行官汇报，并提交一份公司伦理准则的草案、一份伦理计划将包括的其他要素的摘要，以及一份关于你将如何评估该计划是否有效的建议。首席执行官还要求你做好准备，解释她在促进伦理方面可以发挥什么作用，以及她如何能确保整个伦理计划的成功。

你开始研究，并很快发现，伦理计划有许多理想的和可能重叠的结果。成功的计划可以在以下方面取得成效：

（1）揭露不道德/非法行为，减少危机，帮助你的公司避免或减少罚款和/或刑事指控。

（2）提高对伦理和法律问题的认识。

（3）提供指导和建议资源。
（4）确保对不法行为的报告更加准确。
（5）鼓励提高客户的忠诚度，从而增加销量和提高声誉。
（6）鼓励员工在决策过程中纳入公司的价值观。
（7）增强员工对组织的承诺和忠诚度，从而提高生产力。
（8）提高外部和内部利益相关者需求的满意度（所有这些都会带来更好的财务业绩）。

在几家不同类型的企业中扮演这一人力资源人员的角色：一家快餐店、一家汽车经销商、一家销售消费类电子产品的零售店、一家政府机构和一家大型国际公司。[1]

讨论题

1. 列出你认为应该在伦理准则中解决的问题。
2. 除伦理准则之外，你还会在伦理计划中包括哪些内容？
3. 你将如何定义"成功"？你需要收集什么事实来做出这个判断？
4. 在这个过程中，你将如何衡量成功？在达到任何最终目标之前，你将如何衡量你的伦理规范计划是否"有效"？
5. 你将把谁定义为主要的利益相关者？
6. 在你的项目中，利益相关者的利益是什么，你的项目对每个利益相关者的影响是什么？对项目成功与否的衡量方式会如何影响公司吸引的人员类型或组织内最有积极性的人员？
7. 你将如何回答CEO关于自己在促进伦理方面的作用的问题？

:: **学习目标**

在学完本章之后，你应该能够：

1. 定义企业文化。
2. 解释企业文化是如何影响伦理决策的。
3. 讨论以合规为基础的文化和以价值观为基础的文化之间的区别。
4. 讨论企业领导层在建立文化方面的作用。
5. 解释有效的领导者和有道德的领导者之间的区别。
6. 讨论使命宣言和准则在创建基于伦理的企业文化方面的作用。
7. 解释各种报告机制，如伦理热线和监察员制度，如何帮助企业整合伦理规范。
8. 讨论评估、监测、审计企业文化和伦理计划的作用。
9. 解释一下文化如何通过政府监管来落实。

4.1 引言：什么是企业文化

本章探讨了企业发展伦理文化的方式。组织中的文化鼓励和支持个人做出对伦理负责的决定，或者说它们不鼓励和支持个人做出这样的决定。伦理决策模型强调了个人对我们所做的决策的责任。这些决策会影响到个人诚信，也会对商业组织与之互动的许多利益相关者产生影响。

但是，个人决策并不存在于真空中。企业内部的决策制定会受到企业文化的影响、限制、塑造，在某些情况下，几乎是由企业文化决定的。个人在做出"正确"或"错误"的决定时（根据他们自己的价值观），可能会受到他们的生活和工作中组织期望、价值观和结构的帮助或阻碍。我们将在本章中探讨围绕企业文化的发展、影响和管理的一些主要问题，以及企业领导者在创造、加强和维护支持道德行为的文化中的作用。

即使在这个企业和其他机构权力下放的时代，组织中仍存在着一种文化意识。这在小型地方公司中尤为明显，但在宝马或谷歌这样的大型全球公司中也是如此。尽管一家企业在很多地方，有不同的员工群体和管理风格，但在一个国家为大型全球公司工作的人，会与在世界另一端为同一公司工作的人分享他的工作文化的各个方面。这并不是说他们的工作环境在许多方面不能完全不同；而是说企业文化在距离和差异中依然存在。

我们所说的企业文化是什么意思？每个组织都有一种由共同的信仰、期望和意义模式形成的文化，它影响并指导该组织成员的思维和行为。在文化塑造组织成员的同时，它也被该组织成员所塑造（见图4-1）。

考虑一下你自己的公司、组织、学校、宿舍或联谊会与类似的组织有什么不同。是否有一种"类型"的人是你所在组织、宿舍或联谊会中的典型？在你的学校或工作场所，是否有一些不为人知但有潜在影响力的标准和期望在塑造学生？如果你选择了不同的大学，加入

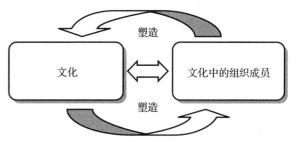

图4-1 文化与组织成员相互塑造

了不同的联谊会，或者参加了不同的组织，你会有什么不同（见现实观察4-1）？当你考虑陈规会如何限定观念时，也要考虑性别和期望会如何影响企业文化。第6章将解读这个问题，以及MeToo运动对工作场所环境的影响，还将讨论"冲突中的权利和义务"，并在第6章伦理决策6-5中提供一些背景。

⊙ 现实观察4-1

基业长青

企业文化重要吗？柯林斯（James Collins）和波勒斯（Jerry Porras）是畅销书《基业长青》的作者，他们研究了成功的公司，寻找可能解释其成功的常见做法。这些公司在财务方面不仅优于其竞争对手，而且长期优于其竞争对手。平均而言，柯林斯和波勒斯研究的公司都有100多年的历史。他们的主要发现之一是，真正卓越和可持续发展的公司都非常强调一套核心价值观。他们将核心价值观定义为"基本和持久的信条"，它有助于定义公司，并且"不会因为经济利益或短期权宜之计而妥协"。[①]

柯林斯和波勒斯列举了许多核心价值观的例子，如IBM、强生、惠普、宝洁、沃尔玛、默克、摩托罗拉、索尼、迪士尼、通用电气和奥驰亚集团，这些公司的创始人和首席执行官阐述并宣传了这些核心价值观。一些公司将"对客户的承诺"作为其核心价值观，而其他公司则专注于员工、产品、创新，甚至是冒险。共同的主题是，核心价值和明确的企业宗旨，一起被描述为组织的核心意识形态，是可持续发展和财务上成功的公司的基本要素。

在柯林斯的后续著作《再造卓越》中，他强调了核心价值观在避免企业衰退方面的重要性。他后来的研究显示，企业衰退的关键线索包括：当人们不能轻松地阐明组织的主张时，当核心价值观已经被侵蚀到无关紧要的地步时，以及当组织已成为"另一个工作的地方"时。正是在这一点上，员工对自己的能力失去了信心，无法取得胜利。员工不再热衷于相信组织的核心价值观和目标，而是变得不信任，认为愿景和价值不过是公关手段和花言巧语而已。②

哈佛大学教授赫斯克特（Jim Heskett）和萨赛（Earl Sasser）及共同作者惠勒（Joe Wheeler）强烈支持柯林斯和波勒斯得出的结论。在他们的《所有权商数》一书中，他们将强大的、适应性强的文化与创新、生产力及员工和客户的归属感等有价值的企业成果联系起来。通过分析作者发现的这些组织的共同特征，我们可以学到很多关于维持这些组织的东西。

（1）领导层在规范和维护组织的宗旨、价值观和愿景方面至关重要。领导者必须以身作则，活用文化的各种要素。

（2）像任何有价值的东西一样，文化是你投资的东西。

（3）一个组织中的各级员工都会注意到并验证文化的要素。

（4）具有明确规范的文化的组织享有劳动力成本优势。

（5）具有明确规范和可执行的文化的组织，员工和客户忠诚度都很高。

（6）基于强大而有效的文化的经营策略对潜在客户具有选择性。

（7）这些文化要素的结果是"最好的人服务最好的人"。

（8）这种经营策略成为一种自我强化的操作杠杆的来源，必须谨慎管理，以确保它不会导致发展出缺乏变通能力的教条主义。

（9）具有强大和适应性文化的组织会促进领导层的有效继承。

（10）文化有可能会使人失望。③

强大的企业文化不仅在员工中创造了主人翁意识，而且带来了可衡量的财务回报。哈斯克特（Haskett）在他的《文化周期》一书中认为，拥有有效文化的公司可以在财务业绩上比没有强大文化的公司高出 20%～30%。哈斯克特用他的"四 R 经济模型"来衡量文化对底线的影响。这四个 R 包括推荐率（referral）、保留率（retention）、劳动回报率（return to labor）和与客户的关系（relationship with customer）。这些变量证明了强大的企业文化对一个成功组织的最终财务业绩有多么重要。④

① James Collins and Jerry Porras, *Built to Last: Successful Habits of Visionary Companies* (New York: Harper Collins, 1994), p.73.
② James C. Collins, *How the Mighty Fall: And Why Some Companies Never Give In* (New York: HarperCollins, 2009).
③ Adapted from Jim Heskett, Earl Sasser, and Joe Wheeler, *The Ownership Quotient: Putting the Service Profit Chain to Work for Unbeatable Competitive Advantage* (Boston: Harvard Business Publishing, 2008).
④ James L. Heskett, *The Culture Cycle: How to Shape the Unseen Force That Transforms Performance* (Upper Saddle River, NJ: FT Press, 2012).

如果文化涉及信仰、期望和意义的共同模式，那么我们将在不同层面上发现它，包括：

- 宗教、种族和语言归属。
- 时代。
- 性别。
- 社会阶层。

- 组织 / 公司。
- 家庭。

然后，文化元素可能由各种特征来说明，如语言、空间的使用、对时间的感知、对非语言行为的解释、等级制度的重要性、性别角色的定义及成功的标准等。民族文化研究中最知名的学者是吉尔特·霍夫斯泰德（Geert Hofstede）。他将国家文化分为六个"维度"或倾向类别，不过这种划分是有些争议的。

（1）权力距离。处于不同层级的个体之间的距离（越平等＝权力距离指数越低）。

（2）个人主义与集体主义。人们喜欢单独或集体行动的程度。

（3）不确定性规避。人们对不确定性、模糊性、变化和风险的适应程度。

（4）长期取向（long-term orientation，LTO）与短期取向。高的 LTO 表明对长期承诺、传统以及与努力工作、牢固关系和地位相关的奖励感到满意。低的 LTO 表明变化可能发生得更快。

（5）男性气质与女性气质。男性气质得分低表示更平等，更能维护温暖的人际关系、服务他人，以及关怀和团结弱者。男性气质得分高，表明有强烈的自信、成功和竞争性的文化（与性别有关的问题，以及它对企业文化的具体影响，将在第 6 章中详细探讨）。

（6）放纵与克制。人们试图控制其欲望和冲动的程度。

霍夫斯泰德通过其他来源的 400 多项测试验证了他的国家得分（country score）。[2] 然而，如上所述，他的结论仍是有争议的。批判者认为，他得出的文化划分即使不是完全的刻板印象，也是建立在概括的基础上的。此外，虽然我们的国家文化对我们理解国际商业和相互之间的关系很重要，但它并不能解释任何地方和民族之间的所有不同之处。他们认为，霍夫斯泰德将他的工作集中在一个时间段，以及一个特定的全球公司（即 IBM）。然而，公平地说，他的研究结果已经被多次引用。批判者继续他们的挑战，解释说他的观点因其西方观点和所包括的国家数量有限而有偏见。

就像有国家文化一样，企业也有不言而喻的、但有影响力的标准和期望。如果你是一名投资银行家，你可能认为穿深色西装上班是合适的，但穿人字拖是不合适的。在一些办公室，着装标准可能是白衬衫和灰色西装，而深色衬衫则不适用。相反，谷歌的十大原则理念之一是"不穿西装也可以很严肃"。据报道，史蒂夫·乔布斯在苹果公司的办公室里赤脚走动。有些公司的工作时间是朝九晚五；其他公司则希望员工长时间工作并在周末加班。如果一个人带着朝九晚五的态度加入第二类公司，打算五点准时下班，那么他可能不"适合"，而且很可能不会在这类公司待得太久。企业的价值观可能也是如此。如果你加入的公司的企业价值观不是你所喜欢的，那么就会有价值观的冲突，无论好坏。

没有任何文化是静态的，在企业或其他地方都是如此。文化是变化的；但事实上，改变文化或者对它产生任何影响，都有点像移动冰山。冰山总是在移动，如果你忽视它，冰山将继续随着当前支配它的洋流漂浮。一个人不能单独改变它的方向，但强大的领导者（有时来自企业内部，但往往是高层）可以对文化产生重大影响。一个强大的商业领袖当然可以对企业文化产生重大影响。

企业文化可以是企业的持续价值，在面临挑战时为企业提供方向和稳定性，也可以阻止企业以创造性和及时的方式应对挑战。例如，有些人指出乔氏（Trader Joe's）文化体现在其七大核心价值中,这是其高的质量和客户满意度的基础,[3] 而其他人则质疑乔氏的模式(见现实观察 4-2)。

⊙ 现实观察 4-2

只是杂货店而已

乔氏在美国经营着一家连锁杂货店,截至 2018 年,共有 474 家店铺。虽然一个正常的杂货店有大约 50 000 种商品,但乔氏只选择了大约十分之一的商品,占地面积较小,并停售了大多数不可持续的鱼类。它的商店平均只有美国普通超市的三分之一大小,而且商店不提供顾客在普通杂货店就可以找到的几乎所有商品。

"市场力量"2018 年的一项研究发现,在便利性、销售和促销方面,乔氏甚至没有进入前 17 名。[一] 但是无论在什么地方,乔氏在顾客体验的一致性和可靠性方面排名都很高。高客户满意度可能与高员工满意度相关。乔氏的员工接受了广泛的培训,学习公司客户服务的文化,了解公司的核心价值和期望。

一位前雇员描述了她在乔氏工作时是如何感到自己是"家庭"一分子的。每家店的等级结构中,包括店长、8～12 名"副手"(中层管理人员)和工作人员,这使得工作的分配更加平等。大量的副手使开店和关店的监督工作可以平均分配,任务可以在一周内轮流进行。这确保了没有一个人每天凌晨 4 点还在监督餐车运送工作。即使是工作人员,工作时间也很灵活,工资和福利也不错。公司并没有给员工一个剧本,而是鼓励员工与顾客友好交流,甚至可以涉及零售业中经常被禁止的话题,如政治、宗教、哲学和电影。

即使它是美国最受欢迎的杂货连锁店之一,它也没有把自己看得太重要。在紧张的日子里,你可能会听到店长或副手提醒其员工,"这只是杂货"。这可能就是为什么乔氏仍被列为美国最佳工作场所之一的原因。[二]

乔氏是一家私营公司。为了保持低价,在乔氏销售的产品中有 80%～90% 是商店品牌,从制造商或种植者那里购买,而不是从分销商或中间商那里购买,这使得它独树一帜。[三] 它还与现有的品牌签订合同,如 Stacy's Pita Chips,将其产品包装在乔氏的自营标签下。乔氏公司以较低的价格获得产品,而承包商则通过让忠诚的顾客知道他们可以在其他地方买到更便宜的产品,从而能销售更多的产品,而不会失去品牌忠诚度。这些合同是极度保密的。然而,这种缺乏透明度的情况带来了一些担忧。顾客无法知道他们的食物来自哪里,是否符合伦理

[一] Market Force Information, "New Market Force Information Study: Online Delivery and Click-to-Collect Use Is Up, Although Printed Circulars Maintain Strong Following" (June 26, 2018), www.marketforce.com/industry/grocery-drug (accessed February 26, 2019).

[二] H.Benham-Archdeacon-Lattice, "What Trader Joe's Figured Out about Work Culture That My Other Past Employers Haven't," *Fast Company* (September 18, 2017), www.fastcompany.com/40468445/what-trader-joes-figured-out-about-work-culture-that-my-other-past-employers-havent (accessed February 26, 2019); A. Cain, "Trader Joe's Is One of the Best Places to Work in the US——Employees Share the 7 Best Parts of the Job," *Business Insider* (July 11, 2018), www.businessinsider.com/trader-joes-jobs-best-parts-2018-7 (accessed February 26, 2019).

[三] Bloomberg, "Company Overview of Trader Joe's Company," www.bloomberg.com/research/stocks/private/snapshot.asp?privcapId=4204435 (accessed February 26, 2019); Dan Myers, "10 Things You Didn't Know about Trader Joe's Products," *Insider* (May 10, 2017), www.thisisinsider.com/10-things- you-didnt-know-about-trader-joes-products -2017-5 (accessed February 26, 2019).

标准，或者供应商是不是顾客想要支持的品牌。

以下是乔氏的七大核心价值，思考哪些价值可能有助于提高顾客和员工的满意度。它对中层管理的重视及给予员工的自由和灵活性会如何支持忠诚度？考虑一下，以乔氏的品牌秘密为中心的经营模式，会损害其哪些核心价值。

乔氏七大核心价值

（1）诚信。在我们经营商店的方式和与人打交道的方式上，表现得好像顾客一直在你身后看着你一样。

（2）产品驱动。我们的战略强调价格、产品、渠道、服务和体验。我们希望在其中一个方面表现出色，在另一个方面非常擅长，并满足客户在其他方面的期望。

（3）创造令客户惊叹的体验。我们庆祝我们对待客户的特殊方式和与客户的关系。我们认为零售业是关于客户体验的，这也是我们真正与众不同的地方。

（4）我们讨厌官僚主义。我们给每个人颁发了消灭官僚主义的许可证。所有官员都在隔间里，首席执行官在一个会议室里。我们的层级非常少，是一个非常简单的组织。

（5）持续改善。我们每个人每天都在努力做得更好一点。这一点渗透到我们的培训项目中。我们非常强调团队合作，而不是在商店层面做精心的预算。

（6）将商店视为品牌。单独的产品不是品牌，商店才是。品牌实际上是公司和顾客之间的盟约，真正的关键是每天都能满足需求的一致性。

（7）我们是一家"全国/社区"型公司。我们的客户受益于我们的全国性购买能力，但我们希望每家商店都离客户近一些，真正成为他们社区的一部分。

资料来源：A. Molaro, "The Trader Joe's Way for Libraries," *The Information Activist Librarian* (November 27, 2013), https://informationactivist.com/2013/11/27/the-trader-joes-way-for-libraries-a-manifesto-part-iii/ (accessed February 26, 2019).

企业文化所提供的稳定性在某个时候可以是一种好处，而在另一个时候则会成为成功的障碍。回顾一下现实观察4-2中的乔氏七大核心价值，思考哪些价值观可能有助于高质量产品的文化，哪些可能有助于防御性和保密性的文化。

有些企业文化是自上而下制定的，而有些企业文化是由员工自己制定的。在美捷步（Zappos），员工们说服了CEO谢家华（Tony Hsieh）制定伦理准则。他通过向公司所有员工发送电子邮件，询问他们认为什么是美捷步的核心价值观。由此产生了10个核心价值观，这代表了对员工和客户满意度的高度重视。[4] 看看现实观察4-3，并考虑这些价值观可能受到员工意见的影响。

◉ **现实观察4-3**

企业的核心价值观

美捷步的核心价值观

美捷步的核心价值观强调它对客户和员工的承诺，通过诚实正直，并以员工的意见为基础。

1. 通过服务带来惊喜。
2. 拥抱并推动变革。
3. 创造乐趣和小怪异。

4. 勇于冒险、有创造力和思想开放。
5. 追求成长和学习。
6. 通过沟通建立开放和诚实的关系。
7. 建立一种积极的团队和家庭精神。
8. 少花钱多办事。
9. 要有激情和决心。
10. 要谦虚。

资料来源：Zappos.com Inc., Code of Business Conduct and Ethics (May1, 2010).

美国联合航空公司的核心价值观

首席执行官奥斯卡·穆诺兹在给"我们服务的世界"的信中，写了以下内容。

- 首先，我们的共同目标："连接人们，团结世界"。
- 每天，我们通过将人们与最重要的时刻联系起来，帮助世界团结起来。这一共同目标促使我们成为我们的员工、客户和我们服务的每个人的最佳航空公司。

这就是我们的目标，我们的共同价值观将使我们达到目标。

- 我们正确地飞行。在地面和空中，我们以最高的安全性和可靠性标准来要求自己。我们每天以正确的方式做事，并履行我们的承诺，从而赢得信任。
- 我们友好地飞行：热情和欢迎是我们的本色。
- 我们一起飞行。作为团结的美国联合航空公司，我们尊重每个人的意见，公开、诚实地进行沟通，以事实和同理心做决定，并一起庆祝我们的旅程。
- 我们飞得更高、更远。我们雄心壮志，追求卓越，以及保持领先的热情。我们在追求卓越方面是无与伦比的。

当你乘坐我们的航班时，我希望你能看到并感受到这些价值观，我们在为之付诸行动。

资料来源：Oscar Munoz, "Connecting People. Uniting the World," *United* (February 8, 2017), https://hub.united.com/connecting-people- uniting-world-2247890534.html (accessed March 6, 2019).

美捷步的员工推动了该公司的文化发展，特斯拉汽车公司则是首席执行官马斯克在他的组织中确立了价值观的转变。马斯克通过定期的电子邮件传达他的期望。例如，在回应与2017年受伤率有关的报告时，马斯克要求直接向他汇报每一起受伤事件，他承诺模仿每一个受伤司机的动作，以便了解他们的驾驶体验。

其他沟通方式是让员工"忘记指挥系统"，或者当你的意见不再相关或不再有价值时就离开会议。与美捷步等其他公司不同，特斯拉没有正式的文化相关文件来指导员工。相反，马斯克通过积极沟通的领导力，有机地创造了特斯拉的文化。[5] 2018年通过一条推文，马斯克分享了这样一条信息："有很多地方工作更容易，但从来没人靠每周40小时改变世界。"这引发了看法不一的回应，包括这样的回答："如果你不能以一种人们不过度工作的方式组织你的工厂，那就有问题了。"[6] 马斯克还发布了其他指令，鼓励员工"在没有经理允许的情况下与他的经理交谈，可以直接与另一个部门的副总裁交谈，或者可以与CEO交谈。"[7] 想象一下，所有这些沟通方式结合起来可能会被视为文化的即积极又有挑战的因素。

当一种文化不明确时，有时由此产生的决策或公司在公众面前的声誉也不明确。2013年，美国联合航空公司经历了一次在线定价故障。尽管该航空公司不愿透露以5～10美元（而不是原价）售出了多少张机票，但它同意兑现已售出的机票。然而，两年后，当汇率错误导致跨大西洋的头等舱和商务舱机票仅以 50 美元出售时，美国联合航空公司以相反的方式处理该情况，拒绝兑现出售价格的机票。[8] 两年后的 2017 年 4 月，该航空公司一名满身是血的顾客拒绝让座并被从超售的航班上拖走后，再次遭到民众强烈反对。一年后，美国联合航空公司的一名空乘人员强迫狗的主人将小狗放在 TSA 认可的头顶行李箱中，小狗因此死亡，同一周，该航空公司将一只飞往堪萨斯州的狗空运至日本。[9]

美国联合航空公司员工的行为似乎与公司的口号"飞翔在友好的天空"（Fly the Friendly Skies）完全脱节。虽然说美国联合航空公司员工的行为可能是不恰当的，但美国联合航空公司的批评者将这些行为归咎于公司缺乏文化领导力。[10] 首席执行官奥斯卡·穆诺兹（Oscar Munoz）和执行团队未能培养公司的文化。批评者认为，不健康和表现不佳的文化可归因于空洞的承诺和模糊的价值观，优先考虑经营业绩而不是员工，以及未能尊重和倾听员工的意见。

看看现实观察 4-3，考虑美国联合航空公司的价值观与美捷步的价值观有何不同。你认为在这两家公司中，你作为员工在回应你的 CEO 时可能会强调哪些价值观？这些核心价值观对公司各自的文化有什么启示？

界定一个组织内的具体文化并不是一件容易的事，因为它部分基于每个参与者对文化的感知。事实上，认知可能会以一种循环的方式影响文化——一种文化的存在，我们认为它是某种类型的文化，我们在认知的基础上对文化做出反应，从而影响其他人对文化的体验。一些最容易感知的元素，如态度和行为，只是构成文化的元素的一小部分。此外，文化存在于并可以通过探索以下任何一项元素来确定：

- 工作的节奏。
- 组织对幽默的处理方式。
- 解决问题的方法。
- 竞争环境。
- 激励措施。
- 个人自主权。
- 层级结构。

即使有了这份文化元素表，公司中的个人也很难确定他们所工作的文化的具体特征。图 4-2 中的漫画很好地说明了这一现象。文化已经成为环境的一部分，以至于参与者都没有注意到它的存在。考虑一下你在家庭中体验到的文化。通常，往往只有当你第一次离开家庭时（例如，当你去上大学时），你才能意识到你的家庭有自己的文化。当你深入研究你的家庭关系、选择、偏好、沟通方式，甚至是送礼的做法时，你会注意到每个家庭都有一种独特和自我延续的文化。商业也是如此。

图 4-2 关于文化的漫画

注：经南希·玛格丽丝（Nancy Margulies）授权使用。

4.2 文化与伦理

文化的概念究竟是如何与伦理相联系的？更具体地说，企业文化在商业伦理中扮演什么角色？我们可以通过反思本章和我们之前介绍的几个主题来回答这些问题。

在第1章中，我们考虑了法律在符合伦理规范方面的限制。例如，美国法律要求企业为有残疾的员工提供合理的便利。但是，在确定企业是否应该为患有过敏症、抑郁症、阅读障碍、关节炎、听力缺失或高血压的员工提供合理的便利方面，法律可能是模糊的。在法律没有为伦理决策提供完整依据的情况下，企业文化很可能成为决策的决定性因素。有道德的企业必须找到鼓励、塑造和允许有道德责任的决策的方法。

关于第2章介绍的决策模型中的每个因素，从事实收集到道德想象再到评估，都可以得到决策环境的支持或阻止。一个有道德的环境或文化是指身在其中的员工能以有道德责任感的方式行事，即使法律没有要求这样做。在本章后面，我们将研究文化的类型，以及公司创造或维持鼓励道德行为的文化的各种方式。但是，为了理解文化可以影响某些类型的行为并阻止其他行为的现象，让我们来看看文化在富国银行过去几年遇到的道德困境中所起的作用，在第1章中我们也验证了这一点。

长期以来，富国银行在健全管理方面享有良好声誉。该银行能避免许多导致2008年初美国经济衰退的陷阱和风险投资，并在其中相对安然无恙。《财富》杂志称赞富国银行有"避免其他行业最愚蠢错误的历史"。《美国银行家》将富国银行描述为"受丑闻和声誉危机玷污最少的大银行"。[11]

富国银行最初的成功来自深厚的客户关系和积极参与的销售文化。富国银行的愿景是"满足客户的需求，并帮助他们在财务上取得成功"。2015年，富国银行在《巴伦周刊》评选的最受尊敬的美国公司名单中位列第7。然而，到了2017年，富国银行跌至最后一名，低于两家大型烟草公司（奥驰亚集团和菲利普·莫里斯公司）。[12]

那么发生了什么？一些糟糕的决定导致其业绩下滑，包括2016年被揭发的交叉销售丑闻。银行设定了每日销售目标，包括要求分行经理达成的产品销售数量和类型的配额。如果一家银行在某天没有达到目标，那么没有完成的部分就会被加到第二天的配额中，而且达到这些目标的员工会得到大量的经济奖励。这些目标为"交叉销售"提供了激励，这意味着销售人员会向客户销售一种以上的服务。

2013年，开始有传言说，在加利福尼亚州的富国银行员工为了完成配额，采取了一些激进的手段，包括在客户不知情的情况下开立新账户、发行借记卡或信用卡。有时，员工甚至会伪造客户的签名。

当这一丑闻在2016年9月被公开时，富国银行发言人解释说："我们的团队成员确实有目标，而他们有时会被目标所蒙蔽。"富国银行当时的首席财务官斯隆（Tim Sloan）驳斥了对该公司配额制度的批评，他解释说："我不知道有任何专横的销售文化。"已有的保护措施——包括伦理计划、报告求助热线和促进最佳做法的高级管理层激励制度——不足以遏制系统性问题。在随后的几周里，高级管理层和董事会努力解决如何充分谴责这种情况并为银行的违规行为负责，同时也让公众相信问题得到了控制。该银行坚持认为，少数员工的行为并不代表更广泛的银行文化。

2016年11月，该银行的一份公开文件披露，证券交易委员会正在调查该银行开立的多达 200 万个虚假账户的情况。后来，已知的虚假账户数量增加到近 350 万个，这表明交叉销售丑闻不是一个孤立的事件。尽管有保护措施，但富国银行的执行团队没有听取试图揭露该计划的举报人的意见，因为有近半数的前雇员报告说，他们在试图揭发非法销售策略后遭到了报复。

你可能认为，超过 1.85 亿美元的罚款就足以说明问题了，但是，在 2017 年，富国银行承认了额外的（和后续的）错误行为。它在没有法院命令的情况下，非法收回了 860 多辆汽车；它还承认向至少 57 万名客户收取了额外的汽车保险费。该银行承认，11 万名抵押贷款持有人因错过最后期限而被罚款，尽管延误是银行的错。[13]

这个传奇故事在 2018 年继续，该银行发现有 870 名客户被错误地拒绝了抵押贷款变更，导致 545 名客户失去了他们的房子。最后，在 2018 年 8 月，富国银行同意支付 20.9 亿美元的罚款，因为它知道发放的抵押贷款背后是虚假的收入信息，而且这促成了 2008 年的经济大衰退。当年晚些时候，富国银行的私人银行负责人杰伊·韦尔克（Jay Welker）在富国银行财富和投资管理部门因性别偏见而被调查后宣布退休，它的两名首席执行官在出席美国国会后离职。这一系列丑闻严重损害了富国银行的声誉和底线。

一家听上去有良好开端的银行怎么会衰败得如此严重？根据第 3 章的理论进行分析，是因为富国银行的文化缺乏道德基础。从功利的角度来分析，这当然不是一种围绕着决策过程的后果而展开的文化。这种文化并不重视其过程或决策对利益相关者的长期影响。人们可能会说，在某些情况下，决策者实际上是把人类福祉，包括其利益相关者的尊严和基本需求（如住房），作为一个高度优先的事项。在某些情况下，这些贷款使那些本来没有资格的人现在可以获得住房贷款的资金。另外，他们没有资格是有原因的，正如历史所证明的，他们没有能力偿还贷款，或者房产不值贷款的金额。

富国银行多年来的决策反映了该组织的态度、期望、习惯和文化。期望和习惯的概念与我们在讨论伦理学的哲学基础时提出的一个话题紧密相连。第 3 章介绍了美德伦理学，并将美德描述为性格特征和习惯。习惯的培养，包括伦理美德的培养，这在很大程度上是由人所处的文化所决定的。当我们谈论决策时，很容易想到一个理性的、深思熟虑的过程，在这个过程中，一个人在行动前会有意识地考虑和权衡每一种选择。但美德伦理学传统提醒我们，我们的决定和行为往往没有那么慎重。我们的行动有可能出于习惯和性格，也有可能是经过深思熟虑的。因此，我们的习惯和性格是从何而来的这一问题是非常重要的。

部分答案肯定是，我们可以选择性地培养一些习惯。但同样明显的是，我们的习惯是由教育和文化塑造形成的。这种教育发生在每种社会环境中，从我们的家庭到整个社会，从宗教到文化。它也发生在工作场所中，在那里，个人可以很快学会适当的和预期的行为，并通过这些行为获得奖励和晋升。无论有意还是无意，商业机构提供了一种环境，在这种环境中，习惯得以形成，美德或恶习得以产生。

这种工作场所文化对决策的影响怎么强调都不过分。伦理资源中心报告说："无论从哪个角度看，与较弱的道德环境相比，强大的伦理计划和强大的伦理文化都会产生更好的结果：较小的压力、较少的不当行为、更高的报告率及更少的报复。"[14] 因此，不难看出，伦理文化可以对底线产生直接和实际的影响。研究证明了这种影响，当把伦理学会公布的世界最具道德的公司榜单上的上市公司放在一起，其业绩经常超过其他主要指数，包括美国大盘股指数。[15] 如果得到关注和支持，强大的伦理文化可以对利益相关者的损害起到威慑作用，并提高底线的可持续性。美国纽约智库机构的首席执行官蒂莫西·埃尔布利希也表示："尤其是世界上最有道德的公司继续表现出模范性的领导能力。这对我们来说并不奇怪，因为这不仅是正确的事情，而且是最好的长期战略。麦肯锡公司的研究告诉我们，员工多元化的公司表现优于同行。爱德曼（Edelman）的信任晴雨表显示，员工越来越期待公司的社会领导力。"[16] 如果忽视了这一点，这种文化反而会强化一种观念，即"任何事情都可以做""任何达到更好底线的方法都可以接受"，从而破坏财务业绩和员工保留或招聘方面的长期可持续性。同样，这种破坏性的影响并不局限于单个行业或企业类型，正如现实观察 4-4 所证明的那样。

⊙ 现实观察 4-4

置之不理，后果自负

考虑以下不道德行为的例子所涉及的成本。

- **通用汽车公司**：2014 年，通用汽车因点火问题召回了 300 万辆汽车。公司员工发邮件提醒高管，点火器零件有问题，但高管们没有采取行动，直到消费者注意到这个问题。㊀
- **三星公司**：在三星 Galaxy Note 7 手机发布后的几天内，手机发生爆炸和自燃，导致了大规模的召回。员工们曾试图警告高管们，将太多的零部件塞进手机的这种设计结构是有风险的。该公司无视这些警告，仍发布了该产品。
- **Uber**：从伦理角度看，2017 年对 Uber 来说不是一个好年头。2 月，苏珊·福勒（Susan Fowler）称 Uber 存在性骚扰的企业文化。5 月，司法部门披露了对 Uber 涉嫌非法运营并规避相关机构监管的刑事调查。11 月，据透露，Uber 被黑客攻击，其 5 700 万用户的部分数据被泄露。到 2017 年年底，Uber 失去了相当大的市场份额，有报告称其占据了美国市场的 74%，低于前一年的 84%。㊁
- **福克斯新闻频道**。2016 年，新闻主播格雷琴·卡尔森（Gretchen Carlson）提起诉讼，指控福克斯的新闻主管罗杰·艾尔斯（Roger Ailes）存在性骚扰。2017 年，据报道，比尔·奥莱利（Bill O'Reilly）向五名妇女支付了数百万美元，让她们对性骚扰的指控保持沉默。福克斯在前年 1 月与奥莱利续签合同时就知道了对奥莱利的指控。股东们认为多项指控表明公司文化允许性骚扰，福克斯同意支付 9 000 万美元以解决与奥莱利和艾尔斯丑闻有关的股东索赔。㊂

企业领导者有责任创造和维持这种道德的企业文化。事实上，强生公司前首席执行官兼董事长拉尔夫·拉森（Ralph Larsen）为领导层树立了榜样，他公开肯定了在强生公司，"信条是关于个人责任的"。

柯林斯和波勒斯的畅销书《基业长青》解释了企业文化对员工的影响。个人可以塑造一个组织，也许有魅力的领导可以做得更好，而组织塑造个人也是同样的道理。想象一

㊀ B. Morgan, "10 Major Corporate Blunders That Wouldn't have Happened if Companies Listened to Their Employees," *Forbes* (January 3, 2018), www.forbes.com/sites/ blakemorgan/2018/01/03/10-major-corporate-blunders that-wouldnt-have-happened-if-companies-listened-to-their-employees/#710104d843fa (accessed February 26, 2019).

㊁ L. Shen, " The 10 Biggest Business Scandals of 2017, " *Fortune* (December 31, 2017), http://fortune.com/2017/12/31/biggest-corporate-scandals-misconduct-2017-pr/ (accessed February 26, 2019).

㊂ Ibid.

下，在同一个组织中度过 20 年、30 年，甚至 40 年的职业生涯，你成为什么样的人，你的态度、价值观、期望、心态和习惯，将在很大程度上由你所工作的企业文化决定（见现实观察 4-1）。

4.3 基于合规和价值观的文化

20 世纪 90 年代，不同类型的企业文化之间出现了区别。一些企业文化被归类为以合规为基础的文化⊖（"传统"方法），而其他企业文化则被认为是以诚信为基础或以价值观为基础的文化⊖（更"现代"的方法），后者被认为是更加灵活和有远见的企业环境。两者之间的区别也许在会计和审计方面最为明显，但它也可以普遍地用于理解更广泛的企业文化。表 4-1 分析了传统的以合规为基础的文化和已经发展起来的更现代的文化之间的差异。

表 4-1 基于合规向基于价值观的演变

传统的	现代的（有效做法）
注重审计	注重业务
以交易为基础	以过程为基础
关注金融账户	关注客户
以合规为目标	以风险识别、改进流程为目标
注重政策和程序	注重风险管理
多年的审计范围	持续的风险再评估范围
遵守政策	促进变革
依赖预算成本中心	对绩效改进结果负责
职业审计师	其他管理职位的机会
方法：注重政策、交易和遵守	方法：注重目标、战略和风险管理过程

资料来源：From Lindow, Paul, and Jill Race. (July 2002), "Beyond Traditional Audit Techniques." *Journal of Accountancy Online.* Copyright 2002 American Institute of Certified Public Accountants, Inc. All rights reserved. Used with permission.

顾名思义，基于合规的文化强调遵守规则是伦理的首要责任。基于合规的文化将使法律顾问和审计机构有权监督对法律和内部规则的遵守。

以价值观为基础的文化是指强化一套特定的价值观，而不是一套特定的规则。当然，这些公司可能有其行为准则，但这些准则通常是基于价值观的声明，并假定准则中只包括如何应用这些价值观的例子。将这些价值观整合到公司文化是基于一个决策过程，该过程将价值观作为指导员工决策的基本原则，而不是硬性规定。

支持以价值观为基础的文化的论点是，合规文化的强大和精确取决于员工应该遵守的规则。一个公司只能有一定数量的规则，而且这些规则不可能明确地适用于每一种可能的情况。以价值观为基础的文化认为，在规则不适用的情况下，当需要做出决策时，公司必须依靠其员工的个人诚信（见现实观察 4-5）。

⊖ 以合规为基础的文化：在这种企业文化中，对法律法规的遵从是道德行为的主流模式。
⊖ 以价值观为基础的文化：在这种企业文化中，遵守价值观和原则声明，而不是简单地服从法律法规，是道德行为的主流模式。

⊙ 现实观察 4-5

合规性与价值观

子曰:"道之以政,齐之以刑,民免而无耻;道之以德,齐之以礼,有耻且格。"

——《论语》

这并不是说,以价值观为基础的组织没有合规结构。道德文化和强大的伦理与合规计划之间的关系往往是共生的。2018年,伦理与合规计划(ECI)发现,高质量的伦理与合规计划"与更强的道德文化有关。强文化为更好的伦理结果奠定了基础,如员工寻求指导并准备处理可能不道德的情况"。[17] 企业认识到这种强烈的关系,正如 ECI 的研究报告指出的那样,"历史上,企业一直围绕着与法律法规相一致的优先事项来组织其伦理与合规(E&C)计划。然而,越来越多的组织正在超越历史性的监管风险降低"。此外,"数据显示,在计划实施过程的任何阶段,提高 E&C 计划的某些因素的质量,都会对组织产生积极的影响"。[18] 在现实观察 4-6 中,我们可以从一个方面来看一下这种积极的影响。

⊙ 现实观察 4-6

深入探讨价值观

"我们永远会让我们的文化渗透到我们的组织的最深处。我们的企业文化和价值观是我们企业中最神圣的东西。我们把它放在很高的位置上,每天都在关注它,它确实是我们成功的支柱。我无法想象员工能在一个没有优秀文化和价值观的环境中工作。要建立一个成功的企业,你的组织最好是一个以价值观为导向并有着优秀企业文化的组织。"

——卡梅伦·米切尔(Cameron Mitchell),
卡梅伦·米切尔餐厅(CMR)总裁兼创始人

虽然 CMR 在 2008 年以 9 200 万美元的价格将其两个观念出售给露丝克里斯(Ruth's Chris)酒店集团时受到了关注,但目前位于俄亥俄州的 60 多家餐厅为 CMR 带来了超过 3 亿美元的收入。

资料来源:G. Perna, "Restaurant Company CEO Cooks Up Company Culture," *Chief Executive* (November 20, 2018), https://chiefexecutive.net/restaurant-company-ceo-cooks-culture/ (accessed March 8, 2019).

传统的以合规为导向的计划目标可能包括满足法律和监管要求,最大限度地减少诉讼和起诉的风险,以及改善问责机制。一个更加现代和包容的伦理计划的目标可能需要更深入和广泛地应用于公司,包括维护品牌和声誉,招聘和留住理想的员工,帮助统一公司的全球业务,为员工创造更好的工作环境,以及除了做正确的事情之外还要正确地做事。你应该注意到后者对公司的可持续性及公司的长期底线有更全面的影响。

如果一家公司的伦理项目更倾向于以价值观为导向的好处和结构,那么下一个问题就是如何将伦理融入合规环境,以最有效地防止陷入这些常见的困境并创造一种伦理"文化"。这个问题将在下一节讨论。

4.4 道德领导和企业文化

如果企业文化的目标是培养能最好、最有效地支持道德决策的价值观、期望、信念和行

为模式，那么企业领导层的首要责任就是管理这项工作。领导层承担这一责任，部分原因是整个组织的利益相关者在很大程度上受到"高层基调"的指导。这并不是要解除整个组织的领导者作为榜样的责任，而是要表明执行领导者在设定文化方向方面所扮演的最高地位。事实上，两者都不能独立成功，整个公司必须有一个一致的基调。

不幸的是，根据 2013 年发表的一项研究，高层领导比基层员工更有可能违反规则，60% 的不当行为归因于经理人。[19] 这是一个令人震惊的趋势，企业在制定其伦理和合规培训计划时应加以考虑。强生公司前首席执行官兼董事长拉尔夫·拉森说："围绕着价值观……围绕着我们的信条……团结在一起，这就像是强生领导层的标签。"[20] 在信条提出 75 年后，公司领导层仍定期举行"信条会议"，现任首席执行官亚历克斯·戈尔斯基（Alex Gorsky）将引导高层管理人员回顾信条，并推动讨论哪些是有效的，哪些是无效的。[21]

如果一个领导者被认为在推卸责任、滥用公司资产、歪曲公司的能力，或者从事其他不恰当的行为，利益相关者就会认为这种类型的行为不仅是可以接受的，而且也许是被期望的，当然也是在该组织中出人头地的方法。考虑到领导者的责任，既要为自己的行为负责，也要为之前领导者的决定和行为负责。通用汽车公司的首席执行官玛丽·巴拉（Mary Barra）必须为她的前任的过错负责（见伦理决策 4-1）。

■ 伦理决策 4-1

领导者要承担责任

"今天通用汽车将做正确的事情。首先，我深感抱歉。我向所有受这次召回影响的人，特别是那些因此失去生命或受伤的人及其家人和朋友表示诚挚的歉意。"①通用汽车首席执行官兼董事长玛丽·巴拉为通用汽车公司 260 万辆汽车的拙劣召回事件而道歉，这些汽车带有危险甚至致命的点火开关缺陷。

上面这段话是通用汽车首席执行官兼董事长玛丽·巴拉在 2014 年 4 月出席美国国会时的公开道歉。她在那里为点火开关故障造成的 13 起死亡事件，以及通用汽车十年来迟迟不召回带有这一危险缺陷的车辆做出回应。

巴拉面临美国众议院的严肃质询，即内部文件显示公司早在 2005 年就知道这个缺陷，但为什么通用等了将近十年才给出 0.57 美元的修改成本太高的解释，以及通用汽车公司发生了什么改变以确保未来不会出现同样的决策过程。

2014 年 1 月，巴拉出席美国国会，三个月前她刚担任通用汽车的首席执行官兼董事长职务。这一缺陷在 2014 年 2 月被公之于众。因此，巴拉在证词中多次重申，导致这一道德判断失误的决定和文化是在她任职之前发生的。然而，她强调，她首先是要将通用汽车从"成本文化"转变为"客户文化"，并向国会解释说，她最近设立了一个专门负责全球汽车安全的新职位，以鼓励部门间的沟通，她还向国会成员保证，通用汽车正在对这个问题进行全面调查。她还聘请了一位拥有高知名度的赔偿顾问，以考虑对受害者家属的适当赔偿。然而，众议院议员称，没有工程师或经理因其在该事件中的过失而被解雇。

2015 年 6 月，巴拉解雇了 15 名被认为对问题跟踪不够认真负责的员工。到 2015 年 8 月，有 124 人的死亡、275 人的受伤与点火开关故障有关。②2018 年，在达成认罪协议后，纽约的一名联邦法官驳回了司法部应联邦检察官要求对通用汽车提起的刑事诉讼。在撤诉时，通用汽车已经支付了超过 26 亿美元的罚款与和解金，包括司法部的罚款。通用汽车还召回了

260万辆汽车。

2018年，在感恩节和12月假期之间的日子里，巴拉宣布裁员超过14 800人，并解释说："我不接受我们不能成为最好的任何借口。"也许巴拉正在回归"成本文化"，但只有时间才能证明早先的错误文化是否也会延续。

讨论题

1. 你认为让巴拉为以前的CEO所犯的错误负责公平吗？如果不公平，那么一旦领导者离职，我们该如何让组织承担责任？仅仅开除15名基层员工是否足够？
2. 有人批评说，巴拉在国会作证时花了大部分时间回答她只是"不知道"。从你在这里读到的内容来看，你认为她在通用汽车任职后是否做出了有效的决定来解决这个问题？
3. 如果有的话，你可能还需要发现哪些额外事实来回应这个特定的问题？
4. 你认为还有什么方法可以应对巴拉面临的问题？如果你是巴拉，你还能在通用汽车做些什么，以应对这个特定的问题和改变文化？
5. 在巴拉目前最紧迫的决策中，谁是她的主要利益相关者？
6. 你认为巴拉目前最有效的道德策略决策可能是什么？

① C.Isidore and K.Lobosco, "GM CEO Barra: 'I Am Deeply Sorry,'" *CNN Money.com* (April 1, 2014), https://money.cnn.com/2014/04/01/news/companies/barra-congress-testimony/index.html (accessed February 26, 2019).
② K.Korosec, "Ten Times More Deaths Linked to Faulty Switch Than GM First Reported," *Fortune* (August 24, 2015), http://fortune.com/2015/08/24/feinberg-gm-faulty-ignition-switch/(accessed February 26, 2019).

相反，如果一个领导者明确地将自己的道德行为置于任何其他考虑之上，利益相关者就会被引导去遵循和效仿这种做法。有道德的领导者会拒绝那些不符合其组织和个人价值观的行为。如果他们表现出这种勇气，他们就在传递这样的信息：这就是在这种文化中取得成功的方式。他们也可以期望其他人拒绝那些行为。因此，领导者的主要责任之一是通过树立良好的榜样、信守承诺、坚守准则，以及支持其他人这样做，从而成为一个榜样。员工往往希望领导或主管能指导他们如何做事（关于道德与合规培训的更多见解，见现实观察4-7）。

⊙ **现实观察4-7**

对道德培训的看法

即使公司提供了伦理和合规培训计划，员工仍对工作场所内的伦理、文化和道德领导力表示担忧。

在2018年的全球调查中，NAVEX Global评估了道德与合规计划，发现73%的组织对其董事会成员进行了伦理与合规培训。虽然超过四分之一的人没有对他们的董事会成员进行伦理和合规培训，这似乎令人不安，但令人振奋的是，68%的培训计划的首要目标是发展一种诚信、伦理和尊重的文化。

相比之下，有8%的人认为当务之急是建立强有力的法律辩护体系。

大多数人认为，这种文化的特点是鼓励直言不讳、提出问题、提出担忧。

衡量合规培训的有效性似乎非常困难（见本章后半部分的一些额外想法），但受访者建议，我们可以从遵守行为准则、内部审计报告、离职访谈、员工调查、内部帮助热线报告、培训项目的报告、比较基准、事件报告、外部监管（如公众或社交媒体），以及以前的罚款或法规进行衡量。

资料来源：I.Fredeen, "2018 Ethics & Compliance Training Benchmark Report," *NAVEX Global*(2018), http://trust.navexglobal.com/rs/852-MYR-807/images/NAVEX%20Global%202018%20Training%20Benchmark%20Report.PDF?_ga=2.15313717.248971748.1542084026 976355436.1542084026(accessed February 16, 2019).

除个人行为外，领导层还通过其他机制，如资源的奉献，来确定基调。有道德的企业领导者不仅在个人层面上谈论伦理并采取道德行动，而且他们还分配企业资源来支持和促进道德行为。有一个长期存在的管理信条："预算编制都是关于价值观的"，更常见的版本是"说到做到"和"言行一致"。

例如，20世纪90年代初，当伦理检察官（ethics officer）首次被引入公司结构时，他们得到财政支持的程度表明他们在组织内的相关性和影响力。如果总法律顾问兼职道德操守官，并且没有为这项活动分配额外的资源，那么伦理就不是放在首位的。如果一个高技能的人被聘任为伦理检察官专员，并配有工作所需的员工和预算，那么伦理在公司中的地位就不同了。同样，如果一个公司通过实施行为准则来要求其员工做出道德决策，并以同样的标准要求其供应商、销售方和其他承包商，然后对这些利益相关者进行有关培训，并定期审查该准则和过程，这些努力表明公司对该准则的重视。

当公司有效地颁布伦理计划时，员工更有可能将自己视为职场伦理文化的参与者。在2018年完成的一项全球调查中，超过三分之二的员工表示，当他们在工作场所看到不当行为时，他们会举报（比2000年首次调查结果高出23%）。调查结果指出，在有强文化的工作场所，不当行为会大大减少，举报的概率也大得多（多出36%）。[22]

如果领导者希望在各自的公司中优先考虑伦理问题，那么创造一种共享的企业文化是他们的一项重要责任。在一项关于道德领导力性质的研究中，探讨了领导者创造共享文化的一种方式，该研究强调了以人为本的领导者的重要性，以及领导者参与明显的道德行动的重要性。除了以人为本外，重要的特质还包括接受性、倾听性和开放性，以及传统意义上的正直、诚实和值得信赖等特质。最后，具有广泛的道德意识，关注多元利益相关者，以及使用伦理的决策过程也很重要。[23]那些被视为道德领导者的人做了许多"传统领袖"做的事情（例如，加强他们所追求的行为，建立行为标准，等等），但他们是在伦理计划的背景下做这些事情。人们认为，道德领导者的目标不是简单的工作表现，而是符合一套伦理价值观和原则的表现。最后，道德领导者在这个过程中表现出对员工和外部利益相关者的关怀。

然而，如前文所述，所有这些特征和行为必须是可见的。如果一位高管在高层管理团队内默默地保持道德行为，但其他员工不知道她（他）的道德立场，那么这位高管就不可能被认为是一位道德领导者。特质和行为必须是社会可见的、被理解的，以便能被注意并影响员工的感知。[24]在现实观察4-8中，看看这种可见性的重要性。人们会注意到，当一个高管说到做到，对公共利益和整个社会的关注采取行动时，长期的业务就会繁荣起来。人们期望高管们关注财务底线和股票分析师的短期要求，但当他们关注这些更广泛和更长期的问题时，也是非常值得关注的。

⊙ 现实观察 4-8

领导素质的感知

Zenger和Folkman在2014年进行的一项研究评估了女性作为商业领袖的有效性。学者们收集了 16 000 名企业领导者的数据,其中三分之二为男性,三分之一为女性。

总的来说,54.5% 的参与者认为女性是比男性更有效的领导者。在列出的 16 项领导能力中,有 10 项指标女性的排名高于男性,其中包括:

- 工作主动性。
- 高度的正直和诚实。
- 驱动结果。
- 自我发展。
- 提携他人。
- 鼓舞和激励他人。
- 建立关系。
- 利用合作和团队精神。
- 捍卫变化。
- 确定弹性目标。

男性在以下 4 个方面的排名高于女性:

- 解决问题和分析问题。
- 沟通有力且方式丰富。
- 将组织与外部世界联系起来。
- 创新。

研究人员询问了女性参与者,为什么她们认为女性会成为有效的领导者。最常见的回答是:"为了获得同样的认可和奖励,我需要加倍努力,从不犯错,并不断展示自己的能力。"

资料来源: Adapted from K. Sherwin, "Why Women Are More Effective Leaders Than Men," *Business Insider* (January 24, 2014), www.businessinsider.com/study-women-are-better-leaders-2014-1 (accessed February 26, 2019).

道德领导力的影响是巨大的,这就是为什么我们在这一章中重点讨论道德领导力的问题。我们讨论了领导者如何有机会影响企业文化的基调,因为研究表明,企业文化可以影响员工对工作的投入程度,以及他们是否打算离职。[25] 在这十年中,平均每年的员工离职率在 15% 左右(2017 年为 18%),[26] 对于管理和销售岗位,员工的离职成本可能超过其年薪的 250%。[27] 因此,保持员工对企业文化的满意度是重中之重。

4.5 有效的领导和有道德且有效的领导

正如我们所讨论的,领导者在创造和转变企业道德文化的能力方面起着重要作用。不论是好是坏,关键管理人员有能力转变企业文化。如果企业文化对企业内部的道德决策有重大影响,那么领导者就有责任塑造这种企业环境,使伦理决策能蓬勃发展。但是,有效的领导者和有道德且有效的领导者之间的区别是什么?

这种区分显然是至关重要的,因为有许多有效的领导者。他们都是有道德的吗?我们所说的"有道德的"领导者是什么意思?因为领导者引导、指导和护送他人走向目标,所以有效的领导者是指成功地做到这一点的人,而且应该是高效的。有效的领导者能让追随者到达他们共同的目的地。然而,并非每个有效的领导者都是有道德的领导者。

一个关键的区别在于用来激励他人和实现自己目标的手段。有效的领导者可能会通过威胁、恐吓、骚扰和胁迫来实现其目标。他们也可以通过更容易接受的人际关系手段进行领导，如道德行为的示范、说服或利用其机构角色的影响。

一些关于领导力的文献研究表明，道德领导力完全由领导方法决定。某些领导风格的倡导者认为他们的风格是一种卓越的领导风格。因此，他们倾向于将一种领导方法与道德意义上的"真正"领导力联系起来。根据这一思路，例如，罗伯特·格林里夫（Robert Greenleaf）的"仆人式领导"（servant leadership）理论认为，最好的领导者是以服务他人为榜样，以非等级化的方式进行领导的个人。其他观点也同样认为，"变革型"或"交易型"的领导者采用的方法是让下属主动出击，自己解决问题，这就是最好的道德领导。

当然，符合道德规范的领导方法是成为道德领导者的核心。营造一种企业文化，让员工有能力并能做出符合道德规范的决定，是成为一位有道德的企业领导者的必要组成部分。但是，虽然有些方法在伦理上可能比其他方法更合适（例如，劝说而不是胁迫），但并不是仅靠方法就能确定一位领导者的道德水平。道德领导的另一个要素涉及领导者的目的或目标。

回顾我们在第3章对伦理理论的讨论，这种对方法和目标的关注应该让人想起普遍主义的义务论中对手段的强调和功利主义中对目的或结果的关注。道德领导体现了这两个要素，如果我们仅以所产生的结果来评判一位领导者——功利主义的"为最多数的人创造最大的利益"——我们可能忽略为实现这一目的而必须对员工进行的虐待。或者，如果我们只看普遍主义所保护的工作条件，我们可能不认为生产可销售的产品或带来利润的产品是维持适当工作条件的必要条件。

同样地，在业务环境方面，生产力、效率和盈利能力是可持续发展的最低目标。一位领导公司破产的企业高管不太可能有资格成为一位有效的或成功的领导者。反之，一位将企业转变为一个有生产力、有效率和有利润的企业的高管，可能会被评定为一位成功的企业领导者。一位以尊重下属和（或）授权员工自己变得有创造力和成功的方式获得成功的人，至少乍一看，是一位有道德且有效的领导者。但是，仅仅通过道德手段实现的盈利和效率，是否足以使企业领导者成为一位有道德的领导者呢？

想象一下，一位通过咨询和倾听的方式尊重员工的自主权，并且将权力下放的企业领导者，他领导的企业却出版儿童色情作品、污染环境或向激进组织出售武器。仅仅是领导方法就能决定这样一位领导者的伦理地位吗？除了盈利目标外，在我们得出领导者完全合乎伦理的结论之前，可能还需要有其他对社会负责的目标。我们将在第5章研究企业的社会责任时继续探讨这个主题。

4.6　建立基于价值观的企业文化

回顾我们在本章引言中讨论的冰山的例子。我们解释说，仅仅改变文化似乎就像移动冰山一样艰难。组织中的每个人都会对企业文化产生影响，尽管没有一个人可以单独建立或改变企业文化。文化是通过领导、整合、评估和监督来建立和维持的。但这是什么样子的呢？

4.6.1　使命声明、信条、行为准则和价值观声明

道德领导力的关键因素之一是在整个组织内进行价值观的沟通。当然，这种沟通可能是在全员发声的价值观识别过程中发展起来的；它不一定要简单地模仿某个高管（如CEO）的

特定价值观。然而，该领导者有责任确保公司受到一些组织准则的指导，这些准则能指导员工的决策过程。

但是，这些准则和其他一些声明到底有没有作用？我们将在现实观察4-9中进行探讨，通过探索强生公司作为第一批拥有准则的公司之一的经验来回答这个问题。[28]

⊙ 现实观察 4-9

准则有用吗

准则实际上有什么意义，还是人们只是无视它们，继续他们的工作？

1982年，强生公司迅速而有效地应对了泰诺（Tylenol）危机。当时，有7人因服用带有氰化物的胶囊而死亡，而这恰恰是强生公司最畅销的产品。强生公司立即做出反应，将其下架，代之以市场领先的防伪包装并进行广泛的媒体宣传。它的市场份额从7%的低点回升至30%。

强生公司表示，由于其信条，它当时的决定是明确和简单的，[①]信条明确指示将服务对象的需求和福祉放在首位。前首席执行官拉尔夫·拉森解释说，信条是"将我们分散的公司凝聚在一起的黏合剂……对我们来说，信条是我们管理产品、人、地球和利润等多重底线的表达。这是我们概念化我们对社会整体影响的方式"。[②]

通过遵循这一信条，强生公司不仅在一个令人恐惧的时期成为一家消费者可以信赖的公司，而且还能连续30年实现盈利增长，连续51年实现股息增长。强生公司被认为是一个典范：一个按照其强大的价值观和支持这些价值观的文化生活的公司不仅可以生存，而且可以长期保持盈利。[③]

当然，任何信条或准则本身都不可能排除所有问题。强生公司也未能幸免于遇上伦理盲点或更糟的情况。2013年，强生公司同意支付22亿美元，以解决其涉嫌贿赂医生和药店人员为老人、儿童和残疾人开具其产品的指控，尽管药品有健康风险或缺乏表明对病人有任何好处的科学证据。[④]2018年，该公司被责令向索赔人支付近50亿美元，理由是有指控称其滑石粉产品中的石棉导致人们患上卵巢癌。该裁决引发股票价格下跌了10%。

虽然强生公司的信条被广泛认为是道德声明如何在危机或其他情况下有效指导公司决策的领先范例，但也许更重要的教训是，它必须能持续地指导企业决策。

选择以道德的方式行事（无论是在我们的个人生活中还是职业生活中），并不像决定今晚在哪里吃饭，或者喜欢哪种音乐。相反，它是指选择以一种始终如一的方式按照你的价值观行事。在许多方面，如果不能做出正确的选择，往往会付出惊人的代价。

① Johnson & Johnson, "Our Credo," www.jnj.com/about-jnj/jnj- credo (accessed March 6, 2019).
② R.Larsen, "Leadership in a Values-Based Organization," Sears Lectureship in Business Ethics, Bentley College, Waltham, MA (February 7, 2002).
③ Johnson & Johnson, "Investor Fact Sheet" (2011), http://files.shareholder.com/downloads/JNJ/0x0x567750/0E7DB88A- 558D-454B-9DBB-FC425B2391D8/2011_Fact_Sheet.pdf (accessed March 6, 2019); "Johnson & Johnson at a Glance," *Forbes* (n.d.), http://finapps.forbes.com/finapps/jsp/ finance/ compinfo/CIAtAGlance.jsp？tkr=JNJ (accessed March 6, 2019).
④ D.Ingram and R.Krasny, "Johnson & Johnson to Pay $2.2 Billion to End U.S. Drug Probes," *Reuters.com* (November 4, 2013), www.reuters.com/article/2013/11/04/us-jnj-settlement- idUSBRE9A30MM20131104 (accessed March 6, 2019).

资料来源：Johnson & Johnson, "Our Credo," www.jnj.com/about- jnj/jnj-credo (accessed March 6, 2019); Erika Johnson, "8 Fun Facts about Our Credo——Johnson & Johnson's Mission Statement" (February 6, 2018), www.jnj.com/our-heritage/8-fun-facts- about-the-johnson-johnson-credo (accessed March 6, 2019).

在行为准则或价值观声明对文化产生影响之前，公司必须首先确定其使命，以便决策者在面临两难境地时有方向。在没有其他价值观的情况下，唯一的价值观就是不惜任何代价获取利润。因此，如果没有高层的额外指导，就表明公司会认为：工人应该不惜一切代价获取利润。因此，行为准则可以为内部利益相关者（如员工）和外部利益相关者（如客户）更具体地界定这一基础。这样一来，准则就有可能既提高企业声誉，又为内部决策提供具体指导，从而建立一个内在的风险管理系统。

使命可以是鼓舞人心的，事实上也应该是鼓舞人心的。例如，西南航空公司的企业使命强调了以尊重和有尊严的态度对待员工和客户的重要性。创始人和前首席执行官赫布·凯莱赫（Herb Kelleher）解释说："它始于我们思考在商业环境中什么是正确的事情。我们说，我们想真正照顾这些人，我们想尊重他们，我们把他们作为单独的个体来爱。这诱发了相互信任和勤奋，这使我们成功了。"[29] 通过建立（尤其是通过参与性过程建立）公司赖以生存的核心准则，公司领导层有效地制定了关于所有未来决策的基础和目标的法律。事实上，使命声明㊀或公司信条是对组织核心的基本原则的阐述，也是对所有决策的指导。[30] 从普遍主义的角度看，虽然许多决定可能是为了达到目的（功利主义），但任何决定都不应该违背基本使命。

4.6.2 制定使命和准则

自 21 世纪初以来，我们看到公司的行为准则和使命声明大量涌现，这是公司对《联邦组织判决准则》和《萨班斯 – 奥克斯利法案》的回应。这些准则的成功在很大程度上取决于如何构思和编写，以及如何实施。与构建个人准则或使命一样，第一步要问自己代表什么，公司代表什么，这一点至关重要。公司为什么会存在？它的目的是什么？它将如何实施这些目标？一旦你得出这些结论，你将如何与你的同事和下属分享这些结论并鼓励他们做出相应承诺（见表 4-2）？

表 4-2 道德准则指南

伦理资源中心为撰写道德准则提供了以下指南：
・清楚地了解准则要实现的目标
・从组织的各个层面获得对准则的支持和想法
・了解影响你所在行业的法律和法规的最新发展
・尽可能简单明了，避免使用法律术语和空洞的泛论
・对现实生活中的问题和情况做出回应
・提供进一步的信息和指导的资源
・在所有的形式中都要易于使用，因为如果不使用，准则最终会失败

资料来源：Ethics Resource Center, "Code Construction and Content," https://www.ethics.org/resources/free-toolkit/code-construction/(accessed March 6, 2019).Reprinted with permission of Ethics Resource Center.

制定公司指导准则的第二步是明确公司的愿景。为什么要有一个准则？在 MeToo 运动期间出现性骚扰指控后，电视学院主席兼首席执行官哈马·华盛顿（Hayma Washington）在阐明对学院领导的期望时解释了学院准则的价值。"我们修订后的学院准则明确指出，我们

㊀ 使命声明：描述一个组织的目标、价值观和宗旨的正式简要声明。

对学院领导、成员和工作人员的期望莫过于尊重他人的行为举止，在学院活动期间与活动之外建成和维持一个没有干扰、虐待、歧视和不受骚扰的环境。"如果指导准则是有效的，它们可以帮助利益相关者准确了解一个组织的主张，以及利益相关者在日常业务实践中应如何行事。[31]

这个过程的第三步是确定明确的步骤，即如何进行这种文化转变。正如伦理资源中心前主席斯图尔特·吉尔曼（Stuart Gilman）提到的安然公司的经验，你有一个准则，但你不能简单地"打印、张贴和祈祷"。难道你只是在墙上贴块"让我们赚更多的钱"的牌子吗？当然不是，你需要有流程和程序来支持并维持这一愿景。另外，四位学者在《哈佛商业评论》的一篇关于基准准则的文章中提醒道，"世界一流的准则并不能保证世界一流的行为"。"准则只是一种工具，同任何工具一样，它可以用得好，也可以用得不好，可以放在架子上欣赏，也可以生锈。"[32]

最后，要想拥有一个能成功影响文化的有效准则，必须上整个组织相信这种文化实际上是可能的且可以实现的。如果冲突仍然存在，会阻碍某些准则的实现，或者如果关键领导不同意，那么没人会对所阐述的变革有信心。伦理资源中心关于撰写有效道德准则的指南如表 4-2 所示。

应当指出的是，尽管许多组织都有个人行为准则，但各行业或专业也可能发布适用于在这些领域开展业务的公司或人员的行为准则。虽然遵守某些准则是参与某一行业的先决条件，如法律界的《职业责任准则》，但许多准则是由专业协会制定的，属于自愿性质。例如，注册会计师、国防工业、直销行业和一些教师协会都有准则。[33] 人们可能会推测，根据全行业的做法，所有领域的实施都会有效。然而，研究表明，成功的关键因素是明确的目标；以结果为导向的绩效衡量；由独立的外部团体监督以核实遵守情况；对公众完全透明的披露。[34]

4.6.3　文化整合：伦理热线、监察员和报告

回顾吉尔曼的警告，不要"打印、张贴和祈祷"，许多商业公司必须建立机制，允许员工提出问题、关切和有关不道德行为的信息。将道德文化融入整个公司并提供执行手段，对于任何文化转变的成功和对所有利益相关者的影响都至关重要。整合可以采取多种不同的形式，这取决于组织文化和该过程的最终目标。

整合的最具决定性的因素之一是沟通，因为没有沟通，就没有明确的目的、优先事项或过程。文化的沟通必须融入公司的词汇、习惯和态度中，成为企业生活、决策和成功的一个决定性因素。最后，伦理与政策整合中心认为，沟通模式比组织结构图更能描述组织。伦理决策 4-2 向你发起挑战，创建一些整合机制，而现实观察 4-10 展示了两家公司如何富有想象力地应对这一挑战。

■ 伦理决策 4-2

短期与长期

你是公司最大部门之一的副总裁。不幸的是，你注意到在过去几年中，部门逐渐出现了

仅关注利润的现象，因为员工的绩效评估和由此产生的薪酬增长在很大程度上取决于具体数字。虽然部门在这方面做得很好，但你也注意到，人们经常偷工减料，对待他人的态度不如你所希望的那样恭敬，并且仅关注业绩而无视其他价值。虽然这在短期内可能对公司有利，但你对这种做法的长期可持续性感到担忧。

讨论题

1. 在努力定义或影响一个部门的文化时，涉及哪些伦理问题？
2. 你将如何定义你的部门的文化，以便员工能理解你的担忧？
3. 改变这种文化的最有效方法是什么？
4. 在回答上一个问题时，你的建议会涉及哪些利益相关者？你在这个过程中的决定会对不同的利益相关者群体产生怎样的影响？
5. 你如何采取行动，以确保取得最积极的结果？你将如何衡量这些结果或确定自己成功？你会衡量投入或产出、义务和权利吗？

为了探索公司整合过程的有效性，考虑鼓励道德决策的激励措施是否到位，以及在员工绩效评估中是否评估了道德行为。奖励人们做正确的事情是很难的，比如正确填写费用报告，但正如洛克希德·马丁公司董事长奖所显示的那样，适当的荣誉和积极的评价等激励措施是可行的（见现实观察 4-10）。

⊙ 现实观察 4-10

文化整合的实例

沃尔玛的"诚信行动奖" 旨在表彰那些言行一致且正直的员工，以及激励同事始终做正确的事情。该奖项是基于员工的自愿报名，并由全球投票决定每个国家最鼓舞人心的员工获奖者。①

洛克希德·马丁公司 根据玛丽·吉恩·瓦莱（Mary Gentile）博士的著作《为价值观发声》(*Giving Voice to Values*)，**对职员进行了"伦理意识培训"**。该年度培训使员工具备识别和应对可能需要做出道德决策时的知识和技能。培训涉及公司组织结构中的每一位成员，从公司主席、总裁和首席执行官开始，授权经理们培训他们各自的团队。②

百事公司的全球合规与伦理部门 在全球合规与伦理长官的领导下，促进、监督和执行《全球行为准则》，该准则有 28 种语言版本。每年百事公司要求所有员工，无论在公司的哪个级别，都要参加行为准则的培训。2017 年，超过 25 万名员工参加了面授或在线培训，许多现场研讨会是由经理领导的。除了年度培训外，员工还接收本地和全球的不同形式的沟通消息，包括内部文章、数字标牌、门户网站更新、高层调控信息及伦理和价值观宣传。此外，2017 年，72 000 名员工完成了在线反贿赂培训，超过 4 200 名员工参加了"人权现代奴役"（Human Rights Modern Slavery）在线课程。③

戴尔公司使用 LRN 开发的名为"诚信项目"的游戏，通过让员工描述腐败和贿赂造成的损害，识别可能表明腐败或贿赂的信号，以及在遇到索贿或目睹行贿时确定适当的联系人，以此来强化伦理道德和合规方面的重要内容。④

在礼来公司，员工会收到"红皮书"，即他们的商业行为准则，其中包括公司政策的主要要求，并对他们如何开展业务提出了期望。礼来的员工会接受关于"红皮书"的培训。伦理与合规计划会定期审查和更新，以满足不断变化的业务需求。⑤

① Walmart, "Promoting Good Goverance," https://corporate .walmart.com/2016grr/promoting-good-governance (accessed March 6, 2019).
② Lockheed Martin, "Ethics Awareness Training" (2016), www.lockheedmartin.com/us/who-we-are/ethics/training.html (accessed March 6, 2019).
③ PepsiCo, "Ethics & Integrity," www.pepsico.com/docs/album/ policies-doc/ethics-and-integrity-a-z-topics.pdf (accessed March 6, 2019).
④ Ben DiPietro, "Turning Employees into Ethics Believers," *The Wall Street Journal* [Blog] (September 26, 2014), http://blogs.wsj.com/riskandcompliance/2014/09/26/turning-employees-into-ethics-and-compliance-believers/ (accessed March 6, 2019).
⑤ Lilly, "Ethics and Compliance Program," www.lilly.com/caring/operating-responsibly/ethics-and-compliance-program (accessed March 6, 2019).

毫无疑问，激励措施可以产生影响。它们向员工表明了一个组织的优先事项和通往成功的道路。但考虑它们所传递的其他信息也很重要。想想这个例子，如果父母告诉孩子，修剪草坪会得到奖励，可能是一些零花钱或一些看电视的时间，孩子可能认为这项活动是可以考虑的。如果孩子想要奖励，他就会去修剪草坪。同样地，如果道德的行为可以获得奖金（或任何被定义为激励的东西），公司可能会传递出这样的信号：不道德的行为是可以的，你只是拿不到奖金。

依据公司的价值观还是基本价值观做事，这取决于相关的决策，可以说是一种基本的工作期望，因此，不应该得到超出基本报酬的奖励。然而，反对这一主张的人认为，激励机制的存在不是为了表彰预期的行为，而是为了认可那些超出预期的行为。在这方面，一个普通的评价将表明某人只是做了最基本的工作，而不是超出了预期。

员工是否愿意提出与不道德行为有关的问题？是否有多种多样的报告机制？员工是否相信他们的报告不会受到报复？如何确保违反公司准则的员工受到适当的处分，即使他们在其他方面表现良好？

关于伦理问题的沟通是如何进行的？事实是，报告有道德嫌疑的行为是一件很困难的事情。童年时对"告密者"的记忆，以及社会对举报他人的普遍禁止，都对举报不道德行为造成了障碍。更糟糕的是，个人在举报不道德行为时往往要付出实际的代价（如报复），特别是当公司领导也涉及不当行为时。

举报是商业伦理的经典问题之一。举报指的是员工向有能力采取行动防止或惩罚错误行为的人披露不道德或非法活动的情况。举报可以揭露和结束不道德的活动。但是，它也可能显得不忠诚；它可能损害企业，有时它还会使举报人付出巨大代价。因此，举报可能具有极其负面的含义，这取决于它发生的文化和环境。在一些文化中，举报就像"出卖某人"，一个人的决定可能会伴随他的整个职业生涯。

为了鼓励一个不同的、更积极的举报概念的形象，一些公司把它们的举报系统称为"服务专线"，而不是"热线"或"畅所欲言"计划。至少，个人被认为是一个报告人，而不是一个告密者。词汇是有影响力的，语言的改变可以激发员工从他们对企业文化的贡献中感受到一种力量，而不是觉得自己在揭发同伴。

报告可以发生在内部和外部。最引人注目的内部报告案例之一是沃特金斯（Sherron Watkins）向安然公司首席执行官肯·雷（Ken Lay）分享她对安然公司的会计做法的担忧。外部报告发生在某人与监管机构、其他当局或公众分享他的担忧时，例如优步的前工程师苏珊·福勒·里盖蒂（Susan Fowler Rigetti）在她的博客上揭露了优步的性骚扰文化，最终在网上疯传。2017年2月，里盖蒂又在博客上发表了一篇题为"回想在优步非常、非常奇怪的一年"的文章，她指责优步的人力资源部门无视公司猖獗的性骚扰行为。更广泛地说，她还描述了整个公司普遍存在的性别歧视文化。这篇博客文章立即被广泛转发分享，并引发人们对优步文化的调查。超过20人被解雇，而且投资者的反应迫使首席执行官特拉维斯·卡兰尼克（Travis Kalanick）辞职。[35]

向外部利益相关者（如媒体和法律部门）报告，对报告人和公司本身来说都会有风险，因此有理由支持先在内部报告。然而，只有当这些内部机制有效时，内部报告才更合适。它们必须允许保密，如果不是匿名的话，必须努力保护各方的权利。除了伦理和合规官员的责任或作为其中的一部分，许多公司已经设立了伦理监察员和内部或外部伦理报告服务专线。这些机制允许员工报告错误行为，并建立跟踪和执行机制。

公司的规范和文化也可以鼓励内部报告。哈佛大学的一项研究发现，如果公司文化鼓励员工发现潜在的威胁或问题，员工就更有可能报告诸如违反安全规定或违反工作惯例的问题，即使他们在其他社会环境中不太可能讲出来。[36]

2018年的一项全球调查发现，有效的内部报告系统的作用远不止是保护公司不受法院起诉。当然，诉讼成本会大大降低，不只是和解成本减少了20%，而且诉讼案件也几乎减少了7%。此外，投资的经济回报也很可观。有证据表明，公司的盈利能力增强了，最后，向外部利益相关者提交的报告更少了。[37]

因此，鼓励内部报告对企业是有好处的。上文中提及的同一项调查发现，内部报告处于历史最高水平，每100名员工有1.4份报告，报复报告的比率很低（为0.66%，自2016年以来有所下降）[38]。

虽然这些报告系统可能看起来很明显、很合理、很普遍，但许多组织由于各种原因没有使用它们。此外，即使有这些系统，观察到组织受到威胁的人也可能选择不报告威胁或潜在的不法行为。

美国国家航空航天局（NASA）哥伦比亚号航天飞机失事事件就是一个例子。尽管它发生在几十年前，但其教训在今天仍至关重要。2003年2月1日，哥伦比亚号航天飞机在重新进入地球大气层时失去了一块绝缘泡沫，这导致了7名宇航员死亡，这是NASA最严重的悲剧之一。泡沫在最初发射时脱落，损坏了航天飞机的一个机翼，并最终导致几周后重返大气层时发生事故。当泡沫脱落时，没人能评估损害的真实程度。可以说，没人能"看到周围的情况"。工程师们看到了泡沫撞击机翼，但由于视线角度不佳，而且泡沫撞击在过去并没有造成过重大事故，高级管理人员将威胁评级降到了最低。

这到底是操作上的失败还是判断上的失败？这场悲剧是来自上级要求完成航天飞机任务的压力，还是来自NASA不惜一切代价继续前进的轻率的"牛仔文化"？哥伦比亚号的工程师们在一个数据驱动的文化中工作，他们只有在有数据支持的情况下才会做出决定。因此，除非有数据证明航天飞机在目前的"成熟"技术下是不安全的，否则就没有足够的理由来支付额外的太空漫步调查费用。

这是文化的危机还是举报系统的失败？一些分析家认为这是一种"自然的、尽管不幸的行为模式……一个模糊威胁的典型例子可能是预示着未来伤害的信号，也可能不是"。[39]

报告系统的挑战之一是，它们没有明确的组织价值观，也不能明确在特定文化中什么是可以接受的或什么是不可以接受的。因此，虽然大规模的威胁可能会引起相当明确的反应，"但最危险的情况是，警告标志不明确，对公司造成损害的可能性不清楚。在这种情况下，管理者往往会主动忽视或低估风险，采取观望的态度"。[40] 然而，企业可以通过一些方法来积极遏制这些消极影响：

- 领导者应该以明显的方式示范如何报告不当行为，使组织中的每个人都能看到。报告是最优选择，而不是掩盖渎职行为。
- 领导者可以解释导致其得出结论的决策过程。
- 虽然"危机管理"团队或计划往往不成功（因为他们很少被使用，根本没有形成习惯），但练习报告是一种有价值的练习。对具有挑战性的事件进行演习或排练会让员工感到更舒服，并在员工中产生一种这种事情可能不存在的期望。
- 此外，一种允许有充分时间进行思考以做出负责任决定的文化，最有可能鼓励人们考虑适当的影响。
- 最后，确保透明度从而保证报告计划成功的最有效方法是持续不断地向所有利益相关者传达组织的价值观和期望，并通过公司的薪酬和奖励结构强化这些价值观。

此外，还有对报告的敏感性和程序方面的文化差异问题，以及在全球范围内实施企业的行为准则和伦理与合规计划的基本逻辑问题：

- 准则和配套方案将如何与当地的实践标准、法律和习俗保持一致？
- 是存在一种准则适用于全球，还是每个地方都有多种准则，不是简单地使用当地语言，而是进行修改，是以便对这些地方的标准和习俗保持敏感？
- 你的准则对供应链的影响有多大？一些公司的准则只适用于它们的员工群体，而其他公司的准则则适用于所有销售商、供应商和其他合作方。
- 在任何国家你准备实施准则或计划之前，你是否必须与劳工代表、工会或劳资委员会协商（甚至寻求批准）？
- 最后，需要注意的是，在美国，许多员工在收到行为准则时被要求签署的标准确认书，在其他环境下可能被认为是强迫的，因为各方的谈判地位不平等。虽然你可以选择免除这一要求，但你将如何达到表明接受和理解的目的？

4.6.4 评估和监测企业文化：审计

不幸的是，如果你不衡量某件事，人们往往认为你不重视它（"你不衡量的东西，你就不珍惜"）。同样的情况也发生在文化方面，如果我们不能或不去衡量、评估或监测文化，就很难鼓励组织内员工去关注它。另外，监测和持续的伦理审计使组织能发现潜在的漏洞，这些漏洞可能在以后对公司构成威胁，从而成为风险评估和预防的一个重要因素。通过参与持续的评估，组织能更好地在其他利益相关者（包括内部和外部）发现这些问题之前发现它们。

除了发现漏洞，一个有效的监测系统还可能包括其他重要的积极目标。你可以弄清楚如何更好地分配资源，确定一个项目是否与组织的发展同步，项目的所有积极成果是否都得到准确地衡量和报告，贵公司的薪酬结构是否充分地奖励了道德行为，以及"高层旨意"是否被有效地分享。

识别积极成果可能是一个熟悉的过程。但是，你如何才能发现一种潜在的破坏性或有道德威胁的企业文化（有时也被称为"毒"文化）？

- 价值观：第一个明显的迹象是缺乏任何普遍接受的组织基本价值观，如前文所述。
- 关系：此外，警告信号可能发生在组织的各个领域。公司如何对待其客户、供应商、消费者和员工？对内部和外部关系的管理是其价值观的关键证据。
- 财务：当然，一家公司可以在没有任何不道德行为的情况下陷入财务危机（反之亦然），但它管理和沟通其财务环境的方式说明了一切。

咨询公司 LRN 为衡量改变文化的努力所产生的影响提出了多种选择。首先是确定员工对文化或工作条件的看法是否发生了变化。对员工工作满意度的调查，或对文化的特定元素的调查，可能会得到有趣的数据，尽管有时员工会反馈他们认为组织希望听到的东西。其次，领导者可以选择由一个独立组织进行审计，以确定员工的看法或评估公司的弱点或风险。外部审计师也将能提供与公司准则、培训计划或其他教育或整合部分有关的基准数据，以及对这些计划的评估（如果提供的话）。围绕服务热线或咨询热线在接听和答复的数量与质量方面的数据也是值得注意的。与工作环境的任何要素一样，无论是雇用之初、雇用过程中，还是在雇用后，任何来自员工的反馈或沟通都应该收集和分析，以获取有关企业文化的宝贵意见。[41]

4.7 强制性和执行文化：《联邦组织量刑准则》

虽然并非世界上每个经济体都是如此，但当创建伦理企业文化的内部机制被证明不充分时，政府有可能会介入，以填补这一空白。美国联邦量刑委员会（USSC）⊖成立于 1984 年，目的是使联邦法院系统中量刑更具有一致性。在 USSC 成立之前，美国国会一直在努力解决与量刑差异、任意惩罚和犯罪控制有关的问题。

从 1987 年开始，USSC 为联邦系统中的个人和组织被告规定了强制性的《联邦组织量刑准则》(FSGO)⊖，为该系统带来了一定程度的统一性和公平性。根据犯罪的严重程度，这些准则将大多数犯罪归入 43 个"犯罪等级"之一。

然而，在 2005 年美国诉布克（Booker）一案的判决中，[42] 美国最高法院将准则的"强制性"因素与其咨询作用分开，认为其强制性违反了第六修正案中的陪审团审判权。因此，尽管不再是强制性的，但法院仍需要考虑准则范围。法院还可以根据其他法定事项单独做出判决。可以想象，这种从强制性到"需要考虑"的修改已经造成了一些混乱。

这些准则与我们对伦理的探讨，特别是与我们对企业积极努力创造一个有道德的工作环境的讨论有关，因为 USSC 努力利用这些准则来创造一个既合法又有道德的企业环境（见

⊖ 美国联邦量刑委员会：美国司法部门的一个独立机构，负责规范联邦法院系统的量刑政策。

⊖ 《联邦组织量刑准则》（FSGO）：由美国联邦量刑委员会制定，于 1991 年实施，最初是法官在组织量刑案件中使用的强制性参数。通过将惩罚与先前的商业行为联系起来，该准则建立了商业伦理行为的法律规范。然而，自 2005 年最高法院做出的一项决定以来，FSGO 现在被认为本质上具有自由裁量权，并为各组织提供了一些具体的方法，通过在整个组织中整合真正的伦理与合规计划来减轻最终的罚款和判决。

表 4-3）。事实上，正如下文进一步解释的那样，如果公司能证明它们已经建立了有效的伦理项目，它们的罚款最多可以减少 95%。

表 4-3　文化的来源

回顾：文化源于领导、整合和评估或监督
1. 控制环境的领导地位（和维护能力）
· 通过高级别的承诺和管理责任，领导者设定了标准和基调
2. 控制活动、信息和沟通
· 声明、政策、操作程序、沟通和培训
· 不断或持续地融入业务实践中
3. 回顾、评估、持续监测
· 监测、评价、历史问责

由于认识到企业文化对伦理决策的重大影响，USSC 在 2004 年更新了准则，不仅提到了合规计划，还提到了"伦理与合规"计划，并要求各组织促进"鼓励道德行为和承诺遵守法律的组织文化"。此次修订还包括要求各组织评估伦理与合规的风险领域，并定期衡量其计划的有效性。此外，一个有效的计划的标准，过去只在准则的评注中提及，现在可以在一个单独的具体准则中找到。

如上所述，那些发现自己由于一两个"坏苹果"而上法庭的公司，同样可以证明它们具备有效的伦理与合规计划，它们可能会发现建议的处罚会减少（称为"减轻"处罚）。另外，没有有效的伦理和合规系统的公司将被判处额外的刑罚，并被责令在这期间制定一个计划（称为"加重"处罚）。

那么，关键问题是，你如何知道你是否有一个有效的伦理与合规计划？USSC 表示，各组织应"尽职尽责，防止和发现犯罪行为；此外，还要促进鼓励道德行为和对遵守法律承诺的组织文化"。该准则确定了一个组织可以作为预防犯罪的尽职调查的具体行为，以及有效的伦理与合规计划的最低要求。这包括以下内容。[43]

（1）标准和程序。该组织应制定标准和程序，以防止和发现犯罪行为。

（2）董事会和其他高管的责任；充足的资源和权力。

- 组织的董事会应了解伦理与合规计划，并对其实施和有效性进行合理监督。
- 必须指派高层人员负责该计划，然后必须确保其有效性。
- 组织内的特定人员应被授权负责该计划的日常运作，定期向这些高层人员报告伦理与合规计划的有效性，并酌情向管理当局或管理当局的小组报告。还应给予他们足够的资源、适当的权力和直接接触管理当局的机会。

（3）权威排除：先前的不当行为。组织应避免让以前从事过非法活动或行为不符合有效伦理与合规计划的人负责该计划。

（4）沟通和培训。组织应通过培训或其他适合这些人各自角色和职责的方式，向组织的所有成员传达其标准和程序。

（5）监测、评估、报告程序。该组织应采取合理步骤：

- 确保该组织的伦理与合规计划得到遵守，包括监测和审计以发现犯罪行为。

- 定期评估组织的伦理与合规计划的有效性。
- 建立并公布一个制度，其中可能包括允许匿名或保密的机制，使该组织的雇员和代理人可以报告或寻求有关潜在或实际犯罪行为的指导，而不必担心遭到报复。

（6）激励和惩戒结构。组织的伦理与合规计划应通过以下方式在整个组织内得到持续的促进和执行。

- 建立适当的激励措施，以便按照伦理与合规计划执行。
- 对从事犯罪行为和未采取合理措施防止或发现犯罪行为的相关人员采取适当的纪律措施。

（7）回应和修改机制。组织应在发现犯罪行为后采取合理措施，对犯罪行为做出适当回应，并进一步防止类似的犯罪行为，包括对组织的伦理与合规计划做出任何必要的修改。

关于上述的第一项，想象一下企业在世界各地不同的文化中寻求确保合规方法所面临的挑战。现实观察 4-11 探讨了与土耳其有关的一些障碍。选择土耳其只是为了提供一个视角，让人们了解当今企业需要应对的一系列问题。

⊙ 现实观察 4-11

企业的全球文化：土耳其的案例研究

土耳其腐败报告

简介：

腐败在土耳其的公共和私营部门都很普遍。公共采购和建筑项目领域特别容易发生腐败，而且经常出现索要贿赂的情况。土耳其《刑法》将各种形式的腐败活动定为犯罪，包括主动和被动贿赂、腐败未遂、敲诈勒索、贿赂外国官员、洗钱和滥用职权。反腐败法的执行情况并不一致，而且反腐败机构的效率低下。对贿赂的惩罚可能包括长达 12 年的监禁，企业可能面临被扣押资产和被吊销国家颁发的经营许可证。企业应注意，尽管好处费和礼物是非法的，但可能经常遇到这种情况。

司法系统：

在与土耳其的司法机构打交道时，存在很高的腐败风险。有企业表示对司法机构的独立性和依靠法律框架解决争端或挑战规则的能力非常缺乏信心。企业认为，为换取有利的司法裁决而进行贿赂和违规付款是相当普遍的。大约三分之一的土耳其人认为法官及其他司法官员是腐败的。政治干预、缓慢的程序和不堪重负的法院系统导致土耳其司法部门的腐败风险很高。2016 年政变未遂后，3 000 多名司法机构成员被解雇，这进一步加剧了人们对政治干预的担忧。对几名高级政府官员及其家人发起反腐调查的检察官被政府指控滥用职权，随后被停职。政府的回应引起了人们对有罪不罚和政治干预对司法机构的独立性及公正性和效率产生负面影响的担忧。在土耳其，执行合同比区域平均水平更耗时。

尽管土耳其法院已经接受了关于外国投资者与国家之间投资争端仲裁的国际协议，但它们有时未能维护涉及私营企业的国际仲裁裁决，而且据说对外国人有偏见。土耳其是 1958 年《关于承认和执行外国仲裁裁决的纽约公约》的签署国，也是国际投资争端解决中心的成员国。

警察：

土耳其警察的腐败是一种中等程度的风险。有企业表示，它们认为警察部队并不够可靠。一半以上的土耳其人认为大多数甚至所有的警察都是腐败的，二十分之一的土耳其人表示他们在过去的一年中曾被警察索贿。由于调查和惩治腐败的机制不足，警察逍遥法外是一个问题。

公共服务：

在与土耳其的公共服务部门打交道时，存在着一定的腐败风险。在与公共服务部门打交道时，贿赂和违规付款相当少见。大约有二十分之一的企业希望通过给官员送礼来完成工作。近五分之二的土耳其人认为地方政府官员是腐败的。二十个土耳其人中就有一个报告说在2016年被市政官员索要贿赂，尽管这与2014年相比减少了百分之五十。据报道，腐败官员可能逍遥法外。公共行政部门的腐败现象仍普遍存在，特别是在地方一级。由执政的正义与发展党控制的市政当局一般不受执法当局和检查人员的密切审查，而由其他政党控制的市政当局则面临着严格的审查。

与地区平均水平相比，创业所需时间较短，但需要更多程序步骤和资金。办理建筑许可证需要的步骤比地区平均水平多，但所需时间明显缩短。

海关管理：

在土耳其边境管理中存在中等程度的腐败风险。企业报告说，在海关手续时贿赂和违规付款很常见。五分之三的土耳其人认为海关官员是腐败的。企业对土耳其进口程序的时间可预测性不满意，抱怨海关程序烦琐。遵守进口程序所需的时间一般低于该地区的平均水平，但成本却明显更高。

2017年9月，20多名海关官员因腐败指控被捕；他们被指控有伪造文件和行贿等罪行。

立法：

土耳其《刑法》将各种形式的腐败活动定为犯罪，包括主动和被动贿赂、收受好处费、腐败未遂、敲诈、贿赂外国官员、洗钱和滥用职权。好处费是被禁止的。《资产披露法》《反贿赂和腐败法》（土耳其语）和《公务员法》对礼品和招待做出了规定。礼品和贿赂之间没有正式的区别，而且没有规定礼品可能被视为贿赂的最低标准。私人贿赂也被禁止。立法的执行情况各不相同，政府因缺乏解决腐败问题的意愿而受到批评。个人因贿赂犯罪可能会被监禁12年。企业可能面临资产或收入被扣押的处罚。其他相关立法包括《知情权法》《反洗钱法》《防止清洗犯罪所得法》《公共采购合同法》《公共采购法》《公共财政管理和控制法》《财产申报和反腐败法》。对举报人的立法保护薄弱且不足。OECD反腐败工作组继续对土耳其在外国贿赂立法方面的执法水平低下及未能贯彻工作组的建议表示担忧。

土耳其已经批准了《联合国反腐败公约》（UNCAC）、《OECD反贿赂公约》（减少收受好处费的行为）、《欧洲委员会反腐败刑法公约》和《欧洲委员会反腐败民法公约》。土耳其是欧洲国家反腐败委员会（GRECO）的成员，但尚未对GRECO的最新建议做出回应。

民间社会：

在过去埃尔多安执政的十年中，媒体自由稳步下降，在2016年政变未遂后，媒体自由下降得更加明显，此后有150多家媒体被迫关闭。据估计，截至2016年12月，有81～145名记者因其报道而被监禁。政府积极利用刑法和反恐怖主义法来惩罚和监禁进行批评性报道的记者。国家还积极参与了许多媒体的所有权变更，导致主流媒体对政府的正面报道更加一致。国家还利用司法部门通过司法调查来恐吓媒体机构。记者们的自我审查很普遍。埃尔多安政府为平息政府的腐败嫌疑,多次封锁了社交媒体平台推特㊀和 YouTube。土耳其的媒体环境被认为是"不自由的"。

民间社会组织(CSO)对决策过程的影响有限;当政府与民间社会组织协商时,往往是倾向与亲政府行为者协商。在人权、性少数群体(LGBT)权利和女性团体领域工作的民间组织经常面临政府频繁的详细审计和巨额罚款。

资料来源: GAN Business Anti-Corruption Portal, "Turkey Corruption Report" (June 2018), https://www.business-anti-corruption.com/country-profiles/turkey/. Used with permission.

上述 FSGO 清单中的第二项要求组织的管理机构(通常是董事会)有责任谨慎行事,了解伦理与合规计划的内容和运作,并且必须接受持续不断的培训。内容可以包括对董事会受托责任的性质、个人责任、证券交易条例、内幕交易、保密性、知识产权和商业秘密的指导。有关有效的伦理与合规计划要素的更多指导,请见现实观察 4-12。

⊙ 现实观察 4-12

有效的伦理与合规计划的衡量框架

伦理与合规倡议(ECI)为各组织提供了以下框架,用来衡量高质量伦理与合规计划的表现。ECI 为企业提供了更详细的信息,以便基于五个成熟度级别来评估这些原则的实现情况,同时还提供了一份关于"高质量计划"(HQP)性质的早期报告。这些额外的细节可以在 ECI 网站(www.ethics.org)中找到。

高质量的伦理与合规计划原则

原则 1
战略:伦理与合规是企业战略的核心。
原则 2
风险管理:识别、拥有、管理和降低伦理与合规风险。
原则 3
文化:整个组织的各级领导建立并维持一种诚信的文化。
原则 4
直言不讳:本组织鼓励、保护和重视对关注和可疑的不法行为的报告。
原则 5
问责制:当不法行为发生时,组织会采取行动并承担责任。

资料来源: K.Capsaddle, and S. Scarpino, "High Quality Ethics; Compliance Program Measurement Framework," *Compliance Initiative*.https://www.ethics.org/wp-content/uploads/2018/09/ECI-Framework-Final.pdf (accessed February 21, 2019).

关于董事会层面的培训工作,并没有什么好的消息可以报告。虽然在员工层面加强了伦理相关培训,但 LRN 在 2018 年的一项调查中发现,在大公司的现任或前任首席伦理与合规官(CECO)中,只有约一半接受过有关伦理或合规的培训。此外,不到一半的 CECO 表示,他们的董事会有衡量伦理与合规有效性的指标,或者愿意追究高管的不当行为。[44] 真正令人

㊀ 2023 年 7 月 24 日,推特(Twitter)正式更名为 X。

不安的是，这些结果基本上与 2009 年对 1 600 名公司内部律师的调查结果相同，该调查发现，只有一半的受访者向他们的董事会提供了伦理或合规培训。[45] 换句话说，尽管有 FSGO，但近十年来在这一特定领域的进展基本为零。

2010 年，USSC 通过了 FSGO 的修正案，如果该组织满足以下四个条件，将降低对违规行为的处罚：

（1）对伦理与合规计划负有业务责任的个人有义务直接向管理当局或相应的下属机构（如董事会的审计委员会）报告。

（2）伦理与合规计划在组织外部发现之前或在有可能发现之前就发现了该违法行为。

（3）该组织迅速向有关政府当局报告了该违法行为。

（4）对伦理与合规计划负有业务责任的个人都没有参与、纵容或故意无视该违法行为。[46]

第一个条件是为了奖励那些确保执行组织的伦理与合规计划的人员能向董事会报告的公司。为了符合第一个条件下的宽松处罚要求，必须明确授权伦理与合规人员"就任何涉及犯罪行为或潜在犯罪行为的事项"及时与董事会沟通，并"至少每年就伦理与合规计划的实施和有效性进行沟通"。[47] 其他三个条件也寻求通过提供奖励来鼓励报告，以发现、报告不当行为，并阻止薄弱、无效或腐败的伦理与合规计划。

尽管这些步骤可能有助于形成一个有效的计划，但伦理资源中心（ERC）在 FSGO 的一份报告颁布 20 周年之际强调了准则中某些部分的不明确性给企业管理者带来的挑战。ERC 的报告指出，一方面，"FSGO 的标准是以原则为基础的，这为各组织提供了宝贵的灵活性，使其能定制最适合自己情况的方法，避免了'一刀切'的合规标准"。[48]

另一方面，"尽管有灵活和创新的好处，但 FSGO 标准以原则为基础的性质意味着理性的头脑可能会对某些高级原则的含义产生分歧"。[49] 例如，准则要求对不法行为的报告进行调查，但它们似乎还要求更多。公司必须从错误中吸取教训，并采取后续调查和程序改进等措施防止再次发生。USSC 还要求考虑：该组织的规模、业务风险的数量和性质，以及该组织的历史；减轻因素，如自我报告违法行为、与当局合作和承担责任；加重因素，如其参与或容忍犯罪活动、违反先前的命令或妨碍司法。这些标准要根据适用的行业标准来判断；但是，这要求每家公司都以可比公司为基准。伦理决策 4-3 探讨了制定一个无懈可击的系统和程序所涉及的挑战。

■ 伦理决策 4-3

违反保密规定的法律压力

保密是创造一种可以揭发非法和不道德行为的企业文化的最有效工具之一。企业伦理官员、监察员和伦理热线通常保证，任何关于非法或不道德行为的报告都将得到最严格的保密。伦理官员向举报人承诺匿名，而那些举报不法行为的人相信这种保密承诺会得到遵守。

然而，《联邦组织量刑准则》会给那些承诺匿名和保密的公司带来真正的伦理困境。这一准则要求大幅减轻对那些立即向政府当局报告潜在不法行为的公司的惩罚。这样一来，不报告不法行为可能意味着免于处罚，但也可能面临重大处罚。当然，不承诺保密也可能会构成伦理与合规系统无效的证据，这本身就是受到更严厉的法律处罚的潜在风险。

1. 伦理官员是否应承诺为举报不法行为的人保密，以及他们是否应违反这种信任以保护公司不受起诉？
2. 在做出这个决定之前，你想知道哪些事实？
3. 你能想出摆脱这种困境的创造性方法吗？
4. 伦理官员对谁负有责任？谁是利益相关者？
5. 这两种决定都可能产生什么后果？涉及哪些基本权利或原则？

再论开篇伦理决策

创建一个伦理计划

你已经制定并实施了一项伦理规范计划。但是，你如何知道伦理规范计划是否"成功"？你将如何定义"成功"？你把谁定义为你的主要利益相关者？他们在你的计划中的利益是什么？你的计划对每位利益相关者有什么影响？你如何修改你的计划以确保更大的成功？

这个伦理决策要求你定义伦理计划的"成功"，即使对那些在这个行业工作多年的人来说，这也是一个非同寻常的挑战。看待这个调查的一种方式是考虑你可能愿意接受评估的方法，因为这是你的计划。总的来说，你需要了解在你的环境中是否存在鼓励员工做出不当行为的压力。你需要考虑是否存在鼓励错误决定的系统性问题。你是否已经确定了你的组织所面临的所有主要法律、伦理和声誉风险，并确定了补救这些风险的方法？

因为你将鼓励你计划衡量的绩效，所以必须确定你是否特别关心最终的结果或后果，或者保护你的计划或准则所阐明的特定价值。如果你只衡量结果，你将专注于决策者所取得的成就。如果你只衡量对权利的保护，你可能没有考虑决策对公司的成本和收益的长期影响。

根据伦理资源中心的说法，《联邦组织量刑准则》如今很少适用于大公司。这一准则只适用于法院的裁决，而针对大公司的案件更常见的是以延缓起诉协议或不起诉协议来解决。① 另外，伦理计划似乎在内部产生了影响。2018年的一项研究发现，观察到的不当行为的比率正在下降，接近历史最低点。涉嫌不当行为的通报也达到了创纪录的水平。然而，员工对疑似不法行为的举报也达到了高点，员工认为对举报不当行为的报复也达到了历史最高点。②

为了给这一探索提供一些背景，考虑哪些违法行为最有可能导致一个组织被罚款。2017年，USSC 收到了131个被判刑的组织的信息。其中，29%被控欺诈；16.8%被控与水有关的环境犯罪；6.1%被控进出口犯罪。约有74.8%的人被要求支付罚款（或罚款加赔偿金），另有12.2%的人被要求只支付赔偿金。平均赔偿金额超过2 700万美元，平均罚款金额超过6 720万美元。涉及欺诈案件的平均罚款超过1.293亿美元，而与空气有关的环境犯罪的平均罚款为3.523亿美元，反垄断案件中平均罚款为1 810万美元。③

① Ethics Resource Center, "Federal Sentencing Guidelines for Corporations" (2012), www.theagc .org/docs/fl2.10.pdf (accessed March 6, 2019).
② Ethics & Compliance Initiative, "The State of Ethics & Compliance in the Workplace" (March 2018), www.boeingsuppliers.com/GBES2018-Final.pdf (accessed November 17, 2018); Ethics Resource Center, "2018 National Business Ethics Survey" (2018), www.ethics.org/knowledge-center/2018-gbes/ (accessed February 21, 2019).
③ U.S.Sentencing Commission, *2017 Sourcebook of Federal Sentencing Statistics* (2017), www.ussc.gov/sites/default/files/pdf/research-and-publications/annual-reports-and-sourcebooks/2017/2017SB_Full.pdf (accessed February 21, 2019).

练习与应用

1. 为了帮助理解组织文化，想一想你所属的组织。你的公司、学校或联谊会有自己的文化吗？你会如何描述它，它是如何影响个人决策和行动的？如果你读的是不同的学校或加入了不同的社团，你会成为不同的人吗？你会如何去改变你的组织文化？

2. 考虑你如何评价一家公司是否是一家好公司。你根据哪些因素来做这个判断？你是否真正了解这些因素背后的事实，还是公司的声誉已经影响了你的判断？找出一家你认为正派或有道德的公司，并记下得出这个结论的依据。接下来，找出一家你认为不符合伦理规范或你认为价值观有问题的公司，并写下该结论的依据。现在，利用互联网和其他相关资源，探索这些公司的文化和决策，将你的研究结果与你对这些公司的最初印象进行对照。试着评估每家公司的文化和决策，就像如果你不知道它们是否符合论理规范一样。你的印象是否准确，或者是否需要稍加修改？

3. 你需要给你的首席执行官起草一份备忘录，确定三重底线方法的价值，这将代表公司当前定位的一个巨大转变。你可以提出哪三个关键点，以及你将如何最好地支持这一论点？

4. 现在你对企业文化和影响企业文化的变量有了了解，你会如何描述一种伦理上有效的文化，这种文化将有效地为公司带来盈利和有价值的长期可持续发展？

5. 一个肯定会影响公司文化的因素是它的雇员人数。虽然企业文化可以塑造员工的态度和习惯，但如果一开始就雇用已经养成这些态度和习惯的人，就更容易做到这一点。你将如何制定一个招聘和选拔流程，使你能最成功地雇用到最适合特定文化的员工？你应该把那些不认同企业文化的员工赶走吗？如果是这样，你将如何做？

6. 基于合规文化的最大好处和风险成本有哪些？

7. 假设你的全球服装业务有许多供应商。你为你的工作场所和你的供应商都制定了行为准则。每次你访问某个特定的供应商，甚至是突击访问，该供应商似乎都遵守了你的准则。然而，你从该供应商的雇员那里收到了关于存在违规行为的信息。你应该怎么做？

8. 你知道在工作过程中存在不恰当的和违反公司行为准则的行为。然而，为了努力营造一种互相支持的氛围，你不鼓励同事举报他们的同伴。不幸的是，你认为你必须改变这一政策，建立一个强制性的报告结构。你将如何设计这个结构，以及你将如何在不破坏同事关系的情况下实施这个新计划？

9. 在阿拉伯联合酋长国（简称"阿联酋"），Wasta 是用于表示偏袒的术语，它是一种非常重要的文化元素。事实上，在美国的公司里，裙带关系可能是保密或私下讨论的，而在阿联酋的专业人士中，Wasta 更可能被显露出来。在许多公司里，往往正是你认识的人决定了你可能得到的职位，或者在某些过程中你获得批准的速度。如果你被指派在阿联酋建立并领导一个由阿联酋国民（称为"阿联酋人"）和美国侨民（外籍人士）组成的团队，你如何最有效地应对这种历史和固有的优惠待遇文化，反映当地的现实情况，同时尊重你自己或你本国的价值结构（如果两者不同）？

10. 一家总部设在美国的大型公司决定制定一份使命宣言，然后就新的伦理计划进行培训。它请你协助完成这些工作，为了完成这个计划，你需要开展哪些活动？你应该考虑哪些问题？

11. 把你自己放在一个正在从头开始建立一个组织的人的位置上。你想成为哪种类型的领导者？你将如何创造这种形象或观念？你会为公司创建一个使命宣言和行为准则吗？你会用什么程序来做？你是否会创建一个伦理与合规计划？然后你将如何把使命宣言和计划融入整个组织？你预期的成功和挑战是什么？

12. 关于在工作场所对员工的认可，像"月度最佳员工"这样的计划会对企业文化产生什么影响，哪些因素可能促使你推荐它作为你公司的激励计划？

13. 确定一个你想工作的行业，并最好选择一家你想工作的公司。通过公司的网站了解其核心价值观和文化，找到你最适合的公司，然后解释你的选择理由。接下来，根据公司的核心价值观和文化，找出一家你不愿意工作的公司，并给出理由。

注释

1. Adapted from EPIC, "Measuring Organizational Integrity and the Bottom Line Results One Can Expect," www.ethicaledge.com/quest_7.html (accessed February 26, 2019).

2. Geert Hofstede, *Culture's Consequences: Comparing Values, Behaviors, Institutions and Organizations Across Nations* (Thousand Oaks, CA: Sage Publications, 2001).

3. See, e.g., R. Turcsik, "Publix, Trader Joe's Lead in Customer Satisfaction, Survey Reports," *Supermarket News* (February 27, 2018), www.supermarketnews.com/consumer-trends/publix-trader-joe-s-lead-customer-satisfaction-survey-reports (accessed February 26, 2019).

4. Max Chafkin, "The Zappos Way of Managing," *Inc.* (May 1, 2009), www.inc.com/magazine/20090501/the-zappos-way-of-managing.html#ixzz39pzykw7s (accessed December 13, 2018); Tony Hsieh, *Delivering Happiness: A Path to Profits, Passion and Purpose* (New York: Business Plus, 2010).

5. F. Lambert, "Elon Musk Says He Will Perform Same Tasks as Tesla Workers Getting Injured in the Factory," *Elektrek* (June 2, 2017), https://electrek.co/2017/06/02/elon-musk-tesla-injury-factory/ (accessed December 13, 2018); J. Haden, "This Elon Musk Email to Tesla Employees Is a Powerful Lesson in Authentic, Heartfelt Leadership," *Inc.* (December 7, 2017), www.inc.com/jeff-haden/this-elon-musk-email-to-tesla-employees-is-a-powerful-lesson-in-authentic-heartfelt-leadership.html (accessed December 13, 2018).

6. E. Musk, tweet from November 26, 2018, https://twitter.com/elonmusk/status/1067173497909141504 (accessed March 6, 2019).

7. Source: Musk, E., Tweet from November 26, 2018. Accessed March 6, 2019. https://twitter.com/elonmusk/status/1067173497909141504.

8. Q. Fottrell, "Why United Honored Accidental Free Flights," *Market Watch* (September 19, 2013), www.marketwatch.com/story/the-real-reason-united-honored-those-free-flights-2013-09-18 (accessed February 26, 2019); A. Hern, "United Airlines Cancels Thousands of Bargain Tickets Sold in Pricing Glitch," *The Guardian* (February 12, 2015), www.theguardian.com/technology/2015/feb/12/united-airlines-cancels-bargain-tickets-pricing-glitch (accessed February 26, 2019).

9. L. Zumbach, "A Year after Passenger Was Dragged off a United Flight, Everyday Indignities Remain," *Chicago Tribune* (April 9, 2018), www.chicagotribune.com/business/ct-biz-united-passenger-dragging-anniversary-20180405-story.html (accessed February 26, 2019); A. Lutz and B. Zhang, "United Airlines Is Being Slammed after a Puppy Died in an Overhead Bin—and It Reveals a Glaring Flaw with the Business," *Business Insider* (May 13, 2018), www.businessinsider.com/dog-dies-united-flight-2018-3 (accessed February 26, 2019); Associated Press, "United Mistakenly Flies Kansas-Bound Dog to Japan," *Business Insider* (March 14, 2018), www.businessinsider.com/ap-united-mistakenly-flies-kansas-bound-dog-to-japan-2018-3 (accessed February 26, 2019).

10. D. Yohn, "How to Fix United Airlines' Culture Problem," *Forbes* (March 28, 2018), www.forbes.com/sites/deniselyohn/2018/03/28/how-to-fix-united-airlines-culture-problem/#7539d2a0fd3d (accessed February 26, 2019).

11. B. Tayan, "The Wells Fargo Cross-Selling Scandal," Harvard Law School Forum on Corporate Governance and Financial Regulation (December 16, 2016), https://corpgov.law.harvard.edu/2016/12/19/the-wells-fargo-cross-selling-scandal/ (accessed February 26, 2019).

12. R. McDermid, "The Least-Respected Company in America Is Headquartered in San Francisco, According to a Barron's Pool of Money Managers," *San Francisco Business Times* (June 6, 2017), www.bizjournals.com/sanfrancisco/news/2017/06/06/wells-fargo-wfc-respect-barrons-survey.html (accessed February 26, 2019).

13. M. Egan, "Wells Fargo Illegally Repossessed Another 450 Service Members' Cars," *CNN* (November 17, 2017), https://money.cnn.com/2017/11/14/investing/wells-fargo-repossess-cars-military/index.html?iid=EL (accessed February 26, 2019); J. Wattles et al., "Wells Fargo's 20-Month Nightmare," *CNN* (April 24, 2108), https://money.cnn.com/2018/04/24/news/companies/wells-fargo-timeline-shareholders/index.html?iid=EL (accessed February 26, 2019).

14. Source: Ethics Resource Center, National Business Ethics Survey (2011).

15. T. Erblich, "A Letter from Ethisphere's CEO," *Ethisphere*, www.worldsmostethicalcompanies.com/letter-from-our-ceo/ (accessed February 26, 2019).

16. Source: T. Erblich, "A Letter from Ethisphere's CEO," *Ethisphere*, http://www.worldsmostethicalcompanies.com/letter-from-our-ceo/ (accessed February 26, 2019).

17. Source: Ethics & Compliance Initiative, "Global Benchmark on Workplace Ethics Report" (2018). https://www.ethics.org/knowledge-center/2019-gbes/ (accessed November 6, 2018).

18. Source: Ethics & Compliance Initiative, "Measuring the Impact of Ethics & Compliance Programs" (June 2018), https://customer.acua.org/app_themes/acua_custom/documents/webinars/Measuring%20the%20Impact%20of%20Ethics%20and%20Compliance%20Programs-June%202018.pdf (accessed March 6, 2019).

19. Ethics Resource Center, "National Business Ethics Survey of the U.S. Workforce" (2013), www.ibe.org.uk/userassets/surveys/nbes2013.pdf (accessed March 6, 2019).

20. Source: R. Larsen, "Leadership in a Values-Based Organization," Sears Lectureship in Business Ethics, Bentley College, Waltham, MA (February 7, 2002).

21. R. Feloni, "All Executives at Johnson & Johnson Are Annually Measured against a 75-Year-Old Essay," *Business Insider* (March 12, 2018), www.businessinsider.com/johnson-and-johnson-alex-gorsky-credo-measures-performance-2018-3 (accessed February 26, 2019).

22. Ethics and Compliance Initiative, "The State of Ethics and Compliance in the Workplace" (2018), www.ethics.org/knowledge-center/2018-gbes-2/ (accessed February 26, 2019).

23. L. Trevino, M. Brown, and L. Hartman, "A Qualitative Investigation of Perceived Executive Ethical Leadership: Perceptions from Inside and Outside the Executive Suite," *Human Relations* 56, no. 1 (January 2003), pp. 5–37.

24. L. Trevino, M. Brown, and L. Hartman, "A Qualitative Investigation of Perceived Executive Ethical Leadership: Perceptions from Inside and Outside the Executive Suite," *Human Relations* 56, no. 1 (January 2003), pp. 5–37.

25. O. Demirtas and A. A. Akdogan, "The Effect of Ethical Leadership Behavior on Ethical Climate, Turnover Intention, and Affective Commitment," *Journal of Business Ethics* (May 11, 2014).

26. Society for Human Resource Managment (SHRM), *2017 Human Capital Benchmarking Report* (December 2017), www.shrm.org/hr-today/trends-and-forecasting/research-and-surveys/Documents/2017-Human-Capital-Benchmarking.pdf (accessed November 12, 2018).

27. W. G. Bliss, "Cost of Employee Turnover," *The Advisor* (June 17, 2014), www.alexanderporter.com.au/wp-content/uploads/2015/07/The-Cost-of-Employee-Turnover.pdf (accessed December 13, 2018).

28. Erika Johnson, "8 Fun Facts about Our Credo—Johnson & Johnson's Mission Statement" (February 5, 2018), www.jnj.com/our-heritage/8-fun-facts-about-the-johnson-johnson-credo(accessed March 6, 2019).
29. Quoted in E. G. Flamholtz and Y. Randle, *Corporate Culture: The Ultimate Strategic Asset* (Stanford, CA: Stanford University Press, 2011), p. 101.
30. For an exceptional analysis of the distinction between four types of ethics statements (values statements, corporate credos, codes of ethics, and internet privacy policies), see P. E. Murphy, "Developing, Communicating and Promoting Corporate Ethics Statements: A Longitudinal Analysis," *Journal of Business Ethics* 62 (2005), pp. 183–89.
31. D. Birnbaum, "Television Academy Sets New Standards of Professional Conduct," *Variety* (February 22, 2018), https://variety.com/2018/tv/news/television-academy-standards-of-professional-conduct-1202708624/ (accessed March 6, 2019).
32. Source: L. S. Paine, R. Deshpande, J. D. Margolis, and K. E. Bettcher, "Up to Code: Does Your Company's Conduct Meet World-Class Standards?" *Harvard Business Review* (December 2005).
33. American Institute of Certified Public Accountants, www.aicpa.org/RESEARCH/STANDARDS/CODEOFCONDUCT/Pages/default.aspx (accessed March 6, 2019); Defense Industry Initiative on Business Ethics and Conduct, www.dii.org/home (accessed March 6, 2019); Academy of Management, http://aom.org/ (accessed March 6, 2019).
34. S. Prakesh Sethi, *Globalization and Self-Regulation: The Crucial Role That Corporate Codes of Conduct Play in Global Business* (New York: Macmillan, 2011), pp. 11–12.
35. A. Hartmans, "The Engineer Who Blew the Whistle on Uber's Culture of Sexual Harassment Was Just Hired by The New York Times," *Business Insider* (July 23, 2018), www.businessinsider.com/uber-whistleblower-susan-fowler-rigetti-hired-new-york-times-tech-opinion-editor-2018-7 (accessed February 21, 2019).
36. H. Kakkar and S. Tangirala, "If Your Employees Aren't Speaking Up, Blame Company Culture," *Harvard Business Review* (November 6, 2018), https://hbr.org/2018/11/if-your-employees-arent-speaking-up-blame-company-culture (accessed February 21, 2019).
37. NAVEX Global, "Strength in Numbers: The ROI of Compliance Program Hotline Reporting" (2018), www.navexglobal.com/en-us/campaigns/roi-of-compliance-white-paper (accessed February 21, 2019).
38. C. Penman, "2018 Ethics & Compliance Hotline and Incident Management Benchmark Report," NAVEX Global (2018), https://assets.toolbox.com/research/2018-ethics-compliance-hotline-and-incident-management-benchmark-report-81781 (accessed February 22, 2019).
39. Source: M. Roberto, R. Bohmer, and A. Edmondson, "Facing Ambiguous Threats," *Harvard Business Review* (November 2006), pp. 106–13. http://hbr.org/2006/11/facing-ambiguos-threats/ar/1 (accessed March 6, 2019).
40. Source: M. Roberto, R. Bohmer, and A. Edmondson, "Facing Ambiguous Threats," *Harvard Business Review* (November 2006), pp. 106–13. http://hbr.org/2006/11/facing-ambiguos-threats/ar/1 (accessed March 6, 2019).
41. LRN, *The Impact of Codes of Conduct on Corporate Culture* (Los Angeles, CA: LRN, 2006).
42. 543 U.S. 220 (2005).
43. USSC, *Guidelines Manual*, sec. 8B2.1, "Effective Compliance and Ethics Program" (2011), www.ussc.gov/Guidelines/2011_Guidelines/Manual_HTML/8b2_1.htm (accessed March 6, 2019).
44. S. Reisinger, "Focusing on the Board on the Heart of Ethics and Compliance Issues" (June 11, 2018), www.law.com/corpcounsel/2018/06/11/focusing-the-board-on-the-heart-of-ethics-and-compliance-issues/?slreturn=20181017144920 (accessed February 21, 2019).
45. S. Reisinger, "Focusing on the Board on the Heart of Ethics and Compliance Issues" (June 11, 2018), p. 8, www.law.com/corpcounsel/2018/06/11/focusing-the-board-on-the-

heart-of-ethics-and-compliance-issues/?slreturn=20181017144920 (accessed February 21, 2019). See also Michael D. Greenberg, "Directors as Guardians of Compliance and Ethics within the Corporate Citadel: What the Policy Community Should Know," *Conference Proceedings, RAND Center for Corporate Ethics and Governance* (2010), p. 8, www.rand.org/pubs/conf_proceedings/CF277.html (accessed February 21, 2019).

46. USSC § 8C2.5(3).
47. Source: USSC, § 8C2.5(3).
48. Source: Ethics Resource Center.
49. Source: Ethics Resource Center, *The Federal Sentencing Guidelines for Organizations at Twenty Years: A Call to Action for More Effective Promotion and Recognition of Effective Compliance and Ethics Programs* (2012), https://www.theagc.org/docs/f12.10.pdf (accessed March 6, 2019).

第 5 章

企业社会责任

> 企业在做出决策时必须考虑到它对社会的责任,但社会也必须接受它自己的责任,为这些决策制定标准。[1]
>
> ——阿德里安·吉百利爵士(Sir Adrian Cadbury),
> 吉百利公司董事长

> 我们在进行商业活动时,不是为股东争取最大利润。我们进行的商业活动……为社会服务。利润是我们"为社会服务"做得好的奖励。如果企业不为社会服务,社会将不会长期容忍我们获得利润,甚至我们的存在。[2]
>
> ——肯尼斯·戴顿(Kenneth Dayton),
> 戴顿·哈德逊公司前董事长

> 让世界更美好。
>
> ——Ben and Jerry's(冰激凌奢侈品牌)

> 公司也是人。
>
> ——米特·罗姆尼(Mitt Romney),犹他州参议员

∷ 开篇伦理决策

Facebook

2017年10月,也就是2016年美国总统大选一年后,推特、谷歌和Facebook的高管在美国众议院和参议院情报委员会调查俄罗斯特工干预美国选举的案件前作证。委员会收到了俄罗斯特工发布的数千条广告、推文和帖子。仅Facebook就向委员会提交了3 000多则此类广告。其中一些广告旨在加剧美国国内的社会紧张局势。

付费广告只是俄罗斯特工利用Facebook推广他们政治议题的一种方式。他们创建了虚假

账户和虚构群组，可以像其他 Facebook 用户一样简单地发布信息。同样，俄罗斯特工不仅在推特和谷歌上购买广告，还在这些平台上创建虚假账户，使用机器人发布虚假推文，在谷歌的 YouTube 上发布视频，在 Facebook 的 Instagram 上发布照片。

俄罗斯特工推广他们的广告、帖子和政治议题的方式与任何数字营销人员在 Facebook 上的运作方式相同。他们依靠 Facebook 的数据锁定那些倾向于"购买"他们所出售商品的个人和群体。他们制作能吸引这些人的广告，然后付钱给 Facebook，把广告放在目标受众的页面上。他们创建了吸引数千名其他用户的账户和群组，然后退出，由 Facebook 用户做剩下的大部分工作，用户通过"点赞"及将广告和帖子转发给"朋友"来增加发行量。

Facebook 最初告诉国会，大约 3 000 则广告触及了多达 1 000 万美国人。在后来的证词中，这些数字变成了 8 万项（广告和帖子），被 2 900 万人浏览，然后被转发给超过 1 000 万人。到 2018 年，Facebook 将他们的估计修正为多达 1.26 亿人，这些人在 2015—2017 年间接触过相关的广告或帖子。

许多观察人士认为，Facebook，尤其是其创始人兼首席执行官马克·扎克伯格和首席运营官谢丽尔·桑德伯格（Sheryl Sandberg），对由此引发的问题反应迟缓。扎克伯格在第一份公开声明中称，Facebook 上的虚假信息可能影响了选举，这是"一个相当疯狂的想法"。最初，Facebook 否认对此负责，声称自己更多是俄罗斯特工干预的受害者，而不是同谋。它声称，它不知道俄罗斯特工的干预，如果不成为内容审查者，它也不可能对此有所作为，而这也是它不愿意或无法采取的一步。

批评者认为，Facebook 有很多选项可以阻止俄罗斯特工如此广泛的干预。大多数传统媒体公司，如电视台、报纸和广播电台，都有一个营销部门，直接与广告商合作，并分别审查每一则广告。考虑到商业和媒体的性质，如果一家电视台或报纸不知道其发布的内容或谁为其付费，就无法刊登广告。在 Facebook 的商业模式中，人们很容易购买广告、发布政治内容，并在没有 Facebook 评论或批准的情况下付费。

Facebook 的批评者指出，如果该公司实际上不知道这些广告背后有俄罗斯特工，那它就是疏忽大意。在美国参议院情报委员会的听证会上，参议员阿尔·弗兰肯（Al Franken）质疑 Facebook 的总法律顾问科林·斯特雷奇（Coin Stretch）。

"斯特雷奇先生，Facebook 以能处理数十亿个数据点，并立即将它们转化为用户的个人联系而自豪，但它怎么就没有将像使用卢布支付的选举广告来自俄罗斯这样的事建立联系呢？这是两个数据点：美国的政治广告和俄罗斯特工的卢布。你怎么能不把这两点联系起来呢？"[3] 弗兰肯参议员还提醒斯特雷奇，外国的个人和组织为美国选举捐款或参与选举是非法的。

Facebook 最初的回应是，它认为自己不是一家可以与有线电视提供商或报纸相提并论的媒体公司，而只是一家为人们提供可以用来沟通的平台的公司。它声称，它当时的首要任务是保证该通信平台的可靠性和安全性。在回应弗兰肯时，Facebook 的律师承认，2016 年 Facebook 更注重保护账户安全和防止内容被盗，而不是欺骗性或泄露内容。

从这个角度看，Facebook 更像是一家电话公司，而不是一家报纸。它为人们提供了沟通的手段，但对通过使用其平台所传播的内容不负责。它的主要责任是确保通信的质量、可靠性和安全性，而不是其内容。但是，当然，在一个重要的方面，Facebook 与电话公司是非常不同的。与电话公司不同，Facebook 不是通过向用户收费来赚钱，而是通过收集用户的大量数据，并将其用户和用户数据的使用权出售给付费用户。

然而，Facebook 的商业模式也存在明显的矛盾。Facebook 的目标是通过出售数据访问权获利，而其声明的目标是保护用户账户的安全和隐私，两者之间存在矛盾。为了应对这一挑战，Facebook 制定了限制用户访问其平台的政策，并限制开发商对用户信息的处理。然而，确保其政策不会过度打击开发商和广告商，符合 Facebook 的经济利益。外部供应商开发的应用和广告，如果能更成功地吸引用户并保持其活跃在平台上，对 Facebook 来说就更有价值，因为用户会为此花更多时间观看广告和提供信息。Facebook 为其平台提供的开放渠道越多，它就越能为那些愿意付费获取用户的用户提供更多市场。

Facebook 未能处理好为用户数据提供安全和隐私与从这些数据中获得经济利益之间的内在紧张关系，这是 Facebook 目前大多数社会和政治丑闻的根源。2011 年，Facebook 解决了美国联邦贸易委员会（FTC）提出的一系列投诉，同意更好地保护消费者隐私，并让用户更好地了解他们的信息是如何被使用的。美国联邦贸易委员会指控 Facebook 未能保护用户信息隐私，存在欺诈和不公平的商业行为。2018 年，Facebook 遭遇了大规模数据泄露，软件缺陷导致超过 5 000 万用户的私人数据被黑客窃取。

在 2018 年的数据泄露之前，政治咨询公司剑桥分析公司（Cambridge Analytica）曾在 2016 年未经授权使用消费者数据。在那起丑闻中，剑桥分析公司通过向 Facebook 支付费用，让其发布一款要求用户参与调查的应用程序，从而获得了访问 Facebook 的合法权限（不同于 2018 年未经授权的数据泄露）。以所谓的学术研究为目的，用户被要求知情同意。剑桥分析公司违反了 Facebook 的政策，将这些数据作为其政治议程的一部分，支持得克萨斯州参议员特德·克鲁兹（Ted Cruz）、唐纳德·特朗普总统的竞选活动及 2016 年英国"脱欧"公投。Facebook 最终承认，这起侵犯隐私事件涉及多达 8 700 万用户的数据。

2018 年年底，《纽约时报》报道称，除了这些未经授权的用户数据泄露外，Facebook 还长期向包括微软、亚马逊、Netflix 和 Spotify 在内的 100 多家合作伙伴提供授权访问用户信息的权限。Facebook 为这些做法进行了辩护，指出它并没有将数据出售给其他公司，只是分享这些数据，以便所有相关公司为用户提供更好的服务。例如，通过了解用户在 Facebook 上的朋友和"喜好"，微软的必应（Bing）搜索引擎可以提供更具体的搜索结果，或者亚马逊（Amazon）可以提供更详细的购物建议，或者 Netflix 和 Spotify 可以提供更好的建议，让用户看电影或听歌曲。

讨论题

1. Facebook 在政治广告和应用程序方面有特别的责任吗？它是否应该负责确定政治广告及其赞助商的身份？
2. 人们常说，企业对客户负有责任。谁是 Facebook 的客户，Facebook 对他们有什么责任？
3. Facebook 也因允许新纳粹分子、白人至上主义者和种族主义者发表仇恨言论及发帖而受到批评。Facebook 有什么责任去监督发布的内容？
4. 言论自由的合法权利是反对政府审查的权利。像 Facebook 这样的私人公司有义务尊重言论自由吗？还是它们有权利限制在自己的平台上的言论？
5. 与所有其他社交媒体平台和软件公司一样，Facebook 也有一项"使用条款"协议，用户在注册 Facebook 账户时必须接受该协议。这在多大程度上意味着用户已经同意了 Facebook 的政策和做法？
6. 使用第 1 章和第 2 章中讲述的决策程序来分析这个案例。你还需要了解哪些事实？其中涉及哪些伦理问题？谁是本案的利益相关者？
7. Facebook 应该审查仇恨言论吗？Facebook 应该用什么标准来审查帖子、广告或应用程序？

∷ 学习目标

在学完本章之后，你应该能够：
1. 明确企业社会责任。
2. 区分责任这个术语的关键组成部分。
3. 描述和评价企业社会责任的经济模型。
4. 描述和评价企业社会责任的利益相关者模型。
5. 描述和评价企业社会责任的一体化模型。
6. 解释声誉管理作为企业社会责任的背后动机的作用。
7. 评估那些声称企业社会责任对企业"有好处"的说法。

5.1 引言

本章开篇引用米特·罗姆尼在 2012 年美国总统大选期间说的话。在那次竞选中，共和党总统候选人米特·罗姆尼对一名质疑他支持公司减税的人说："公司也是人。"虽然这一回应在政治上是欠考虑的，但就美国法律而言却是准确的。这一言论在加拿大、英国、欧盟和其他许多国家和地区就像法律一样准确。

公司是法人的观念可以追溯到中世纪的欧洲，当时城镇和教堂被允许签订合同。这个想法后来扩展到接受政府特许的银行和贸易公司，本质上是政府和该组织之间的一些市场独家准入的合同。当市长、部长或公司官员签署合同时，他们不是作为个人，而是代表组织签署。合同规定的权利和责任属于组织本身，而不属于签订合同的个人。从这个意义上说，组织被认为是合法的"人"，因为它们可以签订具有法律效力的合同，并且和自然人一样有寻求司法救济的同等权利。

在美国国内，法律人格的概念近年来显著扩大。美国最高法院已经承认除了合同的合法权利之外的其他公司的合法权利，包括言论自由、为政治选举捐款的权利（Citizens United[4]）和以宗教为由免受政府命令的宗教自由的权利（Hobby Lobby[5]）。

通过赋予公司权利将其视为人引发了一个有趣的伦理问题：如果公司有权利，它们是否也对其经营所处的社会负有责任？如果有，它们是什么？Facebook 的案例为我们提供了一个机会，让我们可以从许多方面审视一家企业是否具有社会责任。

本章论述了企业社会责任（corporate social responsibility，CSR）的性质，以及企业如何选择履行这种感知到的责任。没有人否认企业有一些社会责任。至少，企业有守法的社会责任，这是无可争辩的。这种法律责任的很大一部分包括履行与雇员、客户、供应商、贷款人、会计师事务所等的合同条款的责任。法律责任还包括避免过失的责任和侵权法下的其他责任。经济学家可能还会说，企业有社会责任生产社会需要的商品和服务。如果一家企业不能满足社会的利益和要求，它就会失败。但除了这些法律和经济责任之外，还有很多争议。

正如克里斯·麦克唐纳（Chris MacDonald）在现实观察 5-1 中所解释的那样，企业、社会和责任这三个术语中的每一个都有歧义。总的来说，我们可以说，企业社会责任的主要问题是，企业组织和经营企业的管理者在多大程度上负有伦理责任，而不仅仅是在法律允许的范围内生产所需的商品和服务。这个问题有一系列的答案，在转向 CSR 的竞争模式之前，这将有助于澄清一些基本的概念。

◉ 现实观察 5-1

BP 与企业社会责任

长期以来，我一直对"企业社会责任"这个词持批评态度。特别是，我认为，"企业""社会""责任"这三个部分都是有误导性的，至少如果把"企业社会责任"这一术语看成是指商业中所有的伦理问题的话。毕竟，许多经营者，包括一些非常大和重要的经营者，都不是企业。所以"企业"这个词在这里不合适。许多重要的伦理问题都不是"社会"问题。例如，雇员有享有安全工作场所的权利，导致他的雇主作为个人对他有义务；这显然不是一种"社会"义务。和"责任"这个词也并不接近。总结所有适用于个人和组织的伦理问题，在商业世界我们感兴趣的不仅是责任问题，也是伦理上良好但不是必需的权利（right、entitlement）、职责、权限和行为问题。如果我们单纯从"责任"的角度思考企业应该如何表现，我们就遗漏了很多。

但对很多人来说，"企业社会责任"这个词实际上是"商业伦理"这个更广泛的术语的同义词。这是错误的。当然，社会责任仍是一个重要的话题。企业应该思考自己的社会责任是什么，并努力履行。但"企业社会责任"一词往往会将这种想法引入歧途。

2010 年，英国石油公司（BP）"深水地平线"（Deepwater Horizon）钻井平台的爆炸和漏油事件就是一个很好的例子。与灾难性事件相关的伦理问题很好地说明了那些符合"企业社会责任"标题的伦理问题和那些显然不符合这一标题的伦理问题之间的区别。尤其值得一提的是，这次漏油事件说明了企业社会责任的"社会"或"S"方面所开辟的领域。太多的人在谈论基本的商业伦理问题时使用了"CSR"这个词，比如诚实、产品安全或工作场所的健康和安全——这些事情至少在任何明确的方式上都与企业的社会责任无关。但 BP 的漏油事件引发了真正的企业社会责任问题——这在很大程度上是一个企业、社会和责任的问题。

让我们来看看像 BP 这样的公司所承担的道德义务的范围。BP（前称"British Petroleum"）从事的业务是发现原油、提炼原油，并出售精炼汽油和由此产生的各种副产品。在开展业务的过程中，BP 与大量的个人和组织进行互动，而这些互动带来了大量的道德义务。属于此类业务的基本道德义务的简短列表将包括以下内容：

1. 有义务为顾客提供他们所期望的产品，而不是掺水的产品；
2. 诚实对待供应商的义务；
3. 确保工作场所健康和安全、达到合理水平的义务；
4. 诚实、努力建立长期股票价值的义务；
5. 遵守环境法律和做行业最佳做法的义务；
……

重要的是要认识到，大多数这些义务是对可识别的个人——个别客户、雇员、股东等的义务。如果我们严肃地看待"社会"这个词，认为它暗含着与整个社会有关的含义，那么这些义务并没有什么真正的"社会"。可能的例外是遵守法律的义务，它最好被认为是一种社会义务。

在漏油事件发生前的几周，BP 完全有可能履行了清单上的大部分道德义务。换句话说，该公司很可能已经履行了对其所处理的大多数个人和团体的道德义务。当然，例外的情况涉及公司在工作场所健康和安全方面的义务——11 名工人在深水地平线钻井平台的爆炸中丧生，这可能表明公司内部没有给予安全应有的重视。但是，即使没有人在井喷中死亡或受伤，如果我们可以由此得出结论，该公司确实履行了它所处理的所有个人的道德义务，这当然也并不意味着 BP 的行为是道德的。一个关于社会责任的问题仍然存在。这就是为什么深水地平线漏油事件使得谈论 CSR 尤为恰当。

那么，是什么让石油泄漏问题成为社会责任问题的呢？确切地说，BP 深水钻井作业的风险及这些作业的最终破坏性后果是由整个社会承担的，而不仅仅是由特定的个人承担的。这次漏油事件给那些与 BP 没有经济关系，也不同意（至少不直接）承担公司运营风险的人带来了巨大的负面影响。墨西哥湾沿岸上下的渔业陷入停顿。受影响地区的旅游业几乎陷于停顿。由此产生的失业意味着税收支持的社会安全网的各个组成部分都要付出巨大代价。而在漏油事件发生后进行的大规模清理工作需要一系列政府机构的大量参与，所有这些都意味着巨大的成本。换句话说，BP 将风险和最终成本强加给了整个美国社会。这家公司似乎没有履行其社会责任。

资料来源：This Reality Check is based in part on Chris MacDonald, "BP and CSR," *Business Ethics Blog* (September 1, 2010), http://businessethicsblog.com/2010/09/01/bp-and-csr/; Chris MacDonald, "CSR Is Not C-S-R," *Business Ethics Blog* (August 10, 2009), http://businessethicsblog.com/2009/08/10/csr-is-not-c-s-r/.

5.2　伦理与社会责任

作为更好地理解企业社会责任的第一步，我们应该认识到"负责任"和"责任"这两个词可以有几种不同的用法。第一种含义涉及将某物作为事件或行为的原因。例如，在 2008 年的经济危机中，糟糕的借贷行为导致了许多银行的倒闭；有缺陷的安全气囊是许多车祸中造成伤亡的原因。

这种因果意义上的负责并不带有任何伦理归因，它只是描述事件。例如，我们可能会说，是风造成了房屋的损坏，或者是特定的基因导致了蓝眼睛。

在第二种含义上，负责任确实带有道德的内涵。当我们说企业对某人或某事负责时，我们指的是企业在道德上应该做什么。道德责任限制了我们的决定和行动。例如，说企业对员工负有责任，就等于说企业对待员工的方式存在道德上的限制。

负责任的这两种含义将在商业伦理中发挥作用。例如，有关产品安全和员工健康与安全的问题涉及负责的各种含义；当消费者被一种产品伤害时，首先要问的问题是，该产品是否应对伤害负责；2019 年 5 月，加利福尼亚州奥克兰的一个陪审团得出结论，孟山都的农达除草剂要对因长期使用该农药而罹患癌症的人负责。一旦这个因果关系的问题得到解决，陪审团就必须决定制造商是否有责任做道德上需要做的事情。陪审团的结论是，孟山都未能履行其道德和法律责任，认为孟山都对损害负有责任，并判决孟山都家族承担 20 亿美元的惩罚性赔偿。

当我们谈到企业社会责任时，我们指的是社会对企业的伦理期望。道德责任是那些我们应该去做的事情，即使有时我们不愿意去做。我们在道德上被要求履行我们的责任，如果我们不履行我们将被追究责任。因此，谈论企业社会责任就是关注社会利益，应该限制企业的行为。社会责任是企业为了社会应该做的事情，即使这会带来经济成本。

哲学家们通常从义务少到义务多把责任分为三种不同的层次。第一，做好事是一种道德责任。志愿服务和慈善工作是这种意义上的责任的典型例子。例如，我们经常说，每个人都有责任回报自己的社区。虽然做一件好事在道德上是负责任的，也是道德所鼓励的，但我们通常不会因为某人选择不为慈善事业捐款而责怪他。把一项行为称为志愿工作，恰恰是在暗示它是可选的；一个人没有义务去做，但这仍然是一件好事。企业慈善事业的例子，如企业赞助慈善活动或为学校项目捐款，符合这种社会责任感。道德上的考虑会鼓励企业支持慈善事业或艺术，但这在道德上不是强制性的或必须做的。

第二，更具强制性的道德责任感是预防伤害的责任。通常被称为"好撒玛利亚人"的案例是人们采取行动防止伤害的例子，尽管他们没有严格的责任或义务去这样做。因此，例如我们可能会说，一个公司有责任使用可再生能源，即使它的行为本身不会造成危害，而且化石燃料的使用是合法的。在Facebook事件中，未能监督旨在干扰美国大选的政治广告，或者未能保护用户信息免受未经授权的黑客攻击，可能被视为未能防止伤害，因此未能履行Facebook的社会责任。

第三，最苛刻的责任感是不伤害他人的责任。通常被称为义务或责任，表示它们在最严格的意义上迫使我们，责任在这个意义上约束、强迫或要求我们以某种方式行动。社会期望人们履行这些责任，并利用社会制裁的全部力量，包括法律和法律惩罚来执行这些责任。因此，一家企业不应该出售对消费者造成伤害的产品，即使这样做会有利润。在Facebook的案例中，与商业伙伴分享用户数据的决定可能会被视为对用户造成了伤害，因此是另一种社会责任的失败。

（1）企业有义务不造成伤害吗？让我们考虑一下在商业中是如何看待这三种类型的责任的。最强烈的责任感是不造成伤害的义务。即使法律没有明确禁止，道德规范也会要求我们不要造成可避免的伤害。如果一家企业对某人造成了伤害，这种伤害可以通过适当的小心或适当的计划来避免，那么法律和伦理都会说，企业应该为违反其责任承担责任。大家都说，不造成伤害的道德责任凌驾于企业对利润的追求之上。

在实践中，这一伦理要求是侵权法先例所确立的责任类型。当发现一种产品造成损害时，可以适当地阻止企业销售该产品，并可以对其造成的损害承担责任。因此，在香烟的经典案例中，烟草公司在销售已被证明会致癌的产品时可以受到限制，即使这妨碍了它们为股东最大化利润。

（2）企业是否有责任防止伤害？在一些情况下，企业没有造成损害，但可以很容易地防止损害发生。对企业社会责任更包容的理解应该是，企业有责任防止伤害。想想制药公司默克公司（Merck & Co.）推出 Mectizan 的例子。Mectizan 是默克公司生产的一种预防河盲症的药物，这种疾病在热带国家很普遍。每年有 4 000 万至 1 亿人患河盲症，导致严重的皮疹、瘙痒和失明。每年服用一片 Mectizan 药片就可以缓解症状，防止疾病恶化——这是一种非常简单有效的方法，可以避免可怕的后果。

从表面上看，Mectizan 并不是一种非常有利可图的药物。每年一次的剂量限制了需要该药物的人群对该药物的需求。此外，最易患这种疾病的人是生活在非洲、亚洲、中美洲和南美洲最贫穷地区的最贫穷人群。然而，默克公司在1987年启动了一个项目，向有患河盲症风险的人免费提供Mectizan，并承诺"永远免费赠送"。默克公司的项目与世界卫生组织、联合国儿童基金会和世界银行合作，自1987年以来已经向数千万人捐赠了数十亿剂Mectizan。该方案还促使在世界上一些最贫穷的地区建立了支持和管理该方案所必需的卫生保健系统。默克公司的企业身份声明解释了其行动："我们从事的是保护和改善人类生活的事业。"[6]

很明显默克对河盲症的发生完全没有责任，因此，默克在狭义的法律意义上没有社会责任。该药物不盈利，默克公司没有法律义务提供它。事实上，一个关于企业社会责任的标准经济学模型很可能会指责默克公司的管理层未能实现股东价值最大化。但默克的管理层对这个问题有不同的看法。考虑到公司的核心商业目标和价值观，其管理者认为他们确实有社会责任来预防一种很容易被他们的专利药物控制的疾病。默克公司的创始人乔治·默克（George W. Merck）解释说："我们试图永远不忘记，药物是为人民服务的，而不是为了利润。利润会随之而来，如果我们记得这一点，它们从来没有不出现过。我们记得越清楚，它们的规模就越大。"[7]

（3）**企业有责任去做好事吗？** 企业社会责任的标准是，企业有社会责任做好事，让社会变得更美好。企业慈善事业将是企业承担行善责任的最明显的例子。在艺术、教育和文化领域支持社区项目的企业捐赠计划就是一个明显的例子。一些公司有一个慈善基金会或办公室处理这类慈善项目（见现实观察5-2）。美国每个城镇的小企业主都可以讲述他们如何经常被邀请捐赠，以支持当地的慈善和文化活动。

⊙ **现实观察 5-2**

企业慈善：企业捐赠多少

2018年，美国的慈善捐赠总额估计超过4 250亿美元。其中，个人捐款总额超过2 900亿美元，企业捐赠总额达200亿美元。

资料来源："Giving USA 2019: The Annual Report on Philanthropy for the Year 2018/Executive Summary" (June 18, 2019), https://givingusa.org/giving-usa-2019- americans-gave-427-71-billion-to-charity-in-2018-amid-complex-year-for-charitable-giving/.

有些人认为，企业慈善就像所有的慈善事业一样，值得称赞和钦佩，但这并不是所有企业都应该做的事情。哲学家有时会准确地区分义务和责任，以阐明这一点。一个负责任的人是慈善的，但向慈善机构捐款不是义务。另一些人则认为，企业确实有义务支持公益事业，"回馈"社会。这种责任感更类似于一种感激和感恩的债务——可能不像法律或合同义务那么有约束力，但比简单的慈善行为更有约束力。也许理解这种区别的一个明确方法是将其与你为生日礼物写感谢信的义务进行比较。您可能没有法律要求发送通知，但您有责任这样做。

这些考虑表明，存在着对企业社会责任和管理层在履行这些责任中的角色的相互竞争的理解。我们称之为狭隘的企业社会责任经济模型，认为管理者有义务使利润和股东财富最大化，只承认追求利润的法律限制。这种模型的一个变体承认，慈善在道德上是一件好事，可以通过提高声誉和品牌认可度间接贡献利润。

另一种模型认为，企业对他人负有广泛的道德责任，管理层必须在这些责任与对股东的责任之间取得平衡。我们所称的利益相关者模型断言，无论企业还是为其工作的个人，都不能免除普通的道德责任，即每个人都必须不造成伤害，防止伤害，有时还得做好事。

最后，一些企业可能会选择将社会责任作为自己宗旨和使命的一部分。在 CSR 一体化模型中，为社会公益服务是对股东管理上的责任的一部分。这三个模型总结在图 5-1 中。

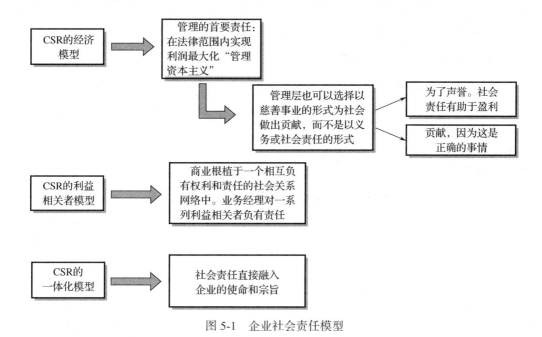

图 5-1　企业社会责任模型

5.3　CSR 的经济模型

企业社会责任（CSR）是指企业对其所在社会承担的道德责任。从狭义的经济学角度看，企业是一种通过生产商品和服务造福社会而存在的机构，通过创造就业机会和财富，提供进一步的社会效益。

法律创造了一种叫作公司的商业形式，它通过限制个人对涉及这些活动的风险的责任来促进这些经济目的。立法机构认为，如果能保护投资者免受不当的个人风险，企业就能更有效地筹集生产商品、服务、就业和财富所必需的资本。这一事实提醒我们，一般的商业组织，特别是公司，是由社会创建的服务于社会目标的社会机构。

企业社会责任的经济模型认为，企业唯一的社会责任是履行自身所服务的经济职能。这个通用模型对企业管理的正确角色有直接的暗示。公司被理解成所有者为了自己的目的而使用的一种特殊法律形式的财产。经理是这些所有者的雇员或代理人，主要通过利润最大化来促进所有者的利益增加。许多观察家认为，这种观点是企业社会责任的主导模式，并将之称为"管理资本主义"。

这种企业社会责任的经济模型将股东置于公司的中心，从这个角度看，管理层的伦理责任就是为股东服务。具体来说，管理者的首要责任是在法律允许的范围内追求利润。由于利润被认为是企业有效而成功地生产社会需要的商品和服务的标志，因此利润是企业满足社会期望程度的直接衡量标准（为了理解追求利润这一概念的模糊性，请见现实观察 5-3）。

因为企业是由社会创建的，需要稳定的政治和经济基础设施来开展业务，就像所有其他社会机构一样，它们应该遵守社会建立的法律命令。企业社会责任的经济模型否认企业除经济和法律目的之外还有其他任何社会责任。

诺贝尔经济学奖得主米尔顿·弗里德曼 1970 年在《纽约时报》上发表的经典文章"企业的社会责任是增加其利润"是这种企业社会责任经济模型最著名的论点。与流行的观点相反，弗里德曼在他的分析中并没有忽视伦理责任；他只是建议管理者通过增加股东财富和追求利润来履行自己的道德责任。弗里德曼解释说：

> 一家公司的高管负有根据（他的雇主的）愿望开展业务的责任，这通常是在尽可能多地赚钱的同时，遵守社会的基本规则，包括法律和道德习惯所体现的规则。（重点补充）[8]

⊙ 现实观察 5-3

是追求利润、增加利润，还是利润最大化

围绕企业社会责任的争论主要基于两个重要假设。第一，许多人认为利润和其他社会目标之间的竞争是一种零和游戏，如果一位企业经理追求一个目标，就必须牺牲另一个目标。第二，股东总是希望获得尽可能高的投资回报率。但是，在这个领域，仔细思考可以在解决一些争议方面发挥很大作用。

无论追求利润、增加利润还是利润最大化，社会责任与利润之间的张力都会有很大的不同。追求利润的目标仅仅是认识到为了保持一家企业的运作，管理层必须保持盈利能力。但是追求利润和实现社会目标并没有什么内在的矛盾。本章的现实观察 5-6 提供了这样做的企业的例子。例如，Ben and Jerry's 多年来一直在盈利，同时也在积极追求并实现社会目标。

增加利润意味着企业应该寻找成长和提高盈利能力的方法。与市场经济学的功利主义正当性相一致，这一处方建议管理者继续增加利润，因为在理想市场中，这将确保增加资源配置的效率。这种方法反映在之前引用的米尔顿·弗里德曼的文章标题中——企业的社会责任是增加其利润。但是，增加利润和追求一些社会议程之间并没有内在的矛盾。Ben and Jerry's 在追求其社会议程的同时，每年都在增加利润。

追求社会目标确实会导致冲突的唯一情况是，如果一个人假设商业目标应该是最大化或优化利润，并假设社会议程不能成为实现这一目标的手段。主流经济模型做出了这两种假设。在这种情况下，任何用于社会目标而不是保留利润的企业资源，都违反了为股东"尽可能多地赚钱"（用弗里德曼的话来说）的管理责任。但我们为什么要假定企业总是以利润最大化为目标呢？

最常见的答案是，这正是股东（或弗里德曼所说的"所有者"）所希望的。但是这个答案是正确的吗？从某种意义上说，似乎是这样。每位投资者大概都希望获得更多而不是更少的投资回报。然而，有两个重要且相关的变量应该让我们谨慎地假设每位投资者都想要利润最大化。

首先，正如我们在金融学和经济学中所了解到的，利润的增加通常伴随着风险的增加。许多投资者，特别是共同基金、养老金计划、保险公司等机构投资者，更倾向于风险较小、利润稳定，而不是风险较高、利润可能也较高的投资。其次，对利润最大化的渴望也取决于所涉及的时间框架。短期投资者可能更喜欢经理们利用公司的所有资源来实现利润最大化。但短期利润带来更大的风险，尤其是对那些寻求长期稳定投资回报的投资者。管理季度盈利报告以证明短期内的最大利润可能大大增加长期盈利的风险。

因此，在使用"shareholder"或"stockholder"等一般术语时，我们应该谨慎。公司股

份由个人和机构持有，他们有各种各样的目的。如果主张管理层的首要责任是利润最大化，就会让追求短期利润最大化的股东优先于其他股东，这是不合理的。每当一个人听到企业应该实现利润最大化的说法时，他都应该马上问："在什么时间段内？""为谁？"

这种常见的企业社会责任观点其根源在于功利主义传统和新古典经济学（功利主义在第3章中讨论过）。作为企业主的代理人，争论的焦点是管理者确实有社会责任，但他们的首要责任是为股东服务。通过最大化利润，业务经理将资源分配到最有效的用途。最看重一种资源的消费者是最愿意为之花钱的，所以利润是衡量资源最优配置的指标。随着时间的推移，对利润最大化的追求将不断朝着消费者需求的最优满足而努力，在功利主义的一种解释中，这等同于整体利益的最大化。

但即使在这种占主导地位的经济模型下，仍有承担社会责任的空间。我们可能认为经济模型的一个慈善分支是，像个人一样，企业可以自由地为社会事业做出慈善贡献。从这个角度来看，企业并没有严格的义务为社会事业做出贡献，但当它这样做时，可能是一件好事。正如个人没有义务为慈善机构捐款或在社区做志愿者工作一样，企业也没有服务于更广泛的社会利益的严格的道德责任。但是，正如慈善是一件好事，也是我们都想鼓励的事情一样，我们也应该鼓励企业以超越法律和经济的狭隘义务的方式为社会做出贡献。这种方法在小型私营企业中尤其常见，这些企业的所有者通常也在当地社区中发挥着重要的领导作用。

在慈善事业的分支机构中，有些情况下，企业做慈善工作是因为它给企业做带来了良好的公共关系，提供了有益的税收减免，并在社区中建立了良好的信誉或声誉。（见现实观察5-4）许多企业在体育或艺术领域的赞助，或者对社区活动的捐助，都以这种方式使企业受益。当你进入当地的艺术画廊、博物馆、剧院或参与学校活动时，仔细阅读你收到的宣传资料，你很可能会看到一份当地企业的名单，这些企业是为该活动捐款的捐赠者或赞助商。在这些情况下，企业参与支持这些活动，并获得了一些回报。

⊙ 现实观察 5-4

说到做到

你是根据公司的社会贡献来进行购买的吗？如果你知道一家公司支持对你来说重要或不重要的事业，你会更愿意还是更不愿意购买某件东西？慈善企业社会责任表明，企业对社会做出贡献，希望这将带来有益的声誉回报。

根据康恩通讯（Cone Communications）2011年进行的一项全球调查，总体而言，消费者确实关心企业的社会责任。例如，全球94%的受访者表示，在价格和质量相同时，他们可能会转向与有价值的事业相关的品牌。93%的消费者表示，他们将抵制一家他们认为行为不负责任的公司。此外，65%的人表示，在过去12个月内，他们曾购买过与某种事业相关的产品。

有趣的是，消费者不太关注直接向企业表达自己的意见：只有三分之一的消费者表示，在过去12个月内，他们实际上对企业的社会责任进行了反馈。

同一项调查还显示了有趣的国际差异：95%的中国受访者表示，他们可能会相信一家公司关于其社会和环境影响的声明，而只有39%的法国受访者和42%的俄罗斯受访者这么认为。

资料来源：Cone Communications, *2011 Cone/Echo Global CR Opportunity Study* (Boston, MA: Cone), www.conecomm.com/ research-blog/2011-cone-echo-global-cr-opportunity- study.

你可能会注意到，企业为了获得良好的公共关系或其他商业利益而支持社会事业的情况，与企业社会责任的经济观点并没有太大的不同。在这些情况下，企业管理者行使管理自由裁量权来判断社会贡献是否会产生经济效益。在这些情况下，社会贡献既是一种贡献，也是一种投资。当然，企业社会责任经济模型的支持者也会从这个角度支持社会责任。因此，出于声誉原因而参与经济模型的决策者和遵循企业社会责任经济学观点的决策者之间存在大量重叠。

但也有一些企业可能在不寻求任何声誉利益的情况下为社会事业或事件做出贡献。一些公司匿名向慈善机构捐款。一些支持事业作为对社区的回馈，几乎没有或根本没有商业或财务回报。在这种情况下，人们可能会认为，企业对这些社会事业的支持不是为了潜在的商业利益，而是因为企业经理或所有者认为这是一件好事，是正确的事情。其他人可能认为，贡献者已经得出结论，如果这种特定活动存在，公司开展业务的社会就会更强大或更好。

在这种经济模型中，企业对社会事业的支持仅仅是因为它是正确的事情，而与声誉模式仅在潜在动机方面有所不同。对一些人来说，这似乎是微不足道的区别。在一种情况下，社会公益是作为一种实现经济目的的手段；在另一种情况下，它是作为目的在自身内进行的。然而，在其他人看来，正是这种不同的动机使得一种行为在道德上负有责任，而另一种则没有。从企业社会责任的经济模型来看，只有出于声誉和财务目的的慈善行为才是道德责任。因为企业管理者是所有者的代理人，他们没有权利使用企业资源，除了为所有者获得更高的投资回报（米尔顿·弗里德曼将此类行为称为管理者向所有者征收的"税"）。

5.4　CSR 的利益相关者模型

企业社会责任的第二个视角被称为企业社会责任的利益相关者模型。利益相关者模型默认，商业存在于社会和道德关系的网络中。利益相关者模型认为，企业的存在是为一系列利益相关者创造价值，包括员工、客户、供应商、当地社区及投资者和股东。企业管理者对所有与公司的成败有利害关系的人负有责任，而不仅仅是对那些进行了财务投资的人。

哲学家诺曼·鲍伊（Norman Bowie）为企业社会责任的一个版本进行了辩护，该版本将经济模型扩展到这个方向。[9] 鲍伊认为，除了经济模型有遵守法律的义务外，企业还有同样重要的道德义务，那就是尊重人权。尊重人权是我们对每个人的"最低道德标准"，无论他们是以个人身份行事还是在公司机构内行事。为了解释"最低道德标准"的概念，鲍伊诉诸区分责任的框架，这是前面描述的，源自第 3 章中描述的基于原则的传统伦理。

鲍伊将自己的方法定义为一种"康德式"的商业伦理理论。简单地说，他从前面描述的不造成伤害、防止伤害和行善的伦理义务之间的区别开始。人们有强烈的道德义务不造成伤害，而不是只有表面上的义务防止伤害及履行善举。在鲍伊看来，不造成伤害的义务凌驾于其他道德考虑之上。正当地追求利润会受到这种道德义务的约束。另外，鲍伊接受了一种经济学观点，认为管理者是股东 – 所有者的代理人，因此，他们也有责任从他们之间的契约中派生出来，以促进股东的利益。尽管从道德上讲，管理者防止伤害或行善都是好事，但他们对股东的责任压倒了这些担忧。只要管理者遵守最低道德标准，不造成伤害，他们就有责任实现利润最大化。

因此，鲍伊会辩称，企业有社会责任尊重员工的权利，即使法律没有明确规定或要求。

这些权利可能包括拥有安全和健康的工作场所权、隐私权和正当程序权。鲍伊还认为，企业在道德上有义务尊重消费者在安全产品和真实广告等方面的权利，即使法律没有明确规定。但是，经理人对股东的契约义务超过了防止损害或（慈善）行善的责任。

也许最具影响力的利益相关者理论是由爱德华·弗里曼（R. Edward Freeman）提出的。[10] 利益相关者理论始于这样一种认识：每一个商业决策都会影响到各种各样的人，使一些人受益，而将成本强加给另一些人。想想那些最著名的商业伦理案例——Facebook、富国银行、大众汽车、沃尔玛、安然与安达信；非洲的抗艾滋病药物；高管薪酬；默克公司和河盲症——认识到企业经理的决策会对各种各样的人产生深远的影响。同时，请记住关于机会成本的经济学教训。每个决定都涉及成本的增加，因为每个决定都涉及放弃的机会、放弃的选择。

利益相关者理论认识到，每一个商业决策都会给某些人带来成本，并要求这些成本必须被承认。一个追求利润最大化的管理者会把成本强加给员工、消费者和供应商。主流经济学模型认为，这些成本是合理的，因为管理者对股东负有道德责任。利益相关者模型简单地承认了这一原则，并指出其他道德责任在管理决策中也有同样的权利。任何企业社会责任理论都必须解释和捍卫以下问题的答案：企业应该为谁的利益和成本来管理业务？

这个经济模型认为，公司的管理应该只为了股东的利益。这种观点是通过呼吁所有者的权利、管理者的信托义务及这种安排带来的社会利益来证明的。利益相关者理论认为，从事实、法律、经济和伦理的角度来看，这是对商业的不充分理解。让我们来看看谁是利益相关者，可以提供什么理由来证明他们对管理层的主张的合法性，以及这种观点对业务经理的实际影响是什么。

利益相关者理论认为，狭义的经济模型既不能准确描述企业管理，也不能作为企业管理的合理规范解释。作为对商业的描述，经典模型忽略了一个多世纪以来判例法和立法法规的演变。一个多世纪以前，管理层对股东负有不可忽视的义务，这可能是事实，但现在法律承认了对消费者、雇员、竞争对手、环境和残疾人等利益相关者的广泛管理义务。因此，从法律的角度来看，声称管理层可以忽视除股东以外的所有人的责任是错误的。

我们还需要认识到，这些法律先例并非从天而降。作为民主社会最基本的机构，法院和立法机构认为，公司管理层必须以受公司决策影响的各种选民的权利和利益的名义，限制他们对股东的受托责任。

事实和经济方面的考虑也削弱了经济模型的合理性。经济学家认识到的各种各样的市场失灵表明，即使管理者追求利润，也不能保证他们会服务于股东或公众的利益。当市场未能实现其目标时，社会没有理由认可股东的信托义务的首要地位。

但是，也许支持利益相关者理论的最重要的论据在于伦理考虑。这种经济模型诉诸两种基本的伦理规范来为其辩护：对社会福利和个人权利的功利主义考虑。然而，对于每一种规范性解释，都必须适当考虑所有受影响的各方。任何功利主义理论的本质都是致力于平衡所有相关方的利益，并给予每一方（可以说平等的）考虑。利益相关者理论只是通过要求管理层平衡所有受影响方的道德利益来承认这一事实。有时，正如经典模型所认为的那样，想要实现平衡，需要管理层将股东利益最大化，但有时并非如此。功利主义要求管理层考虑其决定对所有受影响群体的福利所产生的后果。利益相关者理论也是如此。

同样，任何道德权利理论都致力于所有人的平等权利。根据以权利为基础的伦理框架，压倒一切的道德责任是把所有人都当成目的，而不是仅仅当成手段。在追求利润的过程中，没有充分考虑到员工和其他相关群体的权利的公司经理，是把这些群体当成达到股东目的的手段。在以权利为基础的道德框架内，这是不公平的（当然，忽视股东的利益同样是不公平的）。

因此，利益相关者理论认为，基于与经典模型相同的理由，一个更广泛的企业社会责任利益相关者理论被证明在伦理上更优越。弗里曼指出，"利益相关者理论并不认为一个利益相关者群体凌驾于另一个利益相关者之上，尽管有时一个利益相关者会以牺牲其他利益相关者群体为代价。总之，无论如何，管理人员必须保持利益相关者之间的关系平衡"。[11]

企业存在于一个与许多利益相关者的关系网络中，这些关系可以产生各种各样的责任。正如我们从前面提到的几个案例和示例中所看到的，在一种情况下，可能不能满足每一个利益相关者的需求。但利益相关者理论也认识到，一些利益相关者对决策的权力和影响不同于其他人——组织有不同的使命、优先级和影响最终决策的价值观。因此，社会责任需要决定优先考虑相互竞争和冲突的责任。要想了解企业高管们对经济模型和利益相关者模型之间的争论有什么看法，请见现实观察 5-5。

⊙ 现实观察 5-5
CEO 眼中的企业目的是什么

2019 年 8 月，商业圆桌会议（Business Roundtable）发表了一份关于公司宗旨的声明，该组织由许多世界上最大的公司的首席执行官组成。20 多年来，商业圆桌会议一直支持将股东至上原则作为公司的基本宗旨。当然，股东至上是另一种表达这一观点的方式，本章将其定义为企业社会责任的经济模型（或"管理资本主义"）。正如米尔顿·弗里德曼所引用的那样，这种观点认为，公司的主要目的是通过最大化利润服务于股东。

关于公司目的的修订声明，从这个角度来看，代表着一个巨大的变化。新的声明取代了股东至上的地位，取而代之的是服务所有利益相关者的"基本承诺"。新的声明确认了公司的宗旨是为包括客户、员工、供应商和社区在内的所有利益相关者创造价值的原则。股东当然包括在所有利益相关者之中，但不再是公司责任的首要焦点。该声明承认所有利益相关者对公司的存在至关重要，因此，公司管理者对所有利益相关者负有平等的责任。

该声明要求企业领导者通过"满足和超越客户的期望"服务客户，通过提供公平的薪酬和福利、充分的培训、多样化和尊重员工的工作场所服务员工；以"公平和合乎道德"的方式对待供应商；通过保护环境和参与可持续的实践服务社区；通过提供长期价值和透明的沟通服务股东。

声明重申了对"自由市场体系"的承诺，但承认企业必须在确保自由市场体系服务于整个社会方面发挥核心作用。商业圆桌会议主席、摩根大通首席执行官杰米·戴蒙（Jamie Dimon）在声明中表示："这些现代化的原则反映了商界坚定不移的承诺，即继续推动一个为所有美国人服务的经济体系。"

这一声明由全球 181 家大型企业的首席执行官签署，其中包括亚马逊的杰弗里·贝佐斯、苹果的蒂姆·库克，涉及通用汽车、福特、百思买（Best Buy）、塔吉特、沃尔玛、3M、施乐、Visa、万事达、UPS、IBM 等知名企业。

资料来源：Business Roundtable, "Business Roundtable Redefines the Purpose of a Corporation to Promote 'An Economy That Serves All Americans,'" press release (August 19, 2019), https://www.businessroundtable.org/business-roundtable-redefines-the-purpose-of-a-corporation-to-promote-an-economy-that-serves-all-americans.

5.5 CSR 的一体化模型

大多数关于企业社会责任的讨论都是围绕这样一个问题展开的：企业是否应该为了社会目标而牺牲利润？很多关于企业社会责任的文献都认为追求利润和社会责任之间存在某种程度的冲突。当然，总有一些组织能扭转这种紧张局势，这些组织将社会目标作为其使命的核心。非营利组织——如医院、非政府组织、基金会、专业组织、学校和政府机构——都将社会目标作为其运作的核心。商学院教授的知识和技能，从管理和营销到人力资源和会计，在非营利组织和营利性组织中同样重要。仅仅出于这个原因，商学院课程中这些不同分支学科的学生应该熟悉非营利商业模式。

但越来越多的人认识到，一些营利性组织也将社会目标作为组织战略使命的核心部分。在日益增长的共益企业（benefit corporation）运动中，许多营利性企业将社会责任置于其战略使命和企业目标的核心（有关这种商业模式的更多细节，请见现实观察 5-6）。

⊙ 现实观察 5-6

共益企业

在企业管理者的法律责任和要求企业承担更大的社会责任之间，似乎存在一种内在的紧张关系。追求社会责任的总目标，似乎违背了企业经营者追求利润的首要法律责任。但是，如果股东自己除了选择利润最大化，还选择高于利润最大化的社会责任目标呢？共益企业是美国 20 多个州（包括特拉华州）创立的一种新的模式，旨在做到这一点。

与任何企业一样，共益企业是一个具有合法权利和义务的法人实体，其创建是为了实现任何企业的一般利益：限制责任、保护所有者资产、实现税收优惠等。重要的是，共益企业不是非营利组织；它们是以营利为目的的企业，为股东创造价值，作为为广泛的其他利益相关者创造价值的副产品。共益企业与传统企业的不同之处在于，它们的董事会和经理在追求企业通常追求的财务目标之外，还被赋予追求社会和环境目标的法律权利。这意味着共益企业可以自由地将社会和环境目标作为企业使命和身份的一部分，从而使董事会和管理者对更广泛的社会目标负责。因此，股东所追求的利润成为一系列企业利益相关者所追求的其他同样合法的目标之一。人们认为存在于社会目标和利润之间的冲突关系在共益企业模式中消失了。

据估计，2015 年美国有超过 2 000 家共益企业。[①]一些最著名的企业包括 King Arthur Flour、Patagonia、Kickstarter、Seventh Generation 和 Plum Organics。这些以营利为目的的企业认识到，如果没有盈利能力，它们就无法继续经营下去，也无法吸引增长所需的投资。但是，利润被认为是一种手段，而不是目的本身。利润服务于社会责任目标，使企业在财务上具有可持续性，从而可以追求社会目标。

除任何企业的正常财务利益外，共益企业还享有许多其他利益。也许最重要的是，共益企业模式允许具有社会责任使命的企业通过赋予经理和董事会优先考虑使命而非利润的法律能力来保护自己的使命。尤其是在企业及其经理人以短期季度收益报告作为评判标准时，正常的企业章程可能会给经理人带来压力，迫使他们放弃社会使命，以增加短期利润。认识到盈利可能有不同的途径，共益企业要求管理层有责任找到一条同时实现社会责任使命目标的途径。

支持者还声称，共益企业有吸引员工的优势，特别是年轻一代，他们对良好的工作环境的关注不亚于对工资和地位等传统福利的关注。一项研究报告称，具有明确社会使命和创造社会福利声誉的企业在吸引与留住千禧一代员工方面更成功。②

共益企业也更容易吸引社会动机型客户和投资者。在具有社会意识的消费者中，服务于公共利益的企业的市场正在不断扩大。在寻求社会责任投资的机构和个人投资者中，资本市场也在不断扩大。追求对社会负责的目标是共益企业的法律章程的一部分，而不是简单地作为一种公关策略。

Ben and Jerry's 公司是最早、也是最著名的具有强烈社会责任感的公司之一。从20世纪80年代早期开始，Ben and Jerry's 公司就把社会责任作为公司使命的一部分。虽然从法律上讲，它不是一家共益企业（1984年公司成立时，法律上还没有这个名称），但它的创始人本·科恩（Ben Cohen）和杰瑞·格林菲尔德（Jerry Greenfield）承诺，该公司将致力于一系列社会和环境事业。

Ben and Jerry's 公司将三大基本目标确定为它的公司使命：生产世界上最好的冰激凌，经营一家财务上成功的公司，以及"让世界变得更美好"。它还成立了一个基金会，资金来自公司税前收入的7.5%。然而，作为一家上市公司，Ben and Jerry's 公司管理层和董事会的受托责任仍主要是财务责任。

1. 共益企业如何适应私有财产和自由市场资本主义的模式？
2. 假设股东们反对的不是"让世界变得更美好"的使命，而是"生产世界上最好的冰激凌"的使命，并声称 Ben and Jerry's 公司可以通过制造平庸的冰激凌来实现利润最大化。股东的愿望是否应该凌驾于公司使命的这一方面？

① Ellen Berrey, "How Many Benefit Corporations Are There?" (May 5, 2015), http://ssrn.com/abstract=2602781.
② Deloitte Millennial Survey (January 2014).

由于这些企业通过将社会责任纳入其商业模式的核心，将经济和社会目标完全整合在一起，我们称之为企业社会责任一体化模型。乍一看，采用一体化模型的公司不会引发特别的道德问题。即使是像米尔顿·弗里德曼这样狭隘的企业社会责任经济模型的倡导者，也会同意，企业所有者可以自由地将追求社会目标作为其商业模式的一部分。他们只是不同意这些社会目标应该是每个企业使命的一部分。

没有人说每一家企业都应该遵循共益企业的原则，把所有的活动都投入到为社会目标服务中去。显然，企业还需要解决其他需求。在最好的情况下，共益企业证明了利润和做好事并不是不相容的，因此，一个人可以做有益的好事（见现实观察5-7）。另外，有些人会认为，与可持续发展相关的道德责任与每一个商业关注点都相关。在某种程度上，可持续性为企业社会责任提供了一种模式，表明道德目标应该是每个企业使命的核心。我们有理由认为，可持续发展有望成为企业社会责任讨论中日益重要的一个概念。

⊙ 现实观察 5-7

一杯咖啡中的公平：一体化模型的例子

企业社会责任的一体化模型体现在一家为 Equal Exchange（www.equalexchange.com）的公司中，这是一家由员工拥有和管理的企业，致力于与小规模咖啡、茶和可可种植者进行公平贸易。它的"公平对待农民的愿景"解释了它的模式。

公平对待农民的愿景

公平对待农民。人们与农民之间的联系更加紧密。这就是 Equal Exchange 的三位创始人——林克·迪金森（Rink Dickinson）、迈克尔·罗赞（Michael Rozyne）和乔纳森·罗森塔尔（Jonathan Rosenthal）——在 1986 年站在人生的悬崖上时，他们心中所抱有的愿景的精髓。

这三人是在新英格兰一家食品合作社当经理时认识的，他们参与了一场改变公众与食品生产商关系的运动。但当时，这些措施并未惠及美国以外的农民。

这些创始人决定每周开一次会，并且持续了三年，讨论如何最好地改变全球粮食的种植、购买和销售方式。

在这段时间结束的时候，他们计划成立一个被称为平等交换的新组织：

- 一个社会变革组织，帮助农民和他们的家庭对他们在未来的经济获得更多的控制权。
- 一个教育消费者有关影响农民贸易问题的组织。
- 提供可以滋养身体和灵魂的优质食物的组织。
- 由实际工作人员控制的公司。
- 一个由敬业的个人组成的社区，他们相信诚实、尊重和互惠是任何有价值的努力的组成部分。

再也不能回头了

这是一个宏伟的愿景，但现实基础有些动摇。林克、迈克尔和乔纳森明白，只有当你愿意承担巨大的风险时，重大的变化才会发生。于是他们大叫："Adelante"（西班牙语的粗略翻译是："不能回头"），然后从悬崖上纵身一跃。他们辞去了工作。他们投入自己的钱。他们向家人和朋友寻求启动资金，并告诉他们很可能再也见不到这笔钱了。

核心团队相信他们的事业，决定投资，提供了开办新公司所需的 10 万美元。有了这笔有限的资金，林克、迈克尔和乔纳森进入了巨大的未知世界。一开始，这个将营利性商业模式与非营利使命相结合的项目，充其量被视为乌托邦；在最坏的情况下，这被认为是愚蠢的。在最初的三年里，Equal Exchange 举步维艰，像许多新企业一样，亏损了。但创始人坚持不懈。到了第三年，他们开始实现收支平衡。

资料来源：From Equal Exchange Coop, www.equalexchange.coop/story. Reprinted with permission.

可持续发展在企业社会责任一体化模型中的意义

可持续性，特别是其定义，将在第 9 章中进行更详细的讨论；但作为企业社会责任的一个主题，可持续性认为企业的财务目标必须与环境相平衡，甚至可能被环境所取代。这种方法的捍卫者指出，所有的经济活动都存在于一个支持所有生命的生物圈内。他们认为，目前的经济模式，尤其是经济增长的宏观经济目标，已经达到了生物圈维持生命的能力极限。人类对清洁空气、水、营养食品与温和气候等商品的基本需求受到目前占主导地位的经济模式的威胁。

从这个角度看，一个企业的成功不仅要看盈利能力的财务底线，还要看可持续发展的生态和社会底线。如果一个企业或行业在财务上有利可图，但它以不可持续的速度使用资源（如化石燃料）、产生废物（如二氧化碳）的速度超过地球消化它们的能力，那么这个企业或行业就没有履行其基本的社会责任。重要的是，一家在环境上不可持续的企业，从长期来看，在财务上也是不可持续的（想要了解更多企业如何分享它们的可持续发展成果，请见现实观察 5-8）。

⊙ 现实观察 5-8

可持续发展报告会取代年度财务报告吗

各种法律法规要求公司提交一份年度报告，提供上一年业务活动的全面账目。该报告旨在向股东和公众提供有关他们所投资公司的财务业绩的信息。虽然年度报告包含各种信息，但它主要是一份财务报告，将包括一份审计报告、收入和费用摘要。

随着企业更全面地将社会责任纳入其企业使命，将需要一种不同类型的报告和评估机制。在过去的十年里，成千上万的公司用可持续发展报告补充了自己的财务年度报告，提供了公司在环境、社会和财务方面的总体表现。在某些情况下，可持续发展报告正在取代财务报告，将财务、环境和社会绩效的评估纳入一份综合报告中。

全球报告倡议组织（Global Reporting Initiative）是一个非营利组织，在创建一个被广泛接受的可持续发展报告框架方面发挥了重要作用。它对可持续发展报告的定义如下：

可持续发展报告公开披露了一个组织的经济、环境和社会表现。许多组织发现，仅凭财务报告已不能满足股东、客户、社区和其他利益相关者对组织整体绩效信息的需求。"可持续发展报告"一词与公民报告、社会报告、三重底线报告及其他包含组织绩效的经济、环境和社会方面的术语是同义的。

资料来源：Global Reporting Initiative, www.globalreporting.org.

企业社会责任的可持续性版本表明，每个企业的长期财务福祉直接与企业如何影响自然环境及如何受自然环境影响的问题联系在一起。忽视其活动的生物物理和生态背景的商业模式注定会失败。

5.6 探索开明的自我利益："好道德"是否意味着"好生意"

在本章开篇引用的一段话中，戴顿·哈德逊公司前董事长肯尼斯·戴顿解释说："如果企业不为社会服务，社会将不会长期容忍我们获得利润，甚至我们的存在。"这一逻辑表明，企业社会责任不仅可以给社会带来利益，还可以通过确保组织在社会中的地位而使其受益。企业从事社会责任活动，除了自身利益和经济因素之外，还有其他原因吗？我们能否为企业社会责任提供一个"商业案例"，比如我们之前讨论的声誉价值？

也许，最明显的答案就是我们之前提到的企业社会责任对公司在社区中的声誉的影响。企业社会责任相关活动可以通过提高公司在利益相关者（包括消费者和员工）中的地位来提高盈利能力。例如，一些证据表明，在工作环境中受到良好待遇的员工可能被证明更忠诚、更有效率，在工作中更有成效。Ben and Jerry's 自制冰激凌公司的社会使命主管利兹·班考什（Liz Bankowshi）称，Ben and Jerry's 公司 80%～90% 的员工在那里工作，因为"他们觉得自己是更大利益的一部分"。[12] 因此，对底线的积极影响不仅来自客户偏好，也来自员工偏好。

然而，关注声誉的问题是，社会责任可能会变成仅仅是社会营销。也就是说，企业可能会使用社会责任的形象来获得客户支持或员工的忠诚，而事实并不能证明真正的承诺。保罗·霍肯（Paul Hawken）是 Smith & Hawken 园艺店的联合创始人，也是企业社会责任的倡导者，他提醒我们：

> 你看到烟草公司资助艺术，然后你发现有内部备忘录显示他们想特别针对艺术领域的少数族裔，因为他们想让少数族裔吸烟。这不是社会责任。它把社会感知作

为一种方式来强化或进一步发展自己的利益。[13]

当然，认知和现实之间的差距也可能在相反的方向发挥作用。以宝洁公司为例。在一项旨在根据企业慈善程度对公司进行排名的调查中，宝洁受到了受访者的严厉批评。受访者认为，在纽约市"9·11"悲剧发生后，宝洁"绝对没有采取任何帮助措施"。[14] 然而，事实上，宝洁提供了超过250万美元的现金和产品，它只是没有公开这一贡献。本田汽车公司也是如此，该公司在同一时期捐赠了现金、全地形车和发电机，供世贸中心遗址使用。也许没有意识到这些努力，受访者反而认为这些公司因未能（公开）支持美国而缺乏同情。

关注公司"形象"的行为有时被称为声誉管理。管理一家公司的声誉并没有本质上的错误，事实上，不这样做可能是一个糟糕的商业决策。但一些批评人士质疑企业从事企业社会责任活动仅仅是为了正面影响其声誉。批评表明，如果一家公司从事对社会负责的活动只是为了提高声誉，那么它在某种程度上并不是真正的具有道德或社会责任感。当然，如果一家公司仅仅把企业社会责任作为掩饰不道德现实的幌子，那就是一个问题。但对社会负责的行为肯定既有利于商业，也有利于自身。也就是说，声誉管理通常是有效的。

一家公司的声誉有很多方面。它的产品和服务、财务表现、良好的工作场所和良好的企业公民都值得尊敬。如果一家公司创造了良好的自我形象，它就建立了一种信任——如果消费者、员工和其他利益相关者听到了有关该公司的负面消息，而该公司本来声誉良好，他们似乎就会对其放松一些。同样地，如果一家公司有一个负面的形象，那么这个形象可能会一直存在，不管这家公司可能会做什么好事。此外，良好的声誉还可以帮助建立一套塑造企业文化的期望。如第4章所述，企业文化在创造和强化伦理行为方面可以发挥重要作用。

同样地，如果一家公司因为其产品、财务表现、工作场所或公民身份而名声不好，就会对商业成功造成重大障碍。在声誉管理和各种利益相关者对公司声誉的影响问题上，请见现实观察5-9，并在下列网站中查看不同消费者及宣传团体对知名企业的看法：

- www.ethicalconsumer.org/boycotts/boycottslist.aspx.
- www.cokespotlight.org.
- www.noamazon.com.

⊙ 现实观察 5-9

安然和英国石油成为最受尊敬的公司？

你是愿意做一家道德败坏但名声良好的公司，还是愿意做一家道德良好但名声不佳的公司？一些非常高调的公司获得了巨大的赞誉，但与此同时，他们的行为举止很快就会引发丑闻。安然和英国石油就是很好的例子。

安然在2000年企业责任年度报告中包括了以下成就。该榜单揭示了任何奖励机制都存在的挑战，这些机制努力奖励"最具创新精神"或"全明星、最受尊敬"等特质，而不是企业环境中持久的、可衡量的元素。另外，这些奖项可以作为企业财务决策中有影响力的激励因素，因此许多受这些奖项影响的领域的高管希望保留这些奖项。

安然公司2000年度企业责任年度报告中报告：

美国最具创新力的公司

——连续6年入选《财富》杂志

美国最适合工作的 100 家公司

——《财富》杂志，2000 年连续第 3 年排名第 22 位

《财富》杂志全球最受尊敬的公司全明星名单，在 2000 年 100 家增长最快的公司中排名第 25 位

——《财富》杂志，2000 年排名第 29 位

暴风雨前的平静

2010 年 4 月，一场污染墨西哥湾的悲惨的石油泄漏事件使英国石油公司（BP）成为世界上最受鄙视的公司之一。BP 这个名字被广泛地与不道德、不负责任的公司行为联系在一起。但在此之前，BP 一直享有很高的声誉。例如，2005 年，BP 被评为最具可持续发展能力的 100 家公司之一。在《财富》杂志 2006 年、2007 年和 2008 年的问责评级中，BP 也名列前十。2007 年，它在该榜单上排名第一。

资料来源：*2000 Enron Corporate Responsibility Annual Report* (2001), pp.2-3; "2005 Global 100 List," www.global100.org/ annual-lists/2005-global-100-list.html; The Accountability Rating, www.accountabilityrating.com/past_results.asp.

在某些方面，声誉往往比现实更有说服力，就像之前提到的宝洁和本田一样。壳牌石油公司公开了它在尼日利亚争取成为良好公民而做的努力，但在应对漏油事件的时机方面，它的记录令人遗憾，而且它的社区发展项目已经在油田周围地区造成了社区裂痕。同样地，英美烟草公司一直大力宣传其健康和安全的高标准，但它不断收到巴西和肯尼亚合同农民关于烟草种植导致健康不良的报告。你认为哪种形象会更广为人知，从而更有可能留在利益相关者的意识中？

一个更大的问题涉及利润和道德之间可能存在的相关性。良好的道德意味着良好的生意吗？为企业社会责任提供的一个重要理由，通常被称为开明的利己主义，假设它是，或者至少可以是。大量的研究都集中在研究这种联系上。事实上，理论家们仍在争论道德决策是否比不道德决策会带来更大的利润。虽然我们都熟悉带来高利润的非道德决策的例子，但人们普遍认为，从长远来看，讲道德是值得的。然而，衡量这种回报可能是一个挑战。通常，从社会责任行动中获得良好声誉的好处是长期的，在一个业绩以短期、季度财务报告衡量的世界里，这可能是一个挑战。

虽然在商业中有许多关于道德规范的理由，但通常讨论的是回报——是否有道德带来投资回报的商业案例？有证据表明，良好的道德就是好的生意；然而，主流观点认为，如果无法衡量，它就不重要。因此，人们努力衡量道德决策的底线影响。

衡量是至关重要的，因为业务案例并非没有批评者。伯克利的政治学教授 David Vogel 认为，尽管有一个企业社会责任强烈的市场，但这是一个利基市场，因此只迎合一小部分消费者或投资者。[15] 他认为，与全球商业环境的转变相反，企业社会责任应该被视为商业策略的一种选择，在某些条件下可能适用于某些类型的公司，例如，那些知名品牌和声誉受到威胁的公司。他警告说，如果公司没有履行其企业社会责任承诺，它可能会遭受风险。他还警告说，当消费者不愿意支付更高的价格来支持企业社会责任投资时，就不要投资企业社会责任。尽管这一观点很有说服力，但对这一主题的学术研究的回顾表明，在很多方面都是相反的，其中最主要的是对公司的总体投资回报。

一项名为"发展价值：新兴市场可持续发展的商业案例"的研究提供了有说服力的影响证据，该研究是由 SustainAbility、Ethos Institute 和国际金融公司联合进行的一项研究。研究发现，在新兴市场上，成本节约、生产率提高、收入增长和市场准入是可持续发展活动最重要的商业效益。环境过程改善和人力资源管理是可持续行动的最重要领域。该报告得出结论

称，新兴市场的企业在环境和社会问题上发挥更广泛的作用是值得的，并指出降低成本、提高生产率、收入增长和市场准入是跨国企业回报最大的领域。

此外，研究还发现，组织中的伦理项目有许多预期的、可衡量的结果。有些人关注那些把道德和社会责任放在其活动前沿的公司的最终结果，而另一些人则关注那些已经成功并决定了道德可能发挥作用的公司（有关其他衡量领域，请见现实观察5-10）。关于前者，可以考虑强生公司，该公司以快速有效地处理受污染的药品泰诺而闻名。正如第4章的现实观察4-9所强调的那样，强生已经连续70多年实现销售增长，连续20年实现两位数的盈利增长，连续40年实现股息增长。在某种程度上，这些可量化的衡量标准都可以作为成功的代表，或者至少不太可能在一个充斥着道德败坏行为的公司中发生。

⊙ 现实观察 5-10

他们说的事实

无论是在世界贸易组织、经济合作与发展组织，还是在联合国，都可以提出一个无可争辩的理由：普遍接受法治、禁止腐败行为、尊重工人权利、健康和安全的高标准、对环境敏感、支持教育及保护和养育儿童不仅符合道德和正义的标准，简单的事实是，这些对商业也是有好处的，大多数商业人士都认识到了这一点。[①]

——加拿大国家事务商业委员会首席执行官 Thomas d'Aquino

我们都为贫穷、失业和文盲付出代价。如果社会中有很大一部分人属于弱势阶层，投资者将发现很难找到技术熟练、思维敏捷的工人；制造商的产品市场有限；犯罪行为将吓跑外国投资，而国内移民前往机会有限的地区将使基本服务紧张，并导致城市衰败。在这种情况下，任何国家都不可能实现经济持续发展。因此，企业与政府的努力相辅相成，为社会发展做出贡献，这在商业上是有意义的。[②]

——J. Ayala II

我们的研究结果，无论是横向的还是纵向的，都表明在企业中，社区参与、员工士气和企业绩效之间确实存在系统的联系。据我们所知，这是第一次通过实证证明这种联系。此外，这里产生的证据的权重表明，社区参与与企业绩效呈正相关，员工士气与企业绩效呈正相关，社区参与（外部参与）与员工士气（内部参与）的相互作用，甚至比任何一种"参与"指标单独衡量都更能反映企业绩效。[③]

——加利福尼亚大学洛杉矶分校商学院教授 David Lewin 和
J. M. Sabater（IBM 公司前社区关系主管）
于1989年和1991年进行了一项深入的研究，
统计研究调查了150多家美国公司，
以确定公司的社区参与和企业绩效之间是否有可验证的联系。

[①] Quoted in C. Forcese, "Profiting from Misfortune? The Role of Business Corporations in Promoting and Protecting International Human Rights" (MA thesis, Norman Paterson School of International Affairs, Carleton University, Ottawa 1997), referred to in C. Forcese, "Putting Conscience into Commerce: Strategies for Making Human Rights Business as Usual" (Montréal International Centre for Human Rights and Democratic Development, 1997).

[②] J. Ayala II, "Philanthropy Makes Business Sense," *Ayala Foundation Inc.Quarterly* 4, no.2 (July-September, October, November 1995), p.3.

[③] D. Lewin and J. M. Sabater, "Corporate Philanthropy and Business Performance," *Philanthropy at the Crossroads* (Bloomington: University of Indiana Press, 1996), pp.105-126.

Stephen Erfle 教授和 Michael Frantantuono 教授进行的一项具有里程碑意义的研究发现，那些在各种社会问题（包括慈善捐款、社区拓展计划、环境绩效、提高妇女地位、少数族裔地位的晋升）上风评较好的企业的财务表现也更好。财务表现更好体现在营业收入增长、销售额与资产比率、销售额增长、股本回报率、收益与资产增长、投资回报率、资产回报率和资产增长方面。[16] 事实证明，这些观点正在全球范围内获得关注。

此外，研究人员发现，这些公司在公司董事、证券分析师和高级管理人员中有显著更好的声誉。2001 年，《财富》杂志对最受尊敬的公司进行的调查也得出了同样的结果。总部位于英国的商业伦理研究所（Institute of Business Ethics）进行了一项后续研究，以验证这些发现，并发现从经济附加值、市场附加值和市盈率的角度来看，那些有行为准则的公司在 5 年内的表现优于那些没有行为准则的公司。[17] 更高的业绩意味着更高的经济附加值、更稳定的市盈率（也许使公司成为更安全的投资）、更高的资产周转率。研究得出结论：

这项研究证实了这样一个论断，"你做生意合乎道德，因为它能赚钱"。然而，在整个企业中保持高水平诚信的最有效驱动力是董事会、员工和其他利益相关者将其视为核心价值，因此这是应当做的正确的事情……一个可持续的企业是一个管理良好、重视商业伦理的企业。这类企业的领导者不需要任何保证，他们的经营方式也将提高他们的盈利能力，因为他们知道这是真的。[18]

再论开篇伦理决策

Facebook 的挑战继续

无论如何，2018 年对 Facebook 来说都是具有伦理挑战性的一年。2019 年的开局也好不到哪里去。由于未能保护用户隐私，Facebook 遭到了社会和政府的严厉批评。2019 年年初，Facebook 向投资者宣布，由于未能遵守 2011 年和解协议的条件，该公司预计将被 FTC 处以高达 50 亿美元的罚款。与此同时，据透露，欧盟也在考虑对违反《欧洲一般数据保护条例》（European General Data Protection Regulation，GDPR）的行为处以约 17 亿美元的巨额罚款。

2019 年 3 月，一名枪手袭击了新西兰克赖斯特彻奇两座清真寺，造成 51 人死亡，数十人受伤。他用 17 分钟在 Facebook 上直播了这次攻击，并将副本上传到其他社交媒体平台，包括 YouTube、推特、WhatsApp 和 Instagram。作为回应，Facebook 承诺加大力度监测此类内容，但承认其监管此类悲剧的能力有限。这不是第一次，也不是最后一次在 Facebook 上直播的暴力犯罪。自 2016 年 Facebook 推出直播以来，暴力袭击、强奸和自杀的报道不断出现。① 2019 年 4 月，一名 74 岁的男子被枪杀，凶手在 Facebook 上进行了直播。

2019 年 5 月，Facebook 联合创始人克里斯·休斯（Chris Hughes）在《纽约时报》上发表了一篇专栏文章，呼吁解散 Facebook，社会批评达到了顶峰。休斯称 Facebook 是一个危险的垄断企业，并认为他的联合创始人兼现任首席执行官马克·扎克伯格没有能力或不愿意做出必要的改变，使 Facebook 朝着更有社会责任感的方向发展。

① Zak Doffman, "Facebook Admits It Can't Control Facebook Live—Is This the End for Live Streaming?" *Forbes*, March 24, 2019.

本章试图回答企业是否存在社会责任的问题。有人提出了这种责任的几个来源。这种责任可能是基于良好的企业公民、社会契约或开明的自身利益的概念。我们随后探讨了像公司这样的无生命实体如何真正对他人承担责任的挑战，并讨论了该义务的范围，包括法律和道德方面。

无论怎样回答本章提出的几个问题，有一点是肯定的：在今天的商业活动中，不遇到和不解决企业社会责任问题是不可能的。尽管企业之间存在很大的差异，但研究表明，几乎所有的企业在不久的将来的某个时候都会面临利益相关者的企业社会责任问题。[19]

○ 练习与应用

1. 在回顾了本章之后，你对企业社会责任的总体看法是什么？如果市场力量不鼓励社会责任，企业应该参与这种行为吗？社会责任只适用于企业，还是消费者也有责任支持采取社会责任行为的企业，不支持没有表现出社会责任行为的企业？如果我们袖手旁观，并允许不负责任的行为发生，利用我们的购买行为所贡献的利润，我们是否承担任何责任？
   - 你是如何做出决定的？为了判断一家公司的行为，或者通过支持一家公司进行购买或其他选择来参与其中，你需要知道哪些关键事实？
   - 你如何确定责任？在你的购买和其他选择中，你会注意这些问题吗？
   - 如果公司①将部分收益捐赠给对你很重要的事业，②向其员工支付"公平"的工资，你是否更有可能通过购买其产品或服务来支持该公司？或者③对股东来说是一项很好的投资，那么这三者中哪个结果对你影响更大？相反，如果一家公司在这些方面都失败了，你会克制自己不去购买产品吗？
   - 这些选择如何比较？你认为消费者不同的购买决定真的会有影响吗？

2. 三种企业社会责任模型中，哪一种对你最有说服力？为什么？你认为在企业社会责任中，哪一个是最普遍的？

3. 本章从几个方面询问了你所光顾的公司的社会责任是否对你的购买决定产生了影响。你所学到的东西对将来会有什么影响吗？考虑一下你最近三次最大的采购。去那些生产你所购买产品的公司的网站，探索这些公司为社会责任做出的努力。它们比你预期的多还是少？你的发现对于你对这些公司的感受、你的购买行为或你在这些项目上花的钱有影响吗？

4. 在美国，法院的裁决已经承认，公司拥有的法律权利超出了签订合同的狭隘权利。你同意公司应该有政治言论自由、宗教自由的权利吗？它们应该有选举权吗？

5. 几年前，雀巢公司首席执行官彼得·布雷克（Peter Braeck-Letmathe）认为，"公司不应该觉得有义务'回馈'社区，因为它们没有拿走任何东西。公司只应该以赚钱为根本目的进行慈善活动。我们分发的不是我们的钱，而是我们的投资者的钱。公司的责任只是创造就业机会和生产产品。作为一家成功的雇用员工的公司，我们从社会中得到了什么？"[20] 雀巢首席执行官会提倡哪种企业社会责任模型，你同意他的评价吗？

6. 你想为什么样的机构工作？什么是最好的？什么才是最现实的？想想它的结构、物理环境、沟通方式、员工待遇、招聘和晋升实践、对社区的政策等。然而，你也要考虑到你因为这些福利而失去的东西（例如，如果公司为社区做出了贡献，或者为员工提供了更多的福利，那么用于加薪的资金可能就会减少）。

7. 我们再来看看在5.6节所引用的保罗·霍肯的话。他似乎在说，不能（完全）利用社会感知来实现自己的利益。现在从网上找到 Smith & Hawken 的网站查看更多的信息，包括保罗·霍肯关于 CSR 的看法。你认为 Smith & Hawken 是一家对企业社会责任感兴趣的公司吗？你认为保罗·霍肯是个对企业社会责任或个人社会责任感兴趣的人吗？你认为保罗·霍肯支持哪种企业社会责任模式？

8. 列出你在过去三年里花最多钱的五种产品。利用互联网，找到生产这些产品或对其生产负有责任的公司的企业可持续发展报告。你能找到每家公司的可持续发展报告吗？通过查看这些报告，你能确定公司在可持续发展方面的努力吗？你能断定它们的诚意吗？你是否认为该公司正在努力实现可持续发展的过程中进行根本性的转变，还是这似乎更像是一种粉饰（或者，换句话说，仅仅是为了名誉）？

9. 你是否曾经因为不同意生产该产品的公司的某些行为而抵制该产品？你会因为某家公司在电视节目上宣传你不同意的政治观点而抵制该产品吗？为什么？

10. Facebook 会采取什么行动导致你删除自己的 Facebook、Instagram 或 WhatsApp 账户？如果是，是什么让你这么做的？如果不是，又是为什么？

注释

1. Source: Sir Adrian Cadbury. (September/October 1987). "Ethical Managers Make Their Own Rules." *Harvard Business Review*.
2. Source: Stakeholder Alliance, www.stakeholderalliance.org/Buzz.html (accessed April 11, 2010).
3. Source: Senator Al Franken.
4. *Citizens United v. Fed. Election Comm'n*, 558 U.S. 310 (2010).
5. *Burwell v. Hobby Lobby Stores*, 573 U.S. 682 (2014).
6. "Mission Statement: Our Values," www.merck.com/about/mission.html (accessed April 11, 2010).
7. Source: George Merck.
8. Source: Milton Friedman, "The Social Responsibility of Business Is to Increase Its Profits," *New York Times Magazine* (september 13, 1970).
9. Norman Bowie, *Business Ethics: A Kantian Perspective,* 2nd ed. (New York: Cambridge University Press, 2017).
10. R. Edward Freeman, *Strategic Management: A Stakeholder Approach* (Marshfield, MA: Pittman, 1984).
11. Source: William Evan and R. Edward Freeman, "A Stakeholder Theory of the Modern Corporation: Kantian Capitalism," in *Contemporary Issues in Business Ethics,* 4th ed., Joseph R. DesJardins and John McCall eds. (Belmont, CA: Wadsworth Publishing, 2000), p. 89.
12. Joel Makower, *Beyond the Bottom Line* (New York: Simon & Schuster, 1994), p. 68.
13. Source: Joel Makower, *Beyond the Bottom Line* (New York: Simon & Schuster, 1994), p. 15.
14. Ronald Alsop, "For a Company, Charitable Works Are Best Carried out Discreetly," *The Wall Street Journal,* January 16, 2002, Marketplace Section, p. 1.
15. David Vogel, *The Market for Virtue: The Potential and Limits of Corporate Social Responsibility* (Washington, DC: Brookings Institution, 2005).
16. Joel Makower, *Beyond the Bottom Line* (New York: Simon & Schuster, 1994), pp. 70-71.
17. Simon Webley and Elise More, *Does Business Ethics Pay?* (London: Institute of Business Ethics, 2003), p. 9.
18. Source: Simon Webley and Elise More, *Does Business Ethics Pay?* (London: Institute of Business Ethics, 2003), p. 9.
19. Margot Lobbezoo, "Social Responsibilities of Business" (unpublished manuscript) (available from the author).
20. Source: Jennifer Heldt Powell, "Nestlé Chief Rejects the Need to 'Give Back' to Communities," *Boston Herald,* (March 9, 2005), p. 33, www.bc.edu/schools/csom/cga/executives/events/brabeck/; www.babymilkaction.org/press/press22march05.html (accessed April 11, 2010).

第6章

伦理决策：雇主的义务和雇员的权利

> 招聘时着重考察人品特质，入职后着重培训技能。
>
> ——彼得·舒茨（Peter Schutz）
>
> 你不仅要管理事情，还要领导员工。
>
> ——格雷斯·默里·霍珀少将
> （Rear Admiral Grace Murray Hopper）

:: 开篇伦理决策

言论的自由选择

《世界人权宣言》第19条规定，"人人有权保留意见而不受干涉"，以及"人人有言论自由的权利；这项权利应包括不论国界寻求、接受与传播各种信息和思想的自由"。后来的修正案对这一权利进行了限制范围的说明，即在有必要"为了尊重他人的权利或名誉"或"为了保护国家安全、公共秩序、公共卫生或道德"时，做出限制。[1]

一些国家和社会非常重视言论自由，但即使在美国，言论自由看似很广泛，有时也仅仅是关注权利而忽略其局限性。而且，我们的言论自由并不是在每一个情境中都能得到很好的保护。请阅读并思考下面企业员工选择表达自己看法的例子。

2016年秋季，朱莉·布里斯曼（Juli Briskman）发布了一张自己向美国总统车队伸出手指的照片。她的公司随后解雇了她，声称她违反了公司禁止在社交媒体上发布淫秽内容的政策。从法律角度来看，解雇是有效的。雇主是私人实体，因此法律对言论自由的保护不适用。虽然弗吉尼亚州确实保护员工免受直接违反公共政策的解雇，但一家要求复审该案的法院驳回了该案，因为布里斯曼无法指出违反的特定法规。[2]

另一个例子，2016年，美国国家橄榄球联盟（NFL）四分卫科林·卡佩尼克（Colin Kaepernick）选择在国歌播放时下跪，以抗议种族不公。2017年秋季，他对NFL提出了申诉，声称老板们串通起来阻止他获得任何就业机会。尽管NLRB允许此案继续审理，但在2019年

2月，他选择在达成秘密和解后撤回申诉。[3]

在 2017 年秋季，谷歌工程师詹姆斯·达莫尔（James Damore）写了一份长篇备忘录，详细阐述了他对谷歌在多元化和包容性方面普遍存在的偏向女性的担忧。备忘录概述了一些"事实"来支持达莫尔的结论，即女性在这个行业中的工作能力不如男性。备忘录公开后达莫尔被谷歌解雇。[4]

根据达莫尔的备忘录，谷歌文化的特点是一种政治偏见，这种偏见将科技行业男女之间的任何差异都归因于压迫，并使持反对意见的人沉默。其结果是形成了一个"回音室"，只有被认为"政治上正确"的讨论才被允许。据达莫尔说，这创造了一种专制文化，在这种文化中，对白人女性的不公平和分裂性歧视是解决工作场所不平等的公认手段。达莫尔断言，"只有事实和理性才能揭示这些偏见，但当涉及多样性和包容性时，谷歌的左倾偏见创造了一种'政治上正确'的单一文化，通过羞辱持不同政见者，并使其保持沉默，来巩固文化的影响力"。

达莫尔的备忘录中引用了"事实和理由"，他认为这些事实和理由解释了工作场所男女之间的差异。达莫尔声称"男女在生物学上的许多方面是不同的"。这些生物学差异反过来解释了个性差异，这是工作场所不平等的最佳解释，尤其是在软件工程（software engineering，SWE）等领域。根据备忘录，女性更倾向于情感和审美而不是理性观点。她们"对人的兴趣比对思想的兴趣更强烈"。这也就解释了为什么女性"更喜欢社会或艺术领域的工作"。另外，"男性可能喜欢编码，因为它需要系统思维，在 SWE 领域尤其如此。相对而言，更多的女性在价值链的前端工作，主要与人打交道，也涉及美学等方面"。

达莫尔接着提到，女性比男性更善于交际，而男性往往在交际中更具侵略性，这"会导致女性往往在谈判加薪、要求升职、领导力等方面面临更大的困难"。最后，达莫尔表示女性具有较高的"神经质"特征（即易焦虑，有较低的压力承受能力），这就使得"在压力大的工作中女性人数通常较少"。相比之下，男性拥有"更高的地位驱动力，使他们更能忍受较长的工作时间及高压力的工作环境"。[5]

谷歌首席执行官桑达尔·皮查伊（Sundar Pichai）和副总裁丹妮尔·布朗（Danielle Brown）则表示，对于解雇达莫尔的决定，是基于谷歌对于工作场所平等机会的承诺，他们解释说，虽然谷歌致力于促进言论自由的价值观和多元化的视角，但谷歌更强调平等对待所有员工，确保工作场所没有歧视。他们认为，达莫尔的备忘录显然违反了谷歌对平等机会的承诺。

达莫尔后来 NLRB 提出申诉，以保护他对工作场所问题表达看法的权利，但随后他撤回了该申诉。就在达莫尔撤回申诉之前，NLRB 也认为他的言论带有歧视性，谷歌解聘他的行为是恰当的。[6]

讨论题

1. 使用伦理视角而非法律视角，分析评估达莫尔被解雇是否符合伦理道德。员工在表达自己的价值观或按照自己的价值观行事时是否都符合道德规范？如果是，他们的雇主在做出决定时是否也符合道德规范？
2. 你的结论所依据的关键事实是什么？
3. 你的决策涉及哪些伦理议题？
4. 在这个案例中，谁是利益相关者？除达莫尔外，是否有其他利益相关者的权利也会受到雇主决定的约束或限制？

5. 请运用伦理的相关理论，代表雇主来对解雇达莫尔的决定进行支持和辩护。
6. 学者克里斯·麦克唐纳（Chris Mac Donald）建议，"对你的道德直觉的一个很好的测试通常是把鞋子在其他脚上试穿一下。特别是，当你为某个人、团体、公司的判断或自由行为鼓掌时，问问自己如果这个人、团体或公司的价值观与你的不同，你是否还会支持"。在回答上述问题时，考虑一下你自己的一致性，看看对于不同的情境，你是否会做出同样的反应。

:: 学习目标

在学完本章之后，你应该能够：
1. 讨论有关工作场所关系的伦理道德的两种截然不同的观点。
2. 解释工作场所法定诉讼的概念。
3. 定义"自由雇用"和它的伦理依据。
4. 讨论如何用伦理道德的方式来进行裁员。
5. 解释内在价值和工具价值在健康与安全方面的差异。
6. 说明雇主在员工健康与安全方面的责任，以及为什么市场无法有效管理这一责任。
7. 解释支持和反对全球劳动力市场监管的基本论点。
8. 描述以市场为基础解决工作场所歧视问题的理由。
9. 解释工作场所中多样性的益处和挑战。
10. 解释平权行动及其三种常用的方式。

6.1　引言

在企业伦理中，工作场所中的伦理也许是最普遍的话题，因为几乎每个人都会有工作的经历。尽管立法者和法院已经涵盖了工作环境的方方面面，但仍有不计其数的道德事件是监管和道德机构所无法解决的。法律为工作场所中的道德事件提供了值得思考的建议，但这些事情却远远超出了法律的审议。事实上，很多公司内部求助热线收到的报告中，有四分之三与人力资源问题有关。[7]

本章深入探讨工作场所中道德决策领域的问题，在这个领域中，法律显得不那么万能，而你也不能简单地通过律师就获得解决方法。在有些争端中，法律条款看似明了，却因为这样那样的原因，不足以维护所有利益相关者的利益，最终导致争端升级。我们会去研究雇员面对的各种各样道德挑战，不管是生产线上的工人、餐馆经理，还是大公司的首席执行官，抑或是雇主的责任本身也在研究范围之内。虽然每个人的观点可能不同，但类似的冲突在不同行业中都会出现。

当你在研究本章中提出的每个问题时，思考一下你将如何使用我们之前提到的道德决策机制为利益相关者提供最好的合理建议。而这些极具挑战性的企业决策都伴随着时间限制、有限的信息和随之而来的压力。道德决策机制在使用初期看似烦琐，但是一旦与其专业背景和文化相融合，它解决争端的效率和效果就会显而易见。事实上，利用道德决策机制将会避免或者消除这些阻止进步和发展的障碍。让我们细想一下工作场所现存的争端，以来检验道德决策机制的有效性。

6.2 工作场所的伦理问题

关于在工作场所里我们如何对待他人及别人如何对待自己，是我们所有人都需要决策的事情。工作活动和管理中的伦理问题是有关我们和其他人及与组织间关系的问题。有调查表明："将员工放在战略核心地位的公司会给股东创造更高的长期回报。"[8]

雇员与自己雇主的关系也是如此。尽管是事实，但只有近一半的美国员工对公司有强烈的归属感（如果只考虑 1965—1979 年出生的人，通常被称为 X 一代，这个数字则会上升到 62%）。[9] 当被问及最重要的影响因素时，他们认为公平排首位，其次就是职业成长的机会及医疗保险等福利——所有这些都是工作环境伦理问题的重要组成部分。当然，这些福利将因国家而异，这取决于已经覆盖的内容（如某些环境中的全民医疗）。

这些影响以各种方式在企业中表现出来，而员工的忠诚度则受到了工作场所道德文化的影响。在工作中遭遇过不道德或不文明行为的员工，有 78% 的人对组织的承诺下降，66% 的人绩效下滑。[10] 如果员工在工作场所没有感受到积极的道德文化，他们对于不道德行为也倾向于不报告。员工选择对不当行为的不报告对企业而言是一个严重的问题。美国伦理资源中心在 2018 年全球商业伦理调查中发现，员工从事不道德行为的压力比前一年显著增加。每六名员工中就有一人感受到被迫去做不当事情的压力。自 2013 年以来，这一比例增加了近 25%。事实上，近三分之二的员工报告说，他们注意到一旦不良行为得到了回报，那么这些违规行为就会更多地重复发生。[11]

无论从员工还是雇主（或两者）的角度来看，上述观察结果让我们注意到，在工作场所关系伦理问题上有两种截然不同的、有时又不相上下的观点。一方面，雇主把对员工的关爱作为创造更和谐、更高产、更高创新水平的工作环境的一种手段。[12] 就为所有人创造较好的工作环境而言，这个结果导向的方法可以理解为符合我们在第 3 章讨论的功利主义伦理学。

另一方面，它又引出另一个有关道德动因和工具主义者的问题，雇主做好事的原因可能是自私自利的，这一点与第 5 章中对企业社会责任的讨论有些相似。虽然没有人认为员工拥有"快乐的"工作场所的普遍权利，[13] 杰弗里·普费弗（Jeffrey Pfeffer）的一项综合性的评论调查显示：高效的公司在实践方面有些相同的做法，即它们都以仁爱、尊敬的方式对待员工。[14]

我们来思考一下情绪在工作场所的作用。研究表明，管理者要重视员工情绪的作用。因为它会对生产力、忠诚度，以及在公平、关心、关注方面的感知能力产生很大的影响。尼尔·阿什堪纳兹（Neal Ashkanasy）等学者认为，管理者应该关注工作场所中不同岗位员工情绪的影响作用，并且要营造一种积极向上的环境氛围。[15] 工作场所的人际关系和情绪主题也会引发员工思考什么是适当（和不适当）行为的问题。我们稍后会在 6.5 小节，以及伦理决策 6-5 中进一步讨论这个议题。

奖励与补偿机制无疑会影响员工的情绪，同样会影响工作场所的团队构成或职权关系。当员工看到企业重视他们的情绪，重视诚实、尊重和信任，他们感到压力不再那么大，感觉自己更有价值，也会对组织更满意。由于在最近的丑闻中，向外部利益相关者报告已成为一个关键问题，人们可能还需要考虑一位更满意的员工是否或多或少有可能向外部报告不当行为。

还有一种雇主根本不考虑功利主义和自利行为所带来的产出效果，他们之所以善待员工就是出于一种康德式的权利与责任的体验。这种道义论的关注点是所有员工的权利和职责，善待员工也只是因为"这是正确的事情"。雇员权利的拥护者声称：权利要保护雇员的利益不受功利主义和财务计划的摆布。这种责任感源于法律、职业操守、公司行为准则，或者诸如公平、合理这样的道德原则，抑或是有关该组织的领导层的人权（见现实观察6-1）。

⊙ 现实观察 6-1

通过工会维护员工权利

1960年，大约三分之一的美国劳动力由工会代表。今天，美国这个比例只有10%。其他国家情况如下：
- 匈牙利 8%
- 墨西哥 12%
- 澳大利亚 14%
- 日本 17%
- 英国 23%
- 加拿大 26%
- 瑞典 66%
- 冰岛 90%[㈠]

毫不奇怪，随着工会数量的减少，联邦和各州法规管理工作实践的深入，维权的分类越来越细化，在此仅举几例：反歧视法、工资和工作时间法、劳工安全保障法、失业补偿金法、员工补偿金法和社会保障法。

美国的五个州——北卡罗来纳州、南卡罗来纳州、弗吉尼亚州、得克萨斯州（不包括消防员和警察）和佐治亚州（不包含消防员）——禁止公职人员进行集体谈判。[㈡]在2008年经济衰退之后，几乎每个州都提议对公共部门的工会进行立法改革。[㈢]这些立法建议遭到了公职人员及其支持者的强烈抵制。

2011年，几个州的公共部门工会和立法机构之间爆发了大规模抗议活动，威斯康星州有多达10万名游行者参加了示威活动。抗议的结果是大部分立法都在联邦法院通过了，并产生了一些效果（大多数情况下以妥协立场结束）。值得注意的是，2014年美国最高法院的一项裁决对公职人员的定义进行了限制，以维护某些工人（不希望加入或支持工会）的第一修正案权利，即不从工资中自动扣除公共工会会费。[㈣]

㈠ Organization for Economic Cooperation and Development, "Trade Union Density," https://stats.oecd.org/Index.aspx?DataSetCode=TUD (accessed March 6, 2019).
㈡ M. Greer and C. Wheatley, "Subcommittee Report: States Without Bargaining Legislation," American Bar Association (January 25, 2018), https://www.americanbar.org/content/dam/aba/events/labor_law/2018/papers/States%20Without%20Bargaining%20Legislation.pdf (accessed March 6, 2019).
㈢ Julia Edwards, "Union Protests Spread across the U.S.," NationalJournal.com (April 8, 2011), https://archive.li/LK8ht (accessed November 5, 2018).
㈣ Harris v. Quinn, 573 U.S. 616 (2014); see also www.scotusblog.com/case-files/cases/harris-v-quinn/ (accessed March 6, 2019).

6.3 雇用关系中的考量因素

我们下面将要探讨法律和道德的界限，这将有助于我们根据前面讨论的一些原则定义雇用关系。想象一下你被某个人雇用了——你和你的雇主之间已经形成了一种关系。道德问题随之就会出现。考虑一个个体同意为另外一个个体工作的情况，这种安排必然会带来权力、责任、公平待遇和期望等问题。在很多情况下，双方的生计依赖于彼此为这种关系做出的贡献。尽管法律规定可能会致力于维护一些利益，但是法律涵盖的领域是有限的。

因此，我们开始转向以正规程序和公平机制为基础的道德，以期待它能帮助我们去确定，工作场所里什么是可接受的或不可接受的行为方式。我们还会发现，雇主即使在诸如大规模减产这样令人苦恼的情形下，依然可能一如既往地坚持那些准则。这种关系进一步明确了实施这些原则的工作条件，例如国内外运营中的卫生和安全条件。

大多数人都会依据各自的理由从不同伦理角度来解决问题。也就是说，一些人可能会认同雇员有争取一个安全卫生的工作场所的权利，但在实施、解释该权利的范围方面仍存在分歧。合理的想法也都不尽相同，不仅涉及你为达到目标所用的方法是否合理，还关系到目标本身是否公平或有悖伦理。有关这一说法的行动是值得肯定的，但同时也是让法院、管理人员感到棘手的一个问题，对哲学家来说也一样。

6.3.1 法定诉讼和公平原则

从员工的伦理视角来看，就业保障——得到并保住一份工作，这可能是工作最重要的价值。由于员工在工作中缺乏安全感及没有足够的权力（power）创造安全感，从而受到很大的伤害，使有关公平合理的基本问题初露端倪。但是应该限制雇主在雇用、解雇和惩罚员工方面的权力以阻止这种不合理发生吗？还有没有其他方法能阻止这种不道德或不公平事件的发生呢？

以哲学性的方式来看，法定诉讼（due process）是劳动者反对滥用职权的权利。在法律条文中，法定诉讼就是指警察机构和法庭在对公民执行其权力时一定要遵守的程序。国家通过警察机构和法庭执行惩罚公民的不良行为。这种集权为我们的生活、工作和生存营造了一个安定有序的社会环境。但这种集权又不是可以胡作非为的，它只能是在特定的条件下以特定的方式执行其权利，而法定诉讼详细规定了这些条件。

同样地，法定诉讼也承认工作场所中雇主对雇员的职权。雇主可以告知雇员做什么、何时做及怎么做。他们敢于这么做是因为他们保留了可以惩罚或解雇那些不顺从他们权威的员工的权力。因为工作对多数人来说都很有价值，所以丢掉工作的风险成为让员工服从的强有力的激励措施。但在法定诉讼中执行最基本的公平，要求合理地使用这项权力。正是这最基本的公平依然是个挑战。例如，因公平看法在欧美之间不一致而引发的冲突，见现实观察 6-2。

⊙ 现实观察 6-2

欧洲支持就业保障的抗议活动

正如本章所讨论的那样，美国有些州支持自由雇用政策。自由雇用一词是指，除非协议另有规定或法规禁止，否则雇主可随时出于任何原因解雇员工。但是这种自由雇用情况在其他一些国家则不太一样。

例如在欧洲，就没有自由雇用的情况。如果欧洲雇主希望解雇员工，必须经过非常严格的法律程序。不同国家略有差异，解雇的法律往往都要求较长时间的事先通知、政府对解雇的批准或对不公平解雇的法律追索，也可能包括限制公司随意解雇员工的其他机制。此外，即使遵循了所有这些程序，雇主也必须支付遣散费或"通知费"，这也是相当高昂的，除非它能拿出充分正当的理由。

为了应对经济衰退，欧洲各国制定了措施以鼓励经济增长。尽管西班牙等一些国家面临高达 20%～25% 的失业率，但政府却试图放松就业保障，想方设法为企业提供更大的雇用和解雇灵活性，提高退休年龄，并普遍降低欧洲强有力的劳动法。在这样的情境下，爆发了大规模的抗议。

在随后的几年中，尽管大部分欧洲国家经历了经济衰退后的温和复苏，但意大利、西班牙和希腊等许多欧洲南部国家仍报告失业率居高不下。2014 年，意大利和西班牙都发生了多达 65 000 人的新抗议活动，对持续的劳工改革提出了挑战。①

自那时起，许多雇主则开始只向雇员提供临时雇用合同，以避免法律对雇用全职雇员的监管。例如，在西班牙，90% 以上的就业合同都是临时职位。②

① "Timeline: Tracking Europe's Debt Crisis," *CBC News* (October 2, 2013), www.cbc.ca/news2/interactives/europe-debt-crisis timeline/ (accessed March 6, 2019); "Anti-austerity Protest in Italy Turns Violent," *Al Jazeera* (April 13, 2014), www .aljazeera.com/news/europe/2014/04/anti-austerity-protestitaly-turns-violent-20144122357869885.html (accessed March 6, 2019); "Anti-austerity Protesters March in Spain," *Al Jazeera* (March 23, 2014), www.aljazeera.com/ news/europe/2014/03/anti-austerity-protesters-march spain-20143221929566 18925.html (accessed March 6, 2019).

② Bird & Bird, "A European View on Employment Law," https:// www.twobirds.com/~/media/pdfs/european-view-on-employment-law.pdf (accessed March 6, 2019).

不幸的是，有证据表明，雇主对雇员的这一公认权威，或者仅仅是管理者对下属的这一权威，并不总是以公正或公平的方式行使，而且受害的不仅仅是员工。截至 2018 年，美国有 37% 的员工（5 400 万人）报告称，他们在工作场所经历过职场"欺凌"，另有 19% 的人目睹过这种情况。职场欺凌被定义为"一名或多名员工反复、恶意、危害健康地虐待一名员工"。16 当然，虐待不一定是指身体上的威胁，可能只是涉及一位老板经常对员工大喊大叫，或者一位同事散布关于另一个人的谣言，以妨害他的工作。

这些行为不仅会导致情感伤害，还会导致人格尊严的丧失、恐吓和恐惧。此外，工作场所的其他人也会因同样的感受而遭受痛苦。有证据表明，员工基于压力和其他情绪刺激而提出的赔偿要求，会使雇主因此面临巨大的底线费用。此外，还有对员工士气的间接影响和其他负面影响，如人员流动、旷工、不良的客户关系和破坏行为等（见伦理决策 6-1）。

■ 伦理决策 6-1

职场欺凌

是否应该颁布反欺凌法，使职场欺凌的受害者能起诉骚扰者，并追究雇主的责任？调查显示，至少 38% 的美国员工在工作场所经历过欺凌，或者看到其他人经历过欺凌。㊀反欺凌

㊀ G. Namie, "2017 Workplace Bullying Institute U.S. Workplace Bullying Survey," Workplace Bullying Institute (2017), http://workplacebullying.org/multi/pdf/2017/2017-WBI-US-Survey.pdf (accessed March 6, 2019).

法的倡导者认为，如果将问题的严重程度与欺凌行为对受害者造成重大身体、情感和经济伤害的证据一并考虑，就需要进行立法。批评人士则担心反欺凌立法会导致员工诉讼激增，并指出难以确定是否发生了虐待欺凌，尤其是在高压的工作环境中。㊀

自 2003 年以来，美国 30 个州和两个地区引入了职场反欺凌立法，允许员工在不提供任何歧视证据的情况下起诉骚扰。㊁一些国家在保护雇员防止欺凌方面取得的进展超越了美国。澳大利亚昆士兰根据《工作场所健康与安全法》禁止工作场所欺凌行为，而加拿大魁北克则通过《劳动标准》中的心理骚扰部分保护员工。爱尔兰的《工作场所行为守则》包含了防止和解决欺凌行为的规定，而瑞典的《工作场所防止伤害措施规定》包含了针对欺凌行为的具体规定。

讨论题
1. 如果你要设计一部反欺凌法，你会如何定义"欺凌"？在制定定义时，应该考虑哪些利益相关者群体？
2. 作为一名经理，你会采取哪些措施来防止公司中的欺凌行为？
3. 你认为需要立法来应对职场欺凌问题吗？为什么？
4. 2017 年的一项研究显示，大多数职场欺凌是针对女性的（2/3），男性欺凌与女性欺凌的程度基本相同（65% 的人遭受过来自男性的欺凌，67% 的人遭受过来自女性的欺凌）。㊂这些数据如何影响你对反欺凌立法的看法？为什么？

我们越来越多地听说职场欺凌问题，尤其是在以强大的服务业为基础的经济体中。近年来，关于这一主题的报纸文章、商业期刊、学术期刊、会议，甚至电视新闻节目不计其数。它在服务业中更占主导地位，因为工作在很大程度上依赖于人际关系和互动。欺凌问题专家大卫·山田（David Yamada）说："员工之间频繁、持续的个人互动往往成为工作的基本要素，尤其是在主管和下属之间的工作安排中。互动越多，个性冲突的可能性就越大。"[17] 除了这些互动之外，还有人们在经济衰退期间从压力中感受到的个人威胁，我们可以预期随之而来的冲突爆发点。

极具讽刺意味的是，法律并非总是明确地支持这一正义的任务。美国很多劳动法所起的另一个作用是逐步发展为另一种法律的教条，我们称之为自由雇用（employment at will，EAW）。自由雇用主张不需要特定合同或其他详细规定了工作长度和环境的法律条款的约束，所有雇员都是自由择业（见现实观察 6-3）。这意味着，除非合同有额外规定，雇主可以在任何时间以任何理由解雇员工，借用早期法院裁决的话说："所有人都可以任意解雇他们的雇员，但雇主们不知道有多少是正当的解雇，或者是无缘无故的解雇，抑或是道德上的错误决定。"[18] 以同样的方式，一个自由择业的劳动者也可以在任何时间以任何原因选择离开这份工作，而不用通知任何人，所以理论上双方都是自由的。

㊀ Roy Maurer, "Workplace-Bullying Laws on the Horizon?" Society for Human Resource Management (July 16, 2013), www.shrm.org/hrdisciplines/safetysecurity/articles/pages/workplace-bullying-laws.aspx (accessed March 6, 2019).

㊁ The Healthy Workplace Bill (April 3, 2017), http://healthyworkplacebill.org/ (accessed March 6, 2019).

㊂ Namie, "2017 Workplace Bullying Institute U.S. Workplace Bullying Survey."

⊙ 现实观察 6-3

雇用"员工"

由于自由雇用的状态取决于是否雇用某个人，因此"员工"的界定变得至关重要。雇用关系带来了各种各样的权益和责任，这意味着任何一方都可能试图认定或否定它。然而，大多数情况下，希望认定员工身份的往往是雇员。

美国法院通常使用几种测试来确定雇员是员工还是"个体工商户"。个体工商户主要是指根据自己的方法为另一方工作，并且不受另一方对具体工作细节控制的人。法院使用的测试包括"普通法机构测试"，其重点是控制权；美国国税局（Internal Revenue Service，IRS）的"20 因素分析"；以及"经济现实分析"。一些法院还采用混合方法，通过综合多项测试的因素做出判决。

根据普通法机构测试，个体工商户的一个有说服力的指标是控制工作执行方式的能力。根据这一分析，雇主不需要实际控制工作，而只需要有权利或能力控制工作即可。

在 2014 年美国的一起案件中，联邦法院评估了加利福尼亚州和俄勒冈州的联邦快递司机（总共超过 2 500 名司机）是否是有权报销工作相关的费用（制服、特定卡车等）、加班费，以及其他联邦福利。法院应用了普通法测试，发现他们实际上是员工。法院解释说，联邦快递拥有"控制司机工作方式"的广泛权利，因为"司机必须穿着联邦快递公司的制服，驾驶联邦快递批准的车辆，并根据联邦快递的外观标准对自己进行打扮……联邦快递告诉司机要在什么日子、什么时候送什么包裹"。㊀

然而，并不是美国所有的法院在这个问题上的意见都一致。同样的问题在其他州被提起诉讼时，法院的判决偏向于联邦快递，认为司机有自我雇用、管理多条路线的能力，并在未经联邦快递许可的情况下出售这些路线，"以及合同中表达的双方意图，强烈支持个体工商户"。这不是一个非黑即白的问题。㊁

第二项测试是 IRS 的"20 因素分析"，这是一个由 20 个因素组成的列表，IRS 将根据这些因素来确定某个人是员工还是个体工商户。美国国税局根据与该问题相关的法院判决结果编制了这份清单。

最后，在经济现实分析中，法院考虑员工是否在经济上依赖于企业；各方的期望是什么；或者，作为一个经济事实，如果员工是为自己工作或自己做生意，而不是为别人工作。在一个案例中，教会志愿者起诉了一名牧师，因为牧师没有支付他们在教会工作的最低工资。法院认为，因为去教堂的人不期望得到赔偿，所以经济现实分析不适用。㊂

一些雇主主张坚持雇用个人作为员工，而不是个体工商户。芝加哥 Arrow Messenger Service 的首席执行官菲利斯·阿佩尔鲍姆（Phyllis Apelbaum）解释说，她的员工雇用理念是"雇用勤奋、友好的信使；公平地补偿他们，包括提供福利，并将他们视为公司最大的资产"。她的员工为公司的文化和价值观做出了巨大贡献。大约 15 年前，当阿佩尔鲍姆考虑

㊀ *Slayman v. FedEx*, Nos.12-35525 and 12-35559, http://cdn.ca9.uscourts.gov/datastore/opinions/2014/08/27/12-35525.pdf; *Alexander v. FedEx*, Nos. 12-17458 and 12-17509, 9th Cir; 2014 U.S App. LEXIS 16485, http://cdn.ca9.uscourts.gov/datastore/opinions/2014/08/27/12-17458.pdf.
㊁ *FedEx Home Delivery v. NLRB*, 563 F.3d 492 (D.C. Cir. 2009).
㊂ *Acosta v. Cathedral Buffet, Inc.*, No. 17-3427, 2018 U.S. App. LEXIS 13925 (6th Cir. May 24, 2018).

使用个体工商户而不是员工个人时，她说，"我晚上睡不着觉，心想，这是行不通的。其他公司已经采用这种形式15年了。然而由于这个道德决定，我们还没有成长为这个城市最大的公司，但我们的公司发展得很好，没有任何问题。我们每天都在与雇用个体工商户的公司斗争。因为我们的雇用成本更高，所以如果我们两个走进门，他收你1美元，我就得收你1.28美元。我一直在努力朝着这个道德决定的方向前进，这意味着我们必须更加努力地实现我们的愿景，以提供更好的服务。否则，你为什么要多付我们28美分？为什么？没有理由"。[○]

值得注意的是，美国州法院可以在很大程度上影响上述一般先例和申请。举个例子，加利福尼亚州2018年通过了一项裁决，有些人说，加利福尼亚州最高法院"大笔一挥就将数百万个体工商户转变为全职员工"。这是为这数百万工人获得了应得的就业保护，还是因为成本增加而导致他们的自由就业消亡和失业，仍然是一场激烈的争论。法院将其裁决限制在扩大加利福尼亚州工资令规则的目的上，这对任何一方都没有好处，而律师们则一直试图在一些环境中应用新标准。

在美国一起诉讼案中，[○]采用了一项新的测试（称为ABC测试），该测试事先假定一名雇员是一名员工，除非公司能在以下三个方面证明他是一名个体工商户：

1. 公司不指导或控制员工履行其工作；
2. 员工从事公司主要业务范围以外的工作（如在房地产公司的特殊活动中表演的音乐家）；
3. 员工主要服务于他自己的独立企业或职业（可以通过他自己注册或自己申报税务来证明）。

以上三个方面必须都要满足。

EAW在伦理上的理性，就其历史和当代的拥护者来说，有功利主义和道义方面的元素。EAW曾被认为是很重要的管理工具。在雇用关系上的完全自由让管理者能制定出使员工总体表现良好的有效决策。我们认为管理者十分清楚什么最有利于公司，以及法律不应该干涉他们的决策。EAW理论的另一个根基，就是私人业主通过控制他们的员工来控制他们的财富的权力。

这些论断在法律和伦理方面的分析反而证明了需要限制EAW的种种可行的理由。即使证实EAW是一种行之有效的管理工具，公平也要求这样的工具不会伤害其他人。而且，即使私人产权准许管理者对员工拥有管理权，但私人产权本身也会受制于某些权责。同样地，虽然终结劳资关系的自由在理论上是相互的，但是雇主却要为雇员的生计负责，而反过来似乎就不成立。这种不一致会让双方处于一种不平衡的权利关系。

鉴于此，许多法庭和立法委员会制订了EAW的例外原则（见表6-1）。例如民权法，不准解雇有禁止类关系的员工，如种族、性别、残疾、年龄、民族血统、宗教或种族背景。法律禁止雇主解雇工会工作人员。如果雇主是政府，那么就需要宪法来限制政府权限从而保护雇员的权益。

○ P. H. Werhane, et al., *Women in Business: The Changing Face of Leadership* (New York: Greenwood Publishing, 2007).

○ *Dynamex Operations W., Inc.v.Super.Ct.*, 4 Cal. 5th 903 (2018).

表 6-1　自由雇用的例外原则

有关自由雇用的以下例外原则，美国各州对其效力的认可并不十分相同。一些州可能只承认其中某一项或稍多几项有效，而其他州可能都不承认。另外，这些例外原则的制定也会因州而异
• 雇主凭借公共政策，恶意的或报复性的终止
• 雇主由于雇员违反在诚信和公平交易中存在的隐性规定而终止
• 雇主由于雇员违反其他隐含的合同条款，如那些员工手册中出现的规定（在某些司法管辖区）而终止
• 雇主违反承诺终止了本应给予雇员的利益（在雇员合理地依赖雇主对员工的利益的承诺的范围中）
• 其他法规规定的例外［例如，员工调整与再培训通知法案（Worker Adjustmen and Retraining Notification Act, WARN）］

明晰这些例外是至关重要的，即除非员工能证明他的案子属于例外中的某一项，不然 EAW 则有优先权。也就是说，只要能证实是例外，EAW 就不会被法庭采用。被解雇的雇员在举证时要说明自己是被不公平或不合法开除的。法定诉讼和公平原则（just cause），无论是不是作为企业内部政策或立法的一部分实行，都将扭转这种举证责任，并要求雇主能证明是合理地解雇员工。

工作场所中还会发生哪些正当程序问题？在工作场所中员工一直受到监督和评估，像工资、工作条件和晋升这样的好处也被用于激励和制约员工。因此，工作场所中的公平对待还涉及如晋升、工资等方面的公平。因为这样的决策是对表现的评定，所以法定诉讼也该延展至此领域。

在自由雇用环境中依然存在伦理问题：对所有利益相关者最公平、最合理的环境，是否能带来最有效的产出？是否捍卫了雇主和雇员的权利和利益？在这些问题上达成共识的相关询问，涵盖我们的各种决策框架。设想那些与法定诉讼和公平原则相关的关键因素：什么是与你的决策和执行有关的伦理问题？谁是和你的决策有关的利益相关者？你如何抉择？有没有一种方法既能保护决策制定者的利益，同时也能捍卫与此相关的利益相关者的权利？例如，当你正效力于雇主的自主权时，你也许可以通过其他终止通知或提供更多替代办法维护雇员的利益。

回想一下，法定诉讼就是一种防止职权滥用的权利。确保职权不被滥用是作为决策者的职责。雇主应该依照以上原则在他们做出判断时保持公平，在执行过程中做到合理。

考虑开篇伦理决策中所提到的三个例子。这三种情况中的任何一种都涉及决策者对权力的滥用，你是否同意这种说法？考虑相同的情况下略微不同的事实，看看是否会达到同样的结果。换句话说：

- 你是否认为，如果政治倾向逆转（即布里斯曼发布了针对另一政党领导的同一张照片），布里斯曼会被她的公司解雇？
- 卡佩尼克被列入黑名单是 NFL 的所有人任意使用权力，还是有理由认为这是公平、公正的，并且符合正当程序？
- 达莫尔的备忘录是怎么导致他被解雇的？你认为这个决策是否武断？

6.3.2　裁员

让雇员和决策者最头痛的事情之一是面对这样一个挑战：在公司做出"裁员"（downsize）的决策时，让许多员工更好地离开公司而不是简简单单地解雇了之。解雇员工——不管是一名还是一百名，都必定不是很道德的决策。裁员的决定本身就增加了公司的道德困境，因为对陷入经济危机的组织来说可能有其他选择可供考虑。与此同时，为对付经济危机，但不考虑其他可能的选择而只诉诸大范围裁员，这个问题通常是没有合理答案的。一旦做出这个决定，在执行裁员的过程中，还会有哪种方式使组织能在执行时显得较为道德吗？我们之前提到的法定诉讼能提供一些指导建议吗？抑或是设定一些解雇员工的限制？因为可能会导致负面后果，这就需要从各类利益相关者的角度来慎重考虑每个选择带来的影响。

这些负面后果可能包括被裁员工对公司的差评，现有员工的服务水平下降，员工的错误甚至危险行为增加，或者仅仅是担心自己可能是下一个被裁员工的不良情绪。这种影响还可能延伸到与企业社会责任或战略相关的认知。领导层在裁员中承担的责任越大，利益相关者也就越可能对公司的企业社会责任表现产生负面看法，无论两者是否有关联。[19]

因此，基于财务问题而广泛实施的裁员，是否可以取代其他可能的选择，这一问题并不总能得到明确的答案。一旦做出决定，一个组织在裁员过程中是否有更合乎道德的方式？

何塞·路易斯·伊卢埃卡·加西亚－拉布拉多（José Luis Illueca García-Labrado）教授认为，"受重组过程影响的人必须得到与雇用他们时同样的尊重和关注……当他们被雇用时，他们对公司的成功非常重要；现在当他们离开时，对公司的生存同样重要"。[20] 因此，伦理必须成为设计和管理裁员政策的核心。事实上，我们的决策模型在诸如裁员的问题上给予了很重要的指导。

有关裁员的决定需要有代表性的团体共同制定，这样就能考虑到所有利益相关者的利益及能博得受影响人群的信任。要收集事实和确定问题，因为员工应该了解企业运营的情况，而裁员并不该让员工感到意外。

一家公司在认为有裁员的必要时就应该告诉员工这个意图，并在裁员名单出来时就应该让会受影响的员工们知道谁将要离开。一项涉及 300 多家公司裁员后留下的 4 000 多名员工的大规模调查。调查发现，当管理者表现出平易近人和坦率时，生产率和质量下降的可能性要小三分之二以上。[21] 另外，在裁员决定中出现的谣言和一些突发事件会造成比早期通知更重要的影响。此外，一旦他或她被告知裁员一触即发，那么允许员工在职位上多停留片刻都不是一项好的决策。员工们会将延迟告知解释为是在他们离开前尽量利用他们的一种做法，而不是允许他们有时间处理失业的一种努力。

在任何沟通决策中都必须权衡这些成本和收益，当然，在管理者与裁员后的员工互动时也必须考虑这些成本和收益。"管理者需要对员工高度透明，即使他们没有什么新东西要说，也要平易近人，并且坦诚地谈论事情的现状，以建立他们的信任和信誉。如果你的公司不得不进行裁员，你必须培训你的管理者如何管理这一过程，以及如何处理高度敏感的问题。否则，你将把裁员带来的任何潜在节约成本，浪费在生产率下降、质量问题和服务故障上。"领导力智商（Leadership IQ）的主席马克·墨菲（Mark Murphy）说道。[22]

一旦识别出利益相关者，那么列举出所有可能的与裁员相关的选择方案，并且将每种选择对于每一组利益相关者的影响列出目录是必不可少的（见现实观察 6-4）。当一家公司决定裁员或是进行其他终止行为，那么尽量减少其影响和让被解雇员工有尊严地离开是极为重要的（例如，让保安跟着被解雇的员工直到他们离开公司大楼是不正确的，除非这个决定是有其他一些原因支持的）。总之，在关系可能会紧张的这段时间，保持诚实直率并能感同身受是极为重要的。

⊙ 现实观察 6-4

这真的是"不可避免的"吗

一些公司已经生存了几十年也不曾有过裁员,但在经济衰退期,裁员变得同样不可避免。它们应该怎么办?许多公司多年来的做法都相当有创意。

一些行业比其他行业更不容易裁员,但在其他情况下,这往往取决于一家公司的文化。西南航空公司首席执行官表示,该公司从未进行过裁员,而且,尽管能源行业有起有落,能源公司 NuStar Energy 还是找到了避免裁员的方法。一家消费零售企业 Container Store 有一项禁止裁员的政策,作为消费零售业,裁员似乎很困难,但其首席执行官解释说,"你不能到处称自己是员工优先的公司,然后再裁员"。①

纽克钢铁公司(Nucor Corporation),30 年来从未解雇过一名员工,可是在业务缩减的情况下,只能维持每小时 12 美元的平均工资水平。当有大订单时,则增长为每小时 24 美元的工资水平。②其他公司也与它们的员工达成协议,即公司可以承诺不因经济情况裁员,只要员工同意在困难时期可以削减工资或减少工作时间。例如,明尼苏达州一家私营公司 Marvin Windows and Doors 雇用了 4 000 多名员工,在经济衰退最严重时,该公司通过削减工资、减少福利、暂停向员工和业主支付利润分成等方式,坚守不解雇员工的承诺。

公司总裁苏珊·马文(Susan Marvin)表示,她的不裁员政策"既是一种商业赌博,也是一种慈善行为"。马文认为,尽管短期内会出现亏损,但从长远来看,随着时间的推移,保持公司熟练的员工队伍将使公司受益。事实证明,这一观点是正确的,该公司于 2012 年 12 月再次开始有利润分成。③

一些避免解雇员工的其他选择包括:停止招聘,提供有吸引力的自愿退休政策,减少所有职位的工作时间以替代减少职位,在公司其他活动中重新安排员工,降低工资,减少或推迟加薪,甚至要求员工减薪以换取公司的股权。还有一些雇主选择削减他们通常支付的福利,如奖金、雇主退休计划供款、培训或教育拨款等。

① S. Becker, "Job Search? These 5 Companies Have Policies That Prevent Layoffs," *CheatSheet* (January 8, 2017), https://www.cheatsheet.com/money-career/job-search-these-companies-have-policies-that-prevent-layoffs.html/ (accessed March 5, 2019).
② R. Barrett, "No Lay Offs at Nucor, Despite Bad Economy," *Milwaukee Journal Sentinel* (May 22, 2010), www.jsonline.com/business/93960929.html (accessed November 5, 2018); see also Nucor Corporation, "Benefits," www.nucor.com/careers/why/ (accessed March 6, 2019).
③ Andrew Martin, "No Lay-Off Company Now Writes Profit Sharing Checks," *The New York Times* (December 21, 2012), www.nytimes.com/2012/12/22/business/marvin-windows-and-doors-offers-workers-profit-sharing-checks.html (accessed March 6, 2019); Andrew Martin, "Housing Slump Forces Cuts at Small Town Company," *The New York Times* (September 11, 2011), www.nytimes.com/2011/09/25/business/economy/housing-slump-forces-cuts-at-a-small-town-company.html (accessed March 6, 2019).

从法律的视角来看,在裁员过程中谁将被裁的计划要慎重制订。如果公司的决定是基于表面看起来公平的标准制定的,例如按资历,但决策的结果并不能一视同仁,那么这个决策仍值得商榷。例如,假设公司按照员工在组织工作的时间长短作为裁员标准,同样假设公司的元老级员工几乎都是男性,而女性近些年才踏入这个工作领域,如果公司按照这个标准操作,那么被解雇的大多数将会是女性,而留下的大多数都是男性。在这个案例中,这种做法可能就违反了性别歧视的第七章禁令,因为这项解雇政策对女性有明显的消极影响。

为了避免这种结果，公司必须重新考虑它们制定决策的公平性、作用于被解雇者的后果及所带来的劳动力构成。有一个最有效的哲学上的理论可以在制定裁员决策时使用。那就是约翰·罗尔斯（John Rawls）的公平理论。在他的理论设计中，你要思考你想做什么样的决定、是否需要裁员、如何裁员，以及你不知道在这个决策中扮演的是什么角色。换句话说，你可能是一位有着牢固职位的公司主管，你也可能是一位很有资历的快要退休的却被解雇的职员，或者你是一位在被裁员边缘挣扎的员工。如果你不知道你将扮演何种角色，罗尔斯主张你更可能会达成一项对所有人相对公平的决定。思考一下哪些因素可以基于这个规划以这样或那样的方式改变你的决定。

在裁员的情况下，可能最重要的考虑因素是，许多利益相关者会受到相关决策的影响。强生公司前任董事长兼首席执行官拉尔夫·拉森解释了他在决定关闭全球约 50 家小型工厂时所经历的焦虑。

> 我对那些工厂的员工负责，但我也对那些需要我们以合理价格销售产品的患者负责。我对世界各地所有其他员工负责，以保持公司健康发展。严酷的现实是，如果我不采取行动，我们的竞争力就会越来越弱，那么今后还会有更多人受到伤害。
>
> 除了我们的员工，我还对拥有我们的股票的数万名股东负责。事实很清楚，我知道必须要做什么，我们尽可能地深思熟虑地去做。但这个决定很难，因为它是针对个人的。[23]

6.3.3 健康与安全

前面的部分主要描述了雇用关系创建和结束时的伦理问题，后面的讨论延伸至这种关系中某一种特定的责任——在工作期间雇主扮演的保护雇员健康与安全的角色。从全球范围来看有一个广泛的共识：在一个健康与安全的环境中工作是雇员的基本权利。

然而，在一些地区，雇员则缺少这种最基本的健康与安全保护，例如有"血汗工厂"之称的工作环境（将在本章稍后讨论）。甚至在美国，这个问题经过审查后也会变得相当复杂，它不仅关系到争论中的雇主的责任范围问题，也关注是否有最好的保护员工健康与安全的政策这一问题的重大分歧。

就像工作本身，健康与安全同样是"产品"，它们具有可以作为一种手段以达到其他目标的价值，它们的价值还表现在它们自身就是一个需要达到的目标。不论我们还对生活期望什么，健康与安全都更可能使我们有能力获得我们的目标。在这种意义上，健康与安全有很重要的工具价值，它的部分价值源于我们可以用它们获得其他有价值的东西这个事实。因此，保险公司会通过向员工支付因无法工作而损失的工资来补偿他们所遭受的伤害。

此外，健康与安全本身也是有价值的。除了起到辅助作用的价值之外，它们还具有内在价值。为了理解这一特征，让我们思考一个人应该如何回答这样的问题，即他的生命的价值是多少？在工作场所事故中死亡的人的生命具有工具价值，在某种程度上可以通过如果他活着本可以赚取的工资损失来衡量。但是这些损失的工资并不能衡量出生命的内在价值，这些价值不是一些经济补偿能够简单替代的一些东西。

健康的价值是什么？健康的意义是什么？怎样的工作场所是安全的？那怎样又是不安全的？如果"健康"被视为是一种物质上和精神上的幸福，我们可以认为没有人是完全健康的。

如果"安全"意味着完全脱离危险，那么当然也没有哪个场所是绝对安全的。如果健康与安全被解释为不可能实现的一种理想境界，那么声称雇员有权要求一个健康与安全的工作场所也是非理智的。

6.3.4　把健康与安全视为可接受的风险

雇主没有责任提供一个完全理想的健康与安全的工作场所。取而代之，我们在员工健康与安全的伦理讨论中，倾向于员工面临的相对风险和可接受的工作场所的风险。在这个讨论中，"风险"可被定义为危险的可能性，我们通过比较涉及各种活动的危害的可能性来决定"相对风险"。因此，收集和记录数据的科学家可以确定风险和相对风险（见图6-1）。从这些计算结果中去确定可接受的风险是一个简单的步骤。如果从这个视角来说，一个具体工作活动中的危害可能性等同于甚至不如一些更常见活动的危害的可能性，那么我们能推断这个活动面对的是一个可接受层面的风险。如果风险是可接受的，则可以认为这个工作场所是安全的。

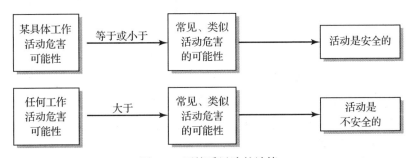

图6-1　可接受风险的计算

想象一下如果推广这个结论，并照这样确定所有工作场所的健康与安全标准。这种方法将会把健康与安全的责任压在管理人员身上。企业将会雇用安全工程师和其他专家来确定工作场所的风险。这些专家将会知道整个社会可以接受的风险水平。这可能会涉及开车、吃高热量食物、抽烟、慢跑等的风险。与在工作场所面临的风险相比较，安全专家会做一个风险评估来确定工作的相对风险。如果工作场所比其他日常活动的风险小，管理人员会得出结论：他们已经履行他们的责任，即提供了一个健康与安全的工作场所。

可是，这种工作场所的健康与安全问题的解决方法还存在一些问题。首先，这个方法因忽视雇员作为利益相关者的投入而显得不尊重雇员。这种家长式作风的决策机制实际上是把雇员视为孩子，并替他们做至关重要的决定，这忽视了他们在决策过程中的作用。其次，我们假定健康与安全仅仅是与那些不相上下的价值相比的单纯偏好，而忽视了雇员对健康与安全工作场所拥有的基本权利。再次，我们假定工作场所的风险等同于其他类型的风险，即便它们之间有显著的差异。不同于许多日常的风险，工作场所中面临的风险既不是可自由选择的，也不是雇员可控范围内的。最后，它忽视了对社会中一个不安全的工作环境所带来的后果的现实关注——对由此产生的产品和创建的服务、雇员的士气、公众的影响及其他由于不健康工作环境带来的巨大后果。有关大麻在美国的工作场所构成风险的讨论，请参见现实观察6-5。

⊙ 现实观察 6-5

大麻给美国带来的新问题

截至目前，非医疗持有（和消费使用）大麻已在美国的 13 个州非刑事化，在另外 10 个州及哥伦比亚特区和北马里亚纳群岛合法化。非刑事化意味着，如果发现某人持有少量大麻，他将只受到轻微的民事处罚。①

企业雇主从未被要求允许在工作场所使用大麻。然而不难想象，即使员工有合法权利使用大麻（无论是出于医疗还是娱乐目的），企业也会担心该员工在非工作时间里使用大麻，因为这可能会影响一个人的反应速度、判断或决策能力等。这很有可能对工作场所的健康与安全环境、工作场所的同事或其他利益相关者乃至其他政策制定等，产生重要的影响。

此外，如果使用大麻是出于医疗目的，则必须考虑雇主的决定与《美国残疾人法案》的共同影响。在某些情况下，雇主需要考虑雇员行为是否是受该法案保护，雇员是否要求被允许在工作以外使用大麻，以及在员工的职责范围内，这种通融是否合理。在某些职位上，可能无法通融。然而，一些州也禁止雇主对员工合法使用医用大麻进行歧视。

① Associated Press, "Jeff Sessions Says Prosecutors Won't Pursue 'Small Marijuana Cases,'" *CBS News* (March 10, 2018), www.cbsnews.com/news/jeff-sessions-doj-prosecutors-will-not-pursue-small-marijuana-cases/ (accessed November 9, 2018).

最为重要的是，不像那些我们每个人日常所遇到的风险，在工作中面临的风险往往需要其他人来控制，尤其是那些通过漠视风险而能从中获益的人。例如，保持工作场所的安全可能会给雇主带来潜在的成本增加。员工可能面临的风险很多，例如吸烟或在工厂工作并吸入粉尘等。这些看起来似乎谈不上危险。但是在前面提到的吸烟的例子中，吸烟者选择承担风险并一步步地由他们自己减少或消除这些风险。而在这个例子中，一个在工厂工作的员工只要想保住工作就不能避免风险。通常，其他人能减少或消除这些风险，但是其他当事人往往会因为经济利益驱动而使他们不会这么做。在前一种情况下，抽烟是决策者自由选择承担风险。这个例子中，员工能拥有的原则和控制是很有限的。工作场所中健康与安全问题的可接受风险的挑战，如表 6-2 所示。

表 6-2　工作场所中健康与安全问题的可接受风险的挑战

- 忽视雇员作为利益相关者的投入而显得不尊重雇员
- 忽视了雇员对健康与安全工作场所持有的基本权利
- 假定工作场所的风险等同于其他类型的风险，即便它们之间有显著的差异
- 由于不合理的激励导致原本可以被控制的工作场所风险在利益的驱动下并没有减少

6.3.5　市场控制下的健康与安全

我们或许可以把工作场所的健康与安全问题留给市场。自由市场的拥护者和古典社会责任制模型，更偏好把雇主和雇员间的个别议价作为解决工作场所健康与安全问题的途径。基于此，雇员可自由选择通过和雇主议价后决定他们愿意承担的风险。雇员会平衡他们对工资需求与风险的承担程度，并决定不同的工资水平下他们愿意承担的风险程度。那些需要较安全和更健康的工作环境的员工大概只能接受低工资，而愿意承担较高风险的也许是高工资需求者。

在一个竞争但自由的劳动力市场，在安全和收入问题上，这样的个别议价也许能带来最佳的分配方式。当然，当雇主应该为事故负责时，市场调节也可以保证伤残工人得到赔偿。所以在工作场所没有安装灭火装置的雇主应该为员工因工作场所失火而遭受的烧伤负责。赔偿的压力同时激励雇主能提供一个较为合理的健康与安全的工作环境。下面的伦理决策旨在考虑，一家公司把最危险的工作外包给其他国家是否道德，这些国家的劳动力在不安全的工作环境里工作，而且仍接受低工资标准（见伦理决策6-2）。

■ 伦理决策6-2

危险的工作是否可以出口

某人遵循以市场为基础的建议，在对风险和效益优化配置的基础上去分配工作场所的风险，那么这个人可能会做出如下论断：从商业角度看，危险的工作应该被输出到那些低工资或员工更能接受有危害的工作环境的地区。在低工资、低生活期望的地区，相比放弃收益而言，危险性的工作所带来的危害要少一些。向高失业率地区提供类似就业机会的好处要胜过在低失业率地区这样做。

按照这种逻辑，许多寻求测试新药的美国制药公司在国外进行药物试验，印度是新药测试增长最快的地区。发展中国家的临床试验往往比美国的试验受到更少的监管，因此成本显著降低①（在本章后面提到的全球劳动力市场也已如此，还有第9章中提到的出口有毒废物也是一样）。

- 在你判定输出危险工作的行为是否公平和负责之前，你认为什么因素需要考虑？
- 对一家公司来说，输出危险工作的取舍是什么？
- 谁是你决策的利益相关者？基于可辨认的利益相关者而做出的前面提到过的每一个抉择的影响是什么？
- 当地法律规章应该约束这种做法吗？
- 每一个决定的结果是什么？涉及什么权利和义务？如果结果对大多数人来说是积极且有价值的，但却危及基本权利，那么你决定如何做呢？

① R. Robbins, "Most Experimental Drugs Are Tested Offshore—Raising Concerns about Data," *Scientific American* (September 10, 2017), www.scientificamerican.com/article/most-experimentaldrugs-are-tested-offshore-raising-concerns-about-data/ (accessed November 5, 2018); D. L. Barnett and J. B. Steele, "Deadly Medicine," *Vanity Fair* (January 2011), www.vanityfair.com/politics/features/2011/01/deadly-medicine-201101 (accessed November 5, 2018).

这种自由市场机制还存在很多的问题。首先，劳动力市场并不是一个完全自由和完全竞争的市场。雇员并没有具备自由市场理论中所设想的为达到最大满足所拥有的种种自由选择权利——尽管理性利己是非常值得采用和适用于这种环境的一个宝贵理论，但是就此认为雇员总能有可利用的选择机会并付诸实践是不现实的。例如，有风险的工作经常是收入最低的工作，是拥有最少就业选择的人们从事的工作。人们被迫接受这些工作是因为他们别无选择而只有接受。他们不是真正地"分析衡量了他们对工资需求的风险偏好"，而是因为他们根本没有选择权。其次，雇员几乎不具备完全高效市场中所需要的完备信息。如果雇员不知道工作涉及的危害，他们就不能充分地为合理工资而讨价还价，也因此不能有效地保护他们的权利或确保最合乎道德的结果。而且当我们发现很多工作场所的危害非常隐蔽时，这更令人担心。雇员可能会知道重型机械或鼓风炉的危害性，但是很少有雇员会了解工作场所化学物质或空气污染物的危害程度或毒性。

当雇员们深陷工作场所的健康与安全问题时,这种自由市场观点的缺陷会带来致命性的后果。当然,市场论的拥护者可能会说,市场可能会随着时间推移,慢慢弥补这些缺陷。随着时间流逝,雇主会发现危险工作对员工来说已无吸引力,雇员已熟知任何工作场所的风险。但是这带来了"第一代"问题。市场聚集信息的方法主要是通过观察暴露于这个并不完美市场交易下的第一代所受到的危害。因此,当一些女性工人因暴露于铅的危害下而不孕,或有一些女工生下先天畸形的孩子时,工人明白了暴露在铅中十分危险。当工人们经常死于肺部疾病时,我们才明白在工作场所直接接触石棉或粉尘是很危险的。事实上,市场为了获得有关健康与安全风险的信息而牺牲了第一代。这些有关公共政策的问题毕竟会影响人们的生活,但它们却从来不会被置身于危险工作中的个体所提出。某种程度上,这些都是应该被提出来的问题,道德性的公共政策应更多涉及工人的健康与安全问题。表6-3总结了有关健康与安全的自由市场所面临的一些挑战。

表 6-3　健康与安全的自由市场所面临的挑战

- 劳动力市场并非完全竞争和完全自由
- 雇员几乎不具备完全高效市场中所需要的完备信息
- 如果我们仅仅从个人角度来提出问题,那么我们将会忽视社会公平这个重要问题

6.3.6　健康与安全作为政府监管的道德规范

为了回应上述问题,从伦理角度来看,政府对工作场所健康与安全的监管似乎更为恰当。强制性政府标准解决了基于市场策略产生的大多数问题。政府可以根据现有的最佳科学知识制定标准,从而克服因信息不足而导致的市场失灵。监管防止了员工被迫在工作和安全之间做出选择,更加关注预防而不是事后补偿来解决上述问题。最后,政府的道德规范从根本上说是一种社会方法,可以解决被市场忽视的公共政策问题。

1970年,美国国会成立了职业安全与健康管理局(Occupational Safety and Health Administration, OSHA),并负责制定工作场所健康与安全标准。从那时起,有关工作场所健康与安全的主要争论集中在如何制定此类公共标准上。主要问题通常使用成本效益分析来衡量健康与安全标准的适当性。

OSHA最初成立时,法规旨在达到最安全可行的标准。这种"可行性"方法允许OSHA在健康和经济之间进行权衡,但将证明高标准在经济上不可行的举证责任交给了行业,这有利于健康与安全。

一方面,一些批评人士指责这种做法做得不够,损害了员工的健康与安全。从这个角度来看,那些不能在不损害员工健康与安全的情况下运营的行业应该被关停。但另一方面,更具影响力的商业批评人士认为,这些标准设的太高了。行业和政府的批评者都认为,OSHA应该在制定此类标准时使用成本效益分析。从这个角度来看,即使一个标准在技术和经济上都是可行的,但如果收益不超过成本,它仍是不合理和不公平的。这些批评者认为,OSHA的目标应该是实现最佳的安全水平,而不是最高的可行安全水平。

使用成本效益分析来制定有效的标准,可以让我们回到基于市场的评价方法上。与市场方法一样,成本效益分析的使用也面临着严重的道德挑战。然而,我们应该注意到,在制定

标准时拒绝成本效益分析并不等同于在实施这些标准时拒绝成本效益策略。要致力于成本效益，就必须在制定标准后，采取成本最低、效率最高的手段来达到这些标准。相比之下，成本效益分析首先就是使用经济标准来设定标准。它是成本效益分析，而不是有道德问题的成本效率分析（请见现实观察 6-6 及伦理决策 6-3 关于成本收益分析的讨论）。

⊙ 现实观察 6-6

健康与安全项目的成本很高吗

OSHA 收集的证据显示恰恰相反：健康与安全项目会降低成本，提高收益。即使是普通公司通过实施健康与安全项目也可以减少 20%～40% 的损害。几项研究已做出估计，即健康与安全项目可以为你投入的每一美元节省 4～6 美元。然而，只有 30% 的美国公司实施了这个项目。这些节省出的创收都源于雇员疾病和伤害的减少、更低的员工赔偿成本、更少的医疗成本、更低的旷工水平、更少的职工流动率、更高的生产率和更高的士气。

根据世界经济论坛（World Economic Forum）的统计数据，实施积极健康计划的公司平均每年为每位员工节省 700 美元。此外，员工更容易被重视他们的企业所吸引和重视；因此，拥有员工健康计划的公司离职率较低。美国劳工统计局（Bureau of Labor Statistics）报告称，截至 2017 年，三分之二的政府工作人员和超过三分之一的私营企业工作人员参加了工作场所健康计划。这些计划涉及戒烟、锻炼或身体健康、体重控制、营养教育、血压测试、体检、压力管理、背部护理课程和生活方式评估测试。

资料来源："Safety and Health Add Value," OSHA Publication 3180 (n.d.), www.osha.gov/Publications/safety-health-add-value.html (accessed March 1, 2019); World Economic Forum, "The Workplace Wellness Alliance—Making the Right Investment: Employee Health and the Power of Metrics" (January 31, 2013), www3.weforum.org/docs/WEF_HE_WorkplaceWellness Alliance_Report_2013.pdf (accessed March 1, 2019); Bureau of Labor Statistics, "Employee Access to Wellness Programs in 2017" (January 3, 2018), www.bls.gov/opub/ted/2018/employeeaccess-to-wellness-programs-in-2017.htm (accessed March 1, 2019).

■ 伦理决策 6-3

多少钱才够

虽然违反工作场所健康与安全规定会带来成本，但一些人认为，这一成本不足以阻止违反规定的行为。换句话说，他们主张提高罚款，以阻止违规行为或鼓励雇主提供更安全的条件。在 2009 年的一起案件中，OSHA 对英国石油公司（BP）处以 8750 万美元的罚款，这是 OSHA 历史上最高的罚款。美国职业安全与健康管理局在该公司的得克萨斯城炼油厂发现了 400 多起新的安全违规行为。这些违规行为被认为是令人震惊的，因为它们是在 2009 年被发现的，就在 4 年前，该炼油厂刚发生了一起致命爆炸（15 人死亡，170 人受伤），导致 BP 公司签署了一项 OSHA 协议，承诺改善安全条件。该罚款额是曾经的最高罚款额的四倍，而曾经也同样罚的是英国石油公司。①

如果你是 OSHA 的成员，负责审查罚款金额，那么在 BP 公司的第二起（后来的）案件中，你将如何决定罚款金额是否足够？你会考虑哪些因素？

1. 你决策中的利益相关者包括哪些？
2. 你预计你的决定会对利益相关者产生什么影响？
3. 伦理理论如何帮助你做出这个决定？

4. 一旦你做出决定，你预计哪些人最支持你的决定，哪些人最反对你的决定，为什么？

① U.S. Department of Labor, Occupational Safety and Health Administration, "Top Enforcement Cases Based on Total Issued Penalty" (n.d.), www.osha.gov/dep/enforcement/ top_cases.html; B. Deavellar, "The Top 5 Largest OSHA Fines," *Spec on the Job* (May 18, 2018), http://speconthejob.com/largest-osha-fines/ (accessed November 5, 2018).

在设置工作场所健康与安全标准中所使用的成本效益分析，把工人的健康与安全视为另外一种商品，另外一种与其他竞争商品交易的个别优先权，它把健康与安全看成一种有用的价值。它只将健康和安全视为一种工具价值，否认其内在价值。这种成本效益分析需要的是建立在一个人生命和肉体完整性上的一种经济价值。有意思的是，它通常被运用于保险业的模型构建（例如被用于解决非正常死亡）。在保险业是根据一个人的潜在收入来估算价值。在这个方法中可能最让人不齿的是这样一个事实：因为在可行性分析中健康与安全早已与行业经济活动产生交易关系，所以转化为成本效益分析使健康与安全和边际利润交易成为必需的步骤。

雇员在健康与安全标准的强制性上有合情合理的道德要求。换言之，雇员拥有争取一个健康与安全的工作场所的权利，这意味着我们不应该期望他们拿健康与安全标准和工作安全与工资做交易。更进一步说，当雇员认识到大多数强制性标准减少了而不是消除了风险，他们就更应该有被告知工作场所风险的权利。如果风险被减少到最低水平，则雇员将完全会意识到，这个社会视它的人民如自主决策者一样，已经尽了该尽的义务。

6.4 全球劳动力和全球挑战

当你在思索法定诉讼和公平原则、健康与安全这些章节中出现的问题时，还需关注一下相关的适用于美国工人的法律。美国以外的工人如果效力于美国人开办的组织，也许还受制于一些美国法律。在一些情况下，其他国家的工人则受到比美国法律更严格的法律保护。例如西欧的许多国家，都有很多强有力的法律，保护工人的法定诉讼和参与的权利。但是在其他情况下，尤其是在一些发展中国家，工人们遭受的境遇在一些美国人看来骇人听闻。当那些在美国工作的人们正享受着同职业健康与安全机构多年来的斗争成果时，身处一些东南亚国家的工人却还为去洗手间的时间这种小事不断地抗争着（见现实观察 6-7）。

⊙ 现实观察 6-7

小测试

你能举出世界上哪六个国家的法律，充分保证了女性在工作场所的权利与男性的权利平等？（截至 2019 年。）

根据世界银行的数据，只有比利时、丹麦、法国、拉脱维亚、卢森堡和瑞典在工作中平等保护男性和女性。法国在过去 10 年中表现出了极大的改善，分值跃升了 10%，达到接近 100 分，而所有 187 个经济体的平均得分为 74.7。你可能会惊讶地发现，就在 2009 年，还没有哪个国家会被列入这个名单。

资料来源：World Bank Group, *Women, Business and the Law 2019* (2019), https://openknowledge.worldbank.org/bitstream/handle/10986/31327/WBL2019.pdf (accessed March 3, 2019).

这个鲜明对比的反响可不一般。尽管只有少数人会赞成上述环境继续存在下去，但是经济学家和市场论者同意这样的解决方法。一些人认为，廉价劳动力的开发可以扩大发展中国家的出口能力，提升它们的经济。经济增长又可以带来更多的就业机会，这又会使劳动力市场吃紧，继而会迫使公司改善工作条件以吸引劳动力（见图6-2）。事实上，一些评论员认为鼓励更多的全球生产将会为国内扩张带来额外的机会，为更多的利益相关者带来积极的成效。[24] 尽管这是一个不受广大消费者欢迎的观点，但是很多经济学家认为"血汗工厂"（sweatshops）的维持还是获得了经济理论的支持。

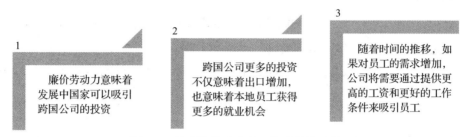

图6-2 从廉价劳动力到工作条件的改善

哲学家本杰明·鲍威尔（Benjamin Powell）和马修·兹沃林斯基（Matthew Zwolinski）在一篇题为《反对血汗工厂劳工的伦理和经济案例：批判性评估》（*The Ethical and Economic Case against Thread Shop Labor: a Critical Assessment*）的开创性文章中，提出了他们捍卫血汗工厂的道德合法性，并回答了这样一个问题：在这些条件下，工人是否真的认同血汗工厂，或者被认为是"自愿"工作。他们得出的结论是，一名工人实际上是能给出正确答案的。因此，支持血汗工厂的道德义务是"最弱势的血汗工厂工人、潜在的血汗工厂工人，以及处理当今经济和政治决策的经济后果的下一代工人和潜在工人的福利"。[25] 他们认为，工人们看到了在血汗工厂工作有时会带来的极端危险，但他们决定在血汗工厂工作，这会给他们带来以前从未获得过的经济力量。在一系列极其有限的选项中，选择仍是一种选择。因此，他们总结道，"真正尊重工人的智慧需要承认他们可以自由决定对他们生活至关重要的问题"。[26]

另外，这个观点的反对者认为，如果任由这个过程随意发展，将不一定会带来预期的结果，正如自发地改善遵纪守法、工资和工作环境等情况将不可避免地带来自由市场拥护者害怕见到的那些消极结果。在担任血汗工厂检查员期间，弗兰克（T. A. Frank）在一家工厂的墙上看到一条标语："如果今天不努力工作，那明天就努力找工作。"有人可能会认为，弗兰克会对兹沃林斯基等人提出的工人几乎没有其他选择的主张提出异议。

2012年，美国公众通过媒体了解到一起涉及工作条件的引人注目的案件——他们用的iPhone和其他苹果设备主要是由供应商在中国制造的，这些供应商的条件在美国可能被认为是道德上不可接受的，并且肯定违反了苹果内部规定和中国当地劳动法。

苹果及其中国合作伙伴富士康在媒体关注后立即做出回应，但一些人表示，由于一些违规行为已经持续了几年，因此回应明显迟缓。苹果继续与富士康合作，尽管iPhone是在美国设计的，但大多数仍在美国境外生产。

2017年，苹果首席执行官蒂姆·库克（Tim Cook）解释说，苹果在中国生产产品并不是为了利用低成本劳动力。相反，他说："人们对中国有一种误解。流行的观念是，公司来到中国是因为劳动力成本低。我不确定他们去了中国的哪个地区，但事实是，中国在很多年前就不再是劳动力成本低的国家了。从供应的角度来看，这并不是苹果来到中国的原因。原因在于当地的技术水平、技术数量和技术类型。"[27]

当你对苹果的决策提出自己的看法时，不妨考虑一下亚里士多德的名言"我们做什么，便是什么"（we are what we do）。苹果是一家严重依赖消费者积极意见的公司，而且，富士康严重依赖与苹果的关系；苹果和富士康都从稳定的长期关系中获利。请见现实观察6-8，可以了解，在制造业历史上最严重的市场悲剧之一发生之后市场可能产生的影响。

⊙ 现实观察 6-8

明天犯更好的错误

那些不记得过去的人注定要重蹈覆辙。
——桑塔亚纳（Santayana），《理性的生活》（The Life of Reason），1905年

就在备受关注的苹果事件发生一年后，孟加拉国一家被认为是血汗工厂的大型工厂Raza Plaza于2013年因劣质建筑材料和过于陈旧的设施而倒塌。这场悲剧导致1 100多名工人死亡，2 500多人受伤。它被认为是历史上最致命的制衣厂事故，也是现代人类历史上最致命的突发建筑垮塌事故。

包括贝纳通（Benetton）、儿童广场（Children's Place）、乔·弗赖斯（Joe Fresh）和沃尔玛（Walmart）在内的主要全球零售商都选用这家工厂生产商品，它们都面临国际社会的强烈抗议，既要补偿受害者家属，又要改变它们对血汗工厂劳动力的使用。

在避免未来悲剧的压力下，许多从孟加拉国工厂购买服装的公司成立了组织，以改善这些工厂的安全和工作条件。17家北美洲大型零售商，包括沃尔玛、Gap、塔吉特和梅西百货（其中几家与倒塌的工厂没有直接联系，而是与其他工厂有直接联系）宣布了一项改善孟加拉国工厂安全的计划。不幸的是，与主要由欧洲零售商（如H&M）加入的单独协议不同，北美洲的计划缺乏为这些改进支付费用的具有法律约束力的承诺。

一年后，一个国际监督组织发现，孟加拉国的许多服装厂确实在升级，对安全条件的监控得到了改善，新的劳动法使那里的工人更容易组织起来。联盟签署国还承诺向受害者赔偿4 200万美元。当然，孟加拉国的工作条件与发达国家相比仍相差甚远。

自从工厂倒闭以来，工厂主们一直认为他们赢不了。他们受到利益相关者的压力，要提高安全性，同时保持较低的价格。自Raza Plaza事件以来，他们愿意支付的价格平均下降了13%，而不是上升。然而，工厂主却被要求投资于安全升级。

2018年年中孟加拉国高等法院停止了一项监测计划，截至记者发稿时，各方仍处于停滞状态。关于这种情况的其他伦理观点，请参考以下资料来源。

资料来源：C. MacDonald, "Rejecting the Bangladesh Safety Accord," *The Business Ethics Blog* (May 17, 2013), https://businessethicsblog. com/2013/05/17/rejecting-the-bangladesh-safetyaccord/ (accessed January 13, 2019); C. MacDonald, "Top Retailers Sign New Bangladesh Safety Initiative," *The Business Ethics Blog* (July 22, 2013), https://businessethicsblog.com/2013/07/22/topretailers-sign-new-bangladesh-safety-initiative/ (accessed January 13, 2019); Clare O'Connor, "These Retailers Involved in Bangladesh Factory Disaster Have Yet to Compensate Victims," *Forbes* (April 26, 2014), www.forbes.com/sites/clareoconnor/2014/04/26/theseretailers-involved-in-bangladesh-factory-disaster-have-yet-tocompensate-victims/ (accessed January 13, 2019); Bruce Kennedy, "The Bangladesh Factory Collapse One Year Later," *CBS News* (April 23, 2014), www.cbsnews.com/news/the-bangladesh-factorycollapse-one-year-later/ (accessed January 13, 2019); M. Wadud, "Rana Plaza, Five Years on: Safety of Workers Hangs in Balance in Bangladesh," *The Guardian* (April 24, 2018), www.theguardian. com/global-development/2018/apr/24/bangladeshi-police-targetgarment-workers-union-rana-plaza-five-years-on (accessed January 13, 2019); D. Styles, "Bangladesh Accord Dealt Major Blow by High Court," *Ecotextile News* (April 10, 2018), www.ecotextile. com/2018041023388/social-compliance-csr-news/bangladeshaccord-dealt-major-blow-by-high-court.html (accessed January 13, 2019).

当然，苹果、富士康的情况发生在美国和中国之间，跨越了全球范围。通常，当我们研究在工作场所出现的伦理问题时，考虑有道德责任感的工作场所的全球差异是至关重要和有帮助的。

在我们研究工作场所的道德问题时，一个有益的做法是从全球层面考虑一个道德的负责任的工作场所。当然，一些最低标准可能适用，跨国公司可能对员工负有一些核心道德义务，正如富士康对其员工负有遵守中国当地劳动法和苹果最低核心价值观的义务一样。但是，在缺乏具体指导的情况下，我们到底如何来决定最终标准？应该以美国最佳就业实践的劳资制度为基础来为全球设立一个标准吗？那可能意味着这样一个结论：一个特殊的国家标准适用于所有国家和文化。显然这不是最佳的结论。

一些学者认为，康德主义（Kantian，由德国古典哲学家康德所创立的哲学）普遍原则应该运用于雇用关系，从道德义务上对人的尊重应该指导雇用合作。"对一个人完全的尊重，应该是积极地把他或她的人格看成终极目标，而不仅仅是达到目标的手段。这意味着不允许把人当成用完即弃的工具。"[28] 尽管不同的伦理理论可能会引起相互矛盾的反应，但是不论文化、经济发展水平或资源的可获性如何，一套基本的最低限度的道德标准应该出台以保障所有国家的工人。哲学家阿诺德（Denis Arnold）和鲍伊（Norman E. Bowie）主张，跨国公司"应该确保雇员的物质福利，避免损害他们理性和道德能力的发展。全世界的跨国公司，包括合约厂对待员工都需要做到遵守地方劳动法规，避免强迫劳动，提供像样的工作环境和给予超过贫困线每周 48 小时工作制的薪金"。[29] 其他人认为这个清单中还应包括童工的最低年龄限制、非歧视要求（包括同工同酬）和自由结盟及集体议价的权利。[30]

甚至定义"最低生活工资"也有问题。在一个似乎无法就生活在贫困中的人数达成一致的世界里，[31] 弄清楚多少钱足以提供维持生计本身就是一个障碍。一些企业在全球范围内实施了多项工资政策。例如，近 100 家公司（包括博柏利、Gap Inc. 和美体小铺）加入了伦理贸易倡议（Ethical Trade Initiative，ETI），这是一个由公司、工会和志愿组织组成的联盟，致力于改善工人的条件。[32] ETI 制定了所有签署方承诺遵守的道德标准"基本准则"。基本准则中关于最低生活工资的部分规定如下：

- 按照标准工作周支付的工资和福利至少符合国家法律标准或行业基准标准，以较高者为准。无论如何，工资应该始终足以满足基本需求，并提供一些可自由支配的收入。
- 应向所有工人提供书面和可理解的信息，在他们就业前说明工资等方面的雇用条件，以及在每次支付工资时的工资细节。
- 未经相关工人明确许可，不得将工资扣除作为纪律措施，也不得从国家法律未规定的工资中扣除任何款项。应记录所有纪律措施。[33]

非工资福利是全球血汗工厂争论中一个重要且被忽视的方面。在许多情况下，这种福利对工人和雇主都有好处。例如，一家跨国公司的工厂通过工厂诊所向工人提供免费健康检查和基本医疗保健服务，通常会比缺乏此类福利的工厂拥有更健康、更高效的劳动力。李维斯公司为员工及其家人和周围社区的成员提供医疗服务。自 1999 年以来，该公司的工厂一直在赞助疫苗接种、营养和心理健康活动。自 2007 年以来，该公司参与了 HER 项目，这是由全球公司和当地网络组成的合作伙伴关系，利用同伴教育，通过向低薪女工提供关键健康信息和服务，改善现有的工厂诊所资源。[34] 由于李维斯工厂所在地的公共卫生保健普遍较差，尤其是在小城市和偏远农村地区，公司在提供额外援助方面发挥着至关重要的作用。李维斯并不是唯一一家提供工厂诊所的公司，而是少数几家将投资女性健康作为具有商业价值的途径来加强与社区联系的公司之一。

国际性的非政府组织同样试图解决这个矛盾，它们建议可能的签约国或组织对推荐性标准担负起责任。例如，国际劳工组织（International Labour Office，ILO）颁布了关于跨国公司的原则性声明和社会政策，它们为雇用、培训、工作生活条件和劳资关系提供了指导方针。

如上所述，本章关于法律道德的期望及其边界的讨论是基于美国法律。可是，意识到这个分析的局限性并意识到在全球执行过程中的挑战性，对今天的跨国商业经营来说非常关键。以下内容中出现的童工问题可以让我们了解在不同经济和社会环境下使用的各种道德标准的窘境。

童工案例

在今天的全球化经济背景下，企业面临的一个关键问题，就是与世界范围内的劳动力管理相关的文化或法律潜在的冲突。尽管这些问题会唤起我们的良知，但是解决方法却还不是那么明朗。例如，让我们考虑一下童工的问题。当我们开始认识世界范围内的孩子所面对的环境时，简单的禁止也许不是最好的解决之道。那么，存在哪些选择呢（见伦理决策6-4）？

■ 伦理决策 6-4

如何看待童工问题

当你在这一节中探讨童工问题时，会考虑许多利益相关者和每个人拥有（或缺乏）的权利，跨国公司的选择，以及消费者在决定他们将买什么、可能涉及什么权利及保护他们的后果方面的选择。如果你是一名劳工倡导者，你会如何回应下列问题，从而确定下一步的最佳方案？

1. 与你的童工决定相关的关键事实是什么？
2. 童工涉及哪些伦理问题？有哪些激励措施可能会积极支持你的回应，或者对你的回应提出挑战？
3. 与童工有关的利益相关者是谁？
4. 你有什么其他建议？
5. 你的每个备选方案会如何影响你关注的各类利益相关者？
6. 全球组织是否提供任何指导来帮助你应对这一特殊伦理困境？

据国际劳工组织估计，发展中国家大约有1.52亿名年龄为5～17岁的孩子在工作。国际劳工组织认为，当他们太小而不能工作或在危险条件下工作时，他们便被归类为"童工"，在最不发达的国家，大约四分之一的儿童属于这一类别。[35]

因为工作让很多儿童辍学，因此国家层面的研究表明，童工现象突出与文化水平低相关。此外，童工存在率高的地区还具有与艾滋病病毒、非艾滋病病毒传染病和疟疾相关的儿童发病率高的特点。有害的影响不仅限于童工本身，由于工作的儿童成年后更可能获得较低工资，因此贫困和童工转移到下一代的风险也相应增加了。[36]

当然，很多经济发达国家即使面临种种限制，现在也同样雇用童工，所以我们应该仔细回顾一下劳工存在的社会和经济结构。然而很简单的回答可能是，清退所有工作场所中年龄不超过 18 岁的工人，但这可能对于某些孩子或他们的家庭并非是最好的结果。在某些发展中国家，孩子们的工作前景确实是凄凉的。孩子可能从三岁起就开始工作。他们不仅要在不健康的工作条件下工作，还要在不健康的环境中生活。存在的工作机会几乎总是要求他们全职工作，因此阻碍了他们接受教育。可是，如果孩子们不工作，那么他们能拥有的机会不如那些发达国家的孩子乐观。他们不一定能得到先进的教育或公办院校的就读机会。通常情况下不在制造业工作的孩子，可能会被迫参与到一些肮脏的地下交易中，例如毒品交易或卖淫，这仅仅是为了每天能填饱肚子。[37]

此外，即使在某些环境下这些孩子们可以获得受教育的机会，让他们离开工作还是完全忽视了将给他们带来的经济影响。年轻工人的收入可能至少能维持他的基本需求（食物、衣物和庇护所），甚至重要到可以支撑起整个家庭。

玻利维亚允许儿童从最早 10 岁开始合法工作，多米尼加允许最小 12 岁的"工人"工作。虽然世界其他地方的读者可能认为这是不合理的，但立法者认为，法律是为了保护那些将在工作场所工作的孩子。此外，研究表明，童工合法化实际上可能会降低童工的数量。学者们解释说，在童工非法的环境中，选择雇用童工的雇主无论如何都会给他们支付较低的工资，因为他们在确定工资时考虑了非法劳工罚款的风险成本。因此，家庭往往不得不送更多的孩子去工作，以弥补较低的工资。

正如玻利维亚关于童工的一篇文章所说，"我们当然都希望减少童工，提高工作安全，让所有人都有更多的闲暇时间。但允许这样的事情发生也是必要的"。[38]

6.5 冲突中的权利和义务：歧视、多样性和平权行动

在前面的章节中，我们探讨了雇佣关系中几个要素的道德情境。正如我们在引言中所解释的，本章第一节中讨论的伦理问题在很大程度上已经得到了解决。尽管我们的讨论涉及了悬而未决的特定领域，但员工的基本权利已经确立。

在下面的章节中，我们考虑人们仍在继续争论的几个话题。重点是那些法律可能尚未完全解决的微妙领域，在这些领域，法律仍然可以接受不同的文化解释、强烈的少数人意见和价值判断。尽管法院已经在这些领域做出了判决，但它们的判决可能并不一致，或者可能会推翻代表相反观点的下级法院的强烈意见。考虑一下你对这些问题的看法，因为这些领域是公众最有争议的地方。

从康德派和道义论的视角来看，以下问题隐含的基本权利和适当的优先次序上的一致性尚未普及。从实用角度看，涉及这些道德问题的合理想法并不都能带来最大的共同利益或最终应该达到的预期。公平分配并不是一个边界清楚的解决方法，因为每个阶层都有自己对公平的看法。我们的目的就是阐明并应用这个道德决策过程来应对出现的挑战，为争论提供一种解构，并能引发出道德理论支持的一些见解。

6.5.1 歧视

自 1964 年《美国民权法案》第七章（Title Ⅶ of the U.S. Civil Rights Act）发布以来，法

院仔细地解释了几十年的法律先例，并禁止差别歧视。尽管还存在着一些微妙之处和争论，但是一些早期的法律和道德争论已经受到挑战，也为商业决策者在工作场所的行为提供一些清晰的建议。

例如，20世纪对性骚扰的投诉填补了法律系统的空白，而今天鲜有大公司的新员工不接受关于性骚扰标准的培训就能上岗。当美国的第一例工作场所性骚扰案例发生时，雇主一下子不知所措，不知道接受与不接受投诉的界限。现在美国公平就业机会委员会（Equal Employment Opportunity Commission，EEOC）[39]和一大批其他组织，为雇主和雇员双方制定了详细的规则、提供适当行为的细节规范及法律指导。然而，正如美国的MeToo运动（始于2006年，但于2017年10月广泛传播）所表明的那样，这一领域的认知和讨论还在继续（见伦理决策6-5）。

■ 伦理决策6-5

MeToo运动为工作场所带来变化了吗

MeToo运动是塔拉娜·伯克（Tarana Burke）于2006年发起并建立的，目的是帮助受性虐待影响的有色人种妇女。该词在2017年10月由美国女演员艾丽莎·米拉诺（Alyssa Milano）在推特上传播开来，作为所有遭受性侵犯妇女的号召。这条推文发出的同时，媒体大亨哈维·温斯坦（Harvey Weinstein）被指控强奸和其他形式的性侵犯。这些公开指控和病毒式推文传播打开了闸门，让其他女性（和一些男性）声称自己经历过强奸、性攻击和其他形式的性不当行为，数百万人使用"#MeToo"这个标签交流。《纽约时报》报道说，在对他们提出指控后，大约200名知名人士失去了职位。

EEOC报告称，在截至2018年9月的一年中，该委员会提出的性骚扰指控数量增加了12%。在此基础上，对雇主提起的诉讼比前一年多50%。该委员会认为，这些数字仍是该领域不当行为的低估数字。

目前虽然大多数公司已经制定了反性骚扰政策，但超过五分之一的公司不提供涵盖性骚扰的培训项目。它们仅将这个话题作为新员工培训的一部分讨论，然后就不再提及。MeToo运动表明，需要在整个企业文化中持续关注这些问题，以提高效率。并非所有公司都渴望改变企业文化。当耐克的管理层拒绝承认工作场所的性骚扰问题时，女性高管向耐克的女性员工分发了一份调查，询问受访者在公司期间是否经历过性骚扰或偏见。在对耐克的首席执行官进行调查后的几周内，六名男性高管离开了公司。

2018年对2 000多名人力资源专业人士进行的一项调查发现，三分之一的机构在上一年对其性骚扰培训进行了调整，包括在培训中增加了工作场所的礼貌规范，并针对其员工队伍中的特定群体量身定制了培训。

自从MeToo运动以来，美国的工作场所发生变化了吗？至少有更多人开始关注性骚扰，认知提高且性骚扰的汇报也增加了，这就为所有员工的尊重、尊严和利益提供了一定的保障，也带来了更高的生产效率。然而，一些人也声称出现了反弹。有报道称，工作场所的不适程度反而更高。例如，一名男性高管可能会出于对性骚扰的担心而选择不让一名女性初级高管参加商务旅行；男性可能不会邀请女性同事参加与客户的社交活动，以防"发生意外"；还有一些人甚至声称要减少女性员工数量，因为"现在雇用一名女性可能就是个'未知风险'。如果她把他说的话理解错了怎么办"。

在这些例子中,女性被排除在业务机会之外,而男性将其视为风险管理。这样的结果可能对提高女性地位反而具有破坏性。2018年的一项研究发现,上述故事具有惊人的一致性,男性高管与男性同事共进晚餐的可能性几乎是女性同事的四倍,与男性同事外出工作的可能性是女性的五倍。这些经验丰富的高管们说,他们在指导女性方面的不适感是男性的三倍,这或许是对晋升最具破坏性的。

自 MeToo 运动对骚扰问题给予更多关注以来,各公司和市政当局做出了回应,以便为所有员工创造一个更受欢迎的工作场所。2018年,谷歌和微软在其雇用协议中取消了所有性骚扰和性别歧视案件都必须提交保密仲裁的要求。谷歌是在全球员工大规模罢工后立即做出这一决定的,罢工的部分原因是抗议保护性行为不端者的工作场所文化。谷歌还承诺向员工提供有关性不当行为案件的信息,加强其不当行为预防培训,并要求每年而不是每隔一年进行培训。Facebook 还于2018年首次发布了其反性骚扰政策。加利福尼亚州规定,到2021年,该州所有上市公司必须至少有一名女性董事。

讨论题

1. 在当前的环境下,你如何定义公司目前面临的问题?正如我们所知,问题界定在道德决策中至关重要,问题也很重要。我们的困境在于实施什么政策、如何塑造文化、为员工提供什么指导吗?或者这是一个涉及改变心态的更深层次的问题?有些人可能会说,这不是雇主事后补救能解决的。如果哈维·温斯坦参加过性骚扰培训,他会采取不同的行动吗?
2. 尽管每个人对 MeToo 运动的看法不同,但毫无疑问,它对工作场所产生了影响,几乎所有雇主都感觉到需要以某种方式做出回应。你认为雇主可以采取哪些有效措施?例如,为了降低风险,工作场所是否应该有一个"不交友"(不约会)政策?

资料来源:A. Nova, "Office Sexual Harassment Policies Lag behind the #MeToo Movement," *CNBC.com* (April 19, 2018), www.cnbc.com/2018/04/19/office-sexual-harassment-policies-lag behind-the-metoo-movement.html (accessed March 10, 2019); Society for Human Resource Management, "Harassment-Free Workplace Series: The Executive View" (October 4, 2018), www.shrm.org/hr-today/trends-and-forecasting/research-and-surveys/Pages/Workplace-Sexual-Harassment.aspx (accessed March 10, 2019); J. Ortiz, "Will #MeToo Turn into #NotHer? Movement May Come with Unintended Workplace Consequences," *USA Today* (October 4, 2018), www.usatoday.com/story/news/2018/10/04/metoo-movement-unintended-career-consequences women/1503516002/(accessed March 10, 2019); J. Ortiz, "California's 'Giant Step Forward': Gender-Quotas Law Requires Women on Corporate Boards," *USA Today* (September 30, 2018), www.usatoday.com/story/news/2018/09/30/california-law-sets-gender-quotas-corporate-boardrooms/1482883002/(accessed March 10, 2019); J. Horowitz, "Workplace Sexual Harassment Claims Have Spiked in the #MeToo Era," *CNN Business* (October 5, 2018), www.cnn.com/2018/10/04/business/eeoc-sexual-harassment-reports/index.html (accessed March 10, 2019); M. Zetlin, "Women at Nike Fight Hostile Culture with a Simple but Effective Tool That You Can Use Too," *Inc.* (April 20, 2018), www.inc.com/minda-zetlin/nike-sexual-harassment-survey gender-bias-executives-fired-trevor-edwards.html (accessed March 10, 2019); G. Tan and K. Porzecanski, "Wall Street Rule for the #MeToo Era: Avoid Women at All Cost," *Bloomberg* (December 3, 2018), www.bloomberg.com/news/articles/2018-12-03/a-wall-street-rule-for-the metoo-era-avoid-women-at-all-cost (accessed March 10, 2019); V. Zarya, "Since #MeToo, the Number of Men Who Are Uncomfortable Mentoring Women Has Tripled," *Fortune* (February 6, 2018), http://fortune.com/2018/02/06/lean-in-sheryl-sandberg/ (accessed March 10, 2019).

但法律也只能到此为止。我们的本意并不是要制定出有关工作场所歧视法的细节。但可以说，法律允许雇主在宪法和法令禁止之外的任何基础上制定决策（如年龄、宗教、种族、残疾、性别、国籍、肤色，以及性取向）。一些评论员却认为，即便是允许雇主在他们的雇用决策中有极大的自治权，他们仍会对工作场所的一些限制性规章充满抱怨。

有关雇员在反歧视方面权利的问题仍在全球范围内引起广泛分歧。即使是在美国，歧视的概念在当今依然是争论最激烈的问题之一。雇主继续主张自己管理工作的权利，并要求允许他们在没有外来影响或控制的情况下可以雇用、保留和终止与员工的工作关系。而雇员却担心会遭遇不公平的待遇及权利的丧失，因为事情完全不在他们的控制之下。法官理查德·波斯纳（Richard Posner）声称市场会减轻员工的这些担心，至少在理论上可以做到（见伦理决策 6-6）。

■ 伦理决策 6-6

市场能否解决歧视问题

关于雇用中歧视问题的一种见解是，这不需要公司和政府的干预。市场的捍卫者认为，如果市场只关注自己的运行机制，歧视只可能被丢在一边。也就是说，如果一家公司基于偏见和歧视招聘员工（例如，女性不能做某项工作），那么它可能是限制了自己的雇员群体。另一家公司不主张歧视，则可以在更大的招聘群体中选择，并更有可能获得该职位的最合适人选。因此歧视也存在机会成本。劳动是重要的生产要素，当生产资源闲置，整个经济都会受到影响。当我们拒绝女性和少数族裔的就业机会时，这部分人力资源将会丢失。法官理查德·波斯纳对这种歧视理论的经济影响解释如下：

> 在劳动力市场上，对黑人的偏见强度差别巨大。一些企业持适中的偏见。这些企业不会和那些持有强烈偏见的竞争对手一样放弃有利的交易（除非法律干涉）。他们的成本较低，但却能增加其市场份额。最小偏见的企业将主宰市场，就像那些最不恐高的人掌控高空作业的领域：他们能获得一种额外的利益。①

讨论题

1. 企业决策者和政府应该把这些问题留给市场来解决吗？了解法官波斯纳的理论后，员工们的担心或有关工作场所的歧视问题能得到缓解吗？能或是不能的理由是什么？
2. 在你确定市场是否能解决这个难题时，哪些关键因素是你重点考虑的？在什么情况下波斯纳的说法不适用？什么样的市场失灵会阻止经济力量有效地消除歧视？
3. 当你考虑这个建议的"解决方案"时，什么是你所想到的其他伦理问题？例如上述波斯纳说法中的控制效应是什么？即使市场可以与歧视抗争，但是这件事是否足以重要，值得我们积极地通过立法来解决？
4. 谁是这个问题所涉及的利益相关者？
5. 什么可以作为替代来答复你的建议？通过立法或自由市场的方式能否让管理带给人们更舒服的感觉？考虑歧视性的公司一旦在产品和服务上形成垄断，将会产生什么影响？
6. 你的选择如何影响已经确定的各利益相关者？
7. 在哪里你也许可以寻找到更多的指导，以协助应对这个特殊的困境？

8. 美国的反歧视规定比其他一些国家（如中东国家）更为严格。这一信息与上述法官的主张是否一致？

① Richard A. Posner, *Economic Analysis of Law* (New York: Aspen, 2002), p.616.

如今在商界担任领导职务的个人并不能反映他们所代表的社区的种族或性别构成。2018年，麦肯锡（McKinsey）的一项大规模研究（包括1 300多万名员工的数据）发现，在美国享受公司住房的人由4%的有色人种女性、9%的有色人种男性、19%的白人女性和68%的白人男性组成。[40]

同一份报告的结论是，女性和有色人种的代表性不足不能用人员流失来解释。例如，研究发现，不仅女性不太可能直接被雇用担任经理级别的职位，而且被提升到经理级别的男性比女性多25%以上。换句话说，每100名男性得到晋升，只有大约79名女性得到晋升。

当然，很难找出造成这些数字差异的单一原因。我们需要深入思考："歧视"到底意味着什么？麦肯锡的报告表明，黑人女性尤其面临"日常歧视"，这可能对职业生涯产生重大影响。例如，42%的黑人女性被要求提供比其他人更多的能力证据，而男性只有16%（几乎是三倍）。黑人女性通常被认为更可能拥有更低的职业级别，其比例是男性的两倍多。当然，这些例子并不局限于黑人女性，并且当某名女性是工作环境中唯一的女性时，这种体验往往更加强烈。

目前工作场所中公开的歧视行为和它们持续性的影响作用并未削弱，隐蔽的歧视形式也很流行，虽然它们往往被忽视。例如，仅仅基于姓名的歧视依然存在。在一项涉及近1.3万份虚拟简历的研究中，研究人员发现，如果名字听起来像中国人、印度人或巴基斯坦人，那么获得面试机会的可能性比名字听起来像英语国家的人低28%。[41]

世界各地的歧视不仅存在于种族方面，也存在于性别方面。考虑到薪酬公平，无论是在全球还是在美国，截至2018年，男性的薪酬几乎比女性高出19%。[42] 具体而言，在美国，女性经常面临与男性不同的挑战。例如，女性和男性都受到性别刻板印象观念的影响，但是期望不同。

美国社会学家兼首席研究员玛丽安·库珀（Marianne Cooper）解释说，成功和受欢迎往往不适合形容女性。通常情况下，女性"因在工作中取得成果而受到赞扬，但又因'太咄咄逼人''自私自利''难以相处''粗暴'而受到批评"。[43]

奇怪的是，对于男性并不存在类似的看法。非常理性的男性往往会被评价成是积极追求、排除万难的正面形象，而那些表现出一些情绪化的男性，则会因为其较温和的一面和理解女性的观点而受到赞扬。库珀以《纽约时报》前执行主编吉尔·阿布拉姆森（Jill Abramson）为例。阿布拉姆森被某些员工描述为"不可能合作"和"不可接近"；然而，在她的领导下，该报获得了四项普利策奖，这是该报有史以来获得的第三大奖项。据说，阿布拉姆森还积极推动与男性同等的薪酬和养老金福利。虽然在她推动后，薪酬差距缩小了，但人们猜测，与她的管理层之间持续存在的紧张关系是她最终被解雇的一个主要原因。对一家曾因歧视行为被女性员工起诉的公司来说，这是有可能的。[44]

一项关于性别刻板印象对沟通方式影响的研究为女性高管的经历提供了证明。[45] 该研究发现，那些认为自己被刻板印象影响的女性，倾向于采用更男性化的沟通方式。然而，其他受试者认为这些女性不太讨人喜欢，自己也不太可能听从她们的领导。

我们可以看出性别刻板印象的后果。有很多教材中都提到了歧视，法律对此也提供了一定的规则。问题在于，伦理决策是否为雇主提供了选择方案，以便为所有利益相关者创造更积极的工作环境。在接下来的两个部分中，我们将讨论多样性和平权行动，这两个部分都整合了法律和道德应对工作场所困境的方法。

6.5.2 多样性

"如果别人不想与你一起工作，那么生产就变得困难"的想法，可能不仅要追溯到美国数十年前，因为美国现在的劳动力比以往任何时候都更加多元化，而且所有数据显示这将继续下去。在过去30年里努力实现消除就业歧视，是这种变化的部分原因。但是，不断变化的人口也是工作场所日益多样性的一个主要因素。

多样性（diversity）是指公司中存在的不同文化、语言、种族、族裔、亲和性、性别、宗教教派、能力、社会阶层、年龄和个人国籍。60%的美国高管认为多元化和包容是重要的或非常重要的。德勤的调查显示，与日本86%的高关注度和比利时56%的低关注度相比，美国在这方面的关注度处于中等水平。[46]

欧洲国家在多元化努力方面，尤其是在董事会代表性方面，已经超过了美国。虽然2018年欧洲董事会中女性的平均代表人数为33.6%（较2012年的15%有大幅增加），但一些国家的女性代表人数明显增加，部分原因是立法要求女性代表人数增加。例如，挪威有一项联邦法律，要求公司董事会中至少有40%的席位由女性担任，否则将面临全面停业。因此，挪威42%的公司董事会席位由女性担任。与挪威类似的还有德国、法国、西班牙、冰岛、意大利、英国和比利时。[47]女性在法国和芬兰分别占据44.2%和32%的董事会席位。欧洲近60%的公司至少有一名女性董事。[48]

其他国家和地区也有相关的规定。例如印度，截至2017年，印度12.4%的公司董事为女性（比前两年增加了4.7%）。这一增长是因为立法要求任何拥有五名或五名以上董事的上市公司至少有一名女性董事会成员。[49]

美国没有任何类似的要求，2017年《财富》世界500强公司的董事会中女性占22%（仅比前一年增加1%），少数族裔占17%。[50]研究发现，多样性可以提高创新能力、员工敬业度和财务绩效。2018年的一项研究发现，如果领导团队和董事会的多样性更大，他们也会获得相应的财务收益：

- 净资产收益率（ROE）增加53%（《财富》世界500强公司至少有三名女性董事会成员）。
- 净利润率增加6%（公司至少有30%的高管由女性担任）。
- 息税前利润（earning before interest and taxes，EBIT）增加9%。
- 创新增长19%。[51]

现实观察6-9进一步详细说明了性别多样性如何进一步提升组织的底线，并带来组织的长期可持续性。

⊙ 现实观察 6-9

多样性等于减少风险吗

研究表明，董事会中增加女性成员可以对经营绩效产生重大影响。有学者通过对1998—

2011年间2 000多家公司的决策和业绩进行研究发现，即使只有一名女性进入以前全是男性的董事会，也更能规避风险；资本支出、研发和收购支出减少；股票回报波动性更低。这些变化为股东带来了更大的财务稳定性和更高的财务回报。

这项研究还表明，增加一名女性不仅仅是一项公关活动，还意味着公司的未来更强大、更可持续。该研究作者之一Yang解释说，多样化的董事会"在沟通和接受一个共同决策方面面临更大的挑战"，因此可能无法像同质董事会那样迅速达成共识。因此，董事会成员更可能回避风险。虽然这些董事会可能会错过最终可能带来好处的风险投资，但它们也可以减少严重不必要的风险，从而实现有效的平衡机制。

资料来源：Michael Casey, "Study Finds a Diverse Corporate Boards Rein in Risk, Good for Shareholders," *Fortune* (July 30, 2014), http://fortune.com/2014/07/30/study-finds-a-diverse-corporate-boards-rein-in-risk-good-for-shareholders (accessed March 10, 2019).

多样性为工作场所带来了很多益处，但是多样性也同样带来了新的冲突。我们回忆一下之前对多样性的定义。当公司把这些不同的个体放在一起，这些不同的个体第一次完全共处于如此复杂的环境中，紧张和焦虑感可能会出现。另外，组织可能会需要员工为共同目标一起工作，在团队中，不管你是管理者还是员工，在权利关系中，这些角色的要求往往都会带来冲突或关系的紧张，即使不存在额外的文化上的挑战压力。

在2018年对董事会进行的一项调查中，超过一半的人回答说，他们认为多样性努力的动机是政治正确性，48%的人认为股东过于关注多样性而忽视了对其他方面的关注。[52]

多样性可能会加剧其他方面的紧张感。当多样性差异是突发的或强烈的，过去的陈旧规则也会使这些特定群体间的合作不可避免地造成潜在冲突。

另一个观点关注的是对企业文化不同理解的整合。确保员工能支持公司的价值观看似没什么不妥，但在鼓励多样性的同时可能难以做到这一点。多样性，这可能是该组织积极的收益来源，也可能是必须协调的价值观根本差异的根源。有些学者认为，求职者的价值观会影响雇主的选择，但这是否合理？虽然招聘很重要，但是很多企业却依赖一种感觉，即申请者是否适合在本企业工作。

拒绝你感觉不好的人不一定是有歧视的成分，除非你的不好的感觉是建立在对于他们在民族和性别方面的差异上的。另外，一定要警惕完全基于文化的差异标准而做出的判断。各种不同的标准可能会使雇主和雇员之间产生"不适合"的感觉，而这些标准的不同往往是由于文化上的差异，如服装、发型或说话方式，这些都需要区别对待。如通过庆祝和共享工作场所的多元文化来认可和促进多样性，这种了解多元文化的努力也可以更好地培养和促进与多样性相关的效益。

尊重多样性或促进言论自由可能也会走向极端。有人可能会想象前面提到的"不适合"，即员工和客户之间的潜在文化差异意味着某个特定的雇用关系根本无法实现。尽管法律总是紧跟社会习俗之后不断发展和更新，但是一些灰色地带似乎总是存在。

同时，忽视多样性的成本也很高，不仅表现在生产力、创造力和其他方面的损失，还表现在企业的法律责任上。德士古公司（Texaco）在1996年经历了一场"危机"，该企业因种族歧视被起诉并要求支付1.75亿美元的赔偿金。起诉是基于管理人员谈话录音中带有种族主义的语言，以及该公司对上百名少数族裔员工的工资报酬未能达到最低工资标准而提起的。

德士古此后的情况大为改观。六年后，该公司少数族裔员工占所有新员工的46%，其中一些还是重要的资深管理者，他们的升职机会超过20%，还有34%的新员工是女性。德士古承诺对5年合同期内的少数族裔和女性员工补助至少100万美元。此外，公司对所有新员工还进行多样性培训，并且对推行创新精神所获得的成功给予管理奖励。

这类案件也跨越了行业界限。2005年一群黑人财务顾问对美林（Merrill Lynch）提起诉讼，指控他们的老板有计划地将利润最高的业务交给白人员工。他们还能证明，该公司白人员工的平均工资比黑人员工高43%。八年后的2013年，美林同意支付1.6亿美元，分配给从2001年年中到当时在该公司工作的所有黑人投资经纪人和实习生（约1 200人）。

诉讼发生时，黑人交易员在该公司员工中所占比例太小，以至于美林在美国半数以上州的分支机构甚至没有一个黑人经纪人。该诉讼称，美林有时依赖于刻板印象，据称，美林的经理会鼓励黑人经纪人"学习打高尔夫或其他活动，这主要是考虑到他们可能不熟悉这类业务活动"。他们还发现，从新员工培训计划的第一个月开始，该公司向白人学员提供了更多和价值更大的新客户或退休经纪人的账户。美林有歧视问题的历史，在20世纪70年代和90年代就面临性别歧视诉讼，还面临一项针对公司培训课程的诉讼，该课程建议女性员工阅读一本书，名为《诱惑男孩俱乐部：来自女性高管毫无保留的战术》（*Seducing the Boys Club: Uncensored Tactics from a Woman at the Top*）。[53]

关于2013年的判决对美林文化的影响没有过多的报道，但美林似乎正在持续努力，而不仅仅是致力于一项旨在改善非洲裔美国员工条件的三年计划。该公司表示，该项目"将增加未来财务顾问的机会"。该公司在第一年不向学员发放账户，并承诺特别重视学员自己带来的客户。该公司表示，将聘请两名教练与黑人经纪人合作。最后，所有行动都将由一个黑人经纪人委员会监督。该公司还设立了新的未成年人招聘激励机制，在该部门运营总监的职责中增加了一个多样性办公室，并兴起了一波招聘热潮，在一段时间内，黑人财务顾问的数量增加了一倍多。[54]

有关沃尔玛应对自身多样性挑战的讨论，请见伦理决策6-7，以及关于如何应对这些挑战的其他观点，请见现实观察6-10。

■ 伦理决策6-7

女性经济发展项目

2011年9月，沃尔玛公司宣布了其全球女性经济发展倡议，并计划投资数十亿美元用于针对女性的新项目，包括承诺到2016年从女性经营的企业购买的物品增加一倍，并为在其关联的工厂和农场工作的女性提供培训支持，向促进女性经济发展的组织捐赠1亿美元。时任沃尔玛首席执行官迈克·杜克（Mike Duke）说："我们正在加紧努力，帮助世界各地的女性接受教育、寻找资源，并为她们打开市场。"

截至2018年，沃尔玛已经实现并超越了上述各项目标。它从女性经营的企业购买了200亿美元的物品；支持培训了100万名女性；并促进其主要供应商之间的多样性和包容性。

在该倡议提出的三个月之前，美国最高法院驳回了一项集体诉讼，该诉讼于2001年首次由六名雇员提起，指控沃尔玛作为美国最大的私人雇主，在薪酬和晋升决策中存在系统性性别歧视。这起案件涉及160万名沃尔玛女性员工，公司可能遭受数十亿美元的损失，是历史上最大的性别歧视集体诉讼。尽管沃尔玛在集体诉讼中胜诉，但最高法院的判决允许员工个人提起民事诉讼。此外，该公司还因这起备受瞩目的案件而使公共形象受损。

虽然公司发言人否认性别歧视指控与该女性项目的启动有任何关联。但一些人指出，这一举措反映了沃尔玛为提高声誉而进行的公关活动，正如华尔街战略分析师所述，"规避未来潜在的诉讼"。

讨论题

1. 你认为沃尔玛的动机是什么？
2. 谁是此次倡议和项目的关键利益相关者？
3. 鉴于目前的捐赠水平和合作关系，你认为沃尔玛是否履行了承诺？你认为使该项目成功的关键因素是什么？
4. 沃尔玛倡议的一个关键目标是"为女性创造成功和自给自足的基石"，其大部分资金用于帮助女性自助的实践努力。有一些人则认为，这一目标符合沃尔玛对经济机会的把握，但并没有表现出对其他因素（如种族、贫困）导致的低技能和低收入员工的认可或同情。你认为这种批评有道理吗？

资料来源：Walmart, "Supplier Diversity," http://corporate.walmart.com/suppliers/supplier-diversity/(accessed March 10, 2019); S. Clifford and S. Strom, "Wal-Mart to Announce Women-Friendly Plans," *The New York Times* (September 14, 2011), www.nytimes.com/2011/09/14/business/wal-mart-to-announce-women-friendly-plans.html (accessed March 10, 2019); J. Shipps, "Teach a Woman to Fish: The Walmart Foundation and Women's Empowerment," *Inside Philanthropy* (October 16, 2014), www.insidephilanthropy.com/home/2014/10/16/teach-a-woman-to-fish-the walmart-foundation-and-womens-empo.html (accessed March 10, 2019); Walmart, "About the Initiative" (Spring 2017), https://corporate.walmart.com/womensempowerment/about (accessed March 10, 2019).

⊙ 现实观察 6-10

偏见干预法

你认为公司可以做些什么来让工作场所更公平、更包容、更具多样性？加利福尼亚大学黑斯廷斯法学院教授琼·C. 威廉姆斯（Joan C. Williams）提供了三种"偏见干预法"，这些积极的干预可以阻止工作场所的偏见。威廉姆斯建议公司检查其文化中可能存在偏见的领域，确定跟踪干预结果的关键指标，并持续实施这些干预，这样一来将会取得效果。

偏见干预法示例

干预措施可能很简单，比如改写招聘广告，删除传统上男性化的词语。威廉姆斯举了谷歌的例子。谷歌重新设计了人们获得晋升的流程。谷歌发现，男性获得晋升的频率远远高于女性。该公司发现了其中一个原因：谷歌有一个要求员工提名自己晋升的系统，但这在女性社交传统中并不常见。谷歌发现，男性提名自己的比例通常远高于女性。

谷歌做了什么？它改变了文化。谷歌要求每一位符合晋升要求的员工提名自己，然后还要求管理人员跟进参与提名。此外，谷歌还培养了女性高级领导者的榜样。它要求这些女性高管在会议上及女性"员工资源小组"（employee resource group）内发言，以强调自我提升的价值和作用。这些努力创造了一种文化，在这种文化中，自我提升成为每个人的期望和愿望。结果，男女晋升之间的差距缩小了。

资料来源：Katherine Reynolds Lewis, "How to Make Your Company Less Sexist and Racist," *The Atlantic* (March 31, 2015), www.theatlantic.com/business/archive/2015/03/ how-to-make-your-company-less-sexist-and-racist/388931/ (accessed March 10, 2019).

6.5.3 平权行动

在本章中，我们已经讨论了保护雇主利益和雇员利益的方式。关于后者，我们已经关注了工作场所中员工的公平待遇权利和法定诉讼程序。但还有一个问题，即当我们考虑平衡相互竞争的权利时，这些权利可能发生在平权行动（affirmative action）上。平权行动关注的不是一个人在就业程序方面是否公平，而更重要的是一个人能否获得平等就业机会的权利。一个人比其他人就更适合这个位置吗？例如，鼓励更多元化的努力可能被视为一种"反向歧视"（reverse discrimination），即对那些通常被视为主流的人群——如白人男性的歧视。例如，一个职位偏向从一组非主流的候选人中招聘，就可能被视为对白人男性的歧视。

关于这个问题存在正反两方的论点。设想你正在招聘一名社会工作者为一个非洲裔美国人社区服务。这个社区目前面临的问题之一就是少女怀孕。可能你不仅认为你要雇的人应该是一名非洲裔美国人，可能还需要一名能和社区中年轻女性谈得来的女性社工。此时，在你面前的是一名40岁的白人男性，他拥有一个非常有声誉的项目的硕士学位。他在该领域有多年的经验并且在现实中领养了一名非洲裔美国女孩，他声称自己可以胜任此工作，他是不二人选。那么他有权得到这份重要的工作吗？假设你还知道你的面试名单中下一位是年轻的非洲裔美国人。那什么是最公平的决定？对谁公平？是对社区的年轻女性公平，还是面试的申请者，还是其他利益相关者？你应该如何决定？你决定的结果又会是什么？

上述讨论假定歧视仅仅指向一个方向，事实上它会朝着不同的方向发展。也许对于一个通常拥有权力或有良好代表性的群体成员进行歧视是非典型的，也不是常态。但基于某人在受保护阶层中的成员身份的歧视仍是错误的歧视。

一个简单的例子可以说明这一点。费城的马佐尼中心（Mazzoni Center）是一个非营利的、以 LGBT 为关注对象的机构，提供医疗保健和健康服务资源。2018 年，该组织聘请了一位新的首席执行官，而这位首席执行官恰好是一位异性恋女性。马佐尼的社区对这个选择并不十分满意。一些批评人士对她的资格提出质疑，还有人建议，该中心应该聘请一位更能代表马佐尼被资助服务群体的首席执行官。

董事会对社区的回应是：

> 在就业问题上，马佐尼中心不基于种族、信仰、宗教、肤色、民族、血统、年龄、性别、性别认同或性别表达、性取向、残疾情况、婚姻状况、联邦、州或地方法律涵盖的任何其他受保护状态进行歧视。因此，所有与就业相关的决策都是基于应聘者的技能、能力、经验、教育、培训及与工作要求相关的合法因素做出的。[55]

董事会做出的任何考虑 LGBT 身份的决定都将上升到非法歧视的程度。

让我们细看平权行动，探讨它引发的伦理问题。"平权行动"一词是指一项政策或方案，试图通过实行积极措施，以回应过去的歧视现象并确保现在的机会平等。它积极促进那些被排斥在主流外的群体重新融入就业、教育或其他环境中。

这几十年来，平权行动政策在企业和大学中的实施一直引发争议。在雇用关系方面关于平权行动的首次讨论中，美国最高法院发现雇主会有意引入一些少数群体雇员（排斥其他群体）从而修正它以前的错误。可是，这种易产生混乱的做法往往并非合理。即使在当今，法律也不是那么清晰。

平权行动在工作场所可以以三种方式出现：第一种是通过法律诉求。许多与平权行动相关的法律仅能应用于20%的员工，然而，更多的员工需要积极行动以确保平等的机会。因此，在那些法律不适用的领域，法院可能需要引入第二种所谓"公平平权行动"（judicial affirmative action），来纠正之前对歧视的判决。第三种平权行动的方式包括雇主承担的义务平权行动以克服公平机会的壁垒。这些可能包括培训计划和执行、聚焦招募活动，或者消除由于招募标准而将一些群体排除在外的这种歧视行为。在为平权行动的努力辩护时，要考虑已证实的代表性不足的特殊群体或过去的歧视调查结果两个因素中的任意一个。

通过判例法，美国法院为雇主提供了制定这些计划和政策的基本指导原则。考虑以下对平权行动计划的法律约束如何与道义论和结果论框架保持一致，并为你的伦理决策过程提供支持：

- 平权行动的努力或政策不得侵犯其他员工的权利，或者对他们的晋升造成障碍（例如，为了实现种族平衡而解雇其他人是不合适的）。
- 平权行动的努力或政策不得为女性或少数族裔留出任何具体职位，也不得被解释为要达到的配额。
- 不得改变员工的合理期望（换句话说，不得要求降低期望或要求雇用不合格人员）。
- 它必须是临时性的而不是长期的，只有在达到劳动力平衡之前，才需要平权行动。

当然，平权行动的反对者争辩说，这些努力弊大于利，平权行动将导致员工间产生憎恶和士气低落。他们认为，这变成了用过去的错误来惩罚现在。因此这种定位是不恰当的，为这些错误买单的人会背上不公平的负担，他们不应该对他人的行为承担责任。

平权行动的批评者也有其他不同的观点。最高法院大法官（非洲裔美国人）克拉伦斯·托马斯（Clarence Thomas）在他的自传中写道，耶鲁大学法学院的平权行动计划是他毕业后找工作困难的原因。在他看来，企业的员工会怀疑他是否会像常春藤联盟法学院的成绩单上所显示的那样聪明，因为他们认为他作为一名非洲裔美国学生受到了青睐照顾。托马斯法官写道，他的耶鲁大学法学学位基本上一文不值，因为它带有"种族优待的污点"。[56]

在十多年来关于这个问题的第一次裁决中，美国最高法院于2003年通过一个"反向歧视"案件再次强调了平权行动。虽然这起案件涉及大学招生，但美国企业也是该案的利益相关者。密歇根大学法学院有这样一个招生政策：重视每一个申请者在校园的学习生活和社会生活的能力。基于学生多样性将会有利于法学院的目标和为达到目标所需的少数族裔大学生的临界数量两方面的考虑，学校认为应该把申请者的民族作为入学标准的一部分。因此，尽管法学院入学考试分数、大学本科成绩、推荐信和其他传统因素都是录取的首要考虑因素，但是申请者的民族也是考虑因素之一。被拒之门外的两个白人女性投诉称，本科成绩和考试分数都较低的那些少数族裔学生获得录取，侵犯了她们应得的公平待遇权。

通用汽车公司也支持法学院的招生政策。通用汽车公司作为一个企业利益相关者，不遗余力并耗巨资来公开支持平权行动。通用汽车公司认为，确保一个种族多样性的学生群体是支持平权行动政策的一个令人信服的理由。通用汽车公司声称，"美国商业的未来和美国经济的一些措施都依赖于它"。从它自己的业务经验来看，"由许多不同种族和民族、宗教信仰、文化背景的人构成，并能从事有效工作和富有创造性且受过良好教育的多元化员工队伍，才能保持美国在日益多样性和竞争力相互关联的世界经济中富有竞争力。禁止平权行动很可能"会减少就业候选人的种族和民族多样性，而这些候选人可能就是日后国家商业圈中的领袖，这些领袖能防止企业追求单纯的自身发展，以实现和取得工作团队管理层面上的多样性共赢。"[57]

减少这种成见是法学院使命的重要组成部分，不能把少数族裔学生的人数等同于象征性的数字。正如在一个特定的地区长大或拥有特定的专业经验可能会影响个人的观点一样，作为少数族裔的个人独特经历也是如此，因此种族问题仍很重要。法学院认为足够的少数族裔代表人数是必要的，以确保学院在一个多元化学生群体教育中的重大收益。[58]

2013年有一个质疑得克萨斯大学招生政策的案例，美国最高法院认为，只要该州没有限制规定，种族意识的选择在宪法上就是允许的。2014年，美国最高法院支持了密歇根州宪法修正案，修正案禁止该州公立大学在录取学生时采取平权行动。这一决定为其他七个州的类似修订打开了大门。因此，佛罗里达、加利福尼亚等州禁止在高等教育中采取平权行动，结果就是在其最热门的学院和大学中，黑人和西班牙裔学生的入学人数大幅下降。[59]

你认同一个多元化的学生群体能促进学校完成其教育使命吗？法律应该禁止、允许或需要平权行动方案吗？请问通用汽车公司是否应该采取类似平权行动的雇用政策？你能想到的个案中是否有把雇员的种族或族裔背景作为录用合格或不合格的标准？

再论开篇伦理决策

言论的自由选择：形象意识

在开篇伦理决策中的每一个案例，考虑雇主如何可能处理不同的情况，也许导致替代的结果。换句话说，无论你同意还是不同意与解雇有关的决定，也许有更合乎道德或更有效的方式来应对员工的行为，这仍可以促进和保护公司的文化和使命。

在每一个案例中，媒体的大量关注都源于解雇（或者，在卡佩尼克的案例中，是找不到工作）。有些人利用社交媒体来提高关注度，而另一些人可能更希望根本没有受到关注。在任何一种情况下，（前）雇员都有可能获得尊重和支持，雇主也有可能通过这种关注获得负面宣传。

如果员工违反了工作场所的表达策略，是否有其他方法可以替代解雇？也许布里斯曼的雇主秋马（Akima）本可以要求她从社交媒体上删除这张违反政策的照片。然而，听起来简单的解决方案在实践中往往要复杂得多。我们将在第7章讨论雇主在多大程度上可以监管"下班后的"行为，以及这些决定涉及的道德问题。

现在考虑一下谷歌是否有其他选择，而不是解雇达莫尔。达莫尔非常清楚自己对女性的看法，尤其是她们的能力。正如一位前工程师所问到的，"你刚刚创造了一个教科书式的敌对工作环境。你能想象与一个刚刚公开质疑你工作基本能力的人一起工作吗？"如果谷歌允许他留在自己的位置上，如果一名女性后来抱怨自己因此受到偏见（或其他不当行为）的影响，那么谷歌现在的选择将相当于有意识地无视他之前的故意不当行为声明。

虽然达莫尔可能有权表达自己的观点，但他也有责任承担后果。他在一家公司工作，这些后果包括他被解雇。

卡佩尼克案似乎没有明确的答案，理性的头脑往往会得出不同的结论。法律将在这里给出答案，但从道德角度来看，企业可能会做出不同的决定。虽然努力不去猜测太多，但显然，NFL 的老板们的回应方式要么符合他们的价值观，要么符合他们的品牌形象。耐克等其他品牌认为卡佩尼克的决定值得称赞，并将其视为正直的楷模。在这两种情况下，这些决定可能会赢得支持，也可能会失去支持，最好在营销对话中讨论。但在就业环境中，既要考虑企业的基本价值观和使命，也要考虑决策的长期后果。

资料来源：Y. Zunger, "So, About This Googler's Manifesto," *Medium* (August 5, 2017), https://medium.com/@yonatanzunger/so-about-this-googlers-manifesto-1e3773ed1788 (accessed February 22, 2019).

练习与应用

1. 玛雅（Maya）向她的朋友兼同事艾丽西亚（Alicia）倾诉心事："我丈夫吉恩（Gene）病得很严重，我不能在公司跟任何人倾诉，因为我不想他们认为我不能很好地完成工作。我丈夫去年被诊断出慢性帕金森症，我觉得病情恶化得很慢并且我能处理好任何事情。我试图让任何事情有条不紊，但是巨大的物质和精神压力全压在我一个人肩上，你不知道那有多难。而现在想让这件事不在工作场所曝光越来越难。如果他们知道我的注意力可能被分散，那么他们将会在这些大项目上减少我的参与。这样的话，我和吉恩将会有财务危机。我很开心能和你深谈。说出来不再憋在心里舒服多了。我知道我可以信任你，艾丽西亚。"艾丽西亚告诉玛雅她会为她保守秘密并力挺她，陪她渡过难关，如果可能，会尽一切努力帮助她。三个星期后，艾丽西亚和玛雅分别被领导叫去谈话，被告知她们俩都是中层管理职位空缺的人选。而这个新职位需要更多时间和精力的付出，还要涉及很多部下的监管和发展问题。这两位女士都对这个位置表达了强烈的兴趣，两周内董事会会给出结果。艾丽西亚应该如何处理玛雅告诉她的那些信息？不管你对前面这个问题的答案是什么，如果艾丽西亚选择告知上层玛雅的现状，那你会认为她做得不对或不道德吗？如果你是这个现行标准的负责人，为了确保将来能达成你期望的结果，你将会怎么做？

2. 复习有关全球劳动力挑战的讨论。选择一个特定的问题，如童工或血汗工厂劳动。上网查找相关的被指控雇用童工或血汗工厂工人的特定公司的新闻报道。涉案公司是如何为自己辩护的？它们是认可参与这些做法，还是为这些做法进行辩护？你觉得公司的辩护有说服力吗？为什么？哪些辩护更合理？

3. 我们可以通过以下方法从公平机制中分辨法定诉讼：想象一个公司要禁止自由雇用中的专断，并确保员工在任何终端决策中享有公平待遇。你能想象得出这个公司的雇用环境跟其他公司有哪些不同吗？一个方法就是详述解雇员工的可接受的原因。明显的被解雇者必须具备旷工、不胜任工作、偷盗、欺诈和经济必要性等条件。这个解决办法可能会辨识出解雇的不正当原因。这样的政策会被认为是"正当理由"的实践，因为它明确了可以合理解雇员工的因素。但是制作这样一个清单是一个非常大的挑战，因为你必须事先知道解雇员工的所有理由。正如一般法律所清楚表明的，人们无法预见所有未来可能发生的不公正情况。因此，可能需要制定一项正当程序政策来补充或替代正当理由政策。例如，一项保障正当程序的政策将概述在解雇员工之前必须遵循的程序。这个程序本身就决定了能否实现公平解雇。如果一个雇主使用这个程序，则决策是公平的；如果违背它，则被认为是不公平的。这样的程序可能包括定期书面考核、预先警告、记过、试用期、上诉的权利或回应指责。你能想出通过改变标准来确保公平的其他方法吗?
- 什么是与法定诉讼和公平相关的因素?
- 什么是与你的决策和行动相关的道德问题?
- 谁是你决策的利益相关者?
- 你可以得到的可替代选择是什么?
- 你的每一个可替代选择是如何影响利益相关者的?
- 你会从哪里寻求额外指导来帮助你应对特殊困境?

4. 在你的思维和你的通常做法中,你认为感知、概括、刻板印象的区别是什么?你能分别举出例子吗?做完后,登录网站找出字典上相应的名词解释,以检验你的日常理解是否正确。

5. 一项特殊调查研究得出以下结论:出生于1979—1994年的人给他人一种"没耐心、自私、不忠诚、无法延迟满足的印象,总之,会感觉他们有权不为一切效力"。研究给这群人起了个"有权一代"的绰号。你认识这个年龄段出生的人吗?上述说法对吗?你认为感知可以取代刻板印象吗?你认为这个结论源自哪里?

6. 由于医疗保健费用的上升和控制成本的需要,公司试图鼓励雇员照顾好自己,一些公司甚至会惩罚那些不善待自己的员工。2012年,沃尔玛公司开始向员工收取更高的医疗保险费,但也向所有员工提供免费的戒烟计划。虽然美国法律禁止医疗保险公司拒绝接受已有疾病患者的投保,但它仍允许保险公司根据年龄、地点、家庭结构和烟草使用情况等风险因素收取更高的保费。使用烟草的处罚最重,根据法律规定,保险公司可以向吸烟者收取比不吸烟者高50%的保险费。美国国家健康商业组织(National Business Group on Health)进行的一项调查显示,约40%的美国雇主会根据吸烟情况(吸烟和不吸烟)对员工进行惩罚或奖励。此外,越来越多的公司拒绝雇用吸烟者。对于企业帮助员工变得更健康从而减少医疗保健成本的做法,你怎么看?企业通过解雇不健康员工从而减少成本支出的选择是什么样的道德问题?这个战略选择暗示的权利、责任、义务和结果是什么?你认为没好好照顾自己的那些人是不是应该为健康护理成本负责呢?把你以前和现在的健康状况作为招聘申请中的一部分,你个人的意见如何?

7. 你有一家小规模的咨询公司,为一个相对多样性的社区服务,并拥有24名专职员工。你不受行政命令11246(Executive Order 11246)的束缚。你担心你公司里的专职员工中只有1名非洲裔美国人,没有其他有色人种员工,还有3名女性。这个时候,你的高层管理者、6名管理人员和你自己都是白人。另外,你有15名后勤人员(秘书和其他员工),其中14名是女性,11名要么是非洲裔美国人,要么是拉丁裔美国人。

你非常希望更好地在当地做生意,你相信多元化的劳动力会带来巨大的商业效益。因此,你决定制订一项计划,尽快增加少数族裔和女性员工任职的人数。这是被允许的吗?你是否掌握了回答这个问题所需的所有相关事实?在你的计划中,你将采取哪些步骤来增加这些比例,你必须避免哪些陷阱?

8. 你是一名从全世界采购的大型服装厂资深的人力资源经理。媒体基于对你声誉的担心和你的价值观使命等众多原因,十分关注你的供应商的工作环境。而你也十分关注那些制衣工人的工资。你的几个地方的供应商答应在建立一个适用于现在和未来的政策方面进行商谈,不管你在哪儿做生意,将为所有工厂员工制定一个最低工资标准。你开始寻找一些公共资源,例如通过网站 www.globalexchange.org、www.workersrights.org、www.fairlabor.org 和 www.ethicaltrade.org/,找出其他一些公司怎么做,劳动者有什么建议。你访问耐克和阿迪达斯的网站 www.nikeinc.com，www.adidas-group.com，以及其他网站。现在是你制订政策的时候了，你如何决定每个地区的基本工资呢？它包含哪些因素呢？请为你的公司在世界范围内制订工资标准起草一个计划。

9. 作为一名项目经理，凯利（Kelly）正在带领一个团队进行一次国际商务旅行。她计划在那里做一次关于其项目的演示，并进行一笔交易谈判。就在旅行的前几天，凯利接到一个电话，询问她是否愿意让团队中的一名男性成员负责相关的汇报和谈判，因为他们对接的公司经理们觉得与男性打交道更自在。凯利同时被告知，她仍将负责此事，而且这种情况再也不会发生。如果这笔交易成功，将为公司及凯利的职业生涯带来巨大的利益。凯利思考着自己所处的处境；她在这个项目上非常努力，如果交易成功，她一定会得到提升。另外，由于她是女性，她感到受到歧视。她可以选择按照自己的原则行事，取消交易，或者"一次性"进行调整并获得晋升。在考虑了一段时间后，她决定继续交易，让其他人来完成所有的汇报和谈判。团队回来后，她升职了，大家都很高兴。你觉得凯利的决定怎么样？这种情况可以完全避免吗？如果你处于类似的情境，你会选择做什么，为什么？

10. 《财富》杂志每年都会编制一份"最佳雇主"名单。访问其网站 http://fortune.com/best-companies/，并查看完整名单。看看你是否能发现上市公司的趋势或相似之处（如果有的话），并找到你认为可能有助于吸引员工的政策或计划。

注释

1. Source: United Nations, Universal Declaration of Human Rights.
2. D. C. Weiss, "Judge Tosses Wrongful Termination Claim by Woman Forced to Resign after Flipping off Trump Motorcade," *ABA Journal* (July 2, 2018), www.abajournal.com/news/article/wrongful_termination_claim_trump_motorcade/ (accessed February 22, 2019). See also C. MacDonald, "Was It Right to Fire an Employee for Giving President Trump the Finger?" *Canadian Business* (November 13, 2017), www.canadianbusiness.com/blogs-and-comment/trump-middle-finger-fired/ (accessed March 5, 2019).
3. K. Draper and K. Belson, "Colin Kaepernick and the N.F.L. Settle Collusion Case," *The New York Times* (February 15, 2019), www.nytimes.com/2019/02/15/sports/nfl-colin-kaepernick.html (accessed February 21, 2019).
4. M. Ehrenkranz, "Let's Be Very Clear About What Happened to James Damore," *Gizmodo* (January 17, 2018), https://gizmodo.com/lets-be-very-clear-about-what-happened-to-james-damore-1822160852 (accessed February 22, 2019).
5. Source: James Damore, Google's Ideological Echo Chamber (Memo) (Fall 2017).
6. J. Eidelson, "Google's Firing of Engineer James Damore Did Not Break Labor Law, NLRB Lawyer Concludes," *LA Times* (February 16, 2018), www.latimes.com/business/la-fi-tn-google-james-damore-20180216-story.html (accessed February 22, 2019).
7. NAVEX Global, *Top 10 Ethics & Compliance Trends for 2019* (2019), http://trust.navex-global.com/rs/852-MYR-807/images/top-ten-trends-2019-ebook.pdf.
8. A. Edmans, "28 Years of Stock Market Data Shows a Link Between Employee Satisfaction and Long-Term Value," *Harvard Business Review* (March 24, 2016), https://hbr.org/2016/03/28-years-of-stock-market-data-shows-a-link-between-employee-satisfaction-and-long-term-value (accessed March 6, 2019); D. Pontefract, "If Culture Comes First, Performance Will Follow," *Forbes* (May 25, 2017), www.forbes.com/sites/danpontefract/2017/05/25/if-culture-comes-first-performance-will-follow/#45db31586e62 (accessed March 6, 2019).
9. K. Higginbottom, "U.S. Employees Are Still Loyal to Their Employers," *Forbes* (September 30, 2018), www.forbes.com/sites/karenhigginbottom/2018/09/30/us-employees-still-loyal-to-their-employers/#e81990c7fc05 (accessed March 6, 2019).

10. Christine Porath and Christine Pearson, "The Price of Incivility," *Harvard Business Review* 91, no. 1/2 (2013), pp. 114–21.

11. Ethics Resource Center, "The State of Ethics and Compliance in the Workplace: Global Business Ethics Survey" (March 2018), www.ethics.org/knowledge-center/2018-gbes/ (accessed March 6, 2019).

12. W. Frick, "When Treating Workers Well Leads to More Innovation," *Harvard Business Review* (November 3, 2015), https://hbr.org/2015/11/when-treating-workers-well-leads-to-more-innovation (accessed March 6, 2019); N. Andriotis, "Want Better Business Results? Involve Your Employees," *eFrontLearning.com* (December 2017), www.efrontlearning.com/blog/2017/12/employee-involvement-great-business-results.html (accessed March 6, 2019); E. Ivanov, "Innovation 'Quid Pro Quo': Firms That Treat Workers Better Are More Innovative," *Innovation Observer* (March 22, 2018), https://innovationobserver.com/2018/03/22/innovation-quid-pro-quo-firms-that-treat-workers-better-are-more-innovative/ (accessed March 6, 2019).

13. For a curious legal case on this question, see *Sampath v. Concurrent Tech. Corp.*, No. 08-2370, 299 F. App'x (3d Cir. Nov. 14, 2008), www.ca3.uscourts.gov/opinarch/082370np.pdf (accessed August 11, 2012) ["Title VII does not 'mandate a happy workplace.'"]; and *Jensen v. Potter*, 435 F.3d 444, 451 (3d Cir. 2006), *overruled in part on other grounds by Burlington N. & Santa Fe Ry. Co. v. White*, 548 U.S. 53 (2006).

14. Jeffrey Pfeffer, "Shareholders First? Not So Fast . . .," *Harvard Business Review* 87 no. 7/8 (2009); see also Jeffrey Pfeffer, *The Human Equation: Building Profits by Putting People First* (Boston: Harvard University Press, 1998).

15. Neal M. Ashkanasy, W. J. Zerbe, and Charmine E. J. Härtel, *Emotions and the Organizational Fabric* (Bingley, UK: Emerald, 2014), www.emeraldinsight.com/1746-9791/10 (accessed February 21, 2019).

16. E. Fink-Samnick, "The Side Effects of Workplace Bullying in Healthcare," *ICD10 Monitor* (June 18, 2018), www.icd10monitor.com/the-side-effects-of-workplace-bullying-in-healthcare (accessed March 5, 2019); see also G. Namie, "2017 Workplace Bullying Institute U.S. Workplace Bullying Survey," Workplace Bullying Institute (2017), http://workplacebullying.org/multi/pdf/2017/2017-WBI-US-Survey.pdf (accessed March 6, 2019).

17. Source: D. Yamada, "Workplace Bullying and Ethical Leadership," *Legal Studies Research Paper Series,* 08-37 (November 14, 2008), http://ssrn.com/abstract=1301554 (accessed March 6, 2019).

18. Source: *Payne v. Western & A.A.R. Co.*, 81 Tenn. 507 (1884).

19. C. Lakshman et al., "Ethics Trumps Culture? A Cross-National Study of Business Leader Responsibility for Downsizing and CSR Perceptions," *Journal of Business Ethics Online* (October 4, 2013), http://link.springer.com/article/10.1007%2Fs10551-013-1907-8 (accessed March 6, 2019).

20. Source: José Luis Illueca García-Labrado, "Ethics and Restructuring: Promising Match or Marriage of Convenience?" *IESE Business School: Business Ethics Blog* (January 24, 2014), http://blog.iese.edu/ethics/2014/01/24/ethics-and-restructuring-promisingmatch-or-marriage-of-convenience/ (accessed February 21, 2019).

21. Leadership IQ, "Don't Expect Layoff Survivors to Be Grateful," *PRWeb* (December 10, 2008), www.prweb.com/releases/Leadership_IQ/Layofs/prweb1754974.htm (accessed March 6, 2019).

22. Source: Leadership IQ, "Don't Expect Layoff Survivors to Be Grateful" (December 10, 2008), www.prweb.com/releases/Leadership_IQ/Layoffs/prweb1754974.htm (accessed March 6, 2019).

23. Source: R. S. Larsen, "Leadership in a Values-Based Organization," *The Sears Lectureship in Business Ethics at Bentley College* (February 7, 2002).

24. S. Khimm, "Offshoring Creates as Many U.S. Jobs as It Kills, Study Says," *Washington Post* (July 12, 2012), www.washingtonpost.com/news/wonk/wp/2012/07/12/study-offshoring-creates-as-many-u-s-jobs-as-it-kills/?utm_term=.7464c07945a0 (accessed March 1, 2019);

K. Amadeo, "How Outsourcing Jobs Affects the U.S. Economy," *The Balance* (March 19, 2018), www.thebalance.com/how-outsourcing-jobs-affects-the-u-s-economy-3306279 (accessed March 1, 2019).

25. Source: Benjamin Powell and Matt Zwolinski, "The Ethical and Economic Case against Sweatshop Labor: A Critical Assessment," *Journal of Business Ethics* 107, no. 4 (2012), pp. 449-72.

26. Benjamin Powell and Matt Zwolinski, "The Ethical and Economic Case against Sweatshop Labor: A Critical Assessment," *Journal of Business Ethics* 107, no. 4 (2012), pp. 449-72.

27. Source: G. Leibowitz, "Apple CEO Tim Cook: This Is the Number 1 Reason We Make iPhones in China (It's Not What You Think)," *Inc.* (December 17, 2017), https://www.inc.com/glenn-leibowitz/apple-ceo-tim-cook-this-is-number-1-reason-we-make-iphones-in-china-its-not-what-you-think.html (accessed March 5, 2019).

28. Source: D. Arnold and L. Hartman, "Worker Rights and Low Wage Industrialization: How to Avoid Sweatshops," *Human Rights Quarterly* 28, no. 3 (August 2006), pp. 676-700.

29. Source: Denis G. Arnold and Norman E. Bowie, "Sweatshops and Respect for Persons," Business Ethics Quarterly 221 (2003), pp. 223-224.

30. L. Hartman, B. Shaw, and R. Stevenson, "Exploring the Ethics and Economics of Global Labor Standards: A Challenge to Integrated Social Contract Theory," *Business Ethics Quarterly* 13, no. 2 (2003), pp. 193-220.

31. P. Werhane, S. Kelley, L. Hartman, and D. Moberg, *Alleviating Poverty through Profitable Partnerships: Globalization, Markets and Economic Well-Being* (New York: Routledge/Taylor & Francis, 2009), chap. 1.

32. Ethical Trade Initiative, "Our Members," www.ethicaltrade.org/about-eti/our-members (accessed March 6, 2019).

33. Ethical Trading Initiative, "ETI Base Code," secs. 5.1-5.3, www.ethicaltrade.org/eti-base-code.

34. "HERProject: Investing in Women for a Better World" (2010), http://herproject.org/ (accessed March 6, 2019).

35. UNICEF, "Child Labour" (December 2017), https://data.unicef.org/topic/child-protection/child-labour/ (accessed March 6, 2019); ECLT Foundation, "152 MILLION CHILDREN in Child Labour" (n.d.), www.eclt.org/en/152-million-children-in-child-labour (accessed March 6, 2019).

36. P. Roggero, V. Mangiaterra, F. Bustreo, and F. Rosati, "The Health Impact of Child Labor in Developing Countries: Evidence from Cross-Country Data," *American Journal of Public Health* 97, no. 2 (2007), pp. 271-75. doi: 10.2105/AJPH.2005.066829.

37. However, some advocacy groups fail to consider all perspectives. For example, the Global Reporting Initiative's discussion on its Child Labour Indicators fails to take into account the impact of the termination of children beyond their removal from the workplace.

38. Source: Tim Worstall, "Bolivia Legalises Child Labour and Child Labour Might Decline in Bolivia," *Forbes* (July 21, 2014), http://www.forbes.com/sites/timworstall/2014/07/21/bolivia-legalises-child-labour-and-child-labour-might-decline-in-bolivia/ (accessed March 6, 2019).

39. EEOC, "Sexual Harassment" (n.d.), www.eeoc.gov/laws/types/sexual_harassment.cfm (accessed March 6, 2019).

40. R. Thomas et al., "Women in the Workplace," *McKinsey & Co. & Lean In* (2018), www.mckinsey.com/featured-insights/gender-equality/women-in-the-workplace-2018 (accessed March 10, 2019).

41. S. Thomson, "Here's Why You Didn't Get That Job: Your Name," *World Economic Forum* (May 23, 2017), www.weforum.org/agenda/2017/05/job-applications-resume-cv-name-descrimination/ (accessed March 10, 2019).

42. International Labour Office, "A Quantum Leap for Gender Equality: For a Better Future of Work for All" (2019), www.ilo.org/wcmsp5/groups/public/—dgreports/—dcomm/—publ/documents/publication/wcms_674831.pdf (accessed March 9, 2019); N. Graf et al., "The Narrowing, but Persistent, Gender Gap in Pay," *Pew Research Center* (April 9, 2018), www.pewresearch.org/fact-tank/2018/04/09/gender-pay-gap-facts/ (accessed March 9, 2019).

43. Marianne Cooper, "For Women Leaders, Likability and Success Hardly Go Hand-in-Hand," *Harvard Business Review,* HBR Blog Network (April 30, 2013), http://blogs.hbr.org/2013/04/for-women-leaders-likability-a/ (accessed March 10, 2019).

44. Ken Auletta, "Why Jill Abramson Was Fired," *The New Yorker* (May 14, 2014), www.newyorker.com/business/currency/why-jill-abramson-was-fired (accessed March 10, 2019).

45. C. von Hippel, C. Wiryakusuma, J. Bowden, and M. Shochet, "Stereotype Threat and Female Communication Styles," *Personal Social Psychology Bulletin* 37, no. 10 (2011).

46. J. Bourke, "Diversity and Inclusion: The Reality Gap," *Deloitte Insights* (2017), www2.deloitte.com/insights/us/en/focus/human-capital-trends/2017/diversity-and-inclusion-at-the-workplace.html (accessed March 10, 2019).

47. Ernst & Young, "Point of View: Women on Boards: Global Approaches to Advancing Diversity" (July 2014), www.womenonboards.co.uk/resource-centre/reports/diversity/2014-ey-diversity-global-approach-wob-who-is-doing.pdf (accessed March 10, 2019).

48. European Women on Boards, "Ethics and Boards European Gender Diversity Index" (July 31, 2018), https://europeanwomenonboards.eu/wp-content/uploads/2018/11/ewob_eb_ranking.pdf (accessed March 10, 2019) (countries examined included Belgium, the Czech Republic, Finland, France, Germany, Italy, the Netherlands, Spain, the United Kingdom); A. Ekin, "Quotas Get More Women on Boards and Stir Change from Within," *Horizon* (September 6, 2018), https://horizon-magazine.eu/article/quotas-get-more-women-boards-and-stir-change-within.html (accessed March 10, 2019); Mission of Norway to the European Union, "Sharing Norway's Experience with Gender Quotas for Boards" (October 17, 2017), www.norway.no/en/missions/eu/about-the-mission/news-events-statements/news2/sharing-norways-experience-with-gender-quotas-for-boards (accessed March 10, 2019); C. Zillman, "The EU Is Taking a Drastic Step to Put More Women on Corporate Boards," *Fortune* (November 20, 2017), http://fortune.com/2017/11/20/women-on-boards-eu-gender-quota/ (accessed March 10, 2019).

49. Deloitte, "Women in the Boardroom: A Global Perspective" (2017), www2.deloitte.com/global/en/pages/risk/articles/women-in-the-boardroom5th-edition.html (accessed March 10, 2019).

50. H. Landy, "Fortune 500 Companies Appointed a Record Percentage of Women to Their Boards Last Year," *Quartz at Work* (July 26, 2018), https://qz.com/work/1340544/the-fortune-500-appointed-a-record-percentage-of-women-to-boards-in-2017/ (accessed March 10, 2019); Judith Warner, "Women's Leadership Gap" (2016), Center for American Progress, www.americanprogress.org/issues/women/report/2015/08/04/118743/the-womens-leadership-gap/ (accessed March 10, 2019).

51. Boston Consulting Group, "Diversity and Inclusion" (2018), www.bcg.com/capabilities/diversity-inclusion/overview.aspx (accessed March 10, 2019).

52. PwC, "2018 Annual Corporate Directors Survey" (October 2018), www.pwc.com/acds2018 (accessed March 10, 2019).

53. M. Tarm, "Brokerage Giant Settles Discrimination Lawsuit," *Boston Globe* (August 29, 2013), www.bostonglobe.com/business/2013/08/28/brokerage-giant-settles-discrimination-lawsuit/X0S7hAbQlYotExOjHZXlQK/story.html (accessed March 10, 2019); C. Suddath, "Hey Merrill Lynch, It's Not a Good Idea to Tell Women to 'Seduce the Boys' Club,'" *Bloomberg Businessweek* (July 29, 2013), www.businessweek.com/articles/2013-07-29/hey-merrill-lynch-its-not-a-good-idea-to-tell-women-to-seduce-the-boys-club (accessed March 10, 2019).

54. M. Rozen, "Merrill Lynch and Wells Fargo Learn Tough Lessons from Discrimination Suits," *Financial Advisor IQ* (June 11, 2018), https://financialadvisoriq.com/c/1998003/229204/

merrill_lynch_wells_fargo_learn_tough_lessons_from_discrimination_suits (accessed March 10, 2019);K. Weise, "Meet the Broker Who Made Merrill Pay for Racial Bias," *Bloomberg Businessweek* (December 3, 2013), www.bloomberg.com/news/2013-11-27/merrill-lynch-messed-up-my-career-says-broker-who-won-lawsuit.html (accessed March 10, 2019).

55. Source: Mazzoni Center, "Press Release" (March 29, 2018), https://www.mazzonicenter.org/news/board-directors-mazzoni-center-issues-statement-response-concerns-regarding-ceo-search-process (accessed March 10, 2019).

56. Clarence Thomas, *My Grandfather's Son* (New York: Harper Perennial, 2008), pp. 87–88; quoted in T. Loomis, "The 15-Cent Diploma: Clarence Thomas Says Affirmative Action Cheapened His Yale Law School Degree and Made It Almost Impossible for Him to Find a Law Firm Job," *American Lawyer* 30, no. 6 (2008).

57. Source: General Motors, "Brief of General Motors as Amicus Curiae in Support of Defendants," in *Gratz v. Bollinger*, 539 U.S 244 (2003).

58. Source: United States Court of Appeals.

59. A. Liptak, "Court Backs Michigan on Affirmative Action," *The New York Times* (April 22, 2014), www.nytimes.com/2014/04/23/us/supreme-court-michigan-affirmative-action-ban.html (accessed March 10, 2019).

第 7 章

伦理决策：工作场所中的技术和隐私

> 我们必须适应这个变化的时代，并坚持不变的宗旨。
>
> ——吉米·卡特（Jimmy Carter），美国前总统
>
> 技术不是万能的。重要的是你对人有信心，他们基本上都是善良和聪明的。如果你给他们工具，他们就会完成很棒的事情。
>
> ——史蒂夫·乔布斯（Steve Jobs）
>
> 事情不变，只有我们改变。
>
> ——亨利·戴维·梭罗（Henry David Thoreau）

∷ 开篇伦理决策

智能手机的智能使用问题

一天下午，你的团队来到客户的会议室，为销售一个新的数据库系统进行宣讲。这是一笔重要的销售业务。因此，当你的同事展示幻灯片，详细介绍该系统的优点时，你就仔细观察着客户团队的反应，并在智能手机上做了详细记录。

客户的首席信息官（CIO）和首席财务官（CFO）都在场，你特别关注 CIO，观察她对演示中提到的每个功能的反应。在会议结束时，你已经键入了一份简短的报告，该报告将帮助你的团队为下周的后续访问做好准备。

然而，当你回到自己的办公室时，你的老板——销售主管正在等你。"这笔交易已经泡汤了"，他说。"我刚接到客户首席财务官的电话。她很生气，她说你在整个会议中都在摆弄你的手机，而不是专心听讲。你到底在想什么？"正当你的老板说话时，你感觉到你的手机在震动。你正在等另一个重要客户的电话，你非常希望能获得这个客户的订单。当然，现在显然不是接电话的好时机。但如果现在不接，很可能就错失了这一订单。你知道，你将手机设置成在发出三次振动提示后将发出响声。

讨论题

1. 请列出因为在工作场所使用智能手机而引起的尽可能多的道德问题。
2. 你今天在宣讲会上做错什么了吗?
3. 显然,今天在宣讲会上客户感觉被冒犯了。为了防止这种行为后续再次发生,你将会采取哪些不同的行动?
4. 在哪些情况下,有些人可能会认为不礼貌的行为(例如,可能冒犯他人的行为,如在会议中回复电子邮件,或者因为无聊或疲倦而玩游戏)会越界变成不道德的行为?
5. 对于在工作场所使用智能手机,如果有,你会建议组织采取何种政策?
6. 在内部会议期间使用智能手机的规则同在与客户或供应商的会议期间使用智能手机的规则是否应该有所不同?
7. 你下一步要做什么?你能接电话吗?你将如何回应老板的担忧?

::学习目标

在学完本章之后,你应该能够:
1. 解释对隐私的两种定义的区别。
2. 描述隐私作为基本价值观的道德来源。
3. 辨别隐私保护的法律来源,并讨论对"隐私的合理预期"的界定。
4. 讨论跟员工监控相关的发展情况。
5. 了解与技术执行和使用不正确理解相关的风险。
6. 列举雇主选择对员工进行监管的原因。
7. 讨论通过药物测试进行监管的道德性。
8. 讨论测谎仪、基因测试和其他形式监管的道德性。
9. 解释雇主在管理员工工作之余活动时的权益。
10. 讨论全球事件的政策变化对商业活动中有关隐私决策的影响。

7.1 引言

法学教授杰弗里·赫希(Jeffrey Hirsch)警告我们,"混合工作场所"(blended workplace)即将出现,他声称这非常具有威胁性。赫希提醒每一位员工或未来的员工,我们无法避免并严重依赖技术的便利性。技术使得许多工作更容易执行,同时也为雇主提供更多的工具来监督和控制工人"。[1] 赫希认为,同样的技术有助于我们寻求更好的工作条件,但他预测,这些好处将远远超过对工人自主性的威胁和可能更严重的侵权行为。

赫希的观点是正确的吗?作为个体,你是否感觉到你的个人信息在工作场所内外都很容易受到攻击?或者,你是否会从不同的角度看待技术?这些威胁是否会使我们无法充分利用技术,并利用它的积极价值?学者塞西(Sethi)和斯塔宾斯(Stubbings)解释说,技术对我们所有人的帮助比它已经提供的要大得多。他们建议我们可以更好地利用它,例如:

- 通过更有效地管理生产力来解决工作倦怠问题。
- 通过与工作内外的人建立联系,建立社会适应能力。

- 通过让员工做好工作变动的准备，鼓励适应性和灵活性。
- 支持"内部创业"（鼓励在职创新和冒险）。
- 提供更多的自主权。[2]

毫无疑问，当今商业活动是全球性的，技术革命要为此承担主要责任也是不争的事实。技术革命带来了相同的机遇和挑战，很多挑战还引发了道德问题，尤其是当技术影响员工和消费者的隐私时。在第 1 章，你可能还记得，信息威胁、丢失和攻击是全球高管最关心的问题。[3] 2018 年的一项研究发现，美国公司平均每年因数据泄露损失 360 万美元。[4] 本章将回顾一些技术和隐私的主要问题，对工作场所的隐私尤其关注。

隐私（privacy）问题涉及个人权利和功利主义的结果。工作场所的隐私问题激发了内在的冲突（或被称为微妙的平衡）。这种冲突发生在雇主保护其利益的基本权利和与之类似的员工避免个人事件被不正当侵扰的间接性权利之间。工作场所的冲突可以通过对个人活动或个人选择的控制产生，也可以通过各种各样的监管产生（见现实观察 7-1）。比如像对毒品的测验这样一些监管，可能会出现在招聘之后、上岗之前。其他一些形式可能就出现在工人开始工作的时候，比方说对电子邮件的电子监控。

⊙ 现实观察 7-1

未来的隐私：就趁现在

围绕电子监控的隐私问题越来越复杂。一些公司使用电子腕带和其他设备来监控员工的位置、工作效率，甚至员工的沟通倾向。

一家名为 Humanyze 的公司专门从事这些类型的"人员分析"。它的员工们在一个充满阳光和电脑的办公室里穿梭，还有跟踪他们位置和互动的信标。每个人都戴着信用卡大小的身份证件。它包含麦克风，用于检测他们是否在相互交谈；蓝牙和红外传感器，用于监控他们的位置；还有加速计来记录他们的移动。

Humanyze 的老板本·瓦伯（Ben Waber）说："企业管理的各个方面都变得越来越以数据为导向。其中的人员管理方面也是一样。"该公司的员工与客户受到的待遇大致相同。员工徽章上的数据与电子邮件和日历上的信息相结合，形成了员工工作时间的全貌。客户只能看到团队层面的统计数据，但 Humanyze 的员工可以查看他们自己的数据，其中包括与同性相处的时间、活动水平及花在说话和倾听上的时间比率等指标。

资料来源："There Will Be Little Privacy in the Workplace of the Future." *The Economist: Special Report* (May 28, 2018), https://www.economist.com/special-report/2018/03/28/there-will-be-little-privacy-in-the-workplace-of-the-future (accessed February 21, 2019).

在监管员工的伦理性问题上可对比功利主义的观点。雇主认为有效且高效管理工作场所的唯一方法，就是对工作场所中可能发生的所有事情进行辨别和控制。员工却认为，一个建立在信任、尊重和自治基础之上的支持性环境才会带来更高效的产出。在任何情况下，要平衡的问题始终是谁的权利更占优势，哪种结果具有优先权。

本章将会检验技术及在这些问题上产生的影响。我们将会深究隐私权的根源及在此问题上法律和道德的局限性。我们还会探讨雇主的控制手段和技术潜在性地侵扰隐私而产生的道德问题，然后把雇主与雇员间的技术和隐私问题与权利责任的平衡问题结合起来。

由于技术所涉及的领域太宽，本章无法论述所有问题，因此我们缩小范围，仅将重点放在工作场所和相关活动场所的技术隐私问题上。由于技术与道德、财产权、法律之间的关联涉及面太广，本章将不进行讨论。同样地，尽管电话公司有关是否遵守政府要求移交通话记录的决定带来了技术和隐私问题，但是它与雇用关系中的此类问题无关联，我们也不做考虑。但读者可以关注这些问题，并可试图将本章所学知识运用到工作中更多的技术与伦理问题上。

7.2 隐私权

隐私是当代社会极为模糊和极具争议的价值观。随着近几十年来计算机技术爆炸式的发展，对于隐私权（privacy right）保护的呼声也与日俱增。可是，对于隐私的本质、内容和价值的认识普遍混乱。一些西方国家并不像美国那样承认隐私的合法权利，然而还有一些像新西兰、澳大利亚这样的国家，在隐私问题的解决方法上要老练得多。

就是在美国，在隐私问题上也颇有争议。美国宪法并无对隐私权的特别提及，而最高法院的主要裁决，即格里斯沃尔德诉康涅狄格州案[5]和罗诉韦德案[6]，都将隐私权归为基本权利，导致这一问题至今仍存在很大争议。正如你将在本章读到的，管理与个人隐私相关的问题是控制与知识之间的一种平衡行为，各方的道德观点都很有说服力。

7.2.1 隐私的定义

在法律和哲学领域可以找到两个一般性的且有联系的对隐私的定义：在个人的领域里，隐私是一种不被干涉的权利；是一种对自我信息掌控的权利。隐私的这两种定义间的联系有一定的价值。我们如何过着自己的生活和对个人信息的控制是区别我们与其他人不同的关键因素。隐私之所以重要，是因为它建立了人与人之间的界限，隐私定义了每一个不同的个体。对个人信息和决策权的控制能反映出我们是什么样的人，以及我们将要成为什么样的人。在这个程度上，我们应该珍惜每个个体的固有尊严，应该尊重每个个体，并且明白个体的决策和信息理所当然地是个体的专属。

很多人认为不干涉他人权利应该是一种道德要求。例如，工作场所中的员工就很难要求完全的不受干涉。部分人因此认为对隐私更好的理解就是控制个人信息。从这个视角来看，当其他人开始知道有关我们的个人信息时，就是对我们个人隐私侵扰的最明确表现，好比一个陌生人阅读你的电子邮件或偷听你的个人谈话。可是，隐私权被定义为控制所有的个人信息也未免太宽泛了一点。在很多情况下，尤其是在雇用合同中，必须合法获知一些必要的个人信息。

哲学家乔治·布伦科特（George Brenkert）认为隐私的信息意识有关 A 和 B 双方，假设 A 的个人信息是 X。当且仅当 A 和 B 之间没有任何相关性时，如果 B 想知道 X，那么就是对 A 的隐私的侵扰；如果两者认识，则不构成隐私侵扰。因此，我的隐私是否被侵犯不在于我的个人信息的曝光，而是要看想要知道我信息的那个人与我是否有相关性。例如，我的贷款公司查看我的信誉级别是正当的，而我的学生这样做就侵扰了我的隐私。因此，个人信息只透露给那些与我们有相关性的人，这是保护个人完整性和个性的一个重要的途径。

基于人际关系限制对个人信息的访问是维护个人完整性和个性的重要方式。也许正是这种限制或控制的选择才是一个人隐私感的来源。正如法律学者詹妮弗·摩尔（Jennifer Moore）所解释的，"保持一个人的隐私范围可以让你在一定程度上控制自己的角色、关系和身份，如果所有人都知道你的所有可用信息，你就不会有这种控制。这种选择是与你的朋友保持亲密关系和与雇主保持专业关系的一部分"。[7]

7.2.2 隐私权的道德来源

隐私权根植于人的基本的、普遍的自主权，以及不受限制地决定个人存在的权利。这种权利受社会文化的制约，社会文化不允许我们去侵犯别人的权利。哲学家帕特里夏·沃哈恩（Patricia Werhane）把这种边界称为"互惠义务"（reciprocal obligation）；也就是说，如果一个人希望自己的自主权得到尊重，那么首先他有互惠义务先去尊重其他人。[8]

应用到工作场所，沃哈恩的互惠义务的概念就是指，某个雇员有尊重雇主财产和目标的义务，同时雇主本着互惠义务也有尊重雇员权利的义务，包括雇员的隐私权。在其他领域，沃哈恩坚持工作场所的一系列权利应该包括雇主和雇员在商业机密和其他方面的隐私权和保密权。这个主张得到了传统哲学的支持。康德把个人的道德观与规范的自我决定的理性能力这样的最高价值观联系起来，并且认为隐私是明确的道德责任。[9]

伦理学家托马斯·唐纳森（Thomas Donaldson）和托马斯·邓菲（Thomas Dunfee）提出一个道德分析的解决方法，即寻找贯穿文化和理论的基本规范（hypernorms）与那些道德缺失领域（normal free space）的价值标准之间的区别。唐纳森和邓菲提议：我们关注宗教、文化和一些核心原则上哲学信仰的集合，并将之作为辨认基本规范的线索。唐纳森和邓菲的理论中还包括了自由的权利、规范自由演说的例子、政治变革的权利和知情同意权。个人隐私是这些基本权利的核心，事实上也是许多基本权利的一个必要前提。一个在世界上 50 个国家进行的有关隐私的研究发现：

> 在所有主要国际条约和规定中，隐私都被视为是一项基本人权。几乎每个国家都将隐私权作为一项基本权利或明或暗地纳入宪法。近期起草的宪法草案也涉及获取或控制个人信息的具体权利。[10]

同样地，文明社会中隐私的价值等同于存在于文明中的各种基本规范的价值。最终，保护隐私的失败可能带来的是保护公民自由和自治的失败。这里需要特别指出的是，一些人可能会认为这种关于隐私基础的观点主要是源自北美地区——其基础是保护自由和自治。这些人认为欧洲则不一样，主要是建立在保护人类尊严的基础上。[11]尽管有这种观点上的差异，但对于隐私作为确保其他关键议题的重要手段，几乎没有什么争论。有关欧洲和美国在隐私保护方面差异的更多信息，请见现实观察 7-2。

⊙ 现实观察 7-2

隐私：欧洲与美国的比较

欧洲

在大多数欧洲国家，隐私被视为一项人权，除其他领域外，还受到强有力的数字隐私保护。从欧洲人的角度来看，隐私和尊严通常被视为共同的原则，而对它们的保护往往让美国人感到吃惊。例如，欧洲的许多隐私监管源自大型综合立法，而非美国常见的仅适用于特定隐私领域的零碎法案。

在欧洲：

- 欧盟于2016年通过了《通用数据保护条例》（General Data Protection Regulation，GDPR），取代了欧洲早期的数据保护法。GDPR"加强了个人在数据保护方面的权利，对处理个人数据的人规定了更严格的义务，并规定了更强的监管执法权力"。GDPR禁止未经个人明确许可的公司收集或共享个人信息。
- GDPR禁止未经个人明确许可的公司收集或共享个人信息。这一禁令促使各组织在GDPR生效日期前几天向其整个邮件列表发送了大量电子邮件，请求获得收集或共享个人信息的许可。许多收集个人数据的网站被修改为在生效日期前几天甚至几小时通知个人，因为它们担心如果不遵守规定，会被处以巨额罚款。
- 所有信息必须以清晰易懂的方式提供有关谁在使用这些数据，以及用于什么目的。此外，个人有权审查数据并更正不准确之处。这甚至包括互联网搜索引擎提供的数据。
- GDPR对任何违反该规定的公司处以高达2 000万欧元或全球年收入4%的巨额罚款（以较大金额为准）。
- GDPR的范围是域外的，这意味着它适用于世界各地的数据收集。所有公司，无论其规模或地点如何，如果向欧盟居民提供免费或付费的商品或服务或监控其行为，都必须遵守GDPR。
- 政府机构大多不受GDPR的约束（如窃听手段在荷兰的使用量是美国的130倍，公民在德国当地警察局仍需要登记地址）。
- 专业数据处理的公司必须向政府登记其活动。
- 雇主被禁止阅读员工的私人电子邮件。
- 一些欧洲国家的当局可以否决父母选择婴儿名字的决定，以维护孩子的尊严。
- 只有拖欠贷款的债务人才会收到将他们列入贷款"黑名单"的欧洲信用报告。而按时支付账单的消费者不会获得"良好"信用积分。
- 艺术家对他们的作品拥有不可剥夺的"道德权利"，这些权利可以取代版权，并允许他们阻止他们认为会给他们带来负面影响的修改。

美国

欧洲人对公司具有较深的不信任感，而美国人似乎更担心政府侵犯隐私。然而，美国的隐私法适用于非政府组织（如公司），而不是政府。

在美国：

- 宪法的《权利法案》为个人隐私权提供了一些保护，以防止政府的侵犯。例如，第四修正案禁止不合理的搜查和扣押。最近，它已应用于个人的手机和其他数字物品（通过美国海关和边境管制设施时除外）。
- 员工在进入和使用公司财产时放弃大部分隐私权。例如，在特定条件下，雇主通常可以查看员工的电子邮件和互联网使用情况。
- 法院支持新闻自由，允许个人信息发布甚至是隐私细节。

- 大多数州通常要求公司在其个人信息丢失或被盗时告知消费者。
- 美国的搜索引擎和互联网提供商通常不承担传递数据的责任，除非他们直接知道这些数据是虚假的或违反了版权法。
- 艺术家可以无条件地将其作品出售给出价最高的人，并且不会对创意产品保持持续的道德权利（即当小说家出售其作品制作成电影的权利时，他们往往会失去对作品在电影中的表达方式的控制）。

资料来源：Adam Liptak, "When American and European Ideas of Privacy Collide," *The New York Times* (February 27, 2010), www.nytimes.com/2010/0228/weekinreview/28liptak.html (accessed July 20, 2018).

此外，对隐私问题运用法律中产权的视角来分析，会产生更多的看法和理解。"产权"（property rights）是一个人的生命和所有其他非生育衍生物。衍生物包括思想和个人信息。产权的概念涉及某人保持对有形财产和无形财产控制的决定，包括个人信息。财产权和个人信息可以确定那种侵犯他人个人信息的行为。如果一个人对他自己的信息持有权利，那么其他人就有一个相对应的责任去遵守。

为什么我们要假设个人对个人信息拥有不受约束的专有权利？个人财产权依赖于一系列法规的存在和执行。法规界定了谁应该为哪些是他们主动的行为负责？以及这些活动的回报如何分配？也就是说，个人对自己信息是否拥有专属权依赖于一系列法规的出台。因为这些法规规定这样做是正确的。我们的社会存在这样的法规吗？合法吗？事实上，这些法规并不明晰。很多立法者认为，保护个人信息财产的明确立法可能会带来一个改良和可预测的个人信息市场，而作为市场失灵结果的专断和不公平将会被终结。

7.2.3 隐私权的法律来源

每个员工都是一个拥有私人思想、私人沟通和私人生活的人。在员工进入工作场所或打开公司的电脑后，这些信息对员工来说仍和之前一样重要。然而，对美国员工来说，如果员工想要保住这份工作，那么在很大程度上必须放弃隐私。[12]

与其他快速发展的领域一样，该领域的法律还没有赶上涉及员工隐私的技术。许多最新进展，许多最新案例法，以及我们在本章中的大部分讨论，将集中于员工监控。在这一领域，仅仅遵守法律可能远远达不到负责任的管理实践。虽然法律对于窃听工人的电话可能是明确的，但对于在手持设备上监控工人的电子邮件或短信，法律就不那么明确了。

在美国，隐私可以通过三种法律形式获得保护：宪法、联邦或州法规、普通法。普通法是指由美国法院做出的裁决组成的法律体系，而不是任何特定的法规或条例中的规定。

例如，美国宪法第四修正案反对在公共部门工作场所中不合理的搜索和扣押，因为这种行为仅适用于国家层面。因此除非雇主是政府或州的代表（覆盖美国约15%的工人[13]），否则通常情况下都不能进行此种行为。

而即使有的话，法规对于工作场所骚扰的保护作用也是微乎其微。美国1986年颁布的《电子通信隐私法》(Electronic Communications Privacy Act，ECPA)禁止"拦截"(interception)或存储通信。可是法院规定的"拦截"仅适用于传输中的信息，而不包括那些已经到达公司电脑中的信息。因此，ECPA只能惩罚第三方的电子监控行为，而不能惩戒雇主。甚至，ECPA允许在已获得同意的情况下进行拦截行为。因此，公司如果在招聘时让员工同意监管，那么根本不受 ECPA 的限制。如果雇主提供被监控的服务，例如电子邮件系统，他们甚至不需要得到员工的同意。

最后，ECPA 仅涵盖电子、语音和有线通信，因此该法案从未考虑过雇主监控员工的许多新方式（如 GPS 监控）。最终，根据该法案，只要有正当的商业理由（例如，确保员工没有使用工作电子邮件发送个人信息或骚扰他人），他们就有理由拦截电子邮件（见现实观察 7-3）。

⊙ 现实观察 7-3

天空之眼

一天清晨，一名男子告诉他的雇主，他生病了，因此要缺席当天的一个重要客户会议。下午 2 点，雇主根据公司提供给该员工的智能手机上安装的 GPS 软件，发现该员工在拉斯维加斯赌场闲逛。当雇主在第二天与该名男子对质时，该名员工解释说，他昨天下午已康复，随后前往拉斯维加斯。雇主解雇了该男子，该男子随后起诉雇主非法侵犯隐私（基于手机追踪），法院支持了雇主的行为。法院表示，如果雇主在午夜跟踪员工的电话，而员工通常不在工作，那么雇主的行为才是非法的。

资料来源：Will Yakowicz, "When Monitoring Your Employees Goes Horribly Wrong," *Inc.* (July 6, 2015), www.inc.com/will-yakowicz/drones-catch-employees-having-sex- and-other-employee-monitoring-gone-wrong.html (accessed July 20, 2018).

一些州依赖于法定保护而非普通法。其他州提供州法律承认和保护隐私权，包括阿拉斯加州、亚利桑那州、加利福尼亚州、佛罗里达州、夏威夷州、伊利诺伊州、路易斯安那州、蒙大拿州、南卡罗来纳州和华盛顿州。[14] 然而，除加利福尼亚州以外的所有州，该条款对私营组织的适用性是有限的、不确定的，或者根本不包括在内。

为很多人熟知的"隐私侵扰"的主张是由"私人事务入侵"（intrusion into seclusion）发展而来的。当某人有意入侵他人的私人空间，当侵犯是对正常行为人的过分冒犯，违法行为就会产生。当我们的生活与技术联系得越来越紧密时，我们开始理所当然地接受越来越多的冒犯；当隐私侵扰变得平常时，这些冒犯又更接近那些日常事项。不久之前我们认为不可接受的事情渐渐变为可接受的。佐治亚州是美国第一个重视隐私权的地区，而其他一些州如北达科他州和怀俄明州等，并不认可和接受隐私权主张。[15]

在 2010 年的一起诉讼案中，美国最高法院首次处理了雇主监控问题。在本案中，两名加利福尼亚州警察在对市政府设备上的短信进行审查后发现，许多警察的短信都是私人性质的，因此受到了纪律处分。尽管他们的主管向这些官员保证不会进行稽查，但法院认为，尽管如此，稽查也是允许的，因为有理由相信，这些对信息的审查"与工作有关"。[16]

企业往往在监控和搜索员工使用的设备时会遇到一些风险，无论这些设备是归公司还是员工所有。美国最高法院认为当今智能通信设备的独特性，加强了法院对雇员或雇主使用这些设备的审查。雇主可能需要更仔细地考虑他们能在这些设备上进行搜索的性质和程度，但也要清楚他们的政策起草是否足够清楚，以提醒雇员这些搜索的潜在范围和雇员可以预期的隐私级别。[17]

近年来，有关监管问题的判决似乎都非常重视员工是否注意到了监管的行为。由于发现隐私侵扰的基础是对隐私的合法性和合理预期，因此如果一个雇员确实注意到了，就不存在对隐私的真切预期。这一观点在凯马特员工搜查案（K-Mart v. Trotti）中得到了支持，法庭认为搜查雇员在公司的储物柜是非法的，因为雇员使用的是自己的锁。可是，在斯迈思的案例（Smyth v. Pillsbury）中，斯迈思控告他的经理偷看他的电子邮件，因为斯迈思已注明此邮件不可公开传看。但法庭做出的判决是：尽管管理者不能拦截这样的通信，但是我们在一个雇员在公司的电子邮件系统中主动写给管理者电子邮件的内容中找不到个人隐私的合理预期（reasonable expectation of privacy）。斯迈思案的结局就是允许公司实施监管，即使该公司已经承诺不再发生类似举动。[18]

然而，各州越来越多地颁布法律来限制雇主监控权。截至2019年，有26个州（加上关岛）禁止雇主从潜在或现有员工那里获取社交媒体上的登录密码。其他5个州也在考虑类似立法。[19] 请关注法庭如何以公众的视角来看待监管的合法性，如表7-1所示。

表7-1 员工监控的法律地位

电话	在合理控制下，监控是允许的。国家法律要求通知电话的使用方。尽管联邦法律允许雇主在不通知的情况下监控电话。如果雇主意识到是私人通话，监控应该立刻停止
电子邮件	在很多情况下，雇主监控雇员的电子邮件。甚至在雇主声称他们并没有监控的情况下，雇员的电子邮件依然被监控，雇员对隐私的合理期望与日俱增（例如设置密码保护的账户），这可能会影响法院的判决
语音信箱系统消息	尽管还没有完全协调好，但应该与电子邮件的立法类似
网络的使用	雇主可在他们提供的能连接互联网的设备或途径中追踪、拦截、审查员工对互联网的使用

7.2.4 国际应用

GDPR于2018年生效，取代了过去的欧盟关于个人数据保护的指令，并通过对收集、处理和维护个人数据的人员施加更严格的义务，加强了个人在数据保护方面的权利。GDPR规定，未经个人许可，企业不得收集或共享个人信息。而且企业必须以清晰易懂的方式提供有关谁在使用数据及收集数据的目的的信息。此外，消费者有权审查数据并纠正错误，他们还可以要求删除或"忘记"他们的数据。

所有公司，无论其规模或地理位置，只要它向欧盟居民提供免费或付费的商品或服务并收集消费者的个人信息，就必须遵守GDPR。例如，即使是一家位于美国俄亥俄州的小型在线企业，其网站上有一个"联系我们"的页面，用于收集感兴趣消费者的姓名和电子邮件信息，如果一名欧盟居民偶然发现该网站并提交了其信息，该企业也将受到GDPR的约束。

GDPR拥有强大的监管权力，对违反这些规定的公司处以高达2 000万欧元或其全球年收入4%（以较高者为准）的巨额罚款。[20] 2019年，谷歌根据新法律被罚款5 700万美元，这是美国公司首次严重违规。法国数据保护监督机构CNIL声称，谷歌没有与用户分享他们的个人信息是如何被收集的，也没有与用户分享谷歌对这些信息的处理方式，而且谷歌没有按照GDPR的要求获得与个性化广告相关的用户许可。[21]

根据GDPR，欧盟不允许将其公民的数据转移到国外，除非该国被认为拥有足够完善的数据隐私法。不幸的是，欧盟认为美国没有足够完善的数据隐私法，但组织可以通过遵守所谓的"隐私保护"来执行该协议，美国公司必须遵守一套详细的标准，这些标准超过了美国法律通常的要求。隐私保护详细说明了十几条原则，公司必须遵守这些原则，才能依靠隐私保护从欧盟合法传输数据（见表 7-2）。[22]

表 7-2 欧盟的隐私保护

在欧盟的隐私保护下：
- 当使用欧洲人的数据时，美国情报机构必须遵守新的限制和监督机制
- 美国国务院将不得不雇用一个新的监管机构来处理有关情报相关事宜的投诉
- 公司必须自行证明遵守隐私保护及其规定的原则。认证必须每年更新一次
- 公司必须公开展示符合欧盟法律的隐私政策
- 公司必须在投诉提交后 45 天内解决投诉问题
- 公司必须更新其隐私政策，以解释人们如何访问这些服务
- 公司将面临更多限制，不能将欧洲人的个人数据转发给其他公司

可以说，GDPR 确实降低了隐私风险，因为 GDPR 设定了更高的标准，适用范围更广，而不是允许公司自行选择加入。[23] 然而，截至 2018 年 12 月，欧盟委员会报告称，"美国继续确保在隐私保护下传输的个人数据得到充分的保护"，并且美国提供的数据保护达到了可接受的水平，基本相当于欧盟的水平。[24]

考虑到法律的不确定性和不稳定性，面对信息收集领域的挑战，唯一的解决方法就是依靠道德。然而，"我们的法律规范和行为准则始终无法跟上技术发展的步伐。我们会不时更新它们，但这些变化总是被动的，而不是主动的"。[25] 尽管如此，就像法院所说的，警察在没有搜查令或通知的情况下对个人住宅使用红外探测设备的合法性问题：

> 随着技术的不断提高，我们对隐私的主观期望可能会不自觉地改变。我们合法的隐私权应反映经过深思熟虑和有目的的选择，而不是简单地反映国家商用技术产业的当前状态。[26]

也许，格鲁曼公司（Northrop Grumman）的前道德官员弗兰克·戴利（Frank Daly）更具个性的观点总结得更好："快速的发展是促使我们对他人产生负面影响的原因吗？这很难说。"[27]

这意味着什么？对商业中隐私和商业活动中道德分析的理解又是什么？通常情况下，人们会认为个人信息应该是隐私，除非商业和个人之间存在一种关联性。这种关联性限于合法收集和使用属于那个人的相关个人信息。例如，为了确定雇员隐私的范围，我们要详述雇主和雇员间的关系本质。雇用关系的本质对于决定合适的边界有所帮助，同样对界定那些应该理所当然留在工作场所的信息有所帮助（见伦理决策 7-1）。如果我们接受合同型的雇用关系，这种关系中条件和条款都要双方知情和同意，然后雇员的准许将会变成雇主能收集什么信息的一个重要的前提条件。

■ 伦理决策 7-1

员工隐私

下面的信息有时会在面试申请时需要，尽管申请者可能会认为部分是个人隐私。以下有关雇员的信息中哪些是雇主可以合法获知的？为什么？

- 工作申请者的社会保险号码
- 申请者的逮捕记录
- 雇员的医疗记录
- 雇员的婚姻状况
- 雇员是否吸烟
- 雇员的政治立场
- 雇员的性取向
- 雇员的信用等级
- 雇员之前的薪资水平

1. 与你的决定有关的因素是什么?
2. 在申请中拒绝回答任何问题的结果是什么?
3. 你的决定是建立在雇员的利益上还是雇主的利益上?
4. 除了雇主和雇员,有没有其他人与雇主发布消息存在利害关系?

我们可以总结一下,当雇主行为威胁到雇员的个人决策,而这个决策内容与雇用合同涉及的内容不相关(无论合同中是暗示还是明说),雇员的隐私都受到了侵犯。或者在没有通知雇员的情况下,雇主收集、储存或使用与合同不相干的信息也是侵犯隐私。

7.3 连接隐私价值的科技伦理问题

新技术的出现给隐私带来了多种之前想都不敢想的挑战。例如,想一下新技术带给雇主和雇员的在使用时间上的预期;工作中使用和个人使用技术的区别;对私有信息的保护;绩效衡量和隐私权益或与数字鸿沟相关的可访问的问题。允许在家办公的技术,带来了机会和挑战、安全问题,以及对隐私的担心(43%的美国员工每周至少有一天远程办公)。[28] 我们每一个人都可以通过技术的帮助产生更高的生产效率。技术不仅带来福利,还允许雇主从雇员身上索要得更多。

尽管国际劳工局早已发布过如下警告,但其对技术经济影响的警告在今天和发布当天同样重要:

> 越来越多的边界正在慢慢消失,如休闲和工作时间、工作和生活居住的地点、学习和工作,都日渐变得没有区别。不管在哪里,工作时间、工作地点、工作表现的分类都变得越来越模糊,这种情况的结果,就是建构我们原有规范、规则、法律、组织形式、结构和机构的那些想法的根基坍塌了。所有这些都比我们想象的有着更强大的影响力,从而改变着我们的行为方式和价值观。[29]

然而,新技术并不一定会影响我们的价值判断,它只是简单地为我们提供了收集信息的新方法。尽管如此,梳理这些问题还是很有挑战性的。想一想 2001 年 9 月 11 日美国遭受的恐怖袭击对雇主决定与执法部门共享员工个人信息或客户信息的影响。如今,世界各地的私营公司可能比以前更愿意或更不愿意分享私人信息。

公司常常经历或发现新技术所带来的挑战。来看一下推特使用和滥用的问题给我们带来的教训。PhoneDog 是一家提供移动设备新闻和评论的公司，它的一名员工创建了一个与工作相关的推特账户，聚集了 17 000 名粉丝。[30] 当他离开公司时，他只是更改了账户的用户名，并将其保留为自己的账户，发送的"推文"没有相关链接或注明引自 PhoneDog。该公司起诉了这位前雇员，要求赔偿公司损失的收入，即每个推特关注者每月 2.50 美元。这位前雇员声称该账户属于他，而不是 PhoneDog。

最终，PhoneDog 与这位前雇员庭外和解，这位前雇员保留了自己的推特账户及其粉丝。我们从这个案例中了解到，无论是个人推特用户还是公司都不能"拥有"自己的粉丝。沃顿商学院法律研究和商业伦理教授凯文·沃巴赫（Kevin Werbach）解释说："没有人将其粉丝作为财产'拥有'。""我甚至不认识我的粉丝；他们随时都可以停止关注我。并不是说公司在内部可以用这些名字做一些事情，以创造更多的业务，这不是公司的客户名单。"[31] 沃顿商学院法律研究和商业伦理教授安德里亚·马特维希恩（Andrea Matwyshyn）说，由于缺乏立法或法律先例，这意味着像 PhoneDog 这样的社交媒体纠纷成为合同法问题。她指出，"你需要非常谨慎地提前约定工作场所允许的社交媒体行为。如果在书面政策或协议生效之前发生违规行为，案件的胜负取决于相关事实"。本案涉及的问题并没有被企业忽视。在案件发生后的一年里，建立社交媒体使用政策的雇主从 55% 增加到 69%。[32]

新经济下我们需要新的道德标准吗？也许并不需要，因为正确和公平的价值观不仅适用于先前的环境，也可以渗入到之后的环境中。[33] 可是对新技术和其他进步的理解和使用影响了人们的行为视角。正如经济学家安东尼奥·阿甘多尼亚（Antonio Argandoña）提醒的那样，技术产生的机遇可能会造成价值观的一种改变，[34] 另外，新技术可能带来益处，包括欠发达地区的发展、提高公民参与、对人权的捍卫和其他潜在收益。

信息和隐私

一家企业必须考虑其利益相关者的想法以期为持续发展做出最有效的决策。新的技术进步总是很难让公众理解，推广也常常面临挑战。在利益相关者利益不受损害的情况下，如何对创业热情的冲劲进行最佳管理？

谷歌的座右铭就是"不作恶"，这就是势在必行的义务。创业者必须解释，必要的事就是致力于去做对的事、有道德的事，这是对追求真理力量的精确描述。[35] 例如，谷歌不允许做枪支广告。所以我们可以认为谷歌对利益相关者的利益比较敏感。

谷歌表示，它通过提供免费的"Gmail"电子邮件系统为社会提供了价值。然而，近年来，谷歌的 Gmail 隐私政策引起了一些争议。谷歌通过挖掘用户的电子邮件内容和搜索引擎历史，为用户提供针对用户兴趣的营销和在线广告。令许多用户感到惊讶的是，谷歌在诉讼中居然声称"谷歌的 4.25 亿 Gmail 用户'没有合理的期望'认为自己的邮件通信是要保密的"。[36]

2017 年，谷歌宣布 Gmail 账户将不再被公司查看或用于个性化广告，以此回应公众对其隐私政策的强烈反对。然而，批评人士指出，该公告并未明确规定谷歌的其他服务内容将不使用追踪服务（如流行的谷歌搜索引擎）。[37] 此外，第三方数据挖掘公司通常使用免费的应用程序和服务，诱使 Gmail 用户"同意"访问他们的收件箱，而不明确说明它们收集了什么数据及它们正在使用这些数据做什么。[38] 然而，也许正如一位经济学家所写的，"没有免费的午餐，我们必须仔细研究这些公司慷慨背后的商业动机"。但正如过去我们被告知"你应该相信处理你的邮件的人"，这又能怎样呢？[39]

信任应该就是新技术推广的症结，不是吗？当消费者信赖一家企业提供的技术时，从电子邮件到网络接入，从手机到医疗实验室，他们可能会轻而易举地相信企业会尊重他们的隐私。电子邮件的大众使用者根本不了解过程背后的技术。我们更愿意相信企业会为技术负责，为消费者负责，这是最理想的。

因未能很好地理解和预期利益相关者对该项目的认知，谷歌不仅破坏了道德边界，同时还遭受了公众的强烈反对。谷歌并没有考虑到隐私，以及这个项目可能产生的负面影响。批评家认为谷歌应该与利益相关者从长计议，决定平衡他们各自利益的最好方式，然后在引进新项目时考虑这些利益关系，这样就应该可以防止其对公司声誉的负面影响。这个教训告诉我们，尽管有合理的理由（这个案例中仍存争议），人们还是不愿意失去对自我决策的控制权。谷歌失败在没有从利益相关者的角度考虑问题，也失败在没有考虑决策所隐含的价值导向和决策对利益相关者的影响（见伦理决策 7-2）。

■ 伦理决策 7-2

技术困境

有一个问卷调查是关于使用技术是好的还是罪恶的，此问卷来自匿名网站，主题是：管理层要我当间谍。

管理层要我监视同事。我将会使用 100% 隐藏的间谍软件，进行屏幕捕获等。是否有相关的文件我可以签署来限制我的责任？我想签署所有证明我是被授权做间谍的管理规定。我以前那样做过，但这是第一次他们要求我去收集将在法庭上使用的数据来抗衡一个使用者。

在你的回答中可能会有哪些疑问或担心？你将会给这个人什么样的建议来回复管理层？

- 什么是你回复的关键考虑因素？
- 工作场所对同事的监控涉及哪些道德问题？
- 谁是利益相关者？
- 你有什么好的建议提供给这个人？而指使雇员收集信息的雇主又有哪些其他的选择？
- 如何比较这些选择？这些选择是如何影响利益相关者的？

经济学家阿甘多尼亚主张：如果新技术主要依赖于信息和数据，那么就要给那些信息附上关键的道德要求。以下是他建议的必备元素：

- 诚信和精确：要提供真实可靠的信息，至少达到合理的程度。
- 尊重隐私：接受和收集信息的人必须重视个人或组织的隐私底线，包括公司机密、数据和情报。
- 尊重财产和安全：包括网络安全、破坏性活动、个人信息的偷盗和冒用这些方面在内，这些潜在的弱点应该被加强并予以保护。
- 责任制：技术对匿名和距离的要求更高，这就迫切需要与之配套的个人责任制和义务制。[40]

想象一下，公司在新产品的生产、销售和服务，以及其他公司行为中如何响应责任制？阿甘多尼亚的提议会带来什么样的道德问题？如果公司积极响应这个提议，那对利益相关者有什么样的影响呢？

7.4 对员工的监管

工作场所最普遍的信息收集形式之一就是雇主对雇员工作的监控,技术为雇主提供了以极低的成本高效完成这项任务的能力。雇主可能出于各种原因选择进行监控。例如,如果雇主有一条限制技术使用的规则,它如何确保雇员遵守该规则?事实上,根据一项调查,88%的员工在每个工作日至少使用一次社交媒体,18%的员工每天查看社交媒体网站超过十次。[41] 如果没有先进的在线监管系统,管理者将很难分辨这些社交网络的使用是否出于私人原因。

在工作场所电子邮件监控(email monitoring)和互联网使用监控(Internet use monitoring)方面,美国管理学会(American Academy of Management)进行的一项调查发现,近 80% 的大公司监控员工使用电子邮件、互联网或电话的情况。对于金融等信息敏感行业的公司,这一比例上升到 90% 以上。[42] 你会发现这些数字是针对美国的。要解释工作场所监控在欧盟的情况,请见现实观察 7-4。

⊙ 现实观察 7-4

GDPR 为监控建立指标

正如我们在本章前面所讨论的,欧盟的 GDPR 包括针对雇主的具体规定,这些规定限制雇主监控其员工的活动,以及处理他们所收集的有关其员工的信息。虽然雇主可以监控受 GDPR 保护的员工,但他们在这方面受到了很大的限制。

例如,只有在有必要签订雇用合同或履行法律义务时,雇主才可以监控和收集信息;为保护员工或其他人的切身利益所必需;为维护雇主的某些合法利益所必需(除非员工的基本权利超过这些利益);或者征得员工的同意,以及其他一些因素。通常不允许持续监控。

雇主还必须通知受 GDPR 保护的员工,关于他们的哪些信息可以在工作中处理,这些信息将如何处理,为什么这是必要的,以及员工有什么权利保护他们自己的隐私。请注意,GDPR 保护和覆盖的是雇员,而不是雇主,因此,欧盟以外的雇主如果有雇员在欧盟工作,可能仍需要遵守该法规。

资料来源: Legal ICT, "Fact Sheets: Privacy and Monitoring at Work under the GDPR" (n.d.), https://legalict.com/factsheets/ privacy-monitoring-work-gdpr/ (accessed March 3, 2019).

我们逐步意识到与工作相关的电子邮件,雇主拥有所有权,或者至少是雇主的审查对象。例如,在罗切斯特大学(纽约)的两名教员对一位同事提出性骚扰索赔后,对潜在骚扰者和抱怨问题的电子邮件进行了搜索。校方宣布,两次内部调查均未发现针对被控骚扰者的可信证据。然而,校方还发现了在投诉教师的电子邮件中,讨论了系主任如何处理被控性骚扰的同事,并将这些电子邮件转发给了相关系主任。然后,当校方就这些电子邮件与教员对质时,这些邮件搜索是在投诉教师不知情或未经其同意的情况下进行的。[43]

请注意,上述讨论涉及与工作相关的电子邮件。如果电子邮件是使用雇主提供的设备、平台存储或发送的,雇主有充分的理由基于其商业利益监控邮件内容。然而,如果电子邮件是私人的,或者存储在雇员的私人设备上,或者从雇员的私人设备发送,雇主的监控主张就会变弱。

随着近年来社交媒体和社交网络使用的兴起,针对互联网使用情况的监控也在不断发展。雇主担心雇员是否会将过多的个人生活带入工作场所而导致生产效率降低。CareerBuilder.com 的一项调查发现,41% 的员工认为"互联网"是工作中最大的生产力杀手,37% 的人则认为

"社交媒体"才是。[44]

员工监控甚至已经从计算机使用跨越到员工的身体健康。生物追踪技术诸如 Fitbits 或 Nike+FuelBands 等，可以使雇主记录员工一天内的步数、心率、饮食、睡眠时间甚至激素水平。从这项技术中收集的信息通常被纳入员工健康计划。[45] 亚马逊最近采用了新的腕带技术，用于监控仓库工人并提供有关员工工作节奏的反馈。

还有一些佩戴的胸卡徽章等，可以用来监控员工的通话信息、交谈人的性别及对话的具体地点。[46] 有人可能会担心，如果某些不恰当对话被发现后，这些技术如何能提供有用的信息。而且对成本与收益的考量，以及审查与有价值的数据收集之间都会存在争议。

这些应用程序可能会变得更具侵入性。美国威斯康星州一家科技公司为员工植入微芯片。该公司解释说，这些芯片将使员工能够无缝登录电脑、进入锁定区域或访问设备。该项目以志愿者为基础，公司最初预计只有 3～4 人参加，但公司 80 名员工中有 50 人加入了该项目。保拉·布兰特纳（Paula Brantner）是致力于促进和保护员工权利的非营利公共教育和倡导组织 Workplace Fairity 的高级顾问，她说："接受一定程度的隐私侵犯已经越来越成为工作的一部分。人们只会接受这一点，并认为这是为了保住工作必须接受的，在某些方面，我们已经输掉了这场战斗。"[47]

不幸的是，信息管理中产生的很多道德问题并不是那么容易被发现。当我们不完全了解技术，我们就不能明白我们决策的道德含义。就是侵扰出现了，我们也不能有效地保护我们的信息。因为我们不懂它对我们的自主权和信息掌控的影响，不明白互惠义务，也不清楚什么才对我们个人状态最好。例如，你会想到有多少人看过你发的邮件吗？你的老板看过吗？你可能会说老板不会看，因为他没有你的密码。可是专家说任何系统都是透明的。我们都知道雇主会随机抽看员工的电子邮件，确保员工使用这个系统在工作而不是做其他事情。这样做道德吗？如果一个公司制定规章制度，网络系统只能为工作而使用，你介意吗？或者员工被告知他们的邮件需要被监控，你觉得这重要吗？

与工作场所电子邮件有关的问题是否和与传统书面信件有关的问题不同？如果一种沟通形式（信件）的行为是错误的或不道德的，那么另一种沟通形式（电子邮件）是否也会有问题？

了解技术的人与不了解技术的人之间存在的知识差距可能会加剧技术带来的道德问题，因此不了解技术的人往往无法有效保护自己。你可能认为删除一封电子邮件就是故事的结束，但是懂技术的人知道删除一封电子邮件实际上并不会从公司的服务器上删除它。所以它可以被监管者还原甚至作为法律诉讼的负面证据。

技术可以让我们获取以前不可能得到的信息。在早期，一个人可能根据信封上面的印鉴就能判断出这封信是否被人看过。而今，你不太可能会发现一个人曾看过你昨天给最好的朋友所发的邮件。入侵在不经意间发生。在做理性的背景调查中，管理者可能无意间发现了一个私人性质的跟工作绩效没有绝对关联的信息。这件事的发生仅因为信息，尽管这在以前不容易得到或因太麻烦而得不到，而现在则可以通过多种渠道免费获得。

因为技术允许我们在这个世界的任何角落工作，所以我们几乎没有走出过工作场所的界限。例如，你要去参加姐姐的婚礼，但这并不意味着你的监管者找不到你。这引发了一个棘手的问题：你的监管者可以仅仅因为有能力联系到你而监控你吗？我们的各种联系方式带来了更高的期望，也产生了冲突。在纽约甚至有人提议立法，对要求员工下班后回复电子邮件的雇主处以罚款，或者要求企业对下班后的电子邮件通信制定具体的政策。[48]

研究表明，即使雇主不联系我们，我们的完全可及性也会给员工及其家人带来高度的压力和焦虑。因此,欧盟的一些国家和公司已采取措施,通过"断开连接权"法律保护员工。例如,早在 2001 年,法国最高法院就认为,不能要求员工把工作带回家,后来又裁定,不能因为在工作时间之外无法联系到员工而将其解雇。后来,法国通过了 El Khomri 法,要求拥有 50 名或 50 名以上雇员的雇主规定雇员在下班后有断开工作连接的权利。

一些公司则更进一步,例如,大众汽车的网络服务器无法在下午 6:15 到次日早上 7:00 之间向个人账户发送或接收电子邮件。戴姆勒为员工提供了设置假日消息的选项,以通知发件人收件人不在工作,而且传入的电子邮件将被删除。这样做的目的是让员工有一个真正的假期。

这些是解决冲突的现实办法吗?回复电子邮件前等待多长时间是合理的?如果某人在发送电子邮件后的 24 小时内没有收到你的来信,他们重新发送邮件是否不合理?短信应该比电子邮件更紧急,是否同样适用?持续的可联系性确实模糊了我们的个人生活和职业生活之间的界限(见现实观察 7-5)。

⊙ 现实观察 7-5

隐私的感知与年龄有关吗

有大量证据表明,年轻一代并不像他们的父母那样看待隐私问题。

几项研究评估了千禧一代、后千禧一代(Z 世代)与老一辈在隐私问题上的感受差异(千禧一代被定义为出生于 1981—1996 年的人,而后千禧一代(Z 世代)被定义为 1997 年以后出生的那些人)。请思考下面的区别,看看你对隐私的认知与你自己的年龄组还是更大年龄的人相一致。

对隐私的界定:婴儿潮一代(50 岁以上)更倾向于选择传统的、离线的隐私描述(例如"不受他人监视的权利"),而不太关心个人隐私的保护。相应地,婴儿潮一代在更衣室裸体走动的可能性要高出 42%。千禧一代有 177% 的更高可能性选择现代的、以数据为中心的界定(例如"能在网上删除任何关于我的信息")。

在线隐私问题:千禧一代更感兴趣的是管理自己在同龄人中的在线声誉,以及向权威人士(如家人、教师、学校管理人员、大学招生官员和潜在雇主)隐瞒私人或有罪信息。千禧一代通常比其他几代人更了解潜在的数据安全风险,但不太可能担心这些风险。事实上,80% 的千禧一代、后千禧一代在数据方面对自己购买产品的品牌"充分"或"部分"信任,其中 67% 的人对自己的主要金融机构"非常信任"。老年人通常更关心在商业利益面前隐藏他们的个人数据。而在一项调查中,近一半的千禧一代则认为公司收集个人信息以换取免费服务是公平的。

政府监控:千禧一代比婴儿潮一代更相信企业对他们的数据管理,但他们并不那么信任政府监控。在另一项调查中,对于一名前联邦雇员泄露美国国家安全局针对公民的间谍计划信息的决定,近 60% 的千禧一代认为没问题,而超过一半的 50 岁以上的成年人认为这一决定是一种犯罪行为。

资料来源:Sarah Landrum, "Millennials, Trust and Internet Security," Forbes (June 28, 2017), https://www.forbes.com/sites/sarahlandrum/2017/06/28/millennials-trust-and-internet-security/#2ae1c0e5555e (accessed March 4, 2019).

由于种种原因,员工可能不喜欢全天候工作联系。在很多情况下,一些声称生病或无法上班的员工忘记了他们参与活动的社交媒体帖子是公开的。在 Ziploc Slide-Loc 工厂工作的员工大卫·沙罗(David Sharrow)声称,他被企业解雇是不合理的。沙罗给他的老板一张请假条,说他将因脚伤和膝盖受伤而休假。在休假期间,沙罗参加了一场慈善高尔夫锦标赛,在那里拍了大量照片。沙罗不仅出现在一场比赛中，还出现在另一场题为"步枪河"（Tubing the Rifle River）的比赛中。而他的老板看到了这些照片，因此法院维持了对他解聘的判决。在另一个案例中，一名员工谎称自己受了工伤（他是在钓鱼时受伤的，而不是在工作中受伤的），并因为他在 Facebook 上的照片被企业发现。[49]

工作场所的新技术带来的另一个挑战，是因使用技术而引起的双方互不谋面。如果我们要当着某人的面做决定，我们可能会更关注该决定对这个人的影响。反过来说，当我们不了解这个人或因为我们要忙自己的事而不需要见这个人时，我们则不关注我们的决策对他的影响。他不过是邮件一方的一个称谓，而不是一个人。

当人们把一些东西（如正式的信件或合同）写下来时，我们认为他们说的是真的，我们认为这代表了他们的确切意图。相反，我们认为电子邮件、发短信和在社交媒体网站上发帖更像是一场对话，并带有我们在说话时的特质。这些形式的数字通信大多出现在个人环境中；它们是自发的、随意的、即兴的。我们不会提前考虑它们，通常在发送之前没有校对。最重要的是，我们现在通过电子方式发送信息，而这些信息我们以前可能仅仅是聊过。但想想这意味着什么。人们对我们发送的内容有记录。他们有消息档案和屏幕截图。你的雇主（或雇员）可以要求你遵守你在非正式沟通中所写的内容。因此，虽然我们可能不会提前考虑我们写了什么或校对了什么，但也许我们应该这样做。

考虑到电子通信的简单性和非正式性，我们也经常互相"说"一些我们永远不会当面说的话（通过帖子、短信、电子邮件等），正是因为我们不必考虑我们所说的话的影响。我们在沟通方面更为粗心，因为它们更容易进行——只需按下一个按钮，它们就会被发送出去。因此，无论我们是否应该因为法律或道德影响（或两者兼而有之）而更加小心，我们学到的教训是，把每一次沟通都当作明天可能出现在报纸头版（或老板的办公桌）上一样对待。

为了跟踪记录计算机显现出的一些道德问题，计算机伦理研究所出台了"计算机道德十大戒律"，其中包括以下必须要做的事：

- 你不可窥探他人的电脑文件。
- 必须考虑自己设计的系统或编写的程序的道德后果。
- 必须在使用电脑时充分考虑和尊重你的同事。

当然，这些规则没有强制作用，不过是些建议。在表 7-3 中，可以看到通过一些网站服务你可以得到的额外信息。

表 7-3　公开访问个人信息

InfoCheck USA 网站提供了下面个人信息的标价：
・全面的背景调查，249 美元
・全县范围内犯过的大错和小错记录，16 美元
・是否进过监狱的记录，10 美元
・是否在联邦监狱服过刑的记录，20 美元
・全美国范围内的警告处分记录，20 美元
・全县范围内提交或被起诉的民事案件记录，16 美元
・三年内的驾驶记录，15 美元

资料来源：InfoCheckUSA, "Pricing Guide" (2018), www.infocheckusa.com/background-check-pricing.htm (accessed March 4, 2019).

7.4.1 为什么企业要监管技术的使用

我们刚刚讨论了员工监控及其引发的道德问题的一些担忧。但公司通常不会监控员工，除非这样做能带来一些实质性的益处。而且这些益处也不仅仅只是让雇主获益。例如，通过监测员工的健康状况，可以使工作场所的员工更加安全，并减轻他们的压力。当员工在证明和防止性骚扰时，或反过来，应对性骚扰指控时，监控沟通也有助于使情况更加透明。

企业选择监管员工和收集信息有很多原因。雇主收集有关雇员的信息，以便将他们安排到恰当的职位上，确保他们的工作场所符合平权行动的要求，或者管理工作场所的福利。

雇主还可以通过监控来确保更有效、更高效的绩效，因为如果员工知道他们将受到监控，他们就不太可能不恰当地使用技术。然而，监控员工也可能会导致更高的压力水平进而产生负面影响。

调查显示，人们使用技术的比例有所上升。全球近 70 亿人口中有 50 亿人使用手机。[50] 95% 的北美洲人、85.2% 的欧洲人可以使用互联网，在世界范围内这一比例为 55%。阿拉伯联合酋长国的普及率最高（99%），而朝鲜的普及率最低（0.08%）。非洲的普及率为 36%，是上网人口比例最低的大陆。[51] 目前全世界每月有 34 亿多人使用社交媒体，其中十分之九的用户通过移动设备访问他们选择的平台。[52] 另一项调查发现，在一个典型的工作日内，办公室员工平均每天花费 56 分钟使用手机进行非工作活动，44% 的人在进行与工作无关的互联网搜索，36% 的人在查看个人社交媒体账户。[53]

除了对员工的管理之外，网络监测还为雇主提供了一种保护其他资源的方法。雇主使用监控来保护专有信息（知识产权、数据）防止被盗，保护他们的社会与宽带投资和法律责任。[54]

员工需要认真对待监控。28% 的雇主报告说，他们解雇了在工作日使用互联网从事与工作无关的活动（如网上购物或查看社交媒体）的员工，18% 的雇主解雇了在社交媒体上发表诸如种族主义、性别主义或其他不适当的帖子或评论的员工。[55]

7.4.2 通过药物测试监管员工

长期以来，药物测试是雇主在监管员工时采用的一种方式。在基于法律的基础之上的药物或其他物质的检测雇主一直争议很大。由于雇主要对其雇员在工作期间所犯的违法行为负责，因此雇主加强了对工作环境各个方面的监控。甚至有公司认为，如果雇主能证明药物测试可以防止对其他员工或工作场所以外的其他人造成伤害，那么测试不仅是合理的，而且是必要的。[56]

另外，员工可能会争辩说，他们的药物使用只有在影响他们的工作表现时才相关。在确实产生影响之前，一些人认为雇主没有测试的依据，否则就构成了对隐私的侵犯。

美国近年来相关的法律变化，如某些区域将大麻合法化用于医疗或娱乐目的，造成了更加复杂的工作困境。大麻中的精神活性成分 THC 在使用后可以在人体内停留 30 天之久。如果你在自己的非工作时间合法使用大麻，THC 将保留在你的身体里，然后表现在你随后的工作时间里和药物测试中。而且，作为医疗的使用者可能会在一天中经常服药，因此"可能会比临时使用者的血液 THC 含量高得多，但临时使用者可能会比慢性使用者从身体和心理角度受到更大的损害"。[57]

在美国 12 个州——阿肯色州、亚利桑那州、康涅狄格州、特拉华州、伊利诺伊州、缅因州、马萨诸塞州、明尼苏达州、内华达州、纽约州、宾夕法尼亚州和罗得岛州，医用大麻使用者有一定的立法工作保护，因此，在这些州，就业前筛选或随机筛选可能触发工作保护。然而，这并不意味着雇主不能对大麻检测结果呈阳性的员工进行筛选、撤回工作邀请或终止其雇用关系。[58]

在美国以外，乌拉圭和加拿大都是大麻使用合法化的国家。其他国家有的也允许有限制地使用大麻，如西班牙、秘鲁和南非。[59] 虽然大麻的使用是合法的，但雇主可以禁止员工在工作时间内使用，也可以禁止员工在有药物损害时工作。因此，雇主可能会对其员工进行测试，以确定是否存在药物损害。

雇主可能会定期、随机或有原因地进行测试。如果雇主观察到以下各种行为，雇主可能会认为有"理由"进行测试。美国国家酗酒和药物依赖委员会（National Council on Alcoholism and Drug Dependence）将这些特征作为"吸毒的警告信号"。然而，设想一下，是否存在有人会出现这些行为但没有使用违禁物质的可能性？与药物测试相关的错误推定的成本是多少？不需要太多的想象力就能为这些行为找到其他更无害的替代原因。然而，雇主可能会根据这些"警告信号"决定进行测试。根据这些信号推定某人有罪是否合乎伦理？一个人是否有被推定无罪的基本权利？或者，在这种情况下，这种推定的风险是否超过了个人的隐私权和免受侵犯的权利，并有理由采取更强力的预防措施？

工作表现

- 工作质量异常
- 精神涣散
- 低效率或工作模式不稳定
- 旷工率上升或混日子计算出勤情况增加
- 从工作现场无故消失
- 心不在焉或重大失误判断
- 不必要地承担风险
- 工作中或工作外漠视个人及周围人的安全
- 更长的午餐时间及早退

工作场所行为

- 频繁出现经济问题
- 回避朋友及同事
- 因自己的失误和缺点无故怪罪他人
- 抱怨家庭问题
- 个人形象和卫生习惯不检点
- 抱怨语焉不详的疾病或家庭事务，并以之为借口请假 [60]

美国一项针对 6 000 多名人力资源专业人士的调查发现，63% 的公司要求求职者进行入职前药物测试。另一项研究显示，美国吸毒检测呈阳性的比例达到了 12 年以来的最高水平（4.2%）。[61] 然而，随着美国大麻的合法性和社会接受度的提高，入职前药物测试的趋势也在缓慢下降。药物测试限制了就业机会，在劳动力紧张的情况下，雇主认为由于越来越多的应聘者无法通过药检，这已经成为招聘困难的原因之一。根据美联储2017年进行的调查，雇主将求职者无法通过药检列为招聘困难的原因之一。[62] 你认为入职药检有真正的价值吗？（有关详细讨论，请参阅本章后面的现实观察7-6）

当然，对那些有药物测试必要的人来说，需要考虑法律上的规定。《美国残疾人法案》（Americans with Oisabilities Act，ADA）禁止雇主询问员工使用处方药的情况，除非雇主有合理理由相信该员工会构成安全威胁或无法完成其工作。"如果有人把头放在桌子上，你会不会去测试他是否吸毒？"行为与健康研究所（Institute for Behavior and Health）所长罗伯特·杜邦（Robert Dupont）博士问道。"当你第一次遇到一名员工，他就说你在骚扰他时，即使他昏倒了，你的测试也不会转向其他人。"[63]

从功利主义来看，公共安全的风险往往会受到公众的关注，因此进行药物测试足够有说服力，完全可以超越个人的隐私权或控制信息的权利。可是，那些对公共安全没有威胁的工作又如何呢？对所有的员工和应聘者进行药物测试也是无可非议的吗？对雇主的效益足以超越员工在隐私和自治上的受益吗？功利主义的观点应该占主导还是道义论更加优先呢？我们是否还应该考虑一下公平分配原则和最公平的结果原则呢？公平分配原则在这些环境中适用吗？

几家主要的零售企业，包括家得宝（Home Depot）、宜家（IKEA）和沃尔玛（Walmart）都为应聘者和员工制定了全面的药物测试政策。很多超市也提出"无毒品"工作环境政策作为营销宣传。仅有几个例外，这样的政策在美国已经合法化了。问题是，从伦理上来看这合适吗？伦理决策7-3继续讨论这个问题。

■ 伦理决策 7-3

雇用时私人信息的限制

在拒绝应聘的人时有什么限制？法律禁止因民族、宗教、伦理、性别或残疾拒绝工作申请。法律允许因食用毒品而拒绝其工作。就好像自由择业，证据的有效性要依赖于能证实拒绝原因在那些被禁止的行为的目录中，否则雇主没有任何理由拒绝。设想一家企业想要建立无毒品和无酒精的工作环境。那么企业拒绝饮酒的工作申请者或解雇饮酒的员工的做法道德吗？法庭已被要求确定因抽烟、政治信仰、堕胎而被解雇的合法性。这些解雇的理由你认为合理吗？很多企业使用人格测验和心理测试来衡量员工的潜力。㊀这些测验都会问很私人化的问题，包括性生活。一家企业因测试的结果而拒绝此人符合伦理道德要求吗？

在回答这些问题时，你有什么问题和担心？你将会如何建议企业回答以下问题？
- 你的回答主要考虑哪些因素？
- 雇用决定基于个人信息的做法存在什么样的道德问题？
- 谁是利益相关者？

㊀ Aon Corporation, "Assessment Barometer 2016" (2016), https://assessment.aon.com/assessment-barometer/ (accessed August 8, 2018); S. Begley, J. Trankiem, and S. Hansel, "Employers Using Personality Tests to Vet Applicants Need Cautious 'Personalities' of Their Own," *Forbes* (October 30, 2014), www.forbes.com/sites/theemploymentbeat/2014/10/30/employers-using-personality-tests-to-vet-applicants-need-cautious-personalities-of-their-own/ (accessed August 8, 2018).

- 当考虑雇用时的个人信息，雇主有哪些替代选择？你对企业有什么建议？
- 企业和利益相关者的选择对比的结果如何？

一些人认为，公司在进行招聘测试时，尤其是在多样性方面，存在偏见的风险。一种观点认为，某些性格特征与工作表现无关。但是，如果招聘经理认为它们是相关的，这些公司可能会错过那些不适合特定性格类型但其技能、动机和其他属性都可以为公司带来很多价值的人。①

这个例子在科技行业中得到了很好的说明。正如彭博社记者艾米丽·张（Emily Chang）在《布罗托皮亚：解散硅谷男孩俱乐部》(*Brotopia：Breaking Up the Boy's Club of Silicon Valley*)中所述，在20世纪60年代中期，科技行业聘请了两位心理学家威廉·坎农（William Cannon）和达利斯·佩里（Dallis Perry），以确定什么样的人会成为成功的程序员。首先，他们得出结论，这些人需要享受解决问题的乐趣。其次，他们得出结论，优秀的程序员"不喜欢与人打交道"。50多年后，这种刻板印象继续存在。②

美国平等就业机会委员会（Equal Employment Opportunity Commission，EEOC）目前正在调查的一个因素是，人格测试是否会对患有某些精神疾病的个人产生负面影响，请受访者诚实回答问题，比如"在一天的过程中，我会经历很多情绪变化"，以及"如果发生了非常糟糕的事情，我需要一段时间才能再次感到快乐"。③研究劳动力多样性问题的经济学家马克·本迪克（Marc Bendick）说，雇主正在关注并等待EEOC的决定，因为对人格测试的结果将"开创一个巨大的先例"，迫使公司和测试者证明他们的测试不具有歧视性。④

讨论题

1. 如果你正在为EEOC研究这个问题，你会认为这些问题违反ADA吗？列出的问题是否不恰当地要求这些人透露残疾？
2. 你是否认为回答这些问题可能会对他们的潜在就业产生负面影响？
3. 如果是这样，是否有其他方法在保留这些评估的同时防止这种歧视？
4. 企业和利益相关者的备选方案比较如何？

7.5 监管的其他形式

雇主在收集信息时也不允许使用其他一些测试方法，例如测谎仪或药物测试。通过商业必需、有关联的标准或在合理的范围内怀疑等形式来限制雇主的监管权力。说到医疗信息，除了《残疾人法案》还有《健康保险流通与责任法案》（Health Insurance Portability and Accountability Act，HIPAA）都会监管和限制雇主的做法。没有提前的允许，HIPAA不允许雇主使用"被保护的健康信息"。这些信息包括病例卡或个人表征的健康信息。

近些年来，测谎仪、药物测试、实体和电子监视、第三方背景调查和心理测验都被作为

---

① A. Horton, "The Downsides of Using Personality Tests for Hiring," *Fast Company* (February 23, 2018), www.fastcompany.com/40533339/the-downsides-of-using-personality-tests-for-hiring (accessed March 4, 2019).

② Ibid.; Emily Chang, *Brotopia: Breaking Up the Boys' Club of Silicon Valley* (Portfolio, 2018).

③ L. Weber and E. Dwoskin, "Are Workplace Personality Tests Fair? Growing Use of Tests Sparks Scrutiny amid Questions of Effectiveness and Workplace Discrimination," *The Wall Street Journal* (September 29, 2014), www.wsj.com/articles/are-workplace-personality-tests-fair-1412044257 (accessed March 4, 2019).

④ Ibid.

获取雇员信息的形式。电子检测在工作场所中日渐普遍。未来将会发展成什么样呢？

一个新问题就是关于基因测试的合理性。这是一个用于员工和客户的一项新技术，可为企业提供大量有价值的信息，但有时信息可能超出了与工作相关的范围。

雇主对员工进行基因测试，可能会根据他们测试的信息，鼓励员工改变行为。然而，美国 2008 年的《基因信息非歧视法案》(Genetic Information Nondiscrimination Act，GINA)（于 2009 年 11 月生效）通过禁止基于基因信息的歧视性就业待遇，以保护员工。

GINA 对"基因信息"的定义是广义的；你的基因信息不仅仅是关于你的信息，还有你的家族病史（一直到第四代亲属关系），包括任何疾病或家族成员的基因测试结果。此外，GINA 还限制雇主（以及其他相关实体）请求、要求或购买任何此类基因信息。如果确实可以获得任何信息，则雇主在披露方面受到严格限制，并受到类似于《美国残疾人法案》的约束。

GINA 确实规定了例外情况。例如，雇主为了遵守《家庭医疗休假法案》(Family Medical Leave Act，FMLA) 或监测工作场所有毒物质的生物效应，可以收集基因信息。此外，尽管 GINA 包含严格的保密条款，但雇主可以在某些特定情况下发布员工的基因信息：

- 应员工的要求向其发送。
- 应职业或其他健康研究人员要求。
- 应法院命令。
- 如果信息与调查有关，则向调查是否遵守本法的政府官员披露。
- 与员工遵守 FMLA 的认证规定或所在州的家庭和医疗休假法律的要求有关。
- 应公共卫生机构要求。[64]

最后，EEOC 在 2010 年发布了明确的指导方针，其中包括一项"安全港"(safe harbor) 责任例外规定，适用于因响应合法医疗调查而无意中收到基因信息的雇主，前提是雇主已将其 GINA 权利通知了被告。[65]

虽然 GINA 可能会为员工提供一些保护，但总体而言，基因测试的有效性仍存在问题。不管是对个人还是自愿性企业，都禁止在雇用招聘或是以招聘为目的的活动中参考基因信息。因为检验 DNA 的成本过高，因而采用基因信息的企业少之又少，但这个应用仍十分有潜力。使用基因信息的行业也是不少的，例如保险行业，要求客户提供家族遗传史，因为一些疾病在特定的人群中高发。另外，对发病可能性越了解，越可以尽早阻断疾病的发展，也可以让员工有更好的身体素质，产生超额价值。但是仅仅拥有一项特定的基因变异并不意味着一定会发展成潜在的疾病。因此，基因测试的价值至今仍不清楚。[66]

基因测试只是从新技术发展而来的测试形式之一。正如我们所看到的，随着技术的进步，我们的道德和法律需要跟上步伐。我们还提到了其他一些监测手段，例如雇主出于各种原因在工作场所使用指纹、声纹和眼睛或面部扫描，不仅是为了监控你的工作，也是为了更好地管理机密信息。但是，员工隐私、信息共享的风险和信息的价值间的平衡问题仍未解决。

伊利诺伊州是 2008 年美国首批颁布生物识别信息隐私法的州之一。2019 年，该州最高法院发布了一项对雇主有影响的裁决。罗森巴赫诉六旗娱乐公司（Rosenbach v. Six Flags Entertainment Corp.）案[67]对雇主的决定有很重要的影响，该案认为，雇员不必展示实际损害，就已经可以认定是雇主违反了该法案。

对罗森巴赫上诉的判决是一个转折点，因为很难证明侵犯隐私造成的损害。因此，只要员工证明雇主未能在保护和管理信息时给予适当的通知、获得同意或使用适当的谨慎标准，该员工就有权提出索赔。法院表示，如果雇主未能遵循程序，"这不仅仅是'技术性'问题。伤害是真实的、重大的"。在此案之前，有200多起未决案件，因此影响可能很大。[68]

7.5.1 限制监管的商业原因

先不管提倡监管问题的这些有说服力的理由，雇员认为应该限制监管有如下原因。首先，监管可能会营造一个怀疑和敌对的工作环境。通过减少员工自治水平和减少对员工的尊重，抑或减少员工对环境的控制权，都可能导致雇主忽视了员工——对企业成功至关重要的利益相关者。

其次，另外一个担心证实了这个问题。监管可能会限制员工的表现，还会带来更大压力甚至生理疾病，例如腕管综合征（carpal tunnel syndrome）。[69] 一项研究发现，被监视的员工比不被监视的员工承受更大的压力、极端焦虑，有严重的疲劳或衰竭、劳动损伤和颈椎问题。压力还可能来源于员工没有机会检查或修改错误信息。这些因素不仅导致员工不开心、不满、想跳槽，还会带来低生产率和差的表现，这会增加雇主的成本支出，带来较低的回报。

最后，需要考虑的就是，员工会声称监控就是对隐私的侵扰，对他们基本人权的侵扰。

7.5.2 平衡利益

雇主和雇员权利的界限应该画在哪儿呢？我们中大多数人认为，在工作场所的洗手间安装录像设备以防止偷窃太不着边际了。但是确定界限要更为困难。是否只要有能侵扰隐私的技术存在，雇主就有权利去使用呢？是否存在即合理呢？

考虑是否可以使监测变得（更加）合乎道德或人道。如果雇主适当通知员工他们将受到监控，并在某些情况下有机会避免监控，这是否更合乎道德？例如，让我们假设雇主希望监控其客户服务代表的随机电话，以确保这些电话代表做得很好。这听起来像是雇主提出的一个合理的论点。但这也给呼叫中心的工作人员带来了很大的压力，因为他们担心通话中的任何小失误都可能让他们失业。员工和雇主可能会达成协议，雇主会通知员工某些电话将被监控，而在监控过程中，销售代表会被电话线上的"哔哔声"监控。他们不会提前被通知做准备，但在监测过程中他们会意识到这一点。此外，如果工人需要打私人电话，他们可以使用一条永远不会被监控的电话线，以避免任何非法侵犯隐私的机会。

当然，上述方法并不能解决雇主对为客户提供良好服务的所有担忧。没有任何解决方案是完美的。雇主希望确保其员工在服务时以耐心、宽容和友好的方式处理客户来电。通过监控员工以便试试提醒他们，即使员工无法提前做好准备，他们也能够确保他们在通话中表现最佳。雇主监督的这种效应被称为"霍桑效应"：研究发现，基于被特殊对待的心理刺激，工人的工作效率更高，这让他们感到更重要。换句话说，一个人如果知道他正在被研究，他就可能成为一个更好的工作者。随机、匿名的监控可以更好地解决雇主的担忧（但不能解决工人的担忧）。当然，正如我们刚刚讨论的那样，其他研究似乎表明，由于随机监测给劳动力带来的压力增加，在某些情况下可能会导致生产力下降。因此，正如我们所指出的，没有完美的答案。

也许在对员工的担忧保持敏感的同时，实现监控目标的最有效方法是努力实现一种平衡，既尊重个人尊严，又让个人对自己在组织中的特定角色负责。根据组织的使命（如诚信）制订的监控计划，然后以对受影响员工负责的方式实施，达到了这种平衡。为努力实现上述目标的监控策略请考虑以下参数（同时记住，没有完美的解决方案）：

- 在私人领域（如盥洗室）不设监管
- 仅在工作场所设置监控
- 员工可以得到那些监控来的信息
- 不设置秘密监控——如有，需要提前告知
- 监控仅仅是为了得到商业利益
- 雇主只能采集与工作相关的信息
- 认可后才可曝光监控收集来的信息
- 不准歧视下班后的活动

上面这些参数可以让雇主有效地监管员工的所作所为，以防止资源的误用和建立有效衡量员工绩效的合理机制，从而保护雇主合理的商业利益。

哲学家柏伦特（William Parent）主张把隐私权作为一种自由权更恰当。因此他试图从雇主的行为中找出潜在冒犯自由的因素。他提出下面 6 个问题来判断雇主的行为是否公平或对隐私和自由是否造成了潜在的侵扰：

- 为何寻找未记载的个人信息？
- 这个目的合法而重要吗？
- 通过侵扰隐私得到的信息与公平的目的相关吗？
- 侵扰隐私是唯一的还是最不令人讨厌的得到信息的方式？
- 隐私侵扰技术应该有什么限制或程序操作权限？
- 一旦个人信息被获得，如何保护个人信息呢？[70]

这些指导规则也是通过为员工提供空间、对空间的边界范围给予提醒、可以得知被收集的信息是什么等方式尊重员工的自主。所以这些职位达到个人的和职业的发展目标。

到目前为止，我们的讨论涉及工作环境中雇主和雇员之间的关系。我们已经讨论了雇主利益与雇员的个人自主权和隐私权之间的平衡。下一节将探讨雇主是否被允许告诉员工他们在下班后能（或不能）做什么。

7.6　下班后的行为规则

员工下班后的行动管理是个有趣的问题。尤其在自由择业的环境中。但是即便这样，员工还是要受限于并遵守强加给自己的一系列章程和要求。例如，纽约的生活方式歧视法规就禁止四种针对下班后活动的要求：合法的娱乐活动、消费合法产品、政治活动和小团体聚会。[71]

雇主的确对其雇员在非工作生活的某些方面活动有一定的发言权。但他们使用这种权力是否合乎道德？他们是否侵犯了员工的自由意志和对生活方式的个人选择，侵犯了员工的自主权和"自治"权？什么样的决定会给雇主、雇员和整个社会带来最大的好处？这些问题有待进一步讨论。

7.6.1　烟草的使用

毫无疑问，吸烟有害健康，但是，如果我个人选择吸烟，我的雇主限制这项权利是否合乎道德？一些雇主并不一定会严格限制吸烟，而是会试图劝阻员工吸烟，以降低长期医疗成本，以及出于其他考虑。然而，美国一些州会对员工在下班后合法消费某些产品（例如香烟）进行保护。[72] 在美国至少 29 个州和哥伦比亚特区已经不再把戒烟作为聘用的一个条件（还为违反禁令的雇主提供反报复条款）。因此，一些公司通过提供免费戒烟计划和其他类似的健康服务来鼓励员工不吸烟。

其他公司则选择用"大棒"而不是"胡萝卜"来推行禁烟。根据《平价医疗法案》（Affordable Care Act，ACA），保险公司可以向吸烟者和其他烟草使用者收取比不吸烟者高出 50% 的医疗保险费。因此，虽然一家公司不能禁止吸烟，但这会让吸烟者付出高昂的代价。《健康保险可携带性和责任法案》（Health Insurance Portability and Accountability Act，HIPAA）中有规定要求公司提供替代方案以避免附加费，但雇主不能要求员工实际戒烟。[73] 各个州可以选择介入并强制收取较低的附加费，或者根本不收取附加费，只有 8 个州或司法管辖区完全免除了附加费：加利福尼亚州、康涅狄格州、马萨诸塞州、新泽西州、纽约州、罗得岛州、佛蒙特州和华盛顿特区。[74]

所以，这种不健康的行为，雇主希望工人避免，但他们不能禁止。其核心是，个人的自主权和他们用自己的身体做选择的权利占上风。虽然有些人可能会说，无烟社会或全球禁烟可以带来更大的好处，但在这种情况下，这种说法无法强制实现。

7.6.2　体重差异

与吸烟相比，各州以完全不同的方式看待企业基于个人身高和体重的就业决定。全美只有一个州（密歇根州）和六座城市禁止基于体重的歧视。[75] 在美国所有其他地区，只要雇主的做法不违背《美国残疾人法案》(ADA)，那么在体重这个问题上雇主的决定不受限制。问题的核心是雇员的体重问题是否属于残疾。

根据 ADA，体重超过正常值，甚至达到被认为是肥胖的水平，也不被认为是残疾。残疾的标准是必须在很大程度上限制了个体主要的生活活动。平等就业机会委员会（EEOC）发布了指导意见，认为肥胖仅在"超出'正常'范围"和"由生理紊乱引起"的情况下满足这些要求。[76]

可是，雇主还是应当小心谨慎，因为 ADA 同样保护那些身体没有缺陷却被视为残疾人的群体。在 2018 年的一个案例中，由于安全原因，当一名员工的体检结果显示其体重指数（BMI）高于允许的职位标准时，该员工的工作机会被取消。该雇主是一家铁路公司，它认为，体重指数超过一定值的工人更有可能患上某些疾病，导致他们丧失工作能力或影响他们的认知能力。[77] 截至原书出版时，该案还在上诉，但它是一个重要的警示，基于刻板印象的决定可能会对相关人员产生重大后果。

7.6.3 婚姻关系

尽管员工的婚姻状况信息受法律保护，但是却阻止不了因结婚本身而带来的那些不利的行为。例如，在一些有反裙带关系政策的公司中，雇主可能会因其与配偶在同一公司上班而拒绝雇用这个人或终止与这个人的劳动关系。还有些公司推崇冲突利益政策，同样会拒绝或终止配偶在竞争对手的公司中任职的员工。

对待工作场所约会的政策态度有很大的影响力。因为36%的员工会和办公室的同事约会。[78] 45%的公司制定了关于工作场所约会的政策，随着MeToo运动提高了人们对工作场所动态关系的认识，这一数字可能会增加。[79] 例如，2018年，科技巨头英特尔在一项内部调查中发现公司的首席执行官与一名下属之间有交往关系。随后该首席执行官辞职，因为这一关系违反了英特尔对所有经理严格的禁止约会政策。

一家声誉和危机管理公司的首席执行官大卫·特米恩（Davia Temin）解释说，"MeToo运动的兴起使公司在性骚扰和双方同意的关系方面，特别对于高管，会密切关注并制定相应的政策"。[80] 在美国一个诉讼案中[81]，法院认为，一名员工与该公司一名同事的约会关系不是一种"娱乐活动"。根据纽约法规，禁止对从事相关娱乐活动的就业歧视。该员工辩称，尽管他与这名同事的私人关系对任何一名相关人员的职业责任或工作业绩都没有任何影响，而且他的雇主也没有制定书面的禁止政策，但他还是被拒绝晋升，并且被解雇。然而，法院支持了雇主的意见，允许终止合同，因为约会不是一种娱乐活动，不受禁止就业歧视规定的保护。

对职场约会的担忧过去主要涉及性骚扰问题，而现在更可能涉及对恋爱关系结束后的报复指控的担忧。然而，并非所有人都同意法院的判决，对发现非法关系最有效的是企业有权进行解聘。请见伦理决策7-4。

■ 伦理决策 7-4

约会还是不约会

当公司领导层得知公司创始人正在与下属员工"友好相处"时，该怎么办？谷歌联合创始人谢尔盖·布林（Sergey Brin）与一名谷歌员工发生了关系，随后与妻子离婚。更复杂的是，布林的前嫂子和前姐夫（他前妻的家庭成员）都在谷歌担任要职。布林坚持认为，从商业角度来看，他的新老关系都不会影响谷歌。但是一些人怀疑这会是谷歌更大问题的开始。

谷歌对工作场所约会没有明确规定，其行为准则并不禁止员工之间的约会。该准则规定：同事之间的约会关系可能会产生实际或明显的利益冲突，具体取决于所涉及同事的工作角色和各自的职位。如果约会关系确实造成了实际或明显的冲突，则可能需要改变工作安排，甚至终止其中一方或双方的雇用关系。①

一些人认为，布林是谷歌公司的重要人物，也是谷歌公司研发团队的关键一员。他拥有谷歌的控股权。据报道称，首席执行官兼联合创始人拉里·佩奇（Larry Page）对布林的关系极为不满，他们曾有一段时间没有说话。此外，一些谷歌员工，尤其是女性，对布林和他的女朋友没有在职业上划清界限感到愤怒。②

根据功利主义分析，与所谓的"错误"的成本相比，布林离开谷歌的成本似乎更大，因此倾向于保住布林的职位。也有分析说，这一情况对员工士气及工作环境的破坏性太大，已经超过了布林目前和未来对企业的贡献。

（1）你如何看待事件中的进一步挑战？考虑到布林的地位和持有的股份，谁会做出解雇布林的决定？另外，他的女朋友应该被解雇吗？如果是，依据是什么？当其中一人担任首席执行官时，他们是否可能在职业上划清界限？谷歌是否需要更明确的职场恋情政策？如果是这样，你会建议如何修改谷歌的政策？

（2）假设你负责起草组织的工作场所约会政策，在处理这一问题上，你会向哪个方向倾斜？功利主义，还是为了有一个更清晰的界限而禁止工作场所约会？如果你选择前者，你预期有哪些道德问题，以及你计划如何应对这些问题，来帮助你以最有效、最合乎道德的方式做好准备？谁是你的利益相关者，你在回应这些利益相关者时有哪些选择，以最好地满足他们的利益和权利？

（3）如果你选择禁止工作场所约会，你打算如何执行？你是否愿意雇用一个正在与现有员工约会的人？他们必须停止约会吗？由于你的政策，在两个方向上都可能出现什么问题？

① Google, Code of Ethics.
② Vanessa Grigoriadis, "O.K., Glass: Make Google Eyes," *Vanity Fair* (April 2014), www.vanityfair.com/society/2014/04/sergey-brin-amanda-rosenberg-affair# (accessed March 5, 2019).

7.6.4　性取向和性别认同

如果雇主基于某人的性取向而不愿雇用某人，会发生什么情况？这个问题在法律层面仍未能很好地解决。尽管美国没有任何联邦法律明确禁止基于性取向或性别身份的歧视，但一些法院及 EEOC 已纳入禁止性别歧视的规定。[82] 然而，这个问题在联邦层面上仍未解决。

此外，有数百项地方法规和数千个工作场所，包括 91% 的《财富》世界 500 强公司，保护 LGBT 员工免受歧视。例如，2019 年，纽约将"性别认同或表达"作为一个受保护的类别加入其非歧视法律。该法律保护工作场所及其他环境中的变性人和中性人。

但无论从法律角度还是从道德角度来看，这个议题对雇主来说都是一个重大问题。大约 4% 的美国劳动力自我认定为 LGBT。这些人中有 40% 的人在工作场所经历了基于性取向的骚扰和歧视，涉及招聘、晋升和薪酬（对于变性员工，这一数字上升到 97%）。出于这个原因，近一半的 LGBT 员工表示，他们觉得在工作场所公开自己的身份并不安全或并不能受到保护。[83]

雇主是否被允许区别对待 LGBT 员工，可能是一个管辖权的法律问题，但他们是否应该这样做是一个伦理问题。让我们从功利主义理论的角度来考虑雇主的选择，如果雇主在任何基础上进行歧视——除了某人有效工作的能力之外——与没有歧视的竞争对手相比，雇主将处于不利的地位。很难想象，在一份工作中，一个人的性取向或性别认同会降低他履行该职位基本职责的能力（见第 6 章伦理决策 6-6）。

例如，一个或多个利益相关者群体可能会因为其宗教信仰不同而提出反对意见。他们可能会辩称，将保护扩大到 LBGT 群体（或禁止歧视和骚扰），侵犯了他们的宗教自由。然而，哲学家们已经阐明，禁止就业歧视并不等于给予积极的权利（如同性恋婚姻——这个话题我们现在不讨论）。仅仅禁止歧视或骚扰的行为并不代表支持任何个人特征或生活方式，而是保护个人的尊严。

如果从康德的自治原则等伦理理论来看，也会认为歧视 LGBT 应聘者或雇员不道德，因为它侵犯了我们对生活的自由选择，以及我们的"自治"的基本人权（见第 3 章）。

7.6.5　非工作时间的网络使用

监控和管理员工下班后在线交流的内容是否合理，这在雇主和雇员之间形成了一个挑战性冲突。目前没有太多的法律指导，要求企业做出敏感的道德决策。例如，考虑一下诸如 Facebook 这样的社交媒体站点使用的问题。截至 2018 年 12 月，Facebook 在全球拥有 23.2 亿每月活跃用户，其使用率占全球的 30%。[84] 尽管 Facebook 和其他社交媒体平台最初似乎提供了一个方便的环境，员工可以在这里分享自己的就业状况，然而一旦负面消息像病毒一样传播时，就会出现问题。公司声誉岌岌可危，法律后果可能十分严重。底特律一家能源公司的员工被解雇，就是因为该员工在 Facebook 上抱怨客户在暴风雨期间停电时给该公司打电话投诉。[85] 美国佛罗里达州一家餐馆的服务员在 Facebook 上分享了她对一大群顾客的抱怨后被解雇，因为这些顾客订购了 735 美元的食物，但没有给小费。[86]

不过，其他一些案例中，员工也会进行反击。一位弗吉尼亚州的女性下班回家后在 Facebook 上发帖说："今天是最糟糕的一天！谢谢你的帮助。哦，等等，我是一个 1 人的团队，因为其他人有会议，或者他们懒得站起来帮助别人。"不到一周，她就因违反社交媒体政策而被解雇，该政策禁止员工在网上发布可能会让公司尴尬的内容。她无法获得失业保险，因为她因行为不端而被解雇。作为回应，她提起诉讼，声称该解聘决定妨碍了她根据《国家劳动关系法案》（National Labor Relations Act）谈论工作场所条件的权利。三个月后，她与公司达成和解。[87]

你有没有想过，你今天发布的内容可能会让你在几年后陷入麻烦？众所周知，雇主会深入挖掘潜在员工过去在社交媒体上的帖子，了解他们。高中时，年轻的潜在应聘者在社交媒体上并没有真正考虑到他们未来的雇主，但也许他们应该考虑一下他们的网络角色对未来老板的影响。在评估未来的员工时，我们应该考虑过去多长时间的表现？

此外，虽然法律禁止雇主在求职面试中询问应聘者的宗教信仰或之前的非法药物使用情况，但如果雇主通过在线渠道寻找相关信息，是否合乎道德？例如，在 Facebook 上的个人资料中，可能会分享她最近从康复中心出来的自豪感。潜在雇主永远无法通过面试获取这些信息，因此用这种方法收集这些信息是否合适？

正如本章前面所讨论的，关于这个问题的法律因国而异，也因州而异。例如，澳大利亚对个人信息收集的限制远大于美国。[88] 此外，截至 2018 年，美国有 26 个州限制雇主要求准员工或现任员工提供社交媒体的密码，还有几个州正在进行立法。[89] 但是，只有在个人确保其个人资料设置不公开共享信息的情况下，这项禁令才有助于个人。

伊利诺伊州前州长帕特·奎因（Pat Quinn）在签署立法禁止雇主要求求职者或现任雇员提交社交媒体密码时，将这些密码与普通的房屋钥匙进行了比较，并表示："雇员不应该因为雇主在法律上无权拥有的信息而受到惩罚。随着社交媒体的使用不断扩大，这项新法律将保护员工及其个人隐私权。"[90]

在比较不同文化之间的这些限制时，应该考虑哪些伦理价值观？如果是全球业务，雇主的判断应该由统一普遍的价值观决定，还是雇主的行为也应该因国家而异？考虑一下如果你是雇主，你会禁止哪些非工作行为，这些约束是否可能在一个地区或另一个国家有所不同。

现实观察 7-6 概述了前两部分在评估隐私、测试和下班行为时的讨论交叉点。虽然我们对这一点的分析已经解决了在就业过程中的行为规范，但重要的是在就业前考虑你的选择，及其对雇主后来决定雇用你的影响。

⊙ 现实观察 7-6

雇用关系始于雇用前

通常，社会上将雇用关系视为从雇用开始到结束的时期。事实上，这种关系在雇用之前就开始了，并在死后才结束。

雇用前的实践

雇用前关系的重要性通常被忽视。尽管如此，今天的雇用前人员（即求职者）几乎没有法律认可的权利。由于技术的广泛进步，以及求职者对个人隐私缺乏保护，这一问题变得越来越严重。

最近出现了一些公司，它们正在利用新的信息收集技术，在雇用新员工的过程中向雇主提供这些服务。这些公司与组织（和个人）签订合同，收集潜在新员工的个人信息。它们收集求职者所需的任何信息——从信用记录到驾驶记录。

虽然在雇用前收集人们的数据并不是什么新鲜事，但今天使用的方法缺乏过去的透明度，更倾向于将权力偏向雇主而远离雇员。此外，雇主并不总是被要求获得许可，甚至不告知求职者他们正在进行背景调查，而且往往不愿意向求职者透露影响其招聘决定的具体信息。

公司管理人员支持这种信息收集，因为它能让他们做出更好的招聘决定。即便如此，从招聘公司的角度来看，这种做法也并非没有严重缺陷。一个原因是，第三方信息的准确性并不总能得到保证。此外，无法保证收集的数据是完整的。背景调查可能会导致候选人资料不准确或完全错误。虽然雇主认为他们正在寻找相关信息来帮助做出招聘决定，但现实是，他们获得的信息可能在他们不知情的情况下被扭曲；他们可能会在不知情的情况下过度寻找"未经加工的钻石"，而不是淘汰某些有风险的候选人。

从求职者的角度来看，招聘前收集信息的做法尤其阴险。求职者并不总是被告知他们正在接受审查，而且所收集的材料高度私人化。此外，求职者通常没有机会对信息收集机构生成的报告进行任何形式的反驳。在候选人因背景调查而被拒绝的情况下，这一点尤其有问题。

雇用前做法的影响

为了了解这种测试如何对招聘过程产生负面影响，这里以玛丽亚（Maria）为例，她是一个虚构的求职者。玛丽亚向一家当地百货公司申请市场营销工作。她被要求进行预筛选药物测试，以及她要提供一般背景调查所需的一部分个人信息。招聘方则可以获得玛丽亚的信用报告。这份报告显示，她还涉入一起尚未判决的官司。由于担心招聘玛丽亚会面临风险，公司决定不雇用她。

虽然信用报告的数据可能是准确的，但它并没有讲述玛丽亚的全部故事。例如，它并没有表明玛丽亚是身份欺诈的受害者。此外，在她不知情的情况下，这份报告可能是不准确的。虽然玛丽亚应该知道她的报告中的信用信息，但她已经有一段时间没有查看它了，其中包含了一些不正确的信息。玛丽亚有未付债务的事实，并不一定会实质性关系到她申请的特定工作。

雇主需要考虑玛丽亚是否称职，背景调查对于评估她的总体适合性是必要的。许多雇主认为这是一个合法的目的，并认为应聘者在处理客户事务的责任与她处理个人财务的方式之间存在相关性。虽然这样的论点并非毫无道理，但似乎有些过分夸大。就像是审查一个应聘者的驾驶记录与驾驶者位置的相关性，这似乎是反常识的。然而，这种情况与玛丽亚的情况之间还是存在着差异。如果工作具有特别敏感的性质，或者公司内部空缺职位的级别很高，当与合法的商业目的相关时，与绩效直接相关的背景调查还是合适的。此外，公司类型或公司的潜在责任也可能需要进行具体检查。但在玛丽亚的例子中，这些情况都不存在。

反对过度的雇用前测试的观点

有很多理由反对雇用前测试，尤其是在不加区别地使用时。过度的雇用前测试可能会受到道德上的攻击。首先，它强化了人仅仅是生产要素的概念，从而损害了个人的尊严。它有效地使雇主将员工视为实现盈利目的的一种手段，而不把个人视为对自己有价值的人。其次，它还创造了一种虚伪的气氛，破坏信任和忠诚，鼓励口是心非和不真诚。最后，它影响到在公司工作的其他人。公司通过这样的信息收集变得神秘和善于操纵，而申请人又尽其所能掩盖他们认为不利于应聘或晋升的信息。这种行为对雇主和潜在雇员都有损害。

除了这些道德考量外，还有强烈的商业理由反对过度使用雇用前测试。不受限制地收集个人信息会忽略与该个人信息相关的权益。涉及背景调查的雇用行为忽略了一个人对他自己信息的所有权。它还侵蚀了一个人对其个人信息的隐私期望。此外，这会给潜在雇员留下不好的第一印象，降低整体士气。在经济不景气时，这可能无关紧要，但在经济形势好、就业率高的时候，求职者可能会转向不采用这种调查方法的雇主申请就业机会。此外，目前的雇员——那些出于需要或选择留下来的人——会认为自己的老板不信任他们或不尊重个人隐私。换句话说，雇用中使用该做法可能会让员工士气低落，并导致潜在的不信任情绪。

负责任地使用个人信息

向雇主提供大量信息并不意味着他们必须使用所有信息。理想情况下，个人信息应该是个人信息，至少个人应该有能力确定谁可以访问自己的个人信息，并知道某人何时获得该信息。重要的是要记住，获取信息的可用性与获取信息或在招聘决策中使用该信息的道德权利不同。

当雇主考虑如何使用他们所收集的信息时，他们应该考虑以"合法的商业目的"作为指导原则。如果存在合法的商业目的（通常被定义为适用于工作职能、公司类型等），并且该信息与求职者之间存在显著的直接关联，那么收集个人信息是合适的。

与此同时，正如玛丽亚的情况所表明的，个人有义务更好地维护自己的个人信息。既然个人意识到可以对他们进行信用检查，他们就需要确保第三方信用记录中的信息是准确的。此外，个人也需要做好准备，应对个人信息中可能存在的异常情况。这不再是什么对什么错的问题，而是将要发生什么。如果我们知道雇主有权获得这些信息，我们就应该自己决定如何处理这些信息。

资料来源：Adapted for this publication and used by permission of the authors, Tara J. Radin and Martin Calkins.

再论开篇伦理决策

智能手机的智能使用问题

开篇伦理决策要求你考虑在商业环境中使用智能手机的启示。你以前可能没有想到,智能手机可能会成为职场道德问题的根源,因为大多数人将 iPhone 或 Android 视为生产力的源泉,让他们能在口袋或手提包中携带功能强大的电脑和通信设备。能访问信息及在任何地方与关键客户和同事保持联系的便利性,通常被视为一种好处而不是问题。但是,正如前文所示,智能手机和许多新技术一样,也产生了道德问题。

显然,开篇伦理决策中从一开始就涉及沟通失误。使用道德决策过程,我们面临着一个场景,其中涉及的利益相关者从完全不同的角度感知情况。当你全神贯注于会议并努力工作以产生最有效的结果时,你的行为让许多人产生了这样的感觉:你不在状态并摆弄你的手机。当然,如果你知道这可能会给人留下负面印象,你就不会做出同样的决定。相反,你会怎么做呢?

这就是从一开始就考虑这些场景的重要性。不是每个人都会从相同的角度和相同的经验背景来看待你的行为。你可能是那种习惯在智能手机上记笔记的人,而这种选择可能永远不会成为别人的认知范围。通过理解这一观点,你可能会在会议开始时让所有人都知道你计划将一些要点直接记录到手机中,以便在回到办公室时以电子方式上传这些要点。这样,你将能在会议结束后立即以最有效的方式与团队分享这些信息。每个人都会点头感谢你的体贴。而目前的现实是,你需要向老板来解释说明这场惨败。

当然,我们应该认识到,有时这根本不是一个误解的问题。实际上,有些人可能在开会时用手机玩游戏、和朋友发短信,或者上网浏览。在某种程度上,这种活动意味着他们对会议中其他人所说的话不太在意,这种活动至少是不尊重其他人的。然而,在工作场所中这类影响会更为严重。一次性的冒犯行为可以被认为是简单的粗鲁行为,但持续的行为可能表现出一种粗鲁的模式,这意味着缺乏对与会者的全面尊重。尊重他人的人格尊严是道德决策的关键要素。

当然,尽管会有例外,但在工作场所使用智能手机的问题也可能存在代际分歧。一些从小就用手机的年轻员工,习惯于发短信与朋友保持近距离的联系,他们可能会认为在会议期间发短信是正常的,并不意味着任何不尊重。此外,这些员工中的一些人甚至可能不再戴手表,经常使用手机作为他们唯一的计时工具,因此查看手机对他们来说并不比其他人瞥一眼自己的手腕更具侵扰性。相反,一些年长的员工,甚至是那些习惯于使用智能手机的人,可能也会更严格地将这些设备在业务运营中的使用限制在一个比较小的范围里。对这些员工来说,在会议期间使用智能手机,甚至是查看与业务相关的电子邮件,都可能违背礼仪。

1. 如果你在会议中看到一个同事发短信,你会怎么回应?
2. 如果会议只涉及你们两个人或其他人,会有什么不同吗?如果其他人是你公司的同事或外部同事呢?
3. 如果你在一次会议中收到一名同事的短信(同事与你在同一会议中),你会怎么做?
4. 除了智能手机之外,是否还有其他新技术会引发类似本场景中讨论的问题?商务会议期间使用笔记本电脑是否会引发相同或类似的问题?
5. 在开篇伦理决策的最后,你有没有想过,也许你的老板会给你一个解释的机会,问你是否用手机做笔记?这种观点会影响你的反应吗?

6. 当人们对于在工作场所正确使用新技术方面存在分歧时，应如何解决这些分歧？新技术的爱好者应该格外小心吗？还是应该期待那些抵制新技术的人"与时俱进"？

◘ 练习与应用

1. 万豪度假胜地为200多名员工举行了一个正式的公司聚会。聚会的一个环节就是播放了一段由员工和他们配偶对讨厌的家务活发牢骚组成的视频。有点恶搞，视频被编辑成好像是他们在讨论亲密行为。一名员工的妻子不能忍受并将万豪告上法庭，控诉它侵犯了自己的隐私。根据道德方面的观点来评价一下这位妻子的做法。

2. 理查德·弗雷德（Richard Fraser）是美国互助保险公司的一名自由独立保险代理人，现在被公司解雇，而双方就解雇原因却未能达成一致。弗雷德说公司解雇他的原因是他投诉公司的一些非法行为，包括中伤美国保险独立承包协会，试图在宾夕法尼亚州通过立法来确保是通过"正当防卫"解雇那些自由保险代理商。而公司却辩解，他们解雇弗雷德是因为他的不忠诚。公司说弗雷德和竞争对手通信，声称投保者对公司不满，对方公司是否有意向接受这些客户（弗雷德却说写信是想引起公司的重视而并未发送出去）。当公司得知后，认为弗雷德将公司机密泄露给竞争对手。因此调查了存储文件的服务器——上面有弗雷德所有的来往邮件——以寻找任何不恰当行为的踪迹。最后调查证实了弗雷德的不忠诚。就本着这个调查和那两封信，公司解雇了弗雷德。这个电子邮件的调查又引起了弗雷德针对（Electronic Communications Privacy Act，ECPA）保护下所受损失的上诉。你认为公司监事员工的电子邮件并因此解雇员工的做法合理吗？你认为双方在案例中用到的道德论据是什么？

3. 一名客服代表在一家电子产品商店里使用一台电脑上网。她进入一家网站看案发现场的图像。一名顾客看到图像后称反感。另一名客服在柜台后面，用店里的电脑进入色情网站并发笑。顾客问其原因，他把电脑显示屏转向顾客，想逗顾客开心。他们的行为有错吗？

4. 网络域名抢注是指以下行为：注册很多网站域名并以高价卖给那些想得到这个路由表或准备放弃原来那个令人混淆的旧域名的人。例如，权益团体的美国善待动物协会，可以用www.peta.org 来替换掉之前的 www.peta.com，赞成捕猎的网站会用"人们食用美味的动物"来标识自己。网域霸通常对那些可能拼写错误或有轻微错误的网站充满希望，希望他们支付购买一个新的域名。例如，有人花了 7 000 000 美元购买了 www.business.com 的网址。另一个案例中，当一个合伙企业宣布 www.chaptersglobe.com 这个域名会给多伦多环球邮报带来一个在线书店仅一天之后，理查德·莫罗乔夫的一个技术编程，就注册了www.chapters-globe.com 的域名。当合伙企业强烈要求其停止使用这个域名时，他说只要在这个网站上的盈利他得到一成，他立即答应停止使用的要求。你认为抢占域名有错吗？那些目标网站的所有人有哪些选择？

5. 垃圾邮件是指将不加区别的广告信息铺天盖地地出现在个人邮箱或用户网络中。有人认为发送垃圾邮件的权利应该被保护因为这是言论自由权利的一种，然而另外一些人认为这是对隐私权的侵犯，或是对资源的盗用或对财产的私自擅入。英特尔曾经控诉一名对公司不满的员工给超过 35 000 名英特尔的员工发送抱怨邮件。法庭认为，考虑到这名员工的垃圾邮件等同于擅入英特尔的财产，并且公司还要花费相当的时间和资源来删除这些信息。有趣的是垃圾邮件可以在巨蟒组这个演唱团体中被普遍接受：垃圾邮件……垃圾邮件……可爱的垃圾邮件……美妙的垃圾邮件……就像一首歌，垃圾邮件就是无价值文字的无休止的重复。另外一些人认为这个词语来自南加利福尼亚大学的电脑团体实验室，得名的原因是与午餐肉有很多相似的特点：

- 没人想吃或需要它。
- 当吃主菜时，它是第一个被放置一边的东西。没有人会吃它。
- 有些时候它美味，就像垃圾邮件会对某些人有用一样。
- 用利益相关者分析，垃圾邮件既是有道德的又是没有道德的做法。

6. 网络上现在可以得到你能想象到的各种科目的论文。把论文放在网上的人为自己的行为做以下两方面的辩护：跟网上其他资源一样，可以帮助那些有研究需要的人并且下载使用很简单；可以鼓励所有教职人员在线修改论文题目或进行考试交流，而不需要用以前使用了无数次的方式把作业带来带去。你支持吗？这项技术有什么不道德的吗？如果不道德，我们要指责发布人、最终用户，还是其他人？

7. 一所大学为安保部门提供了一些储物柜以方便存放个人物品。安保员工经常把那个地方作为更衣室。在一次储物柜被盗事件发生之后，有人发现这些员工把武器带入校园。之后，学校在那个地方装了监控装置。那些员工对自己的隐私遭到监控装置的侵犯有合理预期吗？请解释。

8. 你在一家大型美国公司的信息部工作。从公司内部发来的一些有明显性倾向的邮件充斥了所有员工的邮箱。管理者需要你制定一个技术使用规则，你需要考虑哪些问题？

注释

1. Source: Jeffrey Hirsch, "Future Work" (February 14, 2019), https://ssrn.com/abstract= (accessed February 16, 2019) (crediting University of North Carolina - Chapel Hill Professor Richard Myers with the term, "blended workplace").

2. B. Sethi and C. Stubbings, "Good Work," *Strategy + Business* (February 18, 2019), www.strategy-business.com/feature/Good-Work?gko=a9de1 (accessed February 18, 2019).

3. A. Marshall, "Where Business Is Feeling the Heat," in P. Krielstra, Kroll and Economist Intelligence Unit, *Global Fraud Report* (2007/2008).

4. Poneman Institute, "2018 Cost of Data Breach Study: United States" (June 2018), www03.ibm.com/security/data-breach/ (accessed June 25, 2018).

5. 381 U.S. 479 (1965).

6. 410 U.S. 113 (1973).

7. J. Moore, "Your E-mail Trail: Where Ethics Meets Forensics," *Business and Society Review* 114, no. 2 (2009), pp. 273-93.

8. Patricia Werhane, *Persons, Rights, and Corporations* (Englewood Cliffs, NJ: Prentice Hall, 1985), p. 94.

9. Gerald Doppelt, "Beyond Liberalism and Communitarianism: Towards a Critical Theory of Social Justice," *Philosophy and Social Criticism* 14 (1988), pp. 271, 278.

10. Source: Global Internet Liberty Campaign, "Privacy and Human Rights: An International Survey of Privacy Laws and Practice" (1988), www.gilc.org/privacy/survey/exec-summary.html (accessed July 18, 2018). For an up-to-date listing of international accords relating to privacy, see Electronic Frontier Foundation, "International Privacy Standards," www.eff.org/issues/international-privacy-standards (accessed July 18, 2018).

11. J. Whitman, "The Two Western Cultures of Privacy: Dignity versus Liberty," *Yale Law Journal* 113 (2004), p. 1151; A. Levin, "Dignity in the Workplace: An Enquiry into the Conceptual Foundation of Workplace Privacy Protection Worldwide," *ALSB Journal of*

Employment and Labor Law 11, no. 1 (Winter 2009), p. 63; Daniel Fisher, "Europe's 'Right to Be Forgotten' Clashes with U.S. Right to Know," *Forbes* (May 16, 2014), www.forbes.com/sites/danielfisher/2014/05/16/europes-right-to-be-forgotten-clashes-with-us-right-to-know/ (accessed July 18, 2018).

12. A. R. Levinson, "Industrial Justice: Privacy Protection for the Employed," *Cornell Journal of Law and Public Policy* 18, no. 3 (2009), http://papers.ssrn.com/sol3/papers.cfm?abstract_id=1269512 (accessed February 21, 2019); P. Kim, "Electronic Privacy and Employee Speech," *Chicago-Kent Law Review* 87, no. 901 (2012), http://ssrn.com/abstract=2049323 (accessed February 21, 2019).

13. M. Sauter, "Public Sector Jobs: States Where the Most People Work for the Government," *USA Today* (June 1, 2018), https://eu.usatoday.com/story/money/economy/2018/06/01/states-where-the-most-people-work-for-government/35302753/ (accessed March 7, 2019). This number is similar to that for Canada, Greece, the U.K., Spain, and Italy. The OECD's report of member countries reports that Norway has the highest representation (30%), while Japan has the lowest (5.9%). OECD, *Government at a Glance* (Paris: OECD Publishing, 2017), p. 91, https://read.oecd-ilibrary.org/governance/government-at-a-glance-2017_gov_glance-2017-en#page1 (accessed March 6, 2019).

14. National Conference of State Legislatures, "Privacy Protections in State Constitutions" (May 5, 2017), www.ncsl.org/research/telecommunications-and-information-technology/privacy-protections-in-state-constitutions.aspx (accessed February 21, 2019).

15. *Lake v. Wal-Mart Stores, Inc.*, 582 N.W.2d 231 (Minn. 1998).

16. *City of Ontario v. Quon*, 560 U.S. 746 (2010).

17. *Riley v. California*, 573 U.S. 373 (2014); *Bakhit v. Safety Marking, Inc.*, 33 F. Supp. 3d 99 (D. Conn. 2014).

18. *K-Mart v. Trotti*, 677 S.W.2d 632 (Tex. Ct. App. 1984); *Smyth v. Pillsbury*, 914 F. Supp. 97, 101 (E.D. Pa. 1996).

19. National Conference of State Legislatures, "State Social Media Laws" (January 2, 2018), www.ncsl.org/research/telecommunications-and-information-technology/state-laws-prohibiting-access-to-social-media-usernames-and-passwords.aspx (accessed February 21, 2019).

20. Privacy International, "General Data Protection Regulation (GDPR), http://privacyinternational.org/topics/general-data-protection-regulation-gdpr (accessed February 21, 2019).

21. T. Romm, "France Fines Google Nearly $57 Million for First Major Violation of New European Privacy Regime," *Washington Post* (January 21, 2019), www.washingtonpost.com/world/europe/france-fines-google-nearly-57-million-for-first-major-violation-of-new-european-privacy-regime/2019/01/21/89e7ee08-1d8f-11e9-a759-2b8541bbbe20_story.html?utm_term=.f7147054cc94 (accessed February 18, 2019).

22. International Trade Association, U.S. Department of Commerce, "Privacy Shield Framework—U.S. Businesses," www.privacyshield.gov/US-Businesses (accessed February 21, 2019).

23. N. Nielson, "Privacy Shield Less Relevant Given GDPR, Says Data Chief," *EU Observer* (May 24, 2018), https://euobserver.com/justice/141886 (accessed February 21, 2019).

24. TrustArc, "Privacy Shield Approaching Its 3 Year Anniversary in Operation" (April 25, 2019), www.trustarc.com/blog/2019/04/25/privacy-shield-approaching-its-3-year-anniversary-in-operation/ (accessed May 13, 2019); also see European Commission, "EU-US Data Transfers: Report on the Second Annual Review of the EU-US Privacy Shield" (December 19, 2018), https://ec.europa.eu/info/law/law-topic/data-protection/international-dimension-data-protection/eu-us-data-transfers_en (accessed May 13, 2019).

25. Source: J. Arden, "Techno-Ethics: Anti-Social Networking," *American Bar Association: GPSolo* 29, no. 3 (May/June 2012), www.americanbar.org/publications/gp_solo/2012/may_june/techno_ethics_anti_social_networking.html (accessed February 21, 2019).

26. Source: *State of Washington v. Young*, 123 Wash.2d 173 (1994).

27. Source: Frank Daly, "Reply, Delete. . . or Relate? It's Human Dimension," Lecture as

Verizon Professor in Business Ethics and Technology, Bentley College, March 31, 2004.

28. Niraj Chokshi, "Out of the Office: More People Are Working Remotely, Survey Finds," *The New York Times* (February 15, 2017), www.nytimes.com/2017/02/15/us/remote-workers-work-from-home.html (accessed February 21, 2019).

29. Source: U. Klotz, "The Challenges of the New Economy" (October 1999), cited in *World Employment Report 2001: Life at Work in the Information Economy.* (Geneva: International Labour Office, 2001), p. 145.

30. *PhoneDog, LLC v. Kravitz*, Case No. C 11-03474 MEJ, 2011 U.S. Dist. LEXIS 129229 (N.D. Cal. Nov. 8, 2011).

31. Source: Kevin Werbach as cited in Consortium of professors at the University of Pennsylvania Wharton School of Business, "Social Media Followers—Yours, or Your Businesses?" (april 2013). Multihouse Pro.

32. Source: "Whom Do Social Media Followers Belong to—You, or Your Business?" *Knowledge@Wharton, University of Pennsylvania* (March 13, 2013), http://knowledge.wharton.upenn.edu/article/whom-do-social-media-followers-belong-to-you-or-your-business/ (accessed February 21, 2019); A. Fisher, "Who Owns Your Twitter Followers, You or Your Employer?" *Fortune* (December 13, 2012), http://fortune.com/2012/12/13/who-owns-your-twitter-followers-you-or-your-employer/ (accessed February 21, 2019).

33. For a similar interpretation, see B. Kracher and C. Corritore, "Is There a Special E-Commerce Ethics" *Business Ethics Quarterly* 14, no. 1 (2004), pp. 71–94.

34. Antonio Argandoña, "The New Economy: Ethical Issues," *Journal of Business Ethics* 44 (2003), pp. 3–22, 26.

35. Source: Google S-1, Filed with the Securities and Exchange Commission, Appendix B (2004), www.sec.gov/Archives/edgar/data/1288776/000119312504139655/ds1a.htm (accessed July 30, 2018). When Google was reorganized in 2015 as a subsidiary of Alphabet, the motto was moved to the preface of the code of conduct. In 2018, it was removed as an official tenant of the code of conduct, but added in a passing reference of the last sentence in the code: "And remember... don't be evil, and if you see something that you think isn't right - speak up." See also Kate Conger, "Google Removes 'Dont Be Evil' Clause from Its Code of Conduct," *Gizmodo* (May 18, 2018), https://gizmodo.com/google-removes-nearly-all-mentions-of-dont-be-evil-from-1826153393 (accessed February 21, 2019).

36. Dominic Rushe, "Google: Don't Expect Privacy When Sending to Gmail," *The Guardian* (August 15, 2013), www.theguardian.com/technology/2013/aug/14/google-gmail-users-privacy-email-lawsuit (accessed February 21, 2019).

37. Joseph Turrow, "Google Still Doesn't Care About Your Privacy," *Fortune* (June 28, 2017), http://fortune.com/2017/06/28/gmail-google-account-ads-privacy-concerns-home-settings-policy/ (accessed February 21, 2019).

38. Douglas MacMillan, "Tech's 'Dirty Secret': The App Developers Sifting through Your Gmail," *The Wall Street Journal* (July 2, 2018), www.wsj.com/articles/techs-dirty-secret-the-app-developers-sifting-through-your-gmail-1530544442 (accessed February 21,2019).

39. Source: Google S-1, filed with the Securities and Exchange Commission. http://www.sec.gov/Archives/edgar/data/1288776/000119312504139655/ds1a.htm (accessed February 21, 2019).

40. Antonio Argandoña, "The New Economy: Ethical Issues," *Journal of Business Ethics* 44 (2003), pp. 3–22, 28.

41. ComPsych, "Digital Distraction at Work: Almost 20 Percent of Workers Check Social Media More Than 10 Times during Workday, According to ComPsych," press release (March 20, 2017), https://www.compsych.com/press-room/press-article?nodeId=d9561871-7e04-4bb7-8d44-6444eb342861 (accessed March 3, 2019).

42. Gina Belli, "How Much Employee Monitoring Is Too Much?" *CNBC.com* (October 13, 2017),www.cnbc.com/2017/10/13/how-much-employee-monitoring-is-too-much.html (accessed March 3, 2019).

43. Lindsay McKenzie, "Who's Reading Your Email?" *Inside Higher Ed* (April 2, 2018), www.insidehighered.com/news/2018/04/02/unauthorized-searches-professors-email-

create-rift-rochester (accessed March 3, 2019).

44. Careerbuilder.com, "New CareerBuilder Survey Reveals How Much Smartphones Are Sapping Productivity at Work" (June 9, 2016), www.careerbuilder.com/share/aboutus/pressreleasesdetail.aspx?sd=6%2F9%2F2016&id=pr954&ed=12%2F31%2F2016 (accessed March 3, 2019).

45. Ivan Manokha, "Why the Rise of Wearable Tech to Monitor Employees Is Worrying," *The Conversation* (January 3, 2017), http://theconversation.com/why-the-rise-of-wearable-tech-to-monitor-employees-is-worrying-70719 (accessed March 4, 2019).

46. R. Reice, "Wearables in the Workplace: A New Frontier," *Bloomberg Law* (May 24, 2018), https://news.bloomberglaw.com/daily-labor-report/wearables-in-the-workplacea-new-frontier (accessed March 4, 2019); "Smile, You're on Camera: There Will Be Little Privacy in the Workplace of the Future," *The Economist* (March 28, 2018), www.economist.com/special-report/2018/03/28/there-will-be-little-privacy-in-the-workplace-of-the-future (accessed March 4, 2019).

47. Source: Andrea Miller, "More Companies Are Using Technology to Monitor Employees, Sparking Privacy Concerns," *ABC News* (March 10, 2018), https://abcnews.go.com/US/companies-technology-monitor-employees-sparking-privacy-concerns/story?id=53388270 (accessed March 4, 2019). See also, Emine Saner, "Employers Are Monitoring Computers, Toilet Breaks—Even Emotions. Is You Boss Watching You?" *The Guardian* (May 14, 2018), https://www.theguardian.com/world/2018/may/14/is-your-boss-secretly-or-not-so-secretly-watching-you (accessed March 4, 2019).

48. Katie Kindelan, "Proposed Law Giving Workers the 'Right to Disconnect' after Work Draws Mixed Reactions," *ABC News* (March 27, 2018), https://abcnews.go.com/GMA/Living/proposed-law-giving-workers-disconnect-work-draws-mixed/story?id=54035404 (accessed March 4, 2019).

49. *Sharrow v. S.C. Johnson & Son, Inc.*, No. 17-cv-11138, 2018 U.S. Dist. LEXIS 62044 (E.D. Mich. Apr. 12, 2018); *Crowe v. Marquette Transportation Co. Gulf-Inland, LLC*, No. 14-1130, 2015 WL 254633 (E.D. La. Jan. 20, 2015).

50. Rayna Hollander, "Two-thirds of the World's Population Are Now Connected by Mobile Devices," *Business Insider* (September 19, 2017), www.businessinsider.com/world-population-mobile-devices-2017-9 (accessed on March 4, 2019).

51. "Internet Usage Statistics," *Internet World Stats* (2017), www.internet-worldstats.com/stats.htm (accessed March 4, 2019).

52. S. Kemp, "Global Internet Use Accelerates," *We Are Social* (January 31, 2019), https://wearesocial.com/us/blog/2019/01/digital-2019-global-internet-use-accelerates (accessed March 4, 2019).

53. Chris Morris, "Here's How You're Wasting 8 Hours per Work Week," *Fortune* (July 25, 2017), http://fortune.com/2017/07/25/cell-phone-lost-productivity/ (accessed March 4, 2019).

54. Robert Stroymeyer, "How to Monitor Your Employees' PCs without Going Too Far," *PCWorld* (March 22, 2011), www.pcworld.com/businesscenter/article/222169/how_to_monitor_your_employees_pcs_without_going_too_far.html (accessed March 4, 2019).

55. Daree Shannon, "Should What You Say on Social Media Be Grounds for Getting Fired?" *Deliberate Magazine* (May 16, 2018), www.deliberatemagazine.com/should-what-you-say-on-social-media-be-grounds-for-getting-fired/ (accessed August 3, 2018).

56. M. Cranford, "The Ethics of Privacy: Drug Testing, Surveillance, and Competing Interests in the Workplace," University of Southern California, Publication 3291792 (2007), http://wwwlib.umi.com/dissertations/fullcit/3291792 (accessed March 4, 2019).

57. Source: A. Taufen, "How Does Medical Marijuana Use Affect Employment?" *Benefits Pro* (August 12, 2014), www.benefitspro.com/2014/08/12/how-does-medical-marijuanause-affect-employment?t=compliance&page=2&slreturn=1456427268 (accessed March 3, 2019).

58. Allen Smith, "Employers Increasingly Drop Marijuana Testing of Job Applicants," Society for Human Resource Management (April 25, 2018), www.shrm.org/resourc-

esandtools/legal-and-compliance/employment-law/pages/less-marijuana-testing.aspx (accessed August 8, 2018); Melinda Caterine, "Maine Employers Must Ignore Off-Work Marijuana Use, Cease Testing Applicants," *Littler.com* (January 30, 2018), www.littler.com/publication-press/publication/maine-employers-must-ignore-work-marijuana-use-cease-testing (accessed August 8, 2018).

59. Kindland, "All of the Places in the World Where Pot Is Legal" (January 9, 2018), www.thekindland.com/products/all-of-the-places-in-the-world-where-pot-is-2871 (accessed March 4, 2019).

60. National Council on Alcoholism and Drug Dependence Inc., "Drugs and Alcohol in the Workplace" (n.d.), https://www.ncadd.org/about-addiction/addiction-update/drugs-and-alcohol-in-the-workplace?highlight=WyJkcnVncyIsImRydWdzJyIsInRoZSIsIndvcmtwbGFjZSJd (accessed August 8, 2018).

61. HireRight.com, "Employment Screening Benchmark Report: 2018 Edition" (2018), http://img.en25.com/Web/HireRightInc/%7B4e41d88e-c1d8-4112-9cfb-431461d4018b%7D_2018_HireRight-Employment-Screening-Benchmark-Report_12-FINAL.pdf (accessed March 4, 2019); Lisa Nagele-Piazza, "Failed Workplace Drug Tests Reach 12 Year High," *Society for Human Resource Management* (May 24, 2017), www.shrm.org/resourcesandtools/legal-and-compliance/employment-law/pages/positive-drug-test-rates-climb.aspx (accessed March 4, 2019).

62. Rebecca Greenfield and Jennifer Kaplan, "The Coming Decline of the Employment Drug Test," *Bloomberg* (March 5, 2018), www.bloomberg.com/news/articles/2018-08-07/gop-pitch-on-robust-economy-a-hard-sell-in-regions-left-behind (accessed March 4, 2019).

63. Source: Katie Zezima and Abby Goodnough, "Drug Testing Poses Quandary for Employers," *The New York Times* (October 4, 2010), https://www.nytimes.com/2010/10/25/us/25drugs.html (accessed March 4, 2019).

64. Genetic Information Nondiscrimination Act of 2008 (Pub. L. No. 110-233), www.govtrack.us/congress/bills/110/hr493 (accessed March 4, 2019).

65. Equal Employment Opportunity Commission, "Genetic Information Discrimination" (n.d.), www.eeoc.gov/laws/types/genetic.cfm (accessed March 4, 2019).

66. R. Green et al., "Exploring Concordance and Discordance for Return of Incidental Findings from Clinical Sequencing," *Genetics in Medicine* 14, no. 4 (April 2012), pp. 405–10, www.ncbi.nlm.nih.gov/pmc/articles/PMC3763716/ (accessed January 22, 2019); E. Schumaker, "Workplace Genetic Testing Isn't Just Unethical, It's Scientifically Unsound," *Huffington Post* (March 14, 2017), www.huffpost.com/entry/workplace-genetic-privacy-bill-gina_n_58c6e4c5e4b081a56dee48cf (accessed January 22, 2019).

67. 2019 IL 123186 (Jan. 25, 2019), www.illinoiscourts.gov/Opinions/SupremeCourt/2019/123186.pdf.

68. Foley & Lardner, "Biometric Privacy: Illinois Supreme Court Decision Allows Claims to Proceed Without Showing of Actual Harm," *Labor & Employment Law Perspectives* (February 4, 2019), www.laboremploymentperspectives.com/2019/02/04/biometric-privacy-illinois-supreme-court-decision-allows-claims-to-proceed-without-showing-of-actual-harm/ (accessed March 29, 2019).

69. W. Herbert and A. K. Tuminaro, "The Impact of Emerging Technologies in the Workplace: Who's Watching the Man (Who's Watching Me)?" *Hofstra Labor and Employment Law Journal* 5 (2009), p. 355; A. Bibby, "You're Being Followed: Electronic Monitoring and Surveillance in the Workplace" (2006), www.andrewbibby.com/pdf/Surveillance-en.pdf (accessed August 8, 2018).

70. M. Schulman, "Little Brother Is Watching You," *Issues in Ethics* 9, no. 2 (Spring 1998), www.scu.edu/ethics/publications/iie/v9n2/brother.html (accessed August 8, 2018).

71. Scott Horton, "New York Law Protects Employees' Off-Duty Conduct," *Horton Management Law Blog* (September 15, 2017), https://hortonpllc.com/new-york-law-protects-employees-off-duty-conduct/ (accessed March 5, 2019).

72. Off-duty conduct statutes vary based on the levels of protection they provide: (1) use of tobacco only, (2) use of lawful products, and (3) any and all lawful activities. Jurisdic-

tions that have enacted "tobacco only" statutes include CT, DC, IN, KY, LA, ME, MN, MS, MO, MT, NH, NJ, NM, OK, OR, RI, SC, SD, VA, WV, and WY. States that protect the use of "lawful products," "lawful activities," "lawful conduct," or "lawful consumable products" include CA, CO, IL, MT, MN, NV, NC, ND, and WI. For a list of all state statutes, see National Conference of State Legislatures, "State Laws on Employment-Related Discrimination" (2018), www.ncsl.org/issues-research/labor/discrimination-employment.aspx (accessed March 5, 2019); Rishi R. Patel and Harald Schmidt, "Should Employers Be Permitted Not to Hire Smokers? A Review of US Legal Provisions," *International Journal of Health Policy and Management* 6, no. 12 (2017), pp. 701–706, www.ncbi.nlm.nih.gov/pmc/articles/PMC5726320/ (accessed March 5, 2019).

73. For more information, please see N. Keltgan, "Reasonable Alternative Standards: What Are They? Why Should You Care?" *Associate-Benefits and Risk Consulting* (June 23, 2016), www.associatedbrc.com/Resources/Resource-Library/Resource-Library-Article/ArtMID/666/ArticleID/399/Reasonable-alternative-standards-What-are-they-Why-should-you-care (accessed March 5, 2019).

74. Tax Tips, "What Are the Tax Penalties for Smokers?" *Intuit Turbo Tax* (2017), https://turbotax.intuit.com/tax-tips/health-care/what-are-the-tax-penalties-for-smokers/L0Zc0O1Sk (accessed August 8, 2018).

75. The following cities prohibit weight discrimination: Santa Cruz, CA; San Francisco, CA; Washington, DC; Urbana, IL; Binghamton, NY; and Madison, WI. See National Association to Advance Fat Acceptance (NAAFA), "Weight Discrimination Laws" (n.d.), www.naafaonline.com/dev2/education/laws.html (accessed March 5, 2019).

76. Scott Gilbert, "Obesity 'Regarded as' Disability Under ADA," *Polsenelli Labor and Employment Law Blog* (March 9, 2018), www.polsinelliatwork.com/blog/2018/3/9/obesity-regarded-as-disability-under-ada (accessed March 5, 2019); Marjory Robertson, "Is Morbid Obesity a Disability under the ADA? Courts Say No," *Lexology* (February 7, 2017).

77. *Shell v. Burlington Northern Santa Fe Railway Co.*, Case No. 15-cv-11040, 2018 U.S. Dist. LEXIS 35150 (N.D. Ill. Mar. 5, 2018) [Filing 108], *reconsideration denied by and motion granted by* 2018 U.S. Dist. LEXIS 197474(N.D. Ill. Nov. 20, 2018) [Filing 129], *appeal filed,* Case No. 0:19-cv-01030 (7th Cir. Jan. 4, 2019).

78. CareerBuilder.com, "Office Romance Hits 10-Year Low, According to CareerBuilder's Annual Valentine's Day Survey" (February 1, 2018), http://press.careerbuilder.com/2018-02-01-Office-Romance-Hits-10-Year-Low-According-to-CareerBuilders-Annual-Valentines-Day-Survey (accessed March 5, 2019).

79. Vault.com, "The 2018 Vault Office Romance Survey Results" (February 12, 2018), www.vault.com/blog/workplace-issues/2018-vault-office-romance-survey-results/ (accessed March 5, 2019).

80. Source: J. Greene and V. Fuhrmans. "Intel CEO Brian Krzanich Resigns After Violating Company Policy," *The Wall Street Journal* (June 21, 2018), https://www.wsj.com/articles/intel-ceo-brian-krzanich-resigns-after-violating-company-policy-1529586884 (accessed March 5, 2019).

81. 237 F.3d 166 (2d Cir. 2001).

82. Ruling that an employer is prohibited from discriminating on the basis of sexual orientation, holding that "[a]ny discomfort, disapproval, or job decision based on the fact that the complainant—woman or man—dresses differently, speaks differently, or dates or marries a same-sex partner . . . is a reason purely and simply based on sex." *Hively v. Ivy Tech Community College of Indiana*, 853 F.3d 339, 345 (7th Cir. 2017); see also U.S. Equal Employment Opportunity Commission, "Preventing Employment Discrimination Against Lesbian, Gay, Bisexual or Transgender Workers" (n.d.), www.eeoc.gov/eeoc/publications/brochure-gender_stereotyping.cfm.

83. K. Paul, "It's National Coming Out Day—but Nearly 50% of LGBT Americans Are in the Closet at Work," *Marketwatch* (October 11, 2018), www.marketwatch.com/story/half-of-lgbtq-americans-are-not-out-to-co-workers-2018-06-27 (accessed January 26, 2019); K. Baksh, "Workplace Discrimination: The LGBT Workforce," *Huffington Post*

(December 6, 2017), www.huffingtonpost.com/kurina-baksh/workplace-discrimination-_b_10606030.html (accessed January 26, 2019).

84. Statista.com, "Number of Monthly Active Facebook Users Worldwide as of 4th Quarter 2018 (in millions)" (2019), www.statista.com/statistics/264810/number-of-monthly-active-facebook-users-worldwide/ (accessed March 4, 2019).

85. Daniel Bean, "11 Brutal Reminders That You Can and Will Get Fired for What You Post on Facebook," *Yahoo.com* (May 6, 2014), www.yahoo.com/tech/11-brutal-reminders-that-you-can-and-will-get-fired-for-84931050659.html (accessed March 5, 2019).

86. Elizabeth Licata, "Outback Server Fired for Facebook Post About Non-tipping Church Group," *Chicago Tribune* (February 11, 2018), www.chicagotribune.com/dining/sns-dailymeal-1870833-outback-steakhouse-server-fired-facebook-post-no-tip-christ-fellowship-church-florida-21118-20180211-story.html (accessed March 5, 2019).

87. Laurence Hammack, "Employee Fired for Facebook Complaints About Her Job Settles Lawsuit in Botetourt," *Roanoke Times* (October 4, 2017), www.roanoke.com/news/local/botetourt_county/employee-fired-for-facebook-complaints-about-her-job-settles-lawsuit/article_745eed20-9945-5946-b14e-56f67d705e8c.html (accessed March 5, 2019).

88. Michael Swinson, "Big Data Is Coming—and It's Getting Personal," *Lexology.com* (May 8, 2014), www.lexology.com/library/detail.aspx?g=5e0236a9-4fbd-4ad3-84cd-d7483a44560f (accessed March 5, 2019).

89. National Conference of State Legislatures, "Employer Access to Social Media Usernames and Passwords," (January 2, 2018), www.ncsl.org/research/telecommunications-and-information-technology/employer-access-to-social-media-passwords-2013.aspx (accessed August 10, 2018).

90. Source: Illinois Government News Network (August 1, 2012), "Governor Quinn Signs Legislation to Protect Workers' Right to Privacy," press release, www3.illinois.gov/Press Releases/ShowPressRelease.cfm?SubjectID=2&RecNum=10442 (accessed March 5, 2019).

第 8 章

伦理与营销

> 不要为你的产品寻找客户，而是为你的客户寻找产品。
> ——赛斯·高汀（Seth Godin）

> 一本杂志可以很容易地促使人们去阅读广告。
> ——詹姆斯·柯林斯（James Collins）

> 如果你让客户在现实世界中不开心，他们可能会告诉 6 个朋友。如果你在网上让顾客不开心，他们可以告诉 6 000 个朋友。
> ——杰夫·贝佐斯（Jeff Bezos），亚马逊首席执行官

> 我是世界上最糟糕的推销员，因此，我必须让人们购买时非常简便容易。
> ——F. W. 伍尔沃斯（F. W. Woolworth）

∷ 开篇伦理决策

数字营销与伦理

由于数字技术的发展，近年来市场营销发生了革命性的变化。过去，营销人员接触受众的主要渠道是电视、广播、报纸和杂志、直邮和广告牌。这些方式被认为是间接营销，因为它们依赖于媒体，受众广泛，其中一部分被认为包括潜在客户。因为受众是普遍性的，所以广告内容必须是大众普遍接受的。随着营销变得越来越成熟专业，广告商能依靠更多的直接营销技术来更好地识别潜在客户，从而向他们提供更有针对性和具体的广告内容。

随着数字技术和互联网的飞速发展，营销职能的性质发生了巨大的变化。数字技术不可思议地增加了营销人员可以收集的关于消费者的信息量；收集、分析和使用信息的速度；消

费者是谁及他们的行为和心理细节的特殊性。

营销公司总是对消费者进行研究,以收集尽可能多的信息,了解消费者的需求、偏好和行为。过去,市场细分仅根据几个一般人口统计变量来确定:男性或女性、收入水平(通常仅通过与消费者相关的邮政编码对应区域的房价进行最佳估计)、教育水平等。如今,数字技术使营销人员能将市场细分到个人层面,并了解他们在过去几分钟内的网络浏览或购物行为。

手机公司、搜索引擎、应用程序、互联网和有线电视提供商及社交网络都汇集了大量关于消费者行为的信息。例如,他们打了什么电话,访问了哪些网站,浏览了哪些产品,观看了哪些节目,等等。在许多情况下,这些信息只是聚合在一起的整体数据,但在有些情况下,这些数据可以个性化并追踪到单个手机、计算机或社交网络账户。通常,这种跟踪是匿名进行的,因此消费者很少知道它正在发生,也很少了解正在编译什么信息及如何使用这些信息。

两个重要的因素促成了个人信息的爆炸式增长并可以被营销人员来使用。第一个相关因素是移动设备、智能手机和平板电脑的大幅增长。这些设备对营销人员来说有三大价值:它们通常与一个独特的个体相关;正是因为它们是可移动的,所以个人几乎昼夜不停地使用它们;它们严重依赖于应用程序和小型的自带软件程序,这些程序为企业向消费者发放广告提供了绝佳的渠道和手段。

第二个相关因素是Facebook、Instagram、推特和LinkedIn等社交网络的全球流行。由于社交网络的存在,人们可以获得的个人信息数量之多是难以想象的。当然,收集这些信息的意义在于它可以被作为商品买卖或"货币化"。虽然谷歌或必应的产品可能看起来只是一个搜索引擎,或者Facebook的产品只是一个社交网络,而且搜索是免费的,加入Facebook是免费的,但作为一项业务,谷歌等搜索引擎和Facebook等社交网络通过向广告商和其他愿意付费的人出售它们收集的丰富信息来赚钱。正如詹姆斯·柯林斯(James Collins)所说的:"一本杂志可以很容易地促使人们去阅读广告。"①

值得思考的是,适用于评估传统营销技术的道德原则在数字营销时代是否仍具有适用性。欺骗、操纵、不公平和缺乏隐私是针对传统广告和营销技术提出的最常见的问题。考虑一下这些关注问题是否同样适用于以下数字营销活动。

欺骗性或误导性的产品代言一直是市场营销的一个重要问题,比如扮演医生的演员代言所谓的饮食补充剂,或者支持一个品牌的产品而不是另一个品牌的产品。如今,消费者考察产品往往是通过查阅在亚马逊等购物网站上的用户评论,Facebook等社交媒体网站上的受欢迎度,或者博客、推文或留言板上的相关评论。为了增加可信度,亚马逊等一些网站甚至会将产品评论员认定为"经过验证的购买者",但消费者无法知道这些评论员是否真实。如果这些网络推荐信息是通过一种营销形式发布的,用来推广特定的产品或服务,将会引发哪些道德问题?

公司可以通过付费方式,让消费者的搜索结果中出现它们的广告,或者在消费者搜索产品或竞争对手的网站时让它们的网站首先出现。消费者可能认为搜索中出现的第一个结果是随机的,或者只是显示了最流行的结果。事实上,基于浏览器的跟踪cookies可能会使消费者的浏览信息被识别,并促使营销公司争相高价购买浏览广告。

零售商往往使用一款名为"beacons"的位置服务程序来了解消费者何时进入它们的商店。该技术依赖于低功率的蓝牙信号,这些信号可以在一定距离内检测到。一个常见的用途是在公司的应用程序中安装这项技术,与大多数应用程序一样,该应用程序定期收集消费者的浏览和购物信息。当该消费者靠近零售店时，基于过去的在线行为专门针对该消费者的广告可以立即发送到其移动设备上。

讨论题

1. 你如何看待隐私保护议题？当你在公共场所时，警察可以在没有搜查令的情况下监控你的行为，但当你在打电话时，警察就不能随意监控你的行为。当你在网上浏览时，你对隐私有什么期望？
2. 直接跟踪某人可能是一种犯罪。而在物理上跟踪某人和定期网络监控他的活动之间是否有相似之处？它们又有何不同？
3. 大多数在线跟踪是通过使用"cookies"来完成的，cookies是存储在计算机或移动设备上的小文件，提供过去浏览历史的信息。消费者是否应该有权选择退出，或是应该在安装cookies之前获得他们的明确同意？
4. 有关你的在线行为信息是可以买卖的商品。谁应该拥有这些个人信息？它可以被出售吗？

① Testimony of James Collins to Congress (1907).

::学习目标

在学完本章之后，你应该能够：
1. 理解伦理决策框架在市场开发面临伦理问题时的应用。
2. 描述三个关键问题在营销中的伦理分析。
3. 解释两个责任的理解和适用于它们的产品安全问题。
4. 解释安全的产品标准责任及企业对于产品安全的责任。
5. 阐明确立企业安全产品责任的侵权标准。
6. 分析公司是否应该根据伦理来建立严格的产品责任。
7. 讨论通过广告来影响人的行为是否道德。
8. 解释广告中的伦理如何明确和实施。
9. 跟踪有关广告如何影响消费者自主权的辩论。
10. 区分符合伦理和不符合伦理的目标营销，以面向脆弱群体的营销为例。
11. 讨论企业在供应链活动中的责任。

8.1 引言

有人认为，建立企业的根本目的是蕴藏在营销中的。营销学者西欧多尔·李维特（Theodore Levitt）所提出的对于企业目的的定义是一个很好的例子。李维特认为：

> 企业的目的是要建立和维持客户关系。为了做到这一点，你必须在适当情况下生产和提供能对消费者产生价值并比竞争者更有吸引力的产品和服务。不久前，许多公司设想了很多不同目的。有人简单地认为企业的目的是赚钱，也有人空洞地认为人生的目的就是为了消费。消费是一个先决条件，而不是生活的目的，利润可以通过不同的方法获得。企业需要吸引并抓住客户，找出人们真正的需求和价值，为利益相关者提供具体指导，并使其具有道德价值。[1]

同样地，美国市场营销协会定义市场营销（marketing）的方式，是将营销当成业务活动的核心，它是"一种组织结构。能通过一系列过程创造、沟通并提供价值。通过对于组织和其利益相关者有利的方式来维护和传递给消费者价值"。[2]

买方和卖方之间的交换，是市场也是营销的核心观念。营销包括很多方面，包括建立一种产品或服务，将其推向市场。因此，营销伦理审查了在产品推向市场时应承担的相关责任。但这个卖方为市场提供产品的简单模型，隐含着道德性且很快变得复杂。

甚至在一种产品出现之前，生产者可能会先考虑谁有兴趣购买。在了解潜在的买家究竟对什么感兴趣之后，该产品可能还将被重新设计。一旦该产品准备进入市场，生产商确定一个双方能接受的价格。对价格的最低要求首先应该是生产成本加合理的利润。但是，制造商也可能考虑谁是买家，他们可以负担得起的价格是多少，价格可能会如何影响未来的购买、影响分销商和零售商。供应商也会考虑如何通过广告以吸引新的潜在买家，并促进买家购买高价的产品。

生产商也可能会考虑雇用他人，如找销售员或分销商自己去处理交易。相对于利润而言，生产商可能会更关注现金流，因此更愿意接受一个较低价格以及时回笼资金。生产商可能会考虑在何处及在何种条件下，产品能在特定人群中更好地销售。生产商同时也考虑产量和价格在特定的销售目标下如何保证利润。生产商也要考虑诸如价格、方便性、可靠性和服务等以获得客户的忠诚。最后，通过这一系列过程，生产商将进行市场调研，收集信息并使用这些信息帮助企业在生产、定价、推销和分销的各个环节中进行决策。

当我们认识到零售商在这些关系中扮演的积极角色时，这个模型变得更加复杂了。在许多情况下，实际的生产者都是被动的参与者，他们对零售商和其他营销公司的决策做出反应。通常，实际生产商品的公司只是被营销公司雇用来生产一种已经过市场全面审查的产品。

所有在决策过程中需要考虑的因素都成为营销要素。包括：是什么，怎么做，为什么和在什么情况下应该生产该产品。什么是可以接受的、合理的、公平的价格？如何才能增加和保持产品销量？何时何地及在什么情况下应该在市场中推出产品？这四种基本要素——产品、价格、促销、渠道——组成了营销的 4P。

4P 中的每个 P 都提出了一个重要的伦理问题。生产商对于产品质量负有什么责任？谁应该为产品所造成的损害负责？一些产品是否不应该生产？消费者的需求是否决定所有的生产问题？所有消费者都应该支付相同价格吗？生产商是否可以歧视或更偏好某一类消费者？价格对竞争者与零售商有什么样影响？对欺骗性或误导性的广告是否有道德约束？对促销活动应该有什么样的道德约束？在促销中应该如何面对竞争压力？如何保护市场营销数据的隐私？对老年人、儿童等脆弱群体是否应更具道德性？对于海外市场，生产商应该负有什么责任？竞争者和供应商又应该负什么责任？

8.2 营销环境中的伦理问题

我们可以将简单的两人之间的交易引入营销伦理框架（见表 8-1）。这一框架帮助决策者做出一个符合伦理的决定，但不一定是一个正确的决定。因为这不是一个规范性框架。换句话说，它不一定能帮助你得到正确的答案，但能明确权利、责任、义务、原因和结果。

表 8-1　营销环境中伦理问题的框架

市场交易是伦理规制的首要标准：
- 康德提倡的尊重自主权
- 功利主义的互利

伦理判断是有条件的。因为：
- 交易必须是真正自愿的
- 需要了解和许可
- 不一定会带来收益
- 不同价值观会产生冲突

下面 4 种情况也意味着 4 类问题，每个问题都需要考虑几个因素：
1. 交换属于"自愿"吗？
- 透明的运作过程
- 在焦虑和压力情况下的采购
- 操纵价格、垄断、价格欺诈等
- 脆弱的目标消费者
2. 同意交换就一定是"知情的"吗？
- 信息缺乏
- 欺骗
- 信息复杂
3. 人们真正受益了吗？
- 冲动购买、"富裕病"、消费主义
- 缺陷和不安全的产品
- 人为创造的需求
4. 竞争价值
- 公平性
- 市场外部失灵

最简单的一种情况，即双方进行自由交易，这符合最起码的伦理规则。第 3 章中的基于权利的伦理传统提到，这是通过自主权来获得个人的尊重。这种基于双方的协议，会使交易双方获得比之前更大的利益，从而增加双方的快乐。

但这只是初步的评估，因为像所有的协议一样，我们必须满足一个特定条件才能得到自主权并获得尊重与互利。因此我们需要通过信息与自愿的许可订立合同并达成一致。因为，我们需要建立没有欺骗、自愿同意、没有胁迫、没有违反协定的环境。当这些情况得以满足后，自主权就不再显得重要，而更多其他价值观可能凸显出来。例如，自由的毒品交易是双方完全同意的交易，但要被制止，这是因为维持法律和秩序的需要。

通常在我们面对任何营销中的伦理问题时，牢记三个问题是有帮助的：

- 基于权利的道德思想会问，参与者作为自由和独立的代理人在多大程度上受到尊重，而不是仅仅被视为实现销售的手段。
- 功利主义思想希望知道交易在多大程度上提供了实际利益，而不仅仅是表面利益。
- 每个道德传统都会想知道交易中可能涉及哪些其他价值观。

让我们来详细地考虑这三类问题：个人自由参与交易的程度，每次交易的收益和成本，以及其他价值是否受交易所影响。

一个人在市场中是否被尊重并不能在营销活动中很容易就被确定。作为一个近似的回答，我们可以提出它需要满足以下两个条件。第一个条件是，人们必须自由地进行交易。但怎样的自由才能被称为自由呢？当然，武力威胁下完成交易属于不自愿，因此是不道德的。但是自愿参与也有不同程度。例如，面对那些越来越多的消费者需要的产品，消费者自由选择的空间就小，他们也就需要更多的保护。以 Windows 这款拥有绝对多数用户的操作系统为例，大多数人是否能决定使用或不使用 Windows？或者以买车为例，消费者在购买时充满着焦虑和压力，出于压力购买了延长保修的保险，明显这不是完全自愿的决定。更戏剧性的情况还有价格欺诈、价格操纵和垄断，这都明显涉及了自由购买的问题。现实中很多营销活动是针对老年人和儿童等脆弱群体的，他们中也同时具有自愿的问题。因此，对营销伦理的充分探讨使我们对于消费者没有完全自愿的情况更为敏感（见现实观察 8-1）。

⊙ 现实观察 8-1

冲动型消费

一些市场营销专业人士往往会尽可能地让我们买一些特定的商品。但不是每个人都能进行有效的判断以保护自己，避免不理性消费，并且能决定是否要进行购买。年轻消费者可能还没有足够经验来保护自己免受冲动型消费的影响，包括购物、消费或应对复杂的市场营销活动。

那些最新、最时尚的销售场所；那些需要在当天购买并且当晚穿上的潮品，对买家来说是难以抵制的。买家常常匆匆购买，然后开始后悔。营销活动也包含一种为有最初购买欲望的顾客创造需要的概念。冲动购买行为往往是不可逆的，这是因为消费者匆匆购买，以至于无法意识到这个产品不够完美，不足以与个人风格相匹配，并难以满足未来的利益。

同样的情况下，一个饥饿的人比刚吃过饭的人更倾向于购买一份食品。当我们有能力衡量我们是否进行了头脑清醒的选择（就像吃饱时的状态那样），我们的处境会更好。

资料来源：Chris Madden/ CartoonStock。

第二个条件是，这种同意不仅仅是自愿的，还应该是被告知的。知情同意在医学伦理中受到很大的关注，因为患者相对健康问题专家而言处于明显劣势。类似的劣势情况也发生在销售中。完全的欺骗和欺诈行为显然违反了这一条件，那自然是不道德的。一名消费者同意购买产品如果是由于受误导或被与产品有关的信息欺骗，那么就被称为未告知。在营销活动中有更多具体案件能说明欺骗这类情况。

对于一些复杂的产品而言，消费者在购买时无法完全了解他们购买的到底是什么。例如，很难让消费者决定哪个油箱设计对于超小型汽车更安全，或者哪些设计可能导致泄漏。一般来说，尽管一些企业声称"了解详情的顾客是最好的顾客"，但还有些企业认为那些没有被告知的顾客是快速获取利润最好的对象。[3] 当营销服务中拒绝提供充分的信息或顾客依靠一些没根据的信息和理解做出决定时，就会产生严重的伦理问题。

第二个问题中伦理关怀考虑的是通过市场交易来获得利润。经济学教材通常假设消费者利益存在于市场交易中，但很多的购买行为并不带来实际的利润。

例如，冲动型消费和许多用来促进这种消费行为的营销技巧，不能通过是否满足消费者兴趣来衡量。不断增长的个人破产的实例表明，消费不一定能购买到幸福。实证研究提供证据表明，高消费可能导致不快乐，我们将这种情况称为"富裕病"[4]。因此，如果简单用消费者满足指标是不足以衡量市场交易带来的好处。人们常常会问：营销的目的究竟是什么？市场和个人如何从商品中获益？

在市场交易中，一方可能因为购买商品而受到伤害，而双方在这种情况下都没有获益。不安全的产品也无法使整体幸福最大化。这就是指销售者创造和生产的商品无法满足消费者对于安全商品的追求。

第三个问题需要考虑的就是在营销伦理分析中的价值观，而非交易本身。通过营销的实践可以实现一系列社会健康的价值观，这包括公平、正义、公正和安全。

有这样的一个市场，市场中的主体正面临着威胁。很不幸，这个市场就是面向儿童的市场。有人出售商品，而且有些人想要购买它们，但这并不意味着该交易是符合伦理的。一个适当的营销伦理分析需要知道，还有谁也可能受到交易的影响。那些商品在推广时，社会福利究竟是增加了还是受到了威胁？

也有人会问：生产的真正成本是什么？一个充分的伦理分析必须考虑到外部的成本。这些成本不在买方和卖方的交易中产生。外部性表明，即使双方当事人通过交换都获得了实际利益，但外部的某一个主体的利益也可能受到了损害。有人认为环境和健康会影响人们对于某些商品的购买，如越野车、农药、烟草等。这些商品的交易常常会忽略明显的社会成本。由于涉及这些外部性问题，我们将对市场上的一些主要伦理问题进行更加细致的研究。

8.3 产品的责任：安全和可靠性

企业责任包括关于产品和服务的许多话题。有些问题考虑的不仅仅是关于产品的道德，还有那些连带产生的法律、政治和伦理责任问题。企业有责任设计、制造和推广产品，同时避免对顾客造成伤害。

让我们来回顾一下责任一词的几个不同含义，这将有助于我们的理解。这些含义是在第5章中讨论企业社会责任时引入的。回想一下，在某种情境下，责任可以被定义为造成某种事情的原因。因此，我们可以说，2018年佛罗里达州数百万美元的财产损失是迈克尔飓风的责任。从另一个意义上来说，责任意味着负责。当我们问起谁应该为飓风造成的灾难负责时，我们的意思是谁将为这次损失买单。在许多情况下，某人被追究责任是因为他有过错，但并非所有情况下都是如此。例如，父母要对子女造成的损害负责，即使造成损害不是他们的过错。

当评价一种商品或服务是否对市场造成危害时，法律和道德因素都应该被考虑在内。过多地讨论企业需要对产品不安全所造成的危害负责，会将责任的原因归结到那些不安全的产品身上，认为是那些产品的错误造成伤害。法律明确规定了无论企业是否有错，都需要为其违反道德的行为承担责任并买单。在一个极端的例子中我们发现，无论企业在生产产品和提供服务时有多么小心，都有可能会因为用户使用时的错误而为这项业务负责。现在让我们来看看为产品负责的各类标准。

8.3.1 产品安全的合同标准

货物售出概不退换（caveat emptor）的标准（在消费者知情的情况下）是很多出于产品安

全问题讨论的背景。货物售出概不退换是买卖双方在合同条件下交换的市场行为。这个观点假设每次购买行为都是基于买方被告知的情境，从而是符合伦理的。当买方在购买物品时，他有责任找到自己感兴趣之处并在购买时保护个人的安全。从这个观点看，企业只有在双方满意的价格下，提供好的商品和服务的责任。

社会契约理论认为，所有的伦理责任都可以在这种交易合约中找到，唯一的责任就是双方要自由地遵照交易合约。个人契约和承诺是伦理义务的基础。这意味着，除非卖方明确说明产品是安全的，即卖方对此做出了承诺，否则消费者就要为自己受到的伤害负责。

但是，即使是这样简单的市场契约交易模式也可能会对销售者产生道德伦理的约束。销售者有这个责任去避免诸如强买强卖或欺骗消费者。曾经被虚假宣传欺骗的消费者有机会通过诉诸法律的方式来弥补从销售者那里得到的伤害（见现实观察8-2）。

⊙ 现实观察 8-2

药品要注意买主

由于某些药物存在潜在的危害性，政府阻止消费者直接购买。此时，医生和其他医疗专业人员充当了重要的把关角色，通过向患者开具处方来决定谁可以购买这些药物。假设制药公司持续披露使用药物的所有潜在副作用，你是否赞成取消卫生保健专业人员的把关职能？如果向消费者提供了有关药物的完整信息，他们是否应该自行决定是否使用该药物？你认为还有其他产品应该采取类似的措施吗，还是药品属于一个独特的类别？那么，这对企业又意味着什么呢？

在产品安全法中，承认与任何已经上市的产品结合在一起的暗示承诺或默示保证。法律所指的"适销性默示保证"（implied warranty of merchantability）包含了这样一层意思：一个企业在销售商品时，默认向消费者提供该产品适合其用途的一些保证。即使是没有白纸黑字写下来的承诺或合同，法律也认为企业有这个责任来确保它们的商品能达到期望的目标。

这种道德上的、在合同规定范围之内的默示保证，假设了这样一种情况，即消费者对于产品的情况了如指掌，从而可以有理由期待他们能实行自我保护。但是消费者并不总是对产品了解充分的，而且他们也并不总是可以自由选择不去购买某些商品的。事实上，默示保证的标准通过允许消费者假设产品在一般使用下是安全的这一行为，把举证的重担从消费者身上转移到了生产者的身上。通过将产品及服务投入市场的行为，生产者已经默示保证了它们的商品在正常使用情况下是安全的。这项决定的道德层面的基础是基于一种假设，这种假设的内容是认为如果消费者确信他们在正常使用某种商品的时候会受到伤害，他们就不会去购买这种商品。

当然，如果法律要求企业对默示保证负责的话，小心谨慎的企业就会通过明确否认任何承诺或保证去减少自己的责任。因此，很多企业会发表免责声明（例如商品在出售时会写着"以实物为准"），或是提供明确和有限制的保证（例如说明"出现问题卖方将更换商品，但不提供其他保证"）。但法律一般都不会允许企业对于它们的适销性默示保证完全免责。

8.3.2 产品安全法的民事侵权行为标准

使用默示保证解决了一系列有关合同法涉及产品责任方面的问题。消费者不想要那些繁复冗长的合约来保护他们自己防止任何产品可能带来的侵害。但是第二个问题仍旧存在，即如果我们认定企业仅对在市场交易期间做出的承诺负责任的话，那么当消费者与生产者之间被层层供应商、零售商隔离得越来越远的时候，可能那些受到伤害的消费者和最初的生产者或存在错误的设计者之间也就根本不存在任何关系了。疏忽行为，在法学领域中是指民事侵权行为，它为消费者提供了另外一条可以认定生产者必须为产品负责的道路。

合同法与民事侵权行为法之间的差异，使我们注意到了用两种不同的视角去理解伦理责任的途径。在合同理念中，一个人所负的仅有责任就是那些向另一方明确做出的承诺。除此之外，一方对另一方或其他人无任何责任。作为民事侵权行为法基础的伦理理念认定我们都对他人负有某些一般义务，即使是我们从未明确或自愿地承诺过。特别要指出的是，一方对他人负有这样一种责任，就是不让对方陷入不必要的或可以被避免的风险中。因此，尽管一个人从来没有向任何人明确地承诺过他会很小心地开车，他也担负着道义上的责任，不能在路上开车横冲直撞。

疏忽行为是民事侵权行为法的核心组成部分。就像字面意思表示的那样，疏忽行为包含了一种道德上的忽视，特别是指一个人忽略了自己为了不要伤害其他人而实行合理关心的责任。许多围绕生产厂商对于产品所负责任的道德及法律问题，都可以被理解成一种在产品设计、生产和销售过程中对于界定疏忽行为组成内容的尝试。那么，生产厂商到底应该对消费者负有什么责任呢？

社会契约理论的回答是在一个较极端的层面上，那就是说生产者仅仅对消费者在销售合约所承诺的款项负有责任。另外一个极端就有点接近严格责任（strict liability）的意思了，也就是说生产商要对消费者遭受的由它们提供的产品带来的伤害进行赔付，不论生产商是否有过失。处在这两种极端之间的答案根据对于疏忽行为的解释不同而不同。

疏忽行为可以被赋予这样一种形象，即没能进行合理的关心或一般的警醒而导致他人受到伤害。在很多方面，疏忽行为简单来说可以编写成两条基础性的道德训诫，即"应该意味着可以"（我们不能适度地强迫他人做到他们做不到的事）与"害人之心不可有"。在人们被预期可以用合理规避的方法来伤害到他人的时候，他们已经犯了道义上的错误。疏忽行为包括有所为与有所不为。一个人如果做了他不应该做的事（比如在学校区域内超速行驶），或者没有做成他应当做成的事（比如在一个产品被投放市场之前忽略了对它的检查），那么他就是有疏忽的。

疏忽行为包括了可以预见我们行为可能带来的结果，但是没能采取行动来阻止可能发生的有害结果（见现实观察 8-3）。然而，这也对预见能力的标准提出了挑战。

⊙ 现实观察 8-3

Snapchat：什么时候公司的产品会造成伤害

Snapchat 是一款照片和视频信息应用程序，用户可以通过多种过滤器编辑图像，以便在发送前对图像进行修改、添加涂鸦或评论。Snapchat 引入的一个过滤器允许用户在拍摄图像时记录自己的旅行速度。因此，例如，一个人可以发送一张在飞机上飞行时拍摄的自拍照片，照片上显示了飞机的速度。此过滤器会显示一条警告，禁止在驾驶时使用此过滤器。

2015 年 9 月，一名 18 岁的佐治亚州女孩开车撞上另一辆车的后部。新闻报道显示，她在每小时 55 英里的速度区内以超过每小时 100 英里的速度行驶，当时正在使用 Snapchat 速度过滤器。这些新闻报道表明，她车上的朋友要求她停车，但她还是试图将车速开到每小时

100 英里。结果被追尾的另一辆车的司机严重受伤,脑部受到永久性损伤。

受伤司机的律师起诉了这名女孩和 Snapchat,声称 Snapchat 应该为销售其有理由知道会鼓励鲁莽行为的产品负责。早在几个月前,一份在线请愿书就开始要求 Snapchat 删除速度过滤器,因为之前已经发生了其他类似事故。

Snapchat 否认对该事故负责,指出其服务条款已经明示,建议用户避免不安全行为。

服务条款文件包括以下内容:"在使用我们的服务时,我们也会关心您的安全。因此,不要以分散您遵守交通或安全法规注意力的方式使用我们的服务。也不要为了抓拍快照而让自己或他人受到伤害。" Snapchat 服务条款声明超过 4 500 字,包含 22 个独立部分,包括仲裁、可分割性、赔偿、免责声明、责任限制和地点等主题的章节。实际上,大多数用户很少会去仔细阅读或理解服务条款的细节。在去医院的救护车上,开车的女孩发出了一张她血淋淋的脸的自拍快照,标题是"幸运地活着"。

1. Snapchat 是否应对此次事故造成的损失承担责任,如果有的话具体是何种责任?毫无疑问司机负有主要责任,但 Snapchat 是否也造成了伤害?

2. Snapchat 可以合理预见其速度过滤器将用于哪些具体用途? Snapchat 可以合理地了解其产品用户的哪些信息?

3. 服务条款中包含的建议是否有效地警告了 Snapchat 用户,以防止其产品被滥用?

4. 你认为过滤器是危险产品吗? Snapchat 在营销该产品时是否疏忽大意了?

这一标准很有可能认定人们仅仅对那些他们事实上已经预见到但仍然发生了的危害负责任。因此,举例来说,就如在著名的福特 Pinto 的案子中所宣称的那样,如果它们在工程测试的基础上得出结论——油箱如果放在汽车后轴的后面,那么这油箱将可能会被击穿并且在时速低于每小时 30 英里的撞击中爆炸——在这种情况下,他们却仍将这种车投放市场,那么这就是有疏忽的行为。

但是,有关实际预见能力的标准实在是太有限了。如果有人真的认为他的行为极有可能导致伤害事件但还是无所顾忌去做的话,那么他已经犯了十分严重的错误并且应该得到严厉的惩罚。这看上去似乎与鲁莽轻率、不顾一切更相似,或是与故意伤害而不是疏忽行为更相似。但是这种标准也暗示了考虑不周到的人可能是不属于疏忽的,这也会促使人们通过不去思考他行为的后果来逃避责任。如果我们使用这种疏忽行为的定义,那么"我从来没有想过会这样"可能成为最好的辩护词。但这显然落后于疏忽行为概念强调的一部分后果。我们想要鼓励人们做到考虑周到,同时要他们在做不到考虑周到的时候让他们负起责任。

一种比较合乎情理的标准,会要求人们避免他们"应该"想到的可能发生的伤害。举例来说,"现实观察"中的 Snapchat 案例,我们可能会认为公司负有一定的责任,即使我们假设设计师实际上没有预期用户会使用速度过滤器去记录高速行驶速度。如果他们考虑到主要用户群体是谁,以及用户可能会经常做不合理的事情这一事实,他们本可以预见这样的事故发生。此外,Snapchat 之前曾收到过类似事故的投诉,这一事实表明,理智的人会认为这是一种危险的做法。这种"理性人"标准是法律案件中最常用的标准,似乎更能体现疏忽行为定义里的伦理目标。人们被期望可以表现得十分理性,而在他们不理性时,他们会为此负责。

但即使是理性人标准也可以用不同的方式来诠释。一方面,我们期望人们会以正常或普遍的方式行事。一个"理性的"人所做的是我们所期望的普通人所做的。但是,普通人也并不总是阅读或理解警告标签、服务条款。普通人标准适用于消费者时，可能会免除太多消费者对其自身行为的责任。特别是当适用于生产者时，普通人标准设定的标准线太低。我们会从设计师、生产者及销售产品的人员那里期望得到比一般普通的警戒心更多的考虑，特别是当产品打算面向青少年消费者时。

从这个意义上，一个"理性的"人假设了一种考虑周全的、会反思的且正确地做出判断的标准。当然，这个标准的问题就是我们可能向普通消费者索求了超过他们有能力给予的东西。特别是如果我们认为处于不利地位的人及容易受伤害的人在伤害面前应该得到更多的保护，我们可能认为，这种标准如果运用到消费者行为上似乎是太严厉了一点。另一方面，生产者的确比一般人拥有更多的专业技能，基于这样的事实，这项更加强硬的标准似乎更适合于在运用到生产者身上而不是消费者身上。

8.3.3　严格的产品责任

民事侵权行为法中对疏忽行为的定义，主要包含了责任与错误。同样，它提出了这样一个问题：企业和参与其中的人应该或已经预见到些什么。但是以前也有过消费者受产品伤害但是其中并不涉及疏忽行为的案件。在这种没有过错方的案件中，责任归属问题仍旧存在着。当消费者被产品所伤而又没人有错时，谁应该为这些伤害来买单呢？严格产品责任的法律原则认定生产商在这样的案件里面负有责任。

8.3.4　关于产品责任的道德辩论

在美国和其他一些国家，要求改革产品责任法，特别是放松或取消严格的产品责任标准的呼声很普遍。但对严格的产品责任的批评并不普遍。例如，欧盟采用了明确的严格责任标准。欧盟的结论是："生产者无过错责任（严格的产品责任）是充分解决现代技术生产固有风险问题的唯一手段，这是我们这个技术性日益增强的时代所特有的问题。"[5]

社会上有大量的关于产品责任方面法律标准的争论。责任的标准，以及它们所带来的成本，显著影响了企业的经营成本。一些评论家认为，严格的产品责任标准对于企业特别不公平，因为它认定企业要为不是由企业的疏忽行为而导致的伤害事故负责。

事实上，经常被用来为严格产品责任辩护的基本原理本身也有问题。严格产品责任标准的拥护者，包括那些站在受伤的消费者一边而裁定的陪审团成员常常会回复说有两项主要的要求。第一，通过让企业对由于它们的产品所导致的任何伤害事故负严格责任，社会上产生了一种强烈的动机想要企业提供更加安全的产品及服务。第二，因为必须有人来为伤害事故的赔偿负责，让企业来负责任可以将这笔赔偿分配到能最好地承受这项经济负担的那一方身上。每一条基本原则都值得商榷。

第一个关于企业动机的论点，似乎曲解了严格责任制的本质。仅当某一个人做了本不该做的事时，让他对伤害事故负责才会有可能产生一种动机，使其下次不去做。但这就意味着伤害事故是可以被预见的而没有去做就是疏忽了。当然这对疏忽行为的民事侵权行为标准来说是合理的辩护。因此，让企业来对这些伤害事故负责任并不能在未来的时间里为更好地保护消费者提供一种动机（见现实观察 8-4）。

⊙ 现实观察 8-4

可以进行酒类产品的广告宣传吗

2019 年 4 月，纽约市宣布将不再允许在大多数政府所有的房产上播放酒类产品广告，例如，公共汽车候车亭和垃圾站。该市表示，此举是为了应对众所周知的与酒类产品有关的问题，包括酗酒和各种与酒类产品有关的伤害。人们认为，该市广告收入的损失不如酒类产品对公众健康的影响重要。

1. 这样的禁令能否有效地降低酗酒或与酒类产品有关的死亡和伤害的发生率？
2. 该市是否有义务至少不对此类问题做出贡献，或者看起来不对此类问题做出贡献？
3. 在这方面，各级政府是否肩负着与私人土地所有者不同的义务？

第二个论点也存在严重缺陷。这一论点相当于声称企业最有能力支付损害赔偿金。然而，许多企业已经因产品责任索赔而破产。此外，在大多数情况下，政府比任何企业都更有能力承担受伤造成的经济负担。

如果追究企业对其产品造成的伤害的责任是不公平的，那么追究受伤害消费者的责任也同样是（如果不是更加）不公平的。双方都没有过错，但必须有人为伤害付出代价。第三个论点是让政府和所有纳税人负责支付缺陷产品造成的伤害费用。但这似乎也不公平。为什么每个人都要分担因少数人的决定而造成伤害的成本？

毕竟，责任制的问题关注的是那些没人有错但又必须有人站出来承担责任的情形。也许现在还有另一种说法，责任制并不是一种道德原则的问题，因为没有人应该为伤害事故付出代价。但是也许责任制最好还是被理解成功利主义的效率而不是一种原则。当企业要承担责任时，赔偿伤害事故所付出的代价，特别是高昂的赔偿金，最终会以商品的售价上升的形式全数转移到购买产品的消费者头上。这相当于声称外部的成本应该被内部化，并且这一产品的全部成本应该由那些使用该产品的人来支付。通过伤害事故来向社会强加成本的产品对于那些购买的人来说最终会花去更多的钱。企业如果在所有产品成本都被考虑到的情况下不能继续保持运转的话，也许根本不应该继续营业了。

8.4 产品责任：广告与销售

在企业伦理中，除产品的安全性以外，产品广告的道德性，也受到了法律与道德较多的关注。营销的目标都是销售，即买方与卖方最后的价值交换。营销的重要手段就是促销，目的是影响买方，促使其购买产品（见伦理决策 8-1）。营销的目标与市场调查是产品定位的两个重要元素，以寻求找到最可能购买产品的人及最可能受促销行为影响的人。

■ 伦理决策 8-1

药品广告

根据皮尤研究中心（Pew Research）的数据，制药公司在 2012 年花费了 270 亿美元来推广它们的药物。在最大的 10 家公司中，除了一家以外，其他所有公司在营销上的支出都超过了它们在研发上的支出。从 2012—2015 年，药品直接面向消费者（direct-to-consumer, DTC）

的营销方式的花费从每年32亿美元增加到近60亿美元。

自1997年美国食品和药物管理局（Food and Drug Administration，FDA）修改法规，允许DTC广告以来，美国境内的处方药广告大幅增加。大多数国家仍禁止此类广告。销售最广泛的许多药物的名字如今在美国家喻户晓，在之前却是闻所未闻的；然而，它们的年销售额加起来超过200亿美元。

这些药物的相关广告通常会引起一些情感上的不适，比如尴尬、害怕、羞耻、社交、性、浪漫方面的自卑，无助、脆弱还有虚荣等。许多此类药物在女性杂志或电视体育赛事和晚间网络新闻节目中大量刊登广告。

讨论题

1. 你赞成禁止处方药直接面向消费者的广告吗？
2. 在对这些广告做出判断之前，你想知道哪些事实？
3. 哪些广告会引发道德问题？
4. 谁是药品广告的利益相关者？这种广告的潜在好处和潜在危害是什么？
5. 处方药的顾客是否特别容易被操纵？
6. 你在做出判断时使用了哪些道德原则？

经常有些厂商在其销售和广告的宣传上采取欺骗或操纵的方法来影响消费者，或者直接瞄准那些容易被控制或受欺骗的人。可能在所有营销领域中，最臭名昭著的就是汽车销售，尤其在二手车市场。操纵消费者及欺骗消费者的概念，对于本章探索的伦理问题十分重要。

操纵某物就是指导或引导它的行为。操纵不需要全盘控制，实际上，它更可能是一种隐蔽的、狡诈的指导或管理过程。操纵他人要暗中进行，在人们没有明确地表示赞成或无意识的时候，指导其行为。这就是操纵和其他形式的理性影响之间的差别所在，即操纵他人时，操纵者不会考虑被操纵者自身的推理判断来指导其行为，相反，完全置被操纵者的自主权利于不顾（不过当被操纵者认为他的行为是出于自愿时，操纵的成功性会得到加强）。

操纵他人的其中一种方法就是欺骗，利用彻头彻尾的谎言。在操纵过程中，如果被操纵者没有意识到自己被他人操纵，那么为了达到操纵的目的，就不需要采取欺骗的方法。就像父母通过让孩子因没有分担家庭责任而感到愧疚的方式，使得孩子自觉地在草坪上割草一样，父母并没有采取欺骗的方法来操纵孩子的行为。再比如，老师通过暗示下节课可能会有小测验的方式而使学生们更加勤奋学习。这些例子引出了至关重要的一点，因为这些例子表明，操纵者越了解他人的心理，即动机、兴趣、愿望、意向等，就越有能力操纵他人的行为。内疚、遗憾、幻想、焦虑、害怕、自卑及骄傲等心理，通通可以成为有力的激励因素。了解他人的这些心理因素能为操纵者操纵他人行为提供有效工具。

因此，这些营销行为也就产生了"营销道德"一词。批评者指控许多的营销手段都是不道德的，具有操纵消费者的嫌疑。很明显，一些广告的确具有骗人的成分，还有一些就是彻底的谎言。由此，我们也能看出市场调研在营销中发挥的作用。一个公司越了解消费者心理，就越能满足消费者的要求，而同时也越能操纵消费者的购买行为。批评者还指出，通过市场调研，有一些不道德的营销手段正是特别针对那些容易受到操纵与欺骗的消费人群。

8.5 广告中的道德问题

广告的一般道德底线同时体现了功利主义与康德主义的道德标准。广告为市场交易提供了信息，因此有助于提高市场效率和整体满意度。而且，广告有助于帮助消费者做出明智选择。但是，所有这些理论依据都有一个前提假设，就是广告所提供的信息都是真实准确的。

传统的道德观念是对操纵行为的反对最强。当操纵他人时，操纵者会把别人当成实现自己目标的一种工具、一种利用的对象，而非拥有自主权利的人。操纵是不尊重他人的，因为它忽略了人们拥有自己的理性决策，所以即使是失败的操纵也是不道德的。

传统功利主义是依据对他人的操纵程度而给出不同评价。在各种操纵行为中，肯定会有家长式的操纵，也就是从被操纵者利益的角度而对其进行操纵行为。但是，即使是这种具有善意初衷的操纵，也可能产生不可预见的伤害。操纵会影响人与人之间相互的信任与尊重。它会削弱一个人的自信心，而且，在那些被操纵的决策中，就算是尽责、可靠的决策，也可能受到阻碍。但大多数的操纵行为都是操纵者为了追求自身利益而不顾他人利益所做出的，功利主义者更倾向于认为操纵行为降低了市场的整体满意度。正如批评者所谴责的，操纵行为经常出现在许多销售行为中，它破坏一些应当被促进的社会实践（如销售），因此，销售的声誉就下降了。二手汽车销售就是这种情况下的一个例子。

当针对脆弱群体滥用营销方法时，操纵的一个特别极端的形式就会发生。针对青少年的烟草广告就是近几年饱受批评的典型例子。一些产品和服务，比如保险（尤其是补充医疗保险）、赌博、疗养院和丧葬，提供者针对老年人群营销这些产品的行为，也饱受批评。

对此，我们提出了以下的一般准则。一些市场营销做法，若其营销对象是已经能够独立做出产品购买决策的消费者，则是符合道德的。比如，一家汽车经销商从其营销部门获知其汽车的典型购买者是年龄介于 25～30 岁之间、受过大学教育的女性，这些女性喜爱户外运动，并且年薪多于 30 000 美元。那么在一定地区内，给符合这个标准的女性直接发送邮件的做法是合乎道德的。然而，有些设法找出容易被影响和操纵人群的营销做法是不道德的。诉求于使消费者感到恐惧、焦虑，或者因非理性动机而购买产品的销售和营销做法都是不道德的。例如，一家汽车经销商，知道一位未婚女性或寡妇很急切地想要购买汽车，因此利用她的急切心理对其销售延长保修保险、伤残保险、防盗产品或类似产品，这种做法就是不道德的。而且，信息本身和收集的方式也值得道德方面的关注（见现实观察 8-5）。

⊙ 现实观察 8-5

数字营销是否带来了新的道德问题

欺骗和操纵是两类道德问题，似乎与数字营销技术和传统营销一样相关。但数字营销有可能引发消费者隐私的担忧，而这在传统营销技术中是不存在的。

跟踪 cookies 是数字企业收集消费者信息的一种常见方式。在某些情况下，cookies 的使用是针对消费者的，消费者可以选择不使用 cookies。在某些情况下，消费者会被警告，如果选择退出，他们可能会失去正在访问的网站的功能。在其他情况下，会发生所谓的隐形跟踪，消费者不知道他们的行为正在被跟踪和记录。例如，互联网服务提供商（ISP）和手机提供商能跟踪每一个在线行动和电话。此信息唯一标识用户，用户无法通过删除 cookies 或浏览历史记录来控制此信息。

如何使用跟踪信息引发了伦理问题。这些信息定期出售给第三方，通常是有兴趣向该用户营销的公司。潜在雇主可能也会对求职者的社交网站和浏览历史感兴趣。

例如，约会网站 OKcupid 允许所有注册用户访问用户提供的个人信息，不仅包括姓名、宗教和政治象征，还包括个人习惯、是否酗酒及性兴趣等信息。要访问这些信息，只需在网站上注册并同意 OKcupid 的服务条款协议即可。这并没有证明对一些研究人员是一种威慑，他们从网站上收集数据用于研究项目，并向其他人公开这些数据。

另一个例子涉及一家名为 NebuAd 的数字营销公司，①该公司与 ISP 签订合同，在其网络上安装监控 ISP 用户活动的设备，并将这些数据传输到 NebuAd 的加利福尼亚州总部进行分析。这些数据被用来销售针对订阅者兴趣定制的广告，取代订阅者访问的网页上更一般的广告。事实上，NebuAd 介入了个人与浏览器之间的交流，他们使用浏览器用客户的广告替换本来会出现的更普通的广告。该活动产生的广告利润由 NebuAd 及其 ISP 合作伙伴分摊。后来 ISP 的用户对 NebuAd 及其 ISP 提起集体诉讼，指控这种做法侵犯了他们的隐私权。这个案件最终结果是 NebuAd 进入破产程序并同意支付 200 多万美元以结案。

1. 尽可能多地确定这些案例中涉及的道德问题。这些问题是否都是数字营销所独有的？
2. OKcupid 和 NebuAd 案件的利益相关者是谁？谁被 NebuAd 伤害了？
3. 谁应该拥有和控制 cookies 收集的个人信息？对于如何使用这些信息及谁可以访问这些信息，是否有任何限制？
4. 通过在社交网站上发布个人信息，个人是否就意味着放弃了隐私的所有权？

① 804 F. Supp. 2d 1022 (N. D. Cal. 2011).

市场调研试图了解一些潜在客户的消费心理。但是，心理有不同的类型。有些消费者相比他人更有认知能力、更理性。如果企业的营销行为是针对消费者的合理愿望，这是一回事；但如果针对的是他们恐惧、焦虑和冲动的心理，那么又是另一回事了（见现实观察 8-6）。

⊙ 现实观察 8-6

转基因标签：真实的信息会误导人吗

自由和知情同意是任何交易的基本伦理条件之一。交易各方必须理解并自愿同意交易承担道德责任。通过达到这一标准，交易将尊重相关各方的自主权，并实现互惠互利的目标。产品成分标签和营养价值标签是食品标签服务于这一道德目标的两种方式，为消费者提供充分的信息以便做出知情决定。是否应要求含有转基因生物的食品贴上标识为转基因生物的标签？

有许多理由要求对转基因生物进行标记。首先，也许是最重要的一点，消费者有权知道他们在购买什么。标签为消费者提供了他们需要的信息，以便他们对食品做出真正明智的决定。这一信息对素食者和其他出于健康或宗教原因避免食用含有动物产品的食物的人来说尤为重要。因此，标签服务于互利和尊重自主的道德目标。其次，标签要求将抑制转基因技术的使用，从而减少除草剂和其他化学品在食品生产中的使用。再次，标签提供了书面信息，可用于跟踪因使用转基因食品而产生的任何潜在问题。最后，转基因标签被认为是对拥有和控制大部分转基因技术和产品的大型农业和化工公司的合理检查。

那些反对转基因标签的人则认为，这将误导消费者，并给消费者带来不必要的恐慌。消费者可能会将其视为警告标签，而不仅仅是成分标签。这将误导消费者，并使他们放弃购买产品。批评者认为，没有证据表明转基因食品是不安全的，事实上，转基因食品大大提高了农业生产率。因此，任何不鼓励转基因食品的行为都会减少食品供应量。批评者还指出，他们只反对强制性标签，而不是自愿标签。食品生产商完全可以自由地给食品贴上不含转基因的标签，就像有机食品生产商已经做的那样；因此，想要非转基因食品的消费者已经有了一种在知情的情况下选择食品的方法。自愿标签使市场能作为满足消费者需求的手段发挥作用。

1. 你是否支持所有转基因食品的强制性标签？
2. 除了卖家和消费者之外，在做出这一决定时还应该考虑哪些其他利益相关者？
3. 你会如何回应不同意你的观点的一方提出的理由？
4. 你认为"一些消费者通常会将转基因食品标签解读为转基因食品不健康的警告"这种看法是否合理？

8.6 营销伦理与消费者自主权

广告的支持者称，虽然存在着一些欺骗性的广告，但总体来讲，广告对经济的增长还是有贡献的。大多数的广告都为消费者提供一定的信息，而这些信息有利于市场功能的有效发挥。这些支持者认为随着时间发展，那些欺骗性的广告和营销行为会被市场所淘汰。他们指出，打击商家做欺骗性广告最有力的方法就是竞争者做出广告，引起消费者对原商家欺骗行为的关注。社交媒体也越来越多地为愤怒的消费者提供了一种表达他们对购买不满的有效方式。

除了广告带来的问题，另一个关乎道德的重要问题就是广告和其他营销行为到底对人们做了什么。在企业对其产品的营销当中，人们也许能获取很多好处，能了解到自己需要或希望得到的产品，能获取帮助自己做出合理选择的产品信息，甚至有时候能从中获得娱乐。然而，市场营销也会有助于培育出符合产品文化的一类客户群，有些人对此观点深信不疑。他们认为，市场营销可以直接或间接地影响到我们成为什么样的人。它是如何做到的，以及我们会变成什么样的人，都是伦理道德上的重要命题。然而，批评这种主张的人则否认市场营销存在这样的影响力，或者坚信市场营销只不过是其所处文化的一面反射镜而已。

美国经济学家约翰·肯尼思·加尔布雷斯（John Kenneth Galbraith）在他1958年的《富裕社会》（*The Affluent Society*）一书中，提出了关于此争论的初步建议。加尔布雷斯声称，广告和市场营销创造了产品正想要满足的消费者需求。他的这个论断被称为"依赖效应"（dependence effect），认为消费者需求的产生取决于生产商所必须出售的产品。这个事实能产生三大不受欢迎的主要作用。

首先，通过创作需求广告，供求的规律就开始作用了。并非需求导致了供给，实际上，需求是供给的结果，由供给产生需求。其次，广告和营销往往造成非理性的消费需求，这会扭曲整个经济。事实上，在消费产品和物质享受的富裕社会中，其经济形势在许多方面比所谓的欠发达经济体更糟糕，因为许多资源都被用来生产私人消费品，而用来生产更重要的公共产品和满足消费者需求的资源却被剥夺了。比如，纳税人拒绝接受为学区提供必要资金而少量增加的税收，然而却给子女购买往返学校的近70 000美元的多用途车。一个不能给穷苦孩子提供疫苗接种和基础医疗的社会中，有人却为了保持年轻的容貌，每年要花费数百万美元用来做整容手术。最后，一些广告和其他营销方式，通过创造消费者欲望而违背了消费者自主权。如果购买欲望是由营销产生的话，那些因为有能力购买所需产品而自认为消费自由的消费者实际上并不是自由的。简言之，消费者被广告所操纵（见现实观察 8-7）。

⊙ 现实观察 8-7

老问题的新挑战：从红线到电子红线

自从互联网被广泛使用以来，我们一直缺乏关于数据所有权及收集使用的可接受范围的共识。事实上，理查德·德·乔治（Richard De George）1999 年的评论对于现在比以前更为正确："美国在信息隐私方面有精神分裂症，在理论上想要它，但在实践中放弃它。"这种精神分裂症本身就有问题，在数据收集及应用过程中这一问题更加凸显。电子红线（e-lining）代表了数据收集如何跨越道德界限的一个典型例子。

红线（redlining）是对某些地理位置的居民拒绝服务或增加成本的做法。在美国，当金融机构（银行、券商和保险公司）在地图上划出红线来区分信誉良好的社区和金融风险较高的社区时，就属于这种情况。尽管红线是非法的，但它并没有完全消失。一项调查显示，内衣公司"维多利亚的秘密"（Victoria's Secret）一直在根据性别、年龄和收入实行价格变动。在这种情况下，住在镇上不同地区的两姐妹在查看相同的商品目录时会发现价格差异。此外，网络一小时送货服务提供商 Kozmo.com 根据邮政编码情况，拒绝向黑人居住较多的社区的顾客送货。在这些情况下，公司在不同程度上"将部分消费者排除在整体市场和公共领域之外"。

电子红线不同于这些传统的红线形式，它不是在地图上画红线，而是利用互联网用户在浏览网站时无意中留下的信息。电子红线使用嵌入网页的"间谍软件"程序秘密收集信息，很少或根本没有外部监督。它们能以这种方式"监视"上网者，而没有受到太多的挑战，因为目前公司对它们收集的信息几乎没有限制。

近年来，许多公司利用客户信息将客户引导至特定的产品或服务。这种方式与过去高端服装店通过向客户的电话号码发送短信提醒客户新到商品的方式大致相同。亚马逊曾因利用历史购买信息为回头客量身定制推荐产品而受到严重批评，而且亚马逊还利用数据分析来设定歧视价格，它们对不同客户购买同一商品收取不同的价格。尽管亚马逊声称价格差异是随机测试的一部分，但结果却是基于人口统计的价格歧视。根据人口统计数据实施歧视和剥夺平等机会正是我们需要禁止的红线。目前美国法律几乎完全针对实体企业，缺乏针对电子红线的相应规则，这也反映了法律的滞后性，但这并不意味着这种行为是可以接受的。

不幸的是，公众的抗议通常是短暂的，似乎对网上购物没有重大影响，电子商务继续吸引越来越多的客户。与此同时，关于通过互联网收集信息的可接受限度，几乎没有普遍认可的标准。相反，企业正在塑造网络用户和整个社会的期望，因为它们含蓄地制定标准，通过不负责任的行为引导未来营销人员。只要法律无规定，社会就仍然容易遭受越来越多的潜在信息滥用。

资料来源：Adapted by the authors with permission from work copyrighted(c) by Tara J. Radin, Martin Calkins, and Carolyn Predmore.

就伦理来说，关键点在于广告违反了消费者自主权。当广告违反了消费者自主权并操纵消费者，使其产生购买产品欲望时，供求规律就被颠覆，社会经济就遭到人为的扭曲。但是，广告是否真的违反消费者自主权，倘若是，又是如何违反的呢？思考一下每年在广告中的投入。广告对消费者和社会做了什么？

这场争论的初步论断认为，广告确实控制了消费者行为。自主权说明消费者能做出理性和自愿的消费选择，如果广告违反了消费者自主权，就说明广告控制了消费者的选择。比如，心理行为学家和潜意识广告的批评者据此推论广告控制了消费者行为。但是，这似乎只是个经验主义的论断，并且有证据表明此论断的错误性。譬如，一些研究表明，新产品市场中，超过一半的产品都失败了，如果消费者行为真的受控于广告的话，就应该不会出现这种情况。因此，消费者并没有受到广告的控制。

然而，广告可能会以更细微的方式违反消费者自主权。除了控制消费者行为，广告也可能以消费者行为为基础，创造消费者的欲望。这里所关注的焦点是消费者自主的愿望，而不是行为。这一点与加尔布雷斯与批判广告者最初提出的论断更贴切。所以说，广告其实是通过创造消费者非自主的愿望而侵犯消费者自主权的。

思考一下人们的各种消费原因及一般情况下选择购物的原因，这将有助于理解愿望如何可能成为非自主的愿望这个问题。在某些基本需求获得满足之后，有一个问题就是，为什么人们按照他们所做的那种方式消费。人消费的原因有很多，包括追求时尚、社会地位、良好的感觉等。在这点上，有趣的道德问题就是，这些购买欲望是如何产生的，以及营销在多大程度上影响了这些不必要的购买。

8.7　针对消费脆弱群体的营销

思考两个目标营销的例子。在第一个例子中，根据生产商提供的市场调研，一家汽车零售商了解到它们的典型客户是年龄介于 30～40 岁、年收入超过 50 000 美元、热爱户外运动和娱乐的单身女性。据此信息，零售商直接向这类客户寄送广告和邮件。广告中描绘着充满魅力与激情的年轻人使用它们的产品并享受户外活动的画面。第二个例子是向独居的老年妇女销售紧急呼叫设备。这个营销广告描述的是一位躺在楼梯底部，哭喊着"我摔倒了，起不来了！"的老妇。这些广告放在老年妇女们容易听到或看到的媒体上。这两种营销方式都符合道德吗？

对于第一种营销策略，消费者要经过深思熟虑后才会决定是否购买产品，而且一般在解决基本生活问题之后人们才会有这种考虑。具有相似背景的人通常拥有相似的信念、欲望和价值观，因而在购买消费品时经常做出相似的判断。在这种情况下，目标营销仅仅是根据共同信念和价值观而确定潜在客户的一种手段。然而，第二个例子似乎有些触犯道德。该广告的目的就是利用许多老年人都经历过的害怕与焦虑的心理从而向其出售产品。这种营销策略试图通过诉诸非理性因素（例如恐惧或焦虑）来操纵人们，而非依赖简单的信息广告出售产品。这是不是因为独居老年妇女比年轻妇女更"脆弱"，以及这种脆弱使营销者不得不承担更多责任呢？一般情况下，营销者是否应该对脆弱群体负有特殊的责任呢？

独居的老年妇女是否的确特别脆弱呢？这个问题的答案取决于我们如何定义"特别脆弱"。在某种意义上，当一个人无法作为一个充分了解信息且自愿的消费者，再以某种方式参与到市场交换中时，那他就是脆弱的。关于市场参与者，有效的市场交换做出了一些假设，假设他们明白自己在做什么，以及他们考虑过自己的选择，可以自由决定，等等。当一个人在市场交换中无法获得知情与自主决定的权利时，就是我们所说的消费者的脆弱性。脆弱的消费者缺乏一定的知识能力、心理能力，或者在做出明智理性的消费判断方面还不够成熟。

青少年就是典型的消费脆弱群体（见现实观察 8-8）。这类人群容易受到不能满足其消费欲望或失去金钱所带来的伤害。这样说来，独居老年妇女未必就是脆弱的。

现实观察 8-8

将目标投向脆弱群体

一个关于面向特定人群的药物营销案与药物阿托西汀（Strattera）有关，它是美国礼来制药公司（Eli Lily）用于治疗多动症（ADHD）的处方药。在杂志中常能看到该药的广告，例如在 2003 年 9 月的《家庭周刊》（Family Circle）中，在简单的标题"欢迎回归正常"（Welcome to Ordinary）下面，描绘着两个手捧飞机模型的男孩，其中一个曾患 ADHD，但经过使用该药而成功治愈。广告中写道："周二下午 4:30 他开始做你认为他不可能做到的事。5:20 他证明你错了。"这则广告所表达的是父母认为患 ADHD 的孩子无药可救的错误想法，因为阿托西汀解决所有的问题，使孩子回到正常。同一期的《家庭周刊》还刊登了阿托西汀的两个主要竞争品的广告，奥梅制药（Ortho-McNeil Pharmaceutical）的专注达（Concerta）和希雷制药（Shire Pharmaceutical）的复合苯丙胺盐（Adderall）。

1. 这些营销做法是道德的吗？
2. 在评判此案例前，你希望了解哪些事实？
3. 有哪些其他营销方法可供这些公司选择？
4. 谁是利益相关者？每一种不同方法，对你所提及的每一位利益相关者有何影响？
5. 其中牵涉到哪些权利及义务？
6. 你会如何评判该案例？主要是关于后果的问题，还是涉及一些重要原则？

关于脆弱性，除了在不满意的市场交易中给消费者带来财务上的损失之外，还有另一种理解。独居老年妇女容易从各方面受到伤害——从跌倒中，从紧急病症中，从昂贵的医疗账单中，从孤独中。酗酒者易受过度饮酒影响，穷人易受破产影响，夜晚独自行走的单身女性易受到性骚扰，事故受害者易受到高昂的医疗费用及失去收入的影响等。当一个人容易受到某些特定的身体上、心理上或财务上的影响时，这种情况就是我们所称的一般性脆弱。

因此，针对脆弱群体的目标营销分为两种类型。有一些营销方法可能把那些不能获得充分信息的脆弱消费者当成目标客户。比如，针对儿童的营销，目的就是向不能做出足够深思和明智决定的客户销售产品。其他营销方法可能把在一般情况下较脆弱的人群当成目标客户，例如，保险公司向住在河流洪水区的居民推销防洪保险。这两种目标营销类型中，哪一种合乎道德呢，或者两者皆是？

初步判定下来，这两种针对脆弱人群的目标营销都是不道德的，都是在利用一些消费者的弱点来操控他们，从而获取自身利益。很显然，市场中的确存在一部分以脆弱人群为目标的营销和销售。这种做法显然是错误的。

有一种情况涉及上述两种意义上的脆弱群体。往往有一些人在一般情况下就已经很脆弱了，而当他们作为消费者时，无疑就成为脆弱群体。例如，许多老年人在受伤或患病时，就很可能会依据自己害怕或内疚的心理做出消费选择。为失去亲人而悲痛的家属可能会在选择丧礼服务时沉浸于内疚或悲伤之中，而不多做考虑就做出消费决定。一个正接受治疗或患有某种疾病的人是脆弱的，他的焦虑或担忧心理会导致他做出不明智的消费决策。在市中心，未受教育且长期失业的贫困区居民，在购买含酒精饮料前是不可能权衡其购买决定的全部后果的。

但是，许多营销广告似乎都是这样。最可恶的也最老套的例子，就是那些怂恿事故受伤者起诉的律师。事故受伤者很脆弱，当承受这种压力时，在诉讼代理方面是很难做出明智选择的。许多产品的营销广告也都是针对老年人的，比如补充医疗保险、人寿保险、紧急呼叫装置、殡葬服务及其他保险等，这些广告通常会利用老年人的恐惧、焦虑、内疚等心理。

正像容易受到伤害而变成脆弱消费者一样，也会有人们由于是脆弱消费者而变得容易受到其他伤害。这种非伦理营销的策略是可恶的。个别产品，最明显的例子就是烟和酒，能使消费者容易受到更严重的健康危害。这种针对脆弱消费者的营销活动是违反道德的。这就解释了为什么针对年轻人销售产品的烟酒公司会引起公愤。在市中心的贫困居民区里销售酒精饮料的公司，必须清楚这条道德底线。向这些居民销售麦芽酒精饮料、度数较高的葡萄酒及其他酒精饮品时，公司必须意识到，许多生活在这种处境下的人并不是能完全独立自主的消费者。他们中许多人喝酒喝到烂醉；许多人酗酒逃避生活；还有许多人是酒徒。

针对脆弱群体营销的另一种类型是把所有人当成潜在客户。当我们没有意识到自己受到市场营销活动的影响时，我们都无疑是脆弱的。这种类型的营销活动叫作"隐形"或"秘密"营销（stealth or undercover marketing），是指我们在毫不知情的情况下直接受到商业活动的影响。当然，我们经常会在没有太多注意的情况下接收大量的信息，例如在高速公路上开车行驶时瞟一眼路边的广告牌，但这并不叫秘密营销。相反，有时候秘密营销是为了隐藏真正的营销目的而进行营销。例如，索尼爱立信移动通信公司（Sony Ericsson Mobile Communications）曾雇用 60 位演员到纽约帝国大厦中扮演游客。这些演员假扮游客，询问路人是否介意帮他们拍照片。这样他们就有机会向不知情的路人展示用新款爱立信手机拍照的简便操作。演员直夸手机的好处并表示对这些手机的喜爱，而路人伴随着对这款新产品的良好体验离开了，却并不知道刚才他们其实参与了一次产品测试。

随着博客的流行，秘密营销在互联网上也开始盛行。互联网用户读到产品评论时，并不能判断评论发布者是用户还是制造商，或是竞争者发布的负面消息。"蜂窝营销"（buzz marketing）指通过雇用人们使用新产品或对新产品进行讨论，从而给新产品带来蜂鸣般宣传效果的营销方式，这虽然会引起媒体或其他人的关注，但也会带来潜在的利益冲突。

营销专家认为，由于消费者很少有防卫意识，所以秘密营销常常很有效。人们对他人传递给自己的信息丝毫不会产生怀疑，却常常会质疑传统广告的真实性。消费者不会发现与自己沟通者的既得利益；而是把这种交流看作一种更私人化的沟通，并且往往更相信交流者而不相信广告或其他营销信息。

如果这种营销方式仅仅只涉及对产品使用情况的真实反馈，那就不存在欺骗。然而，如果营销行为牵涉到为了增加产品使用人数而欺骗消费者，或者隐瞒其营销活动事实，那么再说这种做法是道德的就要面临质疑了。此时的消费者已不再被视为目的本身，而是作为达到制造商目的的一种工具。如果隐形营销变得普遍，信任缺失的问题将变得更加严峻，商业互动也将因面临强制公开的压力而遭到破坏。

这类营销行为在功利主义的分析下同样不具道德性。当一个消费者不信任某公司与他之间的沟通时，这位消费者可能对整个公司也失去信心，因此选择其他产品或服务。无论是这家公司还是这位消费者，都不会从此获益，然而这种产品或服务，本来可以成为最有效果或效率的解决办法，但却也因为错误的营销方法而可能面临停产。

8.8　供应链责任

在创造、宣传一种产品并将其推向市场的过程中，企业的营销功能还涉及与其他商业实体间的广泛关系。近几十年来，伦理焦点都集中在企业对其他商业实体活动负有的责任上，我们称之为供应链责任。在这方面，很少有企业像耐克公司一样受到关注。

耐克公司是全球最大的运动鞋与运动服饰生产商。1999年，耐克占有世界运动鞋市场30%以上的份额，与阿迪达斯（Adidas）（占15%）、锐步（Reebok）（占11%）一起控制着一半以上的全球市场。耐克的前身是蓝丝带体育公司（Blue Ribbon Sports），早在1964年，它还是日本低价运动鞋的进口商与经销商。销售收入增长后，公司开始设计自己的鞋并将鞋的生产制造转包给日本企业，最终更名为耐克。几十年后，耐克在其网站上介绍其经营理念。

> 今天，我们的商业模式和1964年基本一样：我们通过投资于设计、开发、市场与销售，然后与其他公司签订产品制造外包合同而实现增长。

20世纪90年代末，正如第6章讨论的，耐克因生产工人的工作条件而遭到国际舆论的强烈谴责。批评者指责说耐克靠童工与血汗工厂生产鞋子，这些工厂的工人每天只能得到几便士，不但工作条件残酷、恶劣，而且工人们还受到骚扰和虐待，并被禁止参与任何工会或集体谈判活动。

起初，耐克并不接受这些批评，且拒绝对其供应商的行为负责，理由是当地制造商恶劣对待工人的行为不在耐克的责任范围之内。一次，耐克亚洲副总裁称，"耐克不了解生产前线的事。我们只是营销方与设计方"。但是耐克并没能因此说服公众。

通常，一个人不必为他人的行为负责。如果对方是一个独立的代理人，那么每个人都该为自己的行为负责。但情况并非总是如此。企业应当对其供应商的行为负责，有关政策与这一观点正好吻合。委托人对代理人行为负责的原则（respondent superior），拉丁语为"让主人回答"（let the master answer），当代理行为是代理人在对委托人的日常职责负责时，委托人（如雇主）须对代理人（如雇员）的行为负责。因此，在标准范例中，当一位公司雇员驾驶公司汽车在执行公司业务时发生事故，雇主应当对该事故造成的伤害承担赔偿责任。

委托人对代理人行为负责，可能被视为不公平，但确实需要这么做。原因在于代理人是代表委托人、站在委托人立场而采取某些行动的，并且委托人对代理人的行为有直接影响。因此，如果有人在代表你、站在你的角度及在你的影响下做事，那么你必须对他的行为至少负部分责任。因此，对于企业为其供应商行为负责的道德理念，主要源于两个条件：供应商通常站在企业立场行动，以及企业往往对其供应商的行为产生重大影响。

然而在以往历史上，服装业与制鞋业的跨国公司一般只为自己组织的行为负责，对承包商虐待工人的行为则概不负责。不过，跨国公司日益意识到工厂恶劣的工作条件及对工人缺乏合法保护的问题，它们的旧观念开始转变。如今，跨国公司习惯于承担供应链责任，利用其影响鼓励供应商为工人提供良好的工作环境。这种新理念在整个供应链系统中不断深入（见图 8-1）。

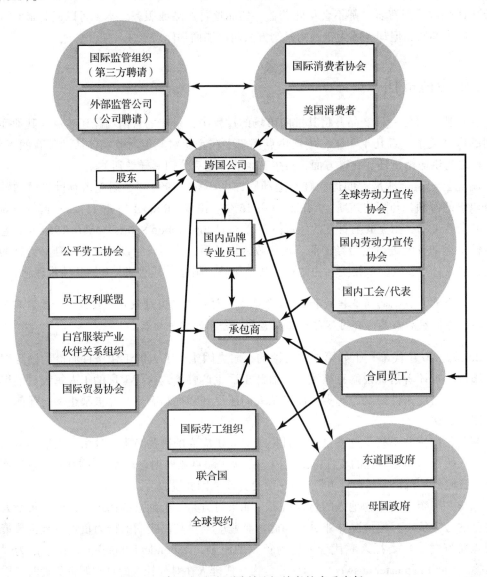

图 8-1　跨国公司对不同利益相关者的多重责任

资料来源：D. Arnold and L. Hartman, "Moral Imagination and the Future of Sweatshops," *Business & Society Review* 108, no.4 (2003).

在任何相互关系纷繁复杂的系统中，它的每一个元素都可能对整个系统产生影响。但是，问题又重新回到刚才讨论到的责任问题上。所负的责任究竟要到供应链的哪一层次，还是对整个供应链系统都负有责任？耐克公司是否应该对整个运动鞋与运动服饰系统负责？如果不是，作为消费者，该怎么划清公司所负的责任权限，或者如果你是耐克公司副总裁，你该如何划清公司责任的界限？为了最有效地维护相关人员的权益，同时实现盈利和符合道德的双赢，应该如何做出回应？在当今日益复杂化、全球化的跨国系统中，利益相关者至今尚未完全解决这一具有挑战性的难题。

再论开篇伦理决策

规范数字营销

在美国,联邦贸易委员会(Federal Trade Commission,FTC)主要负责监管销售和广告。通常联邦贸易委员会在制定标准时主要依据两个标准:欺骗和不公平。这两个标准是相关的,因为欺骗消费者的营销技巧同时也被证明对竞争对手不公平,因为竞争对手将不得不在竞争中处于劣势。随着数字营销技术的出现,联邦贸易委员会正在努力建立能跟上快速变化的新标准。

2009年,联邦贸易委员会发布了一份报告,列举了四条网络营销管理的基本原则。其中三条与传统伦理管理模式一致。联邦贸易委员会主张"透明度和消费者控制"的重要性,并要求对公司隐私政策的任何变更及对收集的有关消费者的敏感个人信息(如医疗记录、财务信息)的使用符合"肯定同意"要求。这些标准主要源于作为自由和知情同意的消费者自主权的道德标准。第四项标准认识到收集消费者信息的作用在不断变化,并断言企业有责任对收集的有关消费者的数据进行"合理安全保护"。

就在三年后,为了应对数字营销的快速变化,联邦贸易委员会又发布了一份新报告,强调了数字营销监管的五个目标。第一,联邦贸易委员会建议开发更有效的"不跟踪"机制,以允许消费者轻松选择退出在线跟踪。第二,委员会还强调需要将迅速发展的移动技术纳入与计算机技术相同的监管范围。第三,委员会主张将第三方"数据代理"纳入监管计划,并呼吁这些公司提高其对消费者的运营透明度。第四,委员会表示,在保护消费者隐私的努力中,ISP将面临政府越来越多的关注。第五,也许是因为认识到政府监管落后于快速发展的数字影响技术,联邦贸易委员会鼓励所有利益相关者"制定行业的行为准则",并认为这些准则很可能为将来政府监管提供基础。

1. 你认为政府监管在数字营销中应该扮演多大的角色?
2. 你是否希望看到更加适用于数字营销的法律或法规?
3. 你认为以行业准则为基础的自愿自律行为是否能有效地保护消费者免受不道德行为的侵害?
4. 你会支持设置"不跟踪"选项,即默认公司可以跟踪除非消费者选择退出跟踪,还是会要求公司在跟踪前先获得肯定许可?

练习与应用

1. 是否存在一些产品在任何情况下都不适宜销售?如果需要的话,你会在卷烟、手枪或处方药的销售方面制定什么法规?
2. 就2014年针对红牛的宣传语——"红牛给你翅膀!"提起的诉讼进行课堂辩论。该案中的申诉人辩称,该宣传语(以及包含该宣传语的广告)暗示红牛可以提高注意力和反应速度。然而,该公司没有为这种影响提供科学证据。在线搜索以获取更多信息。"每个人都知道"含咖啡因饮料能给你"提神醒脑",这就足够了吗?还是公司应该有义务提供证据证明其对产品的具体效果?
3. 在佩尔曼诉麦当劳案(Pelman v. McDonald's Corp.)中,[6]麦当劳为吃麦当劳快餐的儿童与肥胖相关的健康问题负部分责任,查找此案例。麦当劳和其他快餐店是否应该被判定为疏忽不健康产品的售卖，没有警告消费者高脂肪食物的危害，以及做欺骗性广告？
4. 美国联邦贸易委员会（FTC）根据两项标准控制广告：欺骗与不公平。什么样的广告是不公平的？谁又将受到欺骗性广告的伤害呢？
5. 在杂志、报纸和电视上收集几个处方药广告。根据不同的广告渠道，思考这些广告的目标受众是谁。任何形式的广告都具有一定的误导性吗？任何形式的副作用警告都具有一定的欺骗性吗？你相信医护人员都会提供足够的检查以保证处方药不被滥用吗？
6. 销售人员的工资主要以提成为主，换句话说，尽管销售人员的底薪很低，但是他们的大部分工资来源于所卖物品价格的一定百分比。所以基本上只有当有人购买商品时销售人员才赚钱，而且购买数量越多他才赚得越多。你相信销售人员的话吗？你对以提成为主要工资的销售人员的信任度受到哪些因素的影响？他们怎样才能获得你的信任？例如，消费类电子商店百思买向消费者表示，为了鼓励客观性，其销售人员的工资不以提成为主。因此你是否更愿意去百思买购物呢？

注释

1. The Levitt quote is taken from Theodore Levitt, "Marketing and the Corporate Purpose: The Purpose Is to Create and Keep a Customer," a speech delivered at New York University, March 2, 1977, available from Vital Speeches of the Day. Similar claims can be found in Theodore Levitt, "Marketing and the Corporate Purpose," *The Marketing Imagination* (New York: Free Press, 1983), chap. 1, pp. 5 and 7.
2. The American Marketing Association definition is taken from its website: www.marketingpower.com/ (accessed April 17, 2010).
3. An informal internet search found more than 100 companies advertising with this slogan. They ranged from real estate companies to antique dealers, and from long-distance phone providers to water filtration systems dealers. Presumably those who disagree do not advertise that fact.
4. See, for example, the PBS video *Affluenza,* produced by KCTS/Seattle and Oregon Public Broadcasting. See also Juliet B. Shor, "Why Do We Consume So Much?" the Clemens Lecture at St. John's University (October 2001), in *Contemporary Issues in Business Ethics,* ed. Joseph DesJardins and John McCall (Belmont, CA: Wadsworth, 2005); Jim Pooler, *Why We Shop: Emotional Rewards and Retail Strategies* (Westport, CT: Praeger, 2003).
5. Council Directive 85/374/EEC of 25 July 1985 on the approximation of the laws, regulations and administrative provisions of the Member States concerning liability for defective products, 1985 O.J. (L 210) 29 (EC).
6. 237 F. Supp. 2d 512 (S.D.N.Y. 2003).

第 9 章

企业与环境的可持续发展

> 你不可能不影响你周围的世界。你所做的都会带来不同，你必须决定你想要做出什么样的不同。
>
> ——简·古道尔（Jane Goodall）
>
> 为增长而增长，是癌细胞的意识形态。
>
> ——爱德华·艾比（Edward Abbey）
>
> 生命之网并非人类所编织，人类不过是这网中的一根线。无论我们对网做了什么，我们都等于是对自己做的。所有的事物都绑在一起，万物相连。
>
> ——西雅图酋长（Chief Seattle）
>
> 环境法规是设计失败的信号。
>
> ——威廉·麦克唐纳（William McDonough）

∷ 开篇伦理决策

食品行业

粮食安全问题是指是否有足够的营养食物及人们是否有能力获得这些食物。全球粮食安全引发了许多有关个人、企业、政府和自然环境之间关系的伦理问题。我们的食物选择对环境有着深远的影响，也许只有我们在能源方面做出的决定才能与之匹敌。与能源一样，作为消费者，我们的选择在很大程度上取决于商业活动。

乍一看，人们可能会认为食品应该像任何其他经济产品一样，根据市场需求生产和分配。从这个角度来看，企业在食品方面没有独特的道德责任。但有两个重要因素表明，需要密切关注食品行业的道德问题。第一，与大多数其他经济产品不同，粮食是人类的基本需求。可以说，食物需求是所有人都享有基本的人权。如果一个经济体系不能满足人类对食物的基本需求，就很难判断它在道德上的充分性。第二，粮食生产和分配可能对地球生态圈和自然环境满足人类需求的长期生产能力产生深远影响。食物的生产方式受到商业的重要影响，也极大地影响着地球生态圈的可持续性。

1987年，世界环境与发展委员会提出了著名的可持续发展定义（布伦特兰报告），其中包含了这两个重要因素。该定义指出，可持续发展需要"在不损害子孙后代满足他们需求的能力的情况下，满足自身当前的需求"。布伦特兰报告认为，目前经济发展的标准模式及企业在该模式中发挥的作用，未能满足当前大部分人口的需求，并且其运作方式也将使后代满足他们需求的能力受到威胁。

可见，食品行业与广泛的道德和环境问题密切相关。我们吃什么，食物的可获得性，食物是如何生产的，食物的营养质量，食物安全，谁生产食物，食物产品是如何加工的，以及农业的环境和社会后果，都带来了重要的伦理问题。

可以负责任地说，与食物有关的最重要的道德问题就是，数亿人没有足够的食物。联合国粮食及农业组织报告显示，全球约有8.21亿人营养不良。在撒哈拉以南的非洲和东南亚等一些地区，多达三分之一的人口缺乏足够的营养食品。但同一份报告也指出，尽管全球人口不断增长，但缺乏足够营养食物的人数自1990年以来减少了2亿。现代农业技术带来的农业生产率的提高在其中起了重要作用。

在过去200年中，观察家们经常评论说，全球人口增长超过了粮食供应增长，持续增长可能导致严重的粮食短缺和大规模饥荒。19世纪初，托马斯·马尔萨斯（Thomas Malthus）有一句名言：由于人口呈指数增长，而粮食增长仅以线性方式增长，因此人口规模将不可避免地超过粮食供应量。20世纪60年代，保罗·埃里奇（Paul Erhlich）的《人口炸弹》（*The Population Bomb*）一书同样预测，人口的持续增长将导致迫在眉睫的全球粮食危机。

事实上，这两种情况下的粮食危机都没有发生，因为农业生产率的提高是向更加集中化和工业化的农业模式转变的结果。因此，马尔萨斯和埃里奇的预测都未能应验。19世纪，由于工业革命带来的技术进步，马尔萨斯预言的粮食崩溃得以避免，这些进步大大增加了可用于农业的土地数量及土地的效率和生产率。从20世纪后期至今，机械、灌溉、农药、化肥、动植物育种和转基因作物的技术进步极大地提高了全球粮食产量。

批评者指责许多现代农业实践，包括工业农业本身的模式，导致了一系列健康、安全、社会和环境问题。集约化农业技术降低土壤肥力，耗尽地下水供应，农药残留毒害土壤和水，破坏生态系统，威胁生物多样性，并危害地球生态圈的持续生产力。许多批评者还声称，现代农业综合企业模式将重要的政治、经济和社会权力交给了一些大型跨国公司。

粮食短缺也可用更广泛的市场力量来解释。生产的食品类型和用途不仅取决于人们的需要，还取决于市场需求。市场需求被理解为人们愿意为之付费的东西，这解释了为什么世界上一些最多产的土地上的农业资源被用来生产动物饲料作物，而不是人类食物。2014年，美国《国家地理》的一篇报道指出，世界上近一半的农作物被用于动物饲料（36%）、燃料或工业产品（9%）。[1]

现代农业占温室气体排放量的25%，占地下水开采量的70%以上。在美国，75%的玉米生产用于动物饲料、乙醇或高果糖玉米糖浆等甜味剂。随着社会变得更加富裕，正如欧洲和北美及中国和印度所发生的，对牛肉、乳制品、家禽和猪肉的需求增加，导致更大比例的农作物无法满足人类的直接需求。就污染、温室气体排放和用水而言，生产牛肉、家禽、奶制品和猪肉制品的环境代价远远高于粮食生产。

当然，农业综合企业和食品生产通过对动物的处理对自然环境产生更显著的影响。许多批评人士认为，畜牧业中存在严重的伦理问题，不仅是人类健康和环境问题。具体来说，比如鸡和火鸡被培育成超重的不会飞的动物，与一百年前的鸡和火鸡几乎没有相似之处。动物被饲养在过度拥挤的设施中，禁止任何形式的运动，喂食非自然饮食，服用抗生素和生长激素，与后代隔离，被伤害身体以防止逃跑或啄食等自然行为，然后以野蛮、机械化的方式屠宰。批评者认为，所有这些都是以市场效率和利润的名义进行的。

食品行业本身，包括农业、食品零售供应商和餐馆，常常以市场需求为理由为自己的行为辩护。从这个角度看，如果没有现代农业中使用的工业技术，就无法满足全球对粮食的需求。根据食品行业的说法，食物的种类和质量取决于消费者的需求。如果市场需要更小的份量、更少的牛肉、更多的新鲜水果和蔬菜、更少的方便和便宜的加工食品，那么商业将根据需要来进行供应。但是，要求企业在没有市场需求的情况下做这些事情将导致企业倒闭和食品短缺。

讨论题

1. 到目前为止，你选择了哪些食物？你的选择在哪些方面会影响食品企业的决策和业务实践？
2. 快餐业以什么方式和理由争夺顾客？快餐对环境和道德领域分别有什么影响？
3. 你的食物选择会以何种方式影响食品行业（包括农业和餐饮业）与自然环境的相互作用？
4. 从改变世界的角度来看，哪种食物选择会更直接地产生影响？我们所做的哪些选择，只在许多人选择的总量增加后才会产生影响？

:: 学习目标

在学完本章之后，你应该能够：

1. 解释环境挑战如何带来机遇。
2. 描述影响环境决策的一系列价值观。
3. 解释在市场基础与法制基础上不同环境政策之间的差异。
4. 描述每种途径基础上企业的环境责任。
5. 识别单独依靠市场基础的环境政策的缺陷。
6. 识别法规基础的环境政策的缺陷。
7. 定义和描述可持续发展及可持续发展企业。
8. 强调企业在可持续发展过程中的商业机遇。
9. 描述可持续发展的生态效率原则、仿生原则和服务性的原则。
10. 解释如何利用营销来支持可持续发展的目标。

9.1　引言

许多观察家认为，我们已经进入了可持续发展革命，在这个时代，创造环境和经济可持续的产品和服务正在创造无限的商业机会。正如在工业革命中所发生的那样，这场可持续性革命将有赢家和输家，根据支持者的说法，经济赢家将是对环境最有利的公司和行业。

许多人认为，环境问题只是在最近才受到关注。在20世纪后半叶，环境保护主义才开始盛行；空气污染、水污染和保护濒危物种等各种环境问题，在20世纪70年代才成为公共政策关注的问题。很少有企业在此之前考虑到自然环境问题。但环境恶化已永远成为人类历史的一部分。地理学家贾雷德·戴蒙德（Jared Diamond）在畅销书《崩溃》（Collapse）中记录了各种由于环境恶化而引起的文化崩溃。

十八九世纪的工业革命给自然环境带来了更恶劣、更迅速的破坏。21世纪初，地球经历了自6500万年前恐龙灭绝以来物种灭绝的最快时期。人类也受到了全球气候变化的威胁。每一次巨大的环境事件主要是由人类活动，特别是由现代工业所引起的。简言之，在过去两个世纪中，人类的商业活动给地球支持人类生命的能力带来了极限挑战，并且已经越过了地球支持其他形式生命的极限。因此，本章讨论的主要伦理问题就是当代企业对自然环境应该承担的责任。

可以很公平地说，纵观工业经济的历史，大多数企业把环境问题看成不必要的负担及经济增长的阻碍。尽管如此，可持续企业和可持续的经济发展带来一种商业新模式。在这种模式下，衡量企业成功的标准是经济、伦理及环境的可持续性，它们常被称为三重底线（triple bottom line）。可持续发展的商业模式把环境问题看成企业自身的基本组成部分。事实上，可持续发展企业的企业家会发现，环境将给他们带来巨大的创新型商机。

致力于环境研究和咨询的环保组织"自然步伐"（The Natural Step），用一个漏斗图形帮助企业了解可持续发展能为它们带来的商机。维持生命的必需资源在向下的斜坡线上。尽管对于斜坡的角度存在分歧（一开始角度稍小，稍后有明显的下滑角度？），但对现有资源在减少普遍达成共识。第二条线指的是世界总需求，把人口增长和消费主义生活方式不断增长的需求都计算在内。除非有环境灾难，很多但不是所有行业都会出现在进入可持续生活时代的漏斗之中。不选择可持续发展的企业将会碰壁，而创新型和创业型企业将能找到通过这个漏斗的出路（见图9-1）。

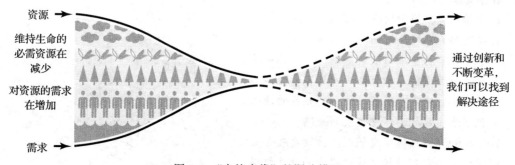

图9-1 "自然步伐"的漏斗模型

"自然步伐"组织随后又提出企业需要进行"反向预测"（Backcasting）来实现可持续发展路径。大家所熟悉的预测都是根据目前的研究数据预测未来。然而，"反向预测"先观察当企业进入漏斗时可能遇到的状况，知道未来的状况后，创新企业再对比目前情形，并由此决定达到未来目标所必须做出的行动。简言之，可持续发展的企业必须以不损害人类福祉的速度使用资源和产生废物，而且不超过地球更新资源和吸收废物的能力。这样做的企业将成功地通过漏斗，并在可持续发展的时代取得成功。

本章将介绍一系列的伦理问题，这些问题将伴随着企业实现环境可持续的整个发展过程。

环境问题不再属于企业决策的次要问题，也不再是企业能避免的问题和负担（见现实观察9-1）。在21世纪，企业为了生存，在追求经济可持续的同时必须追求环境的可持续。基于义务论的原则及促进社会整体进步，可持续性的企业是未来发展的潮流。

⊙ 现实观察9-1

保险业与气候变化

保险业对气候问题有着特殊的兴趣：气候变化可能会增加出现洪水、飓风和野火的风险——所有这些都会导致保险索赔，并使保险业付出代价。因此，当保险业高管讨论气候变化时，他们对讨论气候变化带来的风险很感兴趣，并且他们强烈希望把事实弄清楚。

据领先的保险业智库日内瓦协会（Geneva Association）称，"未能解决气候变化问题已被确定为我们社会面临的最大潜在社会经济风险之一……各行业的公司越来越多地将气候风险视为一个核心业务问题。然而，传统上，缺乏气候行动与声誉风险相关联。直到最近，金融和经济部门才开始考虑气候风险对经济体的影响……"

资料来源：Maryam Golnaraghi, *Climate Change and the Insurance Industry: Taking Action as Risk Managers and Investors* (Talstrasse: Geneva Association, 2018).

9.2 企业伦理和环境价值观

什么样的价值观是对自然环境有利的呢？为什么我们要保护自然环境防止其恶化？为什么企业、价值观及自然环境成为我们关注的焦点？人类的自身利益最能对这些问题进行解答。人类的生存离不开自然环境，离不开水、良好的空气、肥沃的土壤、制造食物的海洋、过滤太阳辐射的臭氧层，还有维持气候平衡的生物圈。人类自身利益的重要性可以体现在当代现实环境的两个方面。

首先，正如《崩溃》中所记录的，以前的人类社会超越了当地环境所能维持人类生命的能力极限。在一些历史情况中，某一特定区域的环境虽然被恶化，但很少对超过一代人的生活产生影响。然而，一些当代环境问题，却很有可能对整个地球产生不利影响，并且可能永远改变人类的生活。全球气候变化、物种灭绝、土壤侵蚀与沙化及核废料，这些当代环境问题都将威胁未来人类的生活（见现实观察9-2）。

⊙ 现实观察9-2

电动汽车能拯救世界吗

鉴于当今大多数汽车所使用的内燃机对环境的负面影响，许多人把环保的希望寄托在电动汽车的日益普及上。电动汽车（或"EV"）通常被认为是零排放的，即完全不产生污染。但是，这并不总是严格准确的。毕竟，驱动电动汽车的电力必须来自某个地方，而且某些发电方式比其他方式更环保。如果你居住的地方大部分电力是由燃煤发电厂产生的，那么与由太阳能电池板或水力发电机产生的电力相比，为你的电动汽车提供的电力对环境就不那么友好了。

在评估电动汽车对环境的影响时可以考虑以下一些因素：
- 你居住的地方如何发电；

- 电动汽车的机械效率（将储存的电能转换为动能）；
- 制造电动汽车的过程对环境的影响（包括炼钢和塑料成型）；
- 生产和最终处置电动汽车电池的影响；
- 在电动汽车达到其使用寿命后，电动汽车组件本身可回收的程度。

综合考虑，电动汽车在环境保护方面仍然比老式的汽车要好。但对上述因素的明确评估可以帮助我们更好地理解电动汽车目前所代表的进步，以及需要改进的因素，以实现更好的环保。

其次，生态科学以及对自然系统的认识帮助人们意识到人类对生态系统的依赖。过去我们可能认为被埋的垃圾会永远消失，然而现在我们知道毒素会渗入地下水，并且经过一段很长的时间后会污染到饮用水。我们也了解到农药会在整个食物链中累积，这不仅威胁到大型食肉动物如秃鹰的生命，而且还威胁到人类自己的生命。从前我们认为海洋渔业取之不尽、用之不竭，人类不足以改变庞大的生物圈。然而，我们现在知道生态平衡对维持生命系统是多么必要。

直到 19 世纪末，人类才开始意识到保护自然环境就是自我保护。自然环境保护运动，作为现代环保的第一阶段，主张用更克制、更审慎的态度对待自然。从这个角度来说，自然仍被看成一种资源，不仅为人类提供直接利益（空气、水和食物），而且提供间接利益（即由企业制造的产品或服务）。环境保护主义者反对人们无限地开采似乎取之不尽的自然资源。他们提出了企业应保护自然环境的多种原因，这些原因类似于企业节约财政资源的理由。自然界，就像资本，只有当得到妥善管理与谨慎利用时，才有创造长期收益的生产能力。

除了为维护人类生命和健康这一理由，还有许多其他原因能解释自然环境的重要性与价值。其他价值观往往不同于把自然界看作资源这种更直接的工具性价值观。自然界的美丽与庄严为人们提供了巨大的、鼓舞人心的审美价值。还有许多人认为，自然界具有宗教与精神价值。世界各地具有不同的象征意义、历史价值及心理价值，如平静与愉悦。这些价值观很显然不同于把地球当成资源的价值观，后者这种价值观是物质上的，目的是维持地球上的生命，而非精神上的价值（见伦理决策 9-1）。

■ 伦理决策 9-1

促进食品安全还是抵制食品浪费

20 世纪 70 年代，出于对食品安全和新鲜度的担忧，美国出现了消费者可读的食品日期标签。这段历史很重要，因为食品安全和新鲜度仍是消费者解读食品包装上印刷日期的关注点，无论其意义是否与安全或新鲜度相关。其不良后果之一就是，日期标签显著地影响并鼓励消费者丢弃可食用且不存在安全风险的食品。

为了减少食品浪费，美国农业部食品安全检查局（Food Safety Inspection Service，FSIS）发布了监管指南，鼓励使用单一日期标签——"建议在此日期前使用"——代替目前在食品包装上使用的"销售日期""使用日期""某日期前食用""最好某日期前食用"等各类标识。FSIS 声称，目前的一系列标签对消费者来说不太清楚，因此可能会被视为在标明的日期之后确实"不安全"，当消费者扔掉不一定过期的食物时，会导致食物浪费。另外，消费者需要正确理解"最佳使用"的含义，并且不随意扔掉和浪费完全安全的食品。

1. 如果消费者已经形成了一种普遍认知，将印刷的"最好某日期前食用"视为该日期之后即为"不安全的日期"，那么是否应该鼓励食品行业印刷更符合这一认知的日期？

2. FSIS将保障消费者的安全作为其使命，它是否应该成为实现环境可持续性的重点推动机构？

3. 过去食品的旧式标签只有零售商才能理解，如今它已被消费者可读的日期标签所取代，以提高消费者的透明度。如何处理消费者透明度要求与减少食物浪费的政策目标之间的冲突？

资料来源："Should Food Product Date Labeling Promote Consumer Safety or Curb Food Waste?," *Business Ethics Highlights* (December 15, 2016), https://businessethicshighlights.com/2016/12/15/should-food-product-date-labeling-promote-consumer-safety-or-curb-food-waste/ (accessed June 4, 2019).

对待动物的道德观，可以说，已对企业的环境价值观构成了最大的挑战。动物权利、动物自由或动物福利运动，这些不同地方对动物保护的不同说法，其实都是对动物道德地位的属性描述。这些做法将有利于建立关于如何对待动物的道德责任，并且将对许多企业产生重大的影响。关于这方面，有两种观点值得关注。

第一种观点强调的是所有具有中枢神经系统的动物都有感知疼痛的能力。这种观点，第3章提到的传统功利主义也有所描述，即主张减少动物疼痛的道德责任。把不必要的痛苦强加于他人是不道德的；因此，让动物遭受不必要的痛苦也是不道德的。饲养和屠杀食用动物，尤其是以农产品加工企业的那些饲养家禽、猪和牛的方式，就是企业违背这种道德责任的典型例子（见现实观察9-3）。

⊙ 现实观察 9-3

在农业中如何对待动物

一些动物养殖做法，特别是在大型工厂化养殖场中，被批评为残忍无情。养殖者禁止小牛运动，并故意让小牛营养不良，这样消费者就可以享用嫩而粉红的小牛肉。鸡被紧紧地关在笼子里，喙被切掉，以防止它们互相啄食。牛是在巨大的饲料场饲养的，让牛在自己的粪便中行走。

反对者已经组织了针对麦当劳和肯德基等快餐连锁店的抵制活动，抗议它们在产品供应链中残酷地对待动物。对此，麦当劳现在有了一套审计供应商的系统，以确保遵守公司的动物福利标准。这些原则适用于麦当劳经营所在的任何国家。

麦当劳的审计动物福利实践

麦当劳要求牛肉供应商使用的所有加工设施遵守麦当劳的动物福利原则，旨在确保动物不受虐待和忽视。此外，麦当劳的供应商使用的屠宰场每年都需要接受外部专家的审核。2009年，100%的供应商设施接受了审核，100%通过了审核。在第一次或第二次尝试中未通过审核的供应商将在一段规定的时间内进行改进，否则将从供应链中被删除。

资料来源：McDonald's Corporation, "Worldwide Corporate Responsibility 2010 Report," www.aboutmcdonalds.com/content/dam/AboutMcDonalds/Sustainability/Sustainability%20Library/2010-CSR-Report.pdf.

第二种观点认为至少有一些动物对自己的生活有认知能力。联系第3章所描述的康德主义，这种观点主张人类有责任避免把动物当成实现自己目的的纯粹物体和手段。同样，利用动物提供食物、娱乐或把动物当作宠物的企业违背了动物的道德权利。通过伦理决策，让我们更详细地探索如何更人道的对待动物的方式。

9.3 企业环境责任：市场途径

每当遇到环境价值的重大讨论时，对于保护自然环境的审慎原因，绝大多数人的意见存在着共识，那就是，人类有权受到保护以免遭伤害。存在争议的则是如何以最佳途径实现这一目标。从历史上看，针对这一点的讨论都集中在高效的市场或政府法规能否成为应对企业环境责任的最恰当解决办法。当然，这两种办法对企业都能产生重要的影响。

一方面，如果对待环境问题的最好办法就是交给高效率市场来解决的话，那么企业经理应该只会追求企业的利润及从市场中获得更有效的资源分配。如此一来，企业将自己看成市场体系中的一员，在为自身创造利益的同时作用于社会的整体（功利主义的）利益。另一方面，如果通过政府法规解决环境问题，那么企业仅仅会遵守法律框架，从而避免政府的干预。

赞成市场方法的人认为，环境问题其实就是经济问题，应该用经济办法来解决。本质上，环境问题就是有限资源的分配问题，而这些问题都能通过高效的市场来解决，无论它是稀有非再生资源的分配问题，例如天然气和石油，还是地球吸收工业副产品的容量问题，比如二氧化碳和聚氯联苯。

思考一下这种模式对污染及资源保护的影响。威廉·巴克斯特（William Baxter）在他著名的《人或企鹅：最优污染》(*People or Penguins: The Case for Optimal Pollution*)一书中认为，存在一种最符合社会利益的最优污染水平。[2] 据他所言，这种理想水平能通过竞争市场得以实现。

巴克斯特认为不存在任何自然或客观的关于空气和水的洁净标准，这种观点也否定了绝对健康的目标状态的存在。他的书以"安全"的空气和水的质量目标开头，并将这一目标转化为风险和收益的权衡问题。虽然社会力求纯净的空气和水，但是其承担的成本（包括损失的机会成本）将过高。更合理的办法就是降低要求，只要空气和水能保障安全健康的呼吸和饮用就可以，这样也不必承担过高的成本费用。然而，这一平衡只能通过市场竞争才能实现，也就是达到"最优污染水平"。为了减少环境污染，在个人的经济活动中，只要收益大于成本，人们就愿意支付实现平衡所必需的成本。

自由市场也为资源保护提供了答案。从严格的市场经济角度来看，资源是"无限的"。例如，朱利安·西蒙（Julian Simon）提到，人们不应把资源看成实物，资源只是实现人类目的的一种手段而已。[3] 历史已表明，人类的聪明才智和动力总能为任何短缺事物找到替代品。资源供应的减少及价格的上升，强有力地促使人们寻求更多物品或提供更低廉的替代品。用经济术语说，所有资源都是替代品。它们能被其他替代品所取代，从这个意义上讲，资源是无限的。如果有些资源没有用来满足消费者需求，那么这就是一种资源浪费。

对这种企业社会责任狭隘观点的质疑声并不少。种种与环境问题有关的市场失灵，都被指为市场办法失灵的体现。第一种情况就是，外部性的存在，譬如环境污染。因为空气污染、地下水的污染和枯竭、土壤侵蚀和核废料处理等这些污染的处理成本，通常是由经济交易的外部人员（例如，下游居民、邻居和后代）所承担的，所以自由市场交易并不能保证最优的污染结果。

市场失灵的第二种情况就是，市场并不能为一些重要的社会商品创造价格。濒危物种、风景景观、珍稀动植物和生物多样性只是一些通常不在开放市场上交易的环境产品而已（或者，当它们是开放市场上的交易产品时，如当在黑市上销售犀牛角、虎爪、象牙和红木时，其交易方式往往严重威胁到它们的生存问题）。还有一些公共产品，例如清洁空气和海洋渔场，也并没有既定的市场价格。没有既定的交换价值，市场办法也就不能实现高效满足消费者需求的目的。单单用市场并不能保证这些重要公共产品得到保护。

市场失灵的第三种情况对环境造成严重损害，但是个人决策和群体决策之间存在区别。如果撇下政策的决策而单独考虑个人决策产生的后果，重要的伦理和政策问题很容易被忽略。试想一下个人消费者对购买越野车（SUV）的考虑及其购买决定对全球变暖的后果。一辆 SUV 的二氧化碳排放量微乎其微，个人很可能认为他的个人决定不会产生任何影响。然而，如果每一位消费者都做相同的决定，那后果将显著不同。

这个例子说明，个人的决定对社会的整体影响就是，它会显著增加污染程度及与污染相关的疾病，比如哮喘和过敏症。如果只依靠市场办法解决环境问题，那么人们将不会考虑制定用于解决污染问题和与污染相关疾病问题的替代政策（例如，限制 SUV 的销售数，增加汽油税，把 SUV 当成汽车而非轻型卡车来计算公司平均燃料经济性（corporate average fuel economy，CAFE）标准。由于这些问题属于重要的伦理问题，而市场交易无法解决，因此市场并不是维护社会整体利益的最优办法。换句话说，个人的利益不一定符合社会整体利益。

这些市场失灵的例子对市场能实现合理的环境保护政策提出了很大的质疑。企业社会责任狭隘观点的维护者当然也对此做出了回应，认为外部成本内部化，以及将无主货物产权化，例如出售野生物种，可以有效地解决市场失灵的问题。但是，这种临时修复市场失灵的办法不足以解决环境问题。一条重要理由就是所谓的第一代问题。市场只能通过失灵时所提供的信息来预防对环境的损害。例如，只有当北大西洋的鱼类种群出现崩溃时，人们才领会到开发公共产品的世界渔业这一自由竞争市场并不能防止鳕鱼、旗鱼、大西洋鲑鱼和龙虾等种群数量的急剧减少。也就是说，人们只有通过第一代的牺牲作为获得信息的手段来发现市场失灵，而后避免日后的危害。当公共政策涉及一些不可替代的公共产品时，如濒危动物、珍稀野生区及公共安全与健康，这种保守的市场策略是不明智的。

9.4　企业环境责任：法律途径

20 世纪 70 年代，在美国普遍的共识是，不受管制的自由市场并不是应对环境挑战的恰当办法。相反，政府法规被认为是解决环境问题的更佳方法。70 年代，美国制定了许多重要的环境法规。1970 年的《洁净空气法案》（Clean Air；1977 年修订和更新），1972 年的《联邦水污染控制法》[Federal Water Pollution；1997 年修订和更新为《洁净水法案》（Clean Water Act）]，以及 1973 年的《濒危物种法案》（Endangered Species Act），都是为解决环境问题的在国家层面达成共识的部分法案。颁布的每部法律最初都由民主党控制的国会草拟制订，并最终由共和党总统签署。

在这些法律中，用于解决环境问题的办法存在着共同点。在制定这些法律之前，解决环境问题的主要法律途径就是侵权法。要提出有关空气污染和水污染的诉讼，人们必须证明自己受到了污染所带来的伤害。法律将环境负担加在受伤害的人们身上，充其量也只在人们受到的伤害成为既定事实后再给予赔偿。除了赔偿损害之外，美国政策几乎起不到任何主动预防污染的作用。由于缺乏过失疏忽的证据，公共政策只能让市场决定环境政策。由于濒危物种自己不具备申诉能力，直接危害动植物生命的行为不能引起法律的关注，而之前的法律对这些伤害行为也几乎起不到任何阻止作用。

20 世纪 70 年代，美国政府开始为制定的法律确定监管标准，有效地将负担从受伤害的一方转移到造成伤害的一方。这样做的目的是尽量主动预防污染和物种灭绝的情况发生，而非提供事后补偿。这些法律标准可以认为是确保空气和水的质量及物种得到保护的最低标准。只有企业遵守这些最低标准，它们才能追求自己的企业目标。

有一点共识，就是在建立企业环境责任时，社会必须抓住两方面的机遇。从消费者角度来说，人们的市场需求应该是对环保产品的需求。从市民角度来说，人们应该支持相关的环保立法。只有企业响应市场需求并且遵守法律，它才能履行自身的环保责任。如果消费者的需求是不环保的产品，比如大排量的 SUV，而且法律还不制止这些产品的生产，那么我们也不能奢望企业放弃生产、销售这些产品的盈利机会。

法律办法只是权宜之计，这一点体现在以下几个方面。首先，它低估了企业对法律制定的影响。之前所述的 CAFE 标准提供了一个很好的例子。从这条法律可以体现，公众希望通过汽车燃油效率的提高达到改善空气质量这一最终目标，然而，汽车业利用其影响力游说政府免除对轻型卡车和 SUV 的排放标准限制。因此，在当时轻型卡车和 SUV 理所当然地成为汽车行业最赚钱的产品。

其次，法律方法低估了企业对消费者决策的影响。当企业响应消费者对环保产品的需求时企业就履行了环保责任，这一结论其实低估了企业在形成公众消费观点过程中所发挥的作用。在美国，仅一年的广告收入就达 2 000 亿美元。企业被动地响应消费者需求，以及消费者不为企业所传递的信息所影响，这些说法显然都有误导性。如果一家企业坚持为产品做大量广告或游说政府，那么法律方法很有可能被证明不能有效地保护自然环境。

再次，如果依靠法律保护环境，环境保护最多只能做到法律所规定的程度。然而，大多数环境问题，尤其是污染问题，都不在某些法律管辖范围之内。纽约州可能对烟囱排放有严格的规定，但是如果发电厂位于上风方向，在俄亥俄州或在更远的北达科他州或怀俄明州的话，纽约州仍将受到酸雨的影响。同样地，国家法律也不一定适用于国际环境问题。虽然人们对国际协议能控制全球环境问题仍抱有希望，但是对此不能过于乐观。

最后，从环境角度来说，可能也是最令人质疑的一点，这种法律监管办法的前提假设是，经济增长对环境和道德都是善意的、有利的。法律对企业追求利润方面做出了一定的限制，而且只要这些制约因素依然存在，无论企业以何种方式追求盈利，法律都默认它们的行为是合乎道德的。上述讨论忽略了一个重要事实，在法律的限制范围内企业追求盈利的方法不尽相同，而不同的方法会对环境造成截然不同的后果（见现实观察 9-4）。

⊙ 现实观察 9-4

总量管制与市场交易：混合措施

一个结合了市场和制度监管的战略就是所谓的总量管制和市场交易模式，该模式已在美国提出，并作为解决碳排放问题的立法的一部分。在总量管制和市场交易模式下，政府对全国的二氧化碳排放量设定一个总体年度目标或"总量管制"。然后，公司购买政府颁发的排放污染许可证，许可证将排污总量限制在国家规定的上限内。个体企业可以自由买卖其许可证，这样，排放量低于许可证允许污染排放量的高效公司，可以将其剩余的排污额度出售给效率较低的超额排放公司。通过建立排污积分交易市场，政府监管为个体企业减少自身排污量提供了激励。然后，政府可以每年缓慢减少目标排污总量，以实现其环境保护的目标。

支持者认为这种方法是利用市场激励减少排污的有力方法。批评者认为这是政府颁发的"排放污染许可证",恰恰是向企业和消费者传递了错误的信息。

9.5 企业环境责任：可持续发展途径

20世纪90年代,一种新的企业模式开始形成,这种模式将企业经济发展与环境责任、道德责任三者结合起来。与前面介绍的发展模式相比,可持续发展（sustainable development）和可持续经营方式（sustainable business practice）的理念提出了将经济与环境目标相结合的全新愿景。经济、环境和道德这三个目标,通常被称为可持续发展的三大支柱（three pillars of sustainability）。

可持续发展的概念可追溯到由联合国世界环境与发展委员会（World Commission on Environment and Development，WCED）于1987年发布的一份报告。该委员会以委员会主席格罗·哈莱姆·布伦特兰（Gro Harlem Brundtland）的名字命名,通常被称为布伦特兰委员会（Brundtland Commission）。该委员会致力于为经济和社会发展的途径提出参考建议,这些发展途径不会为了实现短期经济增长而牺牲环境和经济的长期可持续。布伦特兰委员为可持续发展提供了标准定义：可持续发展是指既满足现代人的需求又不损害后代人满足需求的能力的发展。

经济学家赫尔曼·达利（Herman Daly）是基于可持续发展理念、提倡经济理论的创新方法的思想家。达利提供了有力的论据,证明经济发展超越了经济增长的普遍标准。除非转变人们对经济活动的认识,除非改变经济模式,否则一些基本的道德和环境责任不可能得以实现。据达利所言,人们对经济活动的理解模式需要实现重大的转变。

几乎所有的经济学教科书上都提到关于经济活动与经济增长的标准理解——循环流动模型（见图9-2）,它解释了经济交易的本质,即资源在企业与家庭之间的循环流动。为了响应家庭的市场需求,企业为家庭生产商品或提供服务,然后将产品或服务运送到家庭中,获得家庭支付给企业的费用。家庭支付的这些费用又以工资、薪金、租金、利润和利息的形式返回到家庭之中。家庭同样也在用自身的劳动力、土地、资本和创业技能为企业生产产品或提供服务,从而获得企业支付的费用。

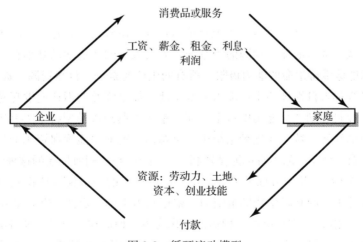

图9-2　循环流动模型

在此循环流动模型中，有两方面值得关注。一方面，它没有区分自然资源和其他生产要素。该模型对资源的来源没有做出解释。这些资源仅仅为家庭所有，例如劳动力、资本和创业技能，它们都能将这些资源出售给企业。正如朱利安·西蒙所说，"经济学家或消费者感兴趣的是资源带来的特定服务，而不是资源本身"。[4]这些服务的体现形式多种多样并且能被其他生产要素所替代。用西蒙的话来说，资源可以因此被视为是"无限"的。

另一方面，该模型既认为经济增长可以解决所有社会问题，又认为其能实现无限的增长。为了跟上人口增长的步伐，为了进一步提高生活水平，为了减轻贫困、饥饿与疾病，经济的确必须增长。然而，在这个模型中，没有考虑到经济不可能无限增长这一点。

我们可以看出该增长模型不正确的原因（见现实观察9-5）。根据估计，为了使目前发展中地区的生活水平与发达世界的生活水平相同，世界经济将在未来50年中增长5～10倍。然而，在这50年内，世界人口将增加30多亿，而且其中大部分都来自世界最贫困的经济体。毫无疑问，所有这些经济活动的来源就是地球自身的生产能力。

⊙ 现实观察 9-5

为什么要可持续发展

通常有三种因素用于解释和证明为什么需要可持续而非一时增长的经济发展模式。

第一，数亿人仍生活在极度贫困之中，缺乏食物、水、医疗及住房是他们每天不得不面临的痛苦。要解决这些问题就必须有重大的经济发展。

第二，世界人口仍在以可怕的速度增长，预计到2030年将增加到86亿。而且大部分的人口增长区域都在世界最贫困的地区，这使第一点所提到的挑战更加严峻。解决日益增长的人口的需求，同样需要更大的经济发展。

第三，所有经济活动都必须依赖于地球生物圈的生产能力。然而不幸的是，有充分的证据显示，世界经济所实施的经济活动类型与活动量已经超过了地球能够支持人类生命的能力极限。

鉴于上述现实状况，有三种可行路径。第一，发展中经济体，如中国、印度和印度尼西亚，停止向发达经济发展的步伐。第二，乐观地相信企业现行的经济发展模式能在不超越环境极限的情况下扩展到世界各地。第三，寻找经济和企业活动的新型模式，既满足世界人口的需求又不损害生物圈。很显然，可持续发展和可持续的企业经济模式选择了第三条路径。

达利认为，新古典经济学，若以实现经济增长为经济政策的目标，势必造成环境的过度利用，除非它承认经济是地球生物圈的子系统。因为人类的经济活动必须在地球生物圈内开展，且不能超越地球维持生命的能力极限。所有的生产要素——自然资源、资本、创业技能，以及劳动力，最终都来自地球的生产能力。鉴于此，如果资源的消耗速度超越地球生产能力或吸收生产中的废料和副产品能力的极限，那么整个古典经济模型将不再有用。因此，我们需要建立一个新的经济系统，在这种系统中，资源消耗的速率能确保资源的长期可持续，而且生产过程中的副产品及产品本身都能循环利用。图9-3是达利所描述的这种经济系统。

图9-3与图9-2存在几个方面的差异。第一，可持续的经济模型认识到经济活动局限于一个围绕地球外几英里的有限生物圈范围内。根据热力学第一定律（能量守恒定律），物质与能量不能真正被"创造"，它只能由一种形式转化为另一种形式。第二，经济活动的每一个阶段中都有能量流失。与热力学第二定律一致（封闭系统中的熵增原理），可利用的能量逐渐减

少。"废能量"不断从经济系统中离开，因此新的低熵能量必须不断流入系统中。唯一的低熵能量来源只有太阳。第三，这个模型已不再把自然资源视为家庭中的无差别、无来由的生产要素。天然资源来自生物圈，且不可能无中生有。最后，该模型认识到，每个阶段的经济活动都会产生废料，而这些废料又被倾倒回生物圈中。

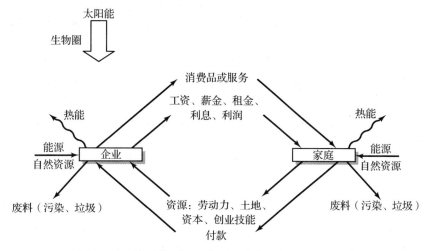

图 9-3　经济系统——生物圈（生态系统）的子集模型

这个新模型的结论很简单。从长期来看，使用资源与能源的速度及产生垃圾的速度，都不能超过生物圈在不损害维持人类生命能力的条件下，取代或吸收资源和垃圾的速度。这也就是达利所说的"生物物理的增长限制"。[5] 生物圈能产生无限的资源，能无限地吸收废物，但它有一个特定的速度并且只在某些特定类型的经济活动中，它才是无限的。找到这个特定的速度及经济活动的模型，从而创造一个可持续的企业经营模式，并履行企业自身的环境责任，可持续发展的目标就在于此。

9.6　可持续发展经济的"商业案例"

管理和遵从模型有认为环境责任应作为约束企业条件的趋势，可持续发展模式更具前瞻性，且能为企业提供更大的机遇而非负担。其实，可持续发展模式能为今后的业务开拓一个如今许多创业创新企业正努力追求的视野。许多观察员认为，我们可以创造一个强有力的金融经济案例来建立可持续发展的未来（见现实观察 9-6）。

⊙ 现实观察 9-6

所有商业都必须可持续吗

可持续发展的理念在当代商业中无处不在，几乎所有的商业部门，包括管理、营销、投资、会计、战略和运营部门都主张可持续发展的模式与实践。很难找到一家不发布年度可持续发展报告的大公司。在全球顶级的 250 家公司中，有 95% 的公司发布了年度可持续发展报告。[①] 无数其他公司以更翔实的年度可持续发展报告补充（如果没有替代的话）其年度财务报告。

"可持续发展"最初由布伦特兰委员会提出，显然这是一个伦理概念，提出了指导实践决策的伦理规范。可持续发展被理解为在不削弱自然环境生产能力的情况下满足人类需要的经济活动。但这也就是说，可持续发展的道德目标是满足人类需求的经济发展，与此同时，我们应该寻求以环境可持续的方式实现这一目标。

　　当然，并不是所有可持续发展的东西都是道德上的好东西。我们可以很容易地想象，从欺骗性广告和欺诈性投资计划到种族歧视和危险产品营销，许多不道德商业行为都可能是可持续的。

　　因此，每当我们听到"可持续的"或"可持续性"这两个词时，我们都应该小心谨慎，它们没有具体说明什么是应该可持续的。我们应该经常问："什么是可持续的？""它是否应该持续？""我们如何通过维持本组织发展来为全球环境的长期生产力做出贡献？"

① Ernst Ligteringen, keynote speech at the GRI Global Conference on Sustainability and Reporting, May 22, 2013, as reported in *Sustainability Reporting: The Time Is Now*, Ernst & Young (2014), p. 13, www.ey.com/Publication/vwLUAssets/EY-Sustainability-reporting-the-time-is-now/$FILE/EY-Sustainability-reporting-the-time -is-now.pdf (accessed October 14, 2014).

　　第一，可持续发展是一个审慎的长期发展战略。正如民间环保组织"自然步伐"的漏斗图显示的一样，企业为确保长期生存，就必须采取可持续的行为。不能适应资源供应减少和需求增加这两条收敛线的公司，将面临不能继续生存的风险。海洋捕鱼业便是一个很好的例子。

　　第二，在当今世界经济发展中，仍存在巨大而且得不到满足的市场，这将会是一个巨大的商机。经济金字塔底层是人类历史上最大且增长最快速的经济市场。然而，单靠市场的庞大规模无法满足这些需求，为了满足市场需求，就不得不以破坏环境为代价，正如19世纪和20世纪破坏环境的工业行为。比如说，如果中国消耗石油的速率和美国一样的话，那么单单中国的石油消耗量就会超过世界单日石油的产量，而且将会排放三倍的二氧化碳到大气中。很显然，从满足中国市场的需求和保护环境的角度出发，寻求新的可持续技术和产品成为必然。

　　第三，通过可持续性的实践活动可以大大地节约成本。要想向生态效益方面发展，一个企业必须坚持节约成本。在能源实用和原材料上的节约不仅能减少环境污染物，而且能完全消耗掉那些废料。使废料减少到最小，不仅在财务上而且在环境上都是有利的。

　　第四，可持续性企业存在竞争优势。率先走向可持续发展的企业，既能吸引有环保意识的消费者，又能吸引员工，让他们为在该企业工作感到自豪和满意。

　　第五，可持续发展是一个良好的风险管理策略。拒绝走向可持续发展会产生一定的负面影响，作为创新性的公司应该避免。一个明显的好处就是避免将来的政府监管。率先步入可持续发展的公司还有可能成为在业内设立行业标准的企业。因此，当实施法律监管时，这些企业可能会在法规制定方面起到决定性作用。另外一个潜在的好处就是可以避免不可持续发展产品带来的法律责任。随着社会意识的改变，法律制度可能很快将开始惩治那些因非可持续发展而导致伤害的企业。另外，消费者对不可持续企业的抵制也是一个可避免的风险。

　　通过回顾本书提过的伦理决策模型，我们可以对前面几节进行一个总结。事实告诉我们，地球上的生物圈正受到来自全球经济增长的压力，这种增长形成了今天的工业和消费主义社会。现实中产生的伦理问题，包括稀缺资源的公平分配，公正地满足现在及将来上亿人口的需求，在环境保护方面的价值取向。这些决策的利益相关者，很大程度上，包括地球上的所有生物。发挥我们自己的道德想象力，我们可以展望一个在不影响后代满足他们生活需求的同时经济活动可以满足当代人的真正需求的明天。可持续发展所展现的似乎就是这个前景（见现实观察 9-7）。

⊙ 现实观察 9-7

三重底线是特洛伊木马吗

最初的可持续发展的理念现在常常被更为笼统和模糊的"社会可持续性"目标所取代。当这种情况发生时，我们应该避免一种"反向漂绿"（reverse greenwashing）现象，即与社会环境无关的议题也被带入可持续发展的呼吁中，导致该议题被无限放大。三重底线概念的提出者约翰·埃尔金顿（John Elkington）在接受 *Mother Jones* 杂志的记者采访时，针对他是如何提出三重底线理念的问题进行了回应：

我认为相当多的跨国公司，特别是美国公司，被宏大的"社会可持续性"目标吓坏了，并尽量避开它。所以"三重底线"是非常有益的商业语言，它试图得到商业人士的接受和支持。这就像是一个特洛伊木马，先让他们感觉这是他们愿意接受和参与的话题。一旦他们开始使用"三重底线"这一说法并在某种程度上致力于落实它，我们就可以借此逐渐扩展他们的实施范围和想象力。相应的社会可持续性目标也就更好地落实下去了。①

换句话说，为了社会可持续性目标更好地实现，适当地对商业进行操纵也是合理的。

① Jesse Finfrock, "Q&A: John Elkington," *Mother Jones* (November/December 2008).

9.7 企业可持续发展原则

图 9-3 提供了用于理解公司如何实现可持续性的一般模型。最简单的情况就是，资源不应该从生物圈中以比补充资源更快的速度进入经济循环。在理想情况下，应该消除所有废弃物，或者至少废弃物产生的速度不应快于生物圈能够吸收它的速度。最后，支持经济系统的能源应该是可再生的，并且最终依赖于唯一真正的可再生能源——太阳能。

可持续发展的确切含义对于特定的公司和行业是不同的，但三项基本原则将指导企业实现可持续性，即企业和行业必须更加有效地利用天然资源；它们的整个生产过程应效仿生物过程；它们应该强调生产服务，而不是产品。

第一个原则，有时也被称为生态效率原则，长期以来一直是环境保护运动的一部分。"少花钱多办事"，已成为几十年来的一个环境准则。对个人来说，骑自行车比乘坐公共汽车更环保，开燃料电池或混合动力的汽车比开柴油巴士车环保，乘坐公共汽车比驾驶私家车环保，驾驶混合动力车比驾驶 SUV 环保。同样地，商业公司可以在例如照明、建筑设计、生产设计和销售渠道等方面提高能源和材料利用效率。一些估算表明，依靠目前的技术，企业可以轻易实现生态效率至少四倍的增长，也许最高能达十倍。增长四倍，在可持续课题中称为"四倍数"，它使利用原来一半的资源而达到两倍的生产量成为可能。[6]

企业可持续性的第二个原则即仿生原则易于理解，可以参照图 9-3。看着图想象一下，废物离开经济系统后作为一种生产资源又重新回到经济循环当中。"循环往复"生产的目的正是整合现在的废物重新投入生产。在理想情况下，一家企业产生的废物成为另一家企业的资源，这种协同效应可以用来创建生态产业园区。正如在生物过程中的循环一样，例如光合作用中一项活动的"废物"成为另一项活动的资源，这个原则属于仿生学（biomimicry）中常说的

"闭环"（closed-loop）生产。

仿生的最终目标是完全消除废物，而不仅是减少废物。如果能真正模拟生物过程，一个环节的最终产物（如叶片通过光合作用产生的氧气）就能成为另一个环节（植物生长）的生产性资源（如土壤和水）得以重新利用，而最终能量来源只有太阳能。

企业战略走向仿生的过程可以理解成一个连续体。最早阶段被描述为"获取－使用－垃圾"。企业获取资源，通过它们生产产品，然后不管剩下的是什么都丢弃它们。第二阶段设想企业对其产品负有"从摇篮到坟墓"的责任（cradle-to-cradle responsibility），有时被称为"生命周期"的责任。这种方法已经涉及从工业和法律两方面的考虑。从摇篮到坟墓的责任或生命周期的责任，认为企业须为其产品的整个生命过程负责，包括销售后对产品的最终处理。因此，在从摇篮到坟墓的责任模型下，如果公司产品造成地下水污染，即使是产品在堆填区掩埋数年后，企业仍须为此负责。

从摇篮到坟墓的责任进一步延伸了责任概念，认为企业应将其产品的最终结果纳入生产周期，并且承担责任。这种责任，反过来激发企业重新设计产品，从而使它们能够高效、方便地回收产品。

由建筑师威廉·麦克唐纳（William McDonough）和化学家迈克尔·布朗嘉（Michael Braungart）成立的环境设计公司 McDonough and Braungart 一直是帮助企业重塑理念和改造工业流程，实现可持续发展方面的领头羊。他们的书《从摇篮到摇篮》（*Cradle to Cradle*），追溯了一些产品的生命周期，提供了当企业对产品的整个生命周期负责时实现了经济和环境效益的个案研究。对福特汽车公司的 Rouge 工厂的改造就是他们为企业重塑工业设计的项目之一。

除了生态效率和仿生原则，第三个可持续发展的原则涉及从产品到服务的业务模式转变。传统的经济管理模式认为消费者的需求就是对产品的需求——洗衣机、地毯、灯、消费类电子产品、空调、汽车、计算机等。而服务型经济（service-based economy）把消费者需求看成对服务的需求——清洗衣服、铺地板、照明、娱乐、吹冷气、交通出行、文字处理等。

《自然资本》（*Natural Capitalism*）一书中提供了许多在这些行业中企业转型的案例。[7] 这些转变推动企业重新设计业务流程，从而创造更耐用、更易于循环的产品。

在这一领域中有一位知名的创新者，他就是 Interface 公司首席执行官雷·安德森（Ray Anderson）。Interface 公司实现了从出售地毯到地毯覆盖服务的成功转型。在传统业务模式下，公司将地毯出售给消费者，一旦消费者对地毯的颜色或样式不满意，或者地毯变得破旧，地毯就会被扔进垃圾场。这对企业生产耐用或易回收再利用的地毯几乎没有任何推动作用。然而公司转型为提供地毯租赁服务后，公司就必须生产耐用、易回收再利用的地毯。这要求 Interface 公司为所推销产品的整个生命周期负责。因为保留地毯所有权，并且要负责维护，Interface 公司现在生产的地毯，能更容易地被部分替换而不是被全部替换，同时更加耐用，而且最终可以实现再生产。地毯的重新设计及向租赁服务的转型也提高了生产效率，显著降低了原材料和能源成本。而且，消费者也以更低的价格和更少的负担获得服务，从中受益。

9.8 可持续营销

可持续营销已经改变了许多公司的经营方式，我们在第 8 章里介绍了营销的四个要素（4P），有助于更好地理解可持续营销。

9.8.1 产品

可持续性方面最重要的进展将取决于产品本身的可持续性。发现消费者"真正想要的"并开发满足这些需求的产品一直是营销的主要挑战之一。在生态约束下满足当代人和后代人的真正需求——可持续营销可以更好地对传统营销目标做出改进。

例如，考虑一下计算机硬件营销和软件服务营销之间的差异。戴尔或惠普应该从事计算机硬件销售业务还是销售服务，从而向消费者提供最新的计算机硬件、软件和数据存储？营销部门应站在识别消费者真正需求的最前沿，以便企业能与消费者建立长期关系，确保财务和生态可持续性。

营销还涉及产品的设计和创造。威廉·麦克唐纳经常将环境监管描述为一个设计问题，即污染和浪费资源的产品或生产过程往往都是设计不良的结果。当企业的产品或流程设计不佳时，通常会产生监管要求。因此，营销部门也应该参与产品的设计，将可持续理念融入每种产品的设计中去。

此外，营销人员有机会改良产品的包装。过度包装和使用石油基塑料包装的问题，已经开始受到环境审查。试想一下，如果可口可乐或百事可乐等主要软饮料瓶装商转向使用玉米基可生物降解塑料作为瓶子，市场机会将有多大。如果亚马逊这样一家公司的包装材料是100%可回收的，那么它的营销部门能做些什么。想象一下像沃尔玛这样的公司，如果它选择利用自己的力量说服供应商减少不必要的产品包装，那么它的营销机会和责任是什么。

这些领域都明确地涵盖在生产者责任延伸和回收立法内容下，在该立法中，公司有责任回收和再利用其引入市场的所有产品。随着监管发展，可持续将被一些公司视为利润的来源，但更多有创意的公司将在这里看到创造整个新市场的机会。回收立法为重新设计产品提供了强有力的激励，使其更易于再利用和回收。毫无疑问，营销服务将成为实现这一目标的最有效手段。

9.8.2 价格

营销的第二个方面是价格。可持续性要求我们关注资源的环境成本，这是大多数公司所依赖的"自然资本"，目前环境成本很少被纳入大多数产品的价格中。专业营销人员应该在制定价格方面发挥作用，从而更好地反映产品真正的生态成本。

乍一看，将环境外部性内部化，听起来像是建议企业提高价格的一种方式。这种战略如果仅靠企业自愿行动的话，似乎不太现实。政府监管则更有可能推动企业朝这一方向迈进。如果没有政府对一个行业的全面授权，将自然资本主义的成本内部化到其产品中，单一企业的行动将带来经营的劣势。

另外，价格制定也能使更可持续的产品具有更强的竞争力，这是可持续营销可行的策略。通常，我们可能认为定价是一个简单而客观的过程。首先从生产产品的成本开始，加上合理的回报率，结果就是初步定价。最终，实际价格由买卖双方商定。然而，这个简单的模式忽略了一些重要的复杂因素。为了理解价格的复杂性，以及市场营销在其中的作用，我们举一个混合动力汽车的例子。

与任何新产品一样，混合动力汽车需要在研发、设计、生产和营销方面投入大量资金才能最终推向市场。对于像混合动力汽车这样复杂的产品，这些投资是巨大的，对每一个生产混合动力汽车的汽车制造商来说，投资高达数亿美元。为该产品定价涉及一个复杂的过程，即预测销售、市场和产品的生命周期。从某种意义上说，第一款混合动力汽车的制造成本高达数百万美元，远远超过了可承受且适销对路的价格。企业通常会在新产品上蒙受损失，直到借助规模经济开始降低成本，市场份额发展到产生足够的收入现金流，才开始收回初始投资成本并产生利润。而具有可持续性意识的营销专业人员，在制定价格以保护可持续产品不受短期成本效益分析的影响方面，可以做出很大贡献。

也许没有什么比对金字塔底层的消费者进行营销更重要的了。沃尔玛等大型零售商清楚地表明，大市场中的小利润率和高效分销系统被证明是一种非常成功的商业模式。一个道德上值得称赞的目标是将这种营销创意输出到全球可持续发展事业中。伦理决策 9-2 更详细地解释了这一机制。

■ 伦理决策 9-2

金字塔底层的营销

著名学者普拉哈拉德（C. K. Prahalad）在其具有里程碑意义的著作中，详细介绍了那些有足够创造力和资源的公司，如何在世界最贫困人群中开发市场所带来的商业机会。

如果方法得当，向全球经济金字塔底层的 40 亿人进行营销，可以利用市场力量解决 21 世纪一些最严重的道德和环境问题。

显然，帮助满足世界最贫困人口的需求将是一项重大的道德贡献。该战略还涉及另一个道德考虑：如此大规模的市场需要环境可持续的产品和技术。如果世界上每个人都以美国人的速度使用资源和制造废物，全球环境将遭受无法估量的损失。认清楚这一事实的企业，面临着巨大的营销机会。

实现这些目标需要对标准的营销模式进行重大修改。用普拉哈拉德的话说，企业必须在世界上的穷人中"创造消费能力"。从金融和道德的角度来看，在世界上的穷人中创造这种消费能力将创造一个重大的双赢机会。

普拉哈拉德指出，世界上的穷人确实拥有巨大的购买力，尽管是总体购买力，而不是人均购买力。在世界上的穷人中创造消费能力需要全球营销概念框架的转变和一些商业的创造性。普拉哈拉德提到向穷人营销的三个关键原则：可负担性、可获得性和可用性。

试想一下，一家公司在印度销售家用洗衣粉的方式可能与美国不同。在美国的市场营销可以通过大型塑料容器实施低成本销售。卡车将大箱洗衣粉从制造工厂运送到批发仓库，再运送到大型零售商那里，直到消费者开车将大箱洗衣粉购买回去，并将其存放在家中的洗衣房。而在印度，洗涤市场总量可能大于美国市场，但印度消费者将需要更小容量、更实惠的包装。由于工作时间更长、更不稳定，而且缺乏个人交通工具，印度的穷人去市场买东西的时间往往很少。创新营销需要找到消费者更容易获得其产品的方法，例如更长的营业时间和更广泛、更方便的分销渠道，以便接触到更多底层消费者，否则他们将被排除在市场之外。

富有创新力的融资、信贷方案也同样如此。作为支持穷人买卖商品和服务的创造性手段，小额信贷模式正在欠发达地区快速发展。最后，金字塔的底层消费者往往是收入不稳定的客户，创新营销要确保可用的分销系统在穷人需要产品的地方和时间提供产品，这将有助于创造消费能力。可见，普拉哈拉德的观点与之前讨论过的道德想象力有紧密关联和一致性，它既能有效响应消费者，也迎合了股东和其他利益相关者的诉求。

讨论题

1. 你认为公司和行业是否有责任通过在全球穷人中创造消费能力来解决全球贫困问题？你认为这可以做到吗？在不同国家和文化之间进行营销时，企业在道德和经济方面面临哪些责任？如果你在一家公司的营销部工作，该公司生产洗衣粉或洗发水等消费品，请描述它在印度适合采用的市场营销方式。
2. 你的判断所依据的关键事实是什么？
3. 一家公司决定通过创造消费能力向世界上的穷人推销其产品，将涉及哪些道德问题？
4. 谁是利益相关者？
5. 一家公司在其产品营销方式方面有哪些替代方案？
6. 如何比较各个营销备选方案，你确定的备选方案如何影响利益相关者？

9.8.3　促销

营销的第三个方面是产品的促销和广告。市场营销有责任帮助重塑消费者需求，鼓励消费者提高对更可持续产品的需求。毫无疑问，营销已经显示出在塑造消费者需求方面的强大力量。营销在创造具有社会意义的购买行为方面发挥着重要作用。可持续营销有助于创造支持可持续目标的社会意义和消费者期望。广告的一个经常被忽视的方面是它的教育功能。消费者从广告中学习，因此营销人员作为教育者有责任帮助消费者了解可持续产品的价值，帮助他们成为可持续消费者，这是可持续营销的重要作用（见现实观察9-8）。

⊙ 现实观察 9-8

漂绿的"七宗罪"

隐藏信息

一种产品声称是"绿色"的，有可能是基于某些局部的特性，而不关注其他重要的环境问题。例如，纸张不一定是环保的，虽然它来自可持续采伐的森林，但造纸过程中的其他重要环境问题，如温室气体排放或漂白过程中的含氯物质使用，也同样重要。

缺乏证明

无法通过易于获取的支持信息或可靠的第三方认证予以证实的环境声明。常见的例子是，面巾纸或厕纸产品在没有提供证明的情况下，声称消费后回收成分的百分比。

模糊概念

概念太模糊或太宽泛，以至于其真正含义可能会被消费者误解。"全天然"就是一个例子。砷、铀、汞和甲醛都是天然存在的，而且有毒。"全天然"的不一定是"绿色"的。

虚假标签

在没有第三方背书的情况下，通过文字或图像让大家觉得产品有第三方背书。

毫无关联

提供一种可能真实但对寻求环保产品的消费者来说不重要或没有帮助的环保声明。"不含氟氯化碳"是一个常见的例子，因为法律本身就禁止使用氟氯化碳，但往往企业会常用这种声明。

两害相权取其轻

这种说法在产品类别中可能是正确的,但可能会分散消费者对整个类别对更大环境产生的影响的注意力。有机香烟就是个例子。

说谎

完全错误的环境主张。最常见的例子是谎称获得能源之星认证或注册的产品。

资料来源:TerraChoice, *The Sins of Greenwashing: Home and Family Edition* (2010), p. 10, http://sinsofgreenwashing.com/ index35c6.pdf (accessed September 5, 2019).

此外,产品促销的一个重要方面涉及"绿色标签"。正如成分标签、营养标签和警告标签已变得正常和标准化一样,环境压力可能会产生公众对环境和可持续标签的需求。但历史表明,一些公司倾向于利用绿色标签计划误导消费者。"漂绿"就是一种通过误导消费者认为产品环保来推广产品的做法,即通过用环保、自然、生态、节能、可生物降解等术语标记产品,来推销几乎没有或根本没有环境效益的产品。因此,区别"漂绿"和真正的绿色可持续很重要(见伦理决策9-3)。

■ 伦理决策9-3

漂绿的例子

以下哪个企业营销计划属于漂绿的典型例子?

- 通用悍马(GM Hummer)的一则广告将其汽车描述为"渴望冒险,而非汽油"。
- 英国石油公司(British Petroleum)的一次重大更名,将自己更名为"BP",意为"beyond petroleum"。
- 瓶装水品牌 Ice Mountain 采用"环保"的瓶子。因此,产品标签上描述为"天然""纯净"或"有机"的瓶装水。

以下例子都来自美国联邦贸易委员会,哪些属于误导性的环保行为?

- 一盒铝箔纸上贴有"可回收"的标签,没有其他说明。除非产品类型或标签的其他上下文确定是指金属箔还是金属盒,否则如果金属盒或金属箔的任何部分(次要、附带组件除外)不能回收,则该标签都具有欺骗性。
- 垃圾袋被贴上"可回收"的标签,但未经鉴定。由于垃圾袋通常不会在填埋场或焚烧炉中与其他垃圾分开回收,因此它们极可能不会被再次利用。
- 一位厂商的广告指出,其洗发水瓶含有"20%以上的可回收成分"。其上下文中的说法模棱两可。根据上下文,它可能是指与其之前的产品或竞争对手产品的比较情况。
- 某产品包装上印有"环保"字样。包装上的文字注释解释说,包装是环保的,因为它没有用含氯物质进行漂白(这一漂白过程已被证明会产生有害物质)。事实上,虽然该包装纸没有被含氯物质漂白,但是包装纸的生产过程中会产生大量其他有害物质并释放到环境中。
- 产品标签包含一个环境标志,可以是一个地球图标,也可以是一个带有"地球智能"字样的地球图标。这类标签都可能向消费者传达该产品在环保方面优于其他产品的信息。
- 在全国范围内销售的瓶子上印有"可回收"的无保留声明。但目前绝大多数消费者或社区没有回收瓶子的收集点,尽管已经有一定比例的社区中建立了收集点,或者收集点已经可供一定比例的人使用。
- 气溶胶产品的销售者无保留地声称其产品"不含氟氯化碳"。虽然该产品不含氟氯化碳，但它确实含有 HCFC-22，这是另一种破坏臭氧层的成分。

9.8.4 渠道

营销的最后一个方面涉及将产品从生产者转移到消费者的分销渠道。帕特里克·墨菲（Patrick Murphy）教授提出了两个可持续营销渠道的发展方向。[8] 通常营销渠道包括运输、分销、库存等，强调准时制（just-in-time，JIT）库存控制、大型配送中心和复杂的运输方案。墨菲预计，新的可持续发展方案将被添加到这一分销渠道模式中，强调燃料效率和运输中使用的替代燃料技术，更加本地化和高效的分销渠道，以及更加依赖电子而非实物分销。更高效的分销渠道也可以用于金字塔底层消费者中服务不足的群体。

例如，出版业分销渠道的发展。最初，书籍、杂志或报纸在一个地方印刷，然后通过卡车、铁路或航空运输方式在全国各地分发。《今日美国》（*USA Today*）和《华尔街日报》（*Wall Street Journal*）等公司实施的做法是将电子版内容发送给当地的印刷厂，这些印刷厂在本地印刷并分销。教科书出版商也进行了类似的调整，它们允许用户选择特定的内容，并为其创建一本定制出版物。随着实物出版物订阅量的下降，许多报纸和杂志都朝着在线出版形式发展。

墨菲还描述了市场营销渠道发展的第二个方面，具有显著的可持续性回报。"反向渠道"指的是越来越多的在产品使用寿命结束后收回产品的营销实践。前面描述的产品生命周期责任和"回收"模式很可能由营销部门负责。将产品投放市场的部门应负责找到回收该产品的方法，以便对其进行处理、回收或再利用。[9]

◎ 再论开篇伦理决策

市场需求与食品行业

消费者需求在食品行业中扮演着一个强大但不明确的角色。显然，超大型、高盐、高脂肪、含糖、高度加工的食品是有市场需求的。但是，有理由质疑消费者对自己需求的理解及他们影响食品生产的能力。

在 2015 年的一份报告中，美国疾病控制和预防中心发现，美国肥胖儿童在 1980 年至 2012 年间几乎增加了两倍，肥胖导致了一系列严重的健康问题，包括心脏病、高血压和糖尿病。从这个意义上说，数百万人吃了太多的不健康食物。过量的高热量、高脂肪和含糖食品直接导致儿童和成人的严重健康问题。

除了肥胖外，其他许多健康问题都可以追溯到我们的饮食上。人工食品色素、人工甜味剂、食品增香剂、苯甲酸钠等人工防腐剂，这些都与人类健康问题有关，所有这些产品都是由食品工业添加到食品中的。

食品行业的支持者们会认为，食品行业只是为了满足消费者的需求，才提供"超大"分量、美味、便宜、方便的食品。包括许多添加剂，也是为了延长食品的保质期，使其更美味、更有吸引力，或者降低成本。

例如，2015 年，通用磨坊宣布将逐步停止在早餐麦片中使用人工合成色素和香精。在解释这一决定时，通用磨坊声称"人们用眼睛吃饭"，想要的是"有趣"且具有"鲜艳的颜色"

和"水果味"的谷物，①通用磨坊应当去改变满足这一需求的方式，并选择降低人工色素和香精带来的健康风险。

当然，消费者对五颜六色、含糖早餐的需求至少对通用磨坊产生了一些影响。儿童肥胖症是一个重要的健康问题，向儿童推销高糖早餐就不能说只是满足消费者需求这么简单。如果企业花费数亿美元创造需求和推广五颜六色的高糖食品作为"完整早餐的一部分"，那么它仅仅只是在满足消费者的需求。尽管如此，一家企业也不能推卸未能满足营养食品需求的责任。

与此同时，消费者需求也正在改变食品行业的性质。自 2000 年以来，美国的有机食品销售额平均每年增长 14%。在全球范围内，有机食品销售额几乎翻了一番，从 2010 年的 570 亿美元增加到 2015 年的 1 040 亿美元。全食、沃尔玛、Kroger 和 Costco 等大型零售商均积极推广有机和可持续生长食品。通用磨坊和联合利华等主要食品生产商也已积极进军有机和可持续食品市场。

1. 在多大程度上，有机和绿色食品的运动应该由市场来推动？政府监管在这方面应该扮演什么角色（如果有的话）？食品行业，包括餐馆和杂货店，需要承担什么职责？
2. 许多食品销售中都号称是"天然"的。你能想到任何这样的产品会引起的道德问题吗？一切天然的东西都好吗？
3. 可持续产品的设计应满足今世后代的需要。谁决定人们需要什么？每种产品都是可持续的吗？

① James Hamblen, "Lucky Charms, the New Superfood," *The Atlantic* (June 23, 2015).

练习与应用

1. 选择一个你熟悉的产品（最好是与当地有联系的产品）作为研究项目，并跟踪其整个生命周期。该产品的起源是什么？在产品设计和制造中使用了哪些资源？产品如何被运输、销售、使用及处理？沿着产品生命周期的每一个阶段，分析其经济、环境和道德的成本与效益。思考是否有服务可以用来替换该产品。你选择的产品可以是当地饮用水、食物（如牛肉、鸡肉）、在当地农贸市场销售的任何产品或地方项目使用的建筑材料。
2. 在网上搜索免费的生态足迹分析。你应该能找到一个自我测试来评估你自己的生态足迹。测试允许进行哪些比较？你的"足迹"与世界其他地区的人相比如何？你用光了世界上多少资源？
3. 选一个你了解并欣赏的企业品牌。在线查看以确定公司是否发布了公司可持续发展报告。如果有的话，请查看报告是否给作为消费者的你留下了深刻印象。在可持续性方面，你认为该品牌与竞争品牌相比如何？如果该公司没有发布报告，你认为是什么原因？
4. 法律是否应该要求企业在产品使用寿命结束时回收产品？还有其他类似有效的解决方案吗？对于某些产品，比如智能手机而非书籍，或者灯泡而非沙发，是否有更好的理由支持这一规则？
5. 将可持续发展理念运用到一系列企业与行业中。达到可持续性的农业有什么要求？哪些是可持续的能源？可持续性交通运输是什么样子的？将你的家乡转变为可持续性社区有哪些要求？
6. 研究一下什么是环保审计。在你的大学里是否有环保审计人员？你的学校是如何实施可持续活动的？为了实现可持续发展，你的学校需要在哪些方面有所改变？
7. 除了对人类，企业对其他生物是否有直接的道德责任？动植物和生态系统是否有不受破坏的权利？你做出回答所依据的标准是什么？从道德的观点上，你决定事物是否应予以考虑的标准是什么？
8. 研究一下领先能源与环境建筑（leadership in energy and environmental design，LEED）评级体系。如果可以，参观一个根据LEED标准与评估体系建造的当地建筑物。是否所有新建建筑都必须采用LEED标准与评估体系？

注释

1. Jonathan Foley, "Feed the World," *National Geographic* (May 2014).
2. William Baxter, *People or Penguins: The Case for Optimal Pollution* (New York: Columbia University Press, 1974).
3. Julian Simon, *The Ultimate Resource* (Princeton, NJ: Princeton University Press, 1983).
4. J. Simon, *The Ultimate Resource* (Princeton: Princeton University Press, 1981).
5. Herman Daly, *Beyond Growth* (Boston: Beacon Press, 1996), pp. 33-35.
6. For the Factor Four claim, see Ernst von Weizacker, Amory B. Lovins, L. Hunter Lovins, and Kogan Page, "Factor Four: Doubling Wealth—Halving Resource Use: A Report to the Club of Rome" (Earthscan/James & James, 1997); for Factor 10, see Friedrich Schmidt-Bleek, *Factor 10 Institute Blog,* www.factor10-institute.org/ (accessed April 22, 2010).
7. Paul Hawken, Amory Lovins, and Hunter Lovins, *Natural Capitalism* (Boston: Little Brown, 1999).
8. Patrick E. Murphy, "Sustainable Marketing," Business and Environmental Sustainability Conference, Carlson School of Management, Minneapolis, MN, 2005.
9. Sustainable marketing seems to be a growing field within both business and the academic community. Two of the earliest books in this field, both of which remain very helpful, are Michael J. Polonsky and Alma T. Mintu-Wimsatt, eds., *Environmental Marketing: Strategies, Practice, Theory, and Research* (Binghampton, NY: Haworth Press, 1995); and Donald Fuller, *Sustainable Marketing: Managerial-Ecological Issues* (Thousand Oaks, CA: Sage, 1999). A particularly helpful essay in the Polonsky book is by Jagdish N. Seth and Atul Parvatiyar, "Ecological Imperatives and the Role of Marketing," pp. 3-20. Seth and Parvatiyar are often credited with coining the term *sustainable marketing* in this essay.

第 10 章

公司治理与会计实务中的伦理决策

> 让我吃惊的是，高级管理层几乎没有认清楚一个基本事实：如果客户不信任你，他们最终会停止与你做生意。不管你有多聪明。
>
> ——格雷格·史密斯（Greg Smith）
>
> 在过去四五十年中，无论什么时候，正如董事会自身也可能很失败一样，将公司的失败归罪于董事会是无济于事的。这是公司制度的失灵。
>
> ——彼得·德鲁克（Peter Drucker）
>
> 公司高管的活动必须受到持续、有力和公众性的监督，因为这些活动对社会的经济福祉至关重要。
>
> ——安·克罗蒂（Ann Crotty）

∷ 开篇伦理决策

大众汽车柴油门欺诈案

2015 年 9 月，美国环境保护署（Environmental Protection Agency，EPA）宣布，下令召回在美国销售的 50 多万辆大众汽车。EPA 报告说，大众的柴油发动机汽车存在操控排放测试的软件代码，从而使汽车达到规定的排放标准。该 "失效装置" 软件仅在汽车进行测试时激活排放控制；然而，在正常驾驶时，汽车排放的一氧化二氮污染物超出法律规定的 30 多倍。随后其他国家也展开了调查，最终全球召回了约 1 100 万辆汽车。几天之内，大众汽车的股价下跌了近 40%。据估计，由于这起丑闻，大众已经支付了 300 多亿美元的维修、罚款和法律调解费用。这一数字还不包括销量损失，也不包括大众数千名独立经销商和供应商遭受的严重财务损失。

在 EPA 宣布之前至少一年，大众和 EPA 曾经讨论过测试数据中的明显差异，大众最初将其视为测试异常的结果而予以驳回。直到 EPA 采取措施拒绝批准所有即将推出的 2016 款大众柴油车后，大众才承认存在问题。在 9 月 EPA 下令召回后，大众汽车官员承认问题涉及故意欺诈，并对丑闻负责。

时任大众汽车首席执行官马丁·温特科恩（Martin Winterkorn）为"少数人犯下的可怕错误"道歉，坚决否认知情或参与，并在数周内辞职。在辞职声明中，温特科恩说："大众汽车集团存在如此大规模的不当行为，我对此感到震惊，我自己却没注意到任何不当行为。"大众汽车美国区总裁迈克尔·霍恩（Michael Horn）在一次企业活动上承认："我们公司对 EPA 和加利福尼亚州空气资源委员会（Air Resources Board）及你们所有人都不诚实。"[1]霍恩于 2016 年 3 月辞职。

2019 年 3 月，美国证券交易委员会（U.S.Securities and Exchange Commission）指控大众汽车（Volkswagen）和温特康汽车（Winterkorn）通过欺骗方式获取美国投资者的资金。同年 4 月，德国检察院指控温特科恩和其他四人犯有欺诈罪。

但这一切究竟是如何发生的？

最初，来自大众汽车的报告认为责任归咎于少数工程师，他们在管理者的压力下，为了实现公司在发动机性能和燃油效率方面的目标，而采取了不当行为。但后来有证据表明，早在 2006 年，大众管理层就已经知悉，他们无法在既定成本目标内达到排放标准。

近几十年来，世界各地的政府监管机构一直在与汽车制造商合作，制定环境和燃油效率标准，通过减少污染实质性改善空气质量，技术上来讲是可以实现的。制造商采取各种措施来满足这些标准。发动机、车身空气动力学、污染控制装置和材料方面的技术及设计进步都为日益节能的汽车做出了贡献。一些制造商选择开发小型汽车，一些转向混合动力和电动汽车，而其他制造商，例如大众，则致力于改进柴油发动机技术。

这起丑闻触及了大众品牌的核心。改进的柴油发动机已经成为大众品牌"德国工程"（German engineering）的一个标志。柴油发动机始终比汽油发动机具有性能优势。柴油发动机使用寿命更长，燃油里程更好，扭矩和功率更大，比汽油发动机更可靠。然而，从历史上看，它们排放的污染更多，尤其是氮氧化物和颗粒物（卡车或公共汽车排放的黑烟）。大众汽车，一个因其工程技术见长而长期领跑的品牌，将其涡轮增压直喷（TDI）发动机作为新一代"智能柴油机"进行营销，能保持柴油机的所有高性能优势，同时满足严格的新环境标准。

鉴于新一代柴油机对大众品牌及其全球销售的中心地位，许多观察家发现，很难相信涉及其关键产品如此广泛欺诈的主要原因，只是由"少数人的可怕错误"造成的。这个涉及核心产品的欺诈性设计和销售的重大丑闻，对于一个受到广泛的政府测试和监管的产品来说，怎么会发生呢？即使插入"失效装置"软件是由少数工程师决定的，但除非是从车间到公司董事会的各个层级都普遍存在监督和控制失误的情况下，丑闻才可能发生。在许多人看来，这种普遍存在的监督和控制失误，与欺诈本身一样，都是公司的一大失败。尤其是在管理层和董事会层面，监督和控制严重缺失。

对于导致这起丑闻的实际情况，其中一种解释是，工程师们被要求在三大关键指标的压力下取得平衡：他们要开发一种既符合高性能标准又符合环境排放标准的柴油发动机，更重要的是，他们必须在成本控制范围内实现上述目标。后来的证据显示，管理层拒绝了早先那些能实现这种平衡的提案，因为这些提案会给每辆车增加几百美元的成本。当然，管理层完全可以意识到这一平衡难以实现。然而，根据大多数报告和大众的企业文化表明：对于未能实现目标的工作团队，大众几乎没有容忍的余地，管理层也很少愿意接受对其决策提出质疑或挑战。

职业道德规范有时可以保护工程师免受压力，不会为了达到雇主或客户的目标要求而放弃职业操守。律师、会计师和工程师等专业人员的道德责任远比雇主的要求更加重要。然而，几乎没有证据表明当时大众汽车工程师，即对欺诈有直接和第一手经验的任何人，站出来反对这一欺诈方案。大众内部也没有任何人举报这一行为。

大众的管理层本来有很多机会来防止欺诈，减轻其损害，或者至少更早地承认并报告。高级管理人员未能全面履行监督职责，他们设定了不可行的目标要求，并在已经有证据表明这些目标要求无法实现的情况下没有做出任何调整，这让员工失望。大众甚至没有鼓励或允许举报渎职行为的内部机制。

随着丑闻曝光，大众最大的工会批评管理层"僵化的等级制度"是专制的，不愿意听取负面信息。温特科恩辞职后任命的大众汽车新任首席执行官马蒂亚斯·穆勒（Matthias Müller）承认了以往管理风格存在问题，并承诺采用更开放的管理风格。

人们可能会认为大众董事会设定了很高的目标来进行管理。但是，据媒体报道，大众董事会与高管之间的关系长期以来一直存在矛盾。随着丑闻公之于众，董事会成员批评温特科恩未能及时向他们通报情况。包括政府官员和工会代表在内的三名董事会成员透露，他们只是通过媒体才得知这一丑闻。批评人士指出，要么高级管理人员不知道欺诈行为，在这种情况下，他们没有尽到管理职责；要么他们知道，却既没有解决问题，也没有通知董事会，在这种情况下，他们没有履行受托职责。

在大众承认欺诈后发布的一份声明中，董事会成员、大众汽车总部所在地德国下萨克森州州长斯蒂芬·威尔（Stephan Weil）声称："在大众汽车承认欺诈之前，进行了整整一年的商讨。这一事件显然应该发生得更早。"威尔形容高级管理人员未能向董事会通报情况是"一个严重错误"。[2]

尽管存在这些批评，大众董事会还是在美国 EPA 下令召回前两周延长了温特科恩担任首席执行官的合同。温特科恩当然知道 EPA 正在采取行动，但大多数董事会成员声称他们不知道。

有证据表明，大众汽车董事会当时处于混乱状态。董事会主席费迪南德·皮奇（Ferdinand Piech）曾试图罢免温特科恩但失败了，仅仅四个月之后温特科恩的合同延期。皮奇是大众创始人费迪南德·保时捷（Ferdinand Porsche）的孙子，常被称为大众的"元老"，数十年来一直担任包括首席执行官或董事会主席在内的高级领导职位。皮奇以其专制的管理风格而闻名，这导致了其他高管的类似解雇。当罢免温特科恩的努力失败后，皮奇辞去了董事会主席的职务，不再担任大众汽车的其他职务。

但大众董事会还存在其他结构性问题，这也可能有助于解释一些治理混乱的原因。例如，在美国和加拿大，公司由单一的董事会管理，董事会对公司股东负有最终的法律信托责任。然而在德国，公司由两个董事会管理，一个是负责一般监督的监事会，另一个是由负责运营监督的高级管理人员组成的管理委员会。此外，根据德国工作场所共同决定原则的民主模式，在法律上要求一半的董事会席位分配给工人代表。

大众汽车董事会由 20 名成员组成。董事会主席是大众公司前财务总监。其余 19 个席位中有 10 个由大众工会工人的代表担任。另有 4 个席位是为保时捷和皮奇家族成员保留的，他们拥有 52% 的公司股份。在驱逐温特科恩的尝试失败之前，皮奇和他的妻子乌萨拉（Ursala）拥有 4 个董事会家族成员席位中的 2 个。2 个席位由德国下萨克森州的代表持有，下萨克森州是大众汽车工厂所在地区，持有公司 20% 的股份。2 个席位是为卡塔尔国的代表保留的，卡塔尔拥有大众 17% 的股份。

因此，这家上市公司只有 10% 的股票在市场上自由流通。在 20 人的监事会中，只有一名成员可以被归类为独立成员。批评人士认为，这种结构是大众公司治理混乱的根源。监事会成员之间存在分歧，这可能与公司透明度和诚信义务相冲突。例如，大众工厂被认为是一个效率极低的生产工厂。该公司生产的汽车数量略高于竞争对手丰田，但雇用的工人数量几乎是丰田的两倍。如果董事会 60% 的成员席位掌握在工会和地方政府手中，那么裁员或生产转移就很难获得批准。分离的董事会制度还可以保护管理层免受监事会的监督。

2016 年 4 月，在年度股东大会召开之前，大众汽车监事会宣布，调查得出的结论是，大众汽车的执行管理层对欺诈不负有责任。因此，董事会赞同高管在 2015 年获得年终奖金。另据透露，温特科恩在 2015 年收到了 800 万美元的薪酬，仅为其 2014 年薪酬的一半。工会领导者愤怒地谴责了这些建议，指出由于丑闻带来的经济损失，员工在 2015 年几乎没得到奖金。

讨论题

1. 你认为大众丑闻的责任应该由谁来承担？分别应该采取哪些不同的做法，由谁来实施？
2. 谁是本案的利益相关者？如何代表各方利益相关者的利益？
3. 能否要求所有员工，包括工程师和会计师等专业人士，对于他们认为不道德的指令向管理层进行抗议，这么做是否公平？
4. 你建议应对大众董事会进行哪些改革，以防止未来发生丑闻？
5. 制定共同决定原则是为了确保员工在管理决策中发挥作用，从而创造一个更加民主的工作场所。这种模式的好处是什么？缺点是什么？
6. 你对独立董事会成员的理解是什么？独立董事会成员应代表哪些与其他董事会成员不同的利益？

::学习目标

在学完本章之后，你应该能够：

1. 具体解释会计人员和其他以"守门人"（gatekeeper）身份出现的人员所担负的角色。
2. 描述对于职业人士利益冲突的产生过程。
3. 了解萨班斯－奥克斯利法案的基本要求。
4. 描述 COSO 框架。
5. 定义控制环境（control environment）及种族和文化对其施以影响的方式。
6. 讨论董事会成员的法律义务。
7. 讨论董事会成员的道德责任。
8. 对金融市场的利益冲突予以特别重视，并且论述如何缓和此类矛盾。
9. 描述公司治理中因管理层薪酬过高而引发的利益冲突。
10. 定义内部交易，并且评估其背后的不道德行为。

10.1 引言

曾经有许多公司身陷金融腐败的泥潭。仔细回忆那些公司的名字——无论来自本书还是各国新闻机构的大标题，例如安然（Enron）、世通（WorldCom）、泰科（Tyco）、来爱德（Rite Aid）、美洲豹（Sunbeam）、废物处理（Waste Management）、南方保健（HealthSouth）、环球电讯（Global Crossing）、安达信（Arthur Andersen）、安永（Ernst & Young）、毕马威（KPMG）、摩根大通（J. P. Morgan）、美林证券（Merrill Lynch）、摩根士丹利（Morgan Stanley）、花旗（Citigroup）、所罗门美邦（Salomon Smith Barney）、马什·麦克伦南保险（Marsh & McLennan）、瑞士信贷第一波士顿银行（Credit Suisse First Boston），甚至是纽约证券交易所（New York Stock Exchange），这些丑闻的核心是公司治理和责任的基本问题。金融欺诈、管理不善、犯罪和欺诈等重大案件不仅得到了容忍，而且在某些情况下得到了公司高管们的认可，而他们本应警惕此类不道德和非法行为。

可悲的是，同样的问题仍层出不穷。考虑 2007—2008 年金融危机的关联性问题，以及 AIG、全国、雷曼兄弟、美林证券、贝尔斯登（Bear Stearns）和金融家伯纳德·麦道夫（Bernard Madoff）等公司所面临的问题。大众、高盛、巴克莱银行、沃尔玛、汇丰银行、三菱汽车、瑞银、SNC Lavalin 和富国银行等公司被指控犯有道德丑闻。我们再次目睹了历史性的金融和道德渎职行为，以及内外部治理结构在阻止这些行为方面的失败。

在过去十年中，许多最大的道德和商业失败的核心是财务和会计不当行为，从操纵特殊目的实体到欺诈贷款人，到伪造账目，再到实施可疑的避税，允许投资决策扭曲投资建议的客观性、庞氏骗局、内幕交易、高管薪酬过高、次级抵押贷款和对冲基金的冒险投资、高风险的信用违约互换、贷款利率的欺诈性报告。在新千年的头几十年中，公司治理和金融领域或许已经成为道德在商业范畴里最为显著的地方。那些从前被视为如卫道士般坚守金融交易正义的会计和投资机构，如今却被暴露在侵害信托责任的各类事件中。这些责任则恰恰是利益相关者托付给它们的。

许多分析家认为这种腐化正是现有公司治理（corporate governance）结构完全失败的证据。当我们反思过去十多年的道德腐败和金融失败时，我们应该问一些基本问题。这些公司内部本应预防这些灾难的治理结构发生了什么变化？特别是，为什么董事会、审计师、会计师、律师和其他专业人士未能履行其专业、法律和道德职责？更好的治理和监督能防止这些道德耻辱吗？展望未来，我们可以依靠内部治理控制来提供有效的监督，还是需要更有效的外部控制和政府监管？

10.2　职业职责与利益冲突

21 世纪初，使公司财务伦理问题成为焦点的关键事件，正是安然公司及安达信会计师事务所的倒闭。安然事件，包括安达信的覆灭，"比美国历史上的任何一次事件带给会计行业的震惊与冲击都大得多"。[3] 在安然事件之前，人们对会计人员道德责任这一概念闻所未闻，然而这次事件使审计独立与会计师责任前所未有地成为关注的焦点。

会计和其他职业一样，在经济系统中起着非常重要的作用。但是，连自由市场经济的坚定拥护者米尔顿·弗里德曼（Milton Friedman）也认为只有当遵循一定规则时，市场的功能才能发挥出来。市场必须在法律约束下运作，必须具有充分公开的信息并且没有欺诈等不法行为。伦理决策 10-1 中描述的伦敦银行间同业拆借利率丑闻是一个由欺诈破坏整个金融体系完整性的案例。一些人认为，只有政府监管才能确保这些规则得到遵守。其他人则认为，执行这些规则是市场经济体系中存在的重要内部控制的责任。也只有这样，一些重要的职业，比如律师、审计师、会计师及财务分析师，才能各司其职。就像没有公平诚信的裁判就没有公平公正的棒球比赛一样，如果这些重要的专业人士缺乏公平与诚信，市场经济也就不能发挥其作用了。

■ 伦理决策 10-1

伦敦银行间同业拆借利率欺诈案

2012年6月27日，作为美国司法部调查的一部分，巴克莱银行（Barclays）承认在国际金融市场上操纵和利用利率欺诈。总部位于伦敦的跨国金融服务公司巴克莱银行被英国和美国监管机构处以超过4.5亿美元的罚款。一周之内，董事会主席马库斯·阿吉乌斯（Marcus Agius）、首席执行官鲍勃·戴蒙德（Bob Diamond）、首席运营官杰里·德尔·米塞尔（Jerry del Missier）都辞职了。

有证据表明，至少自2005年以来，巴克莱银行一直在定期操纵伦敦银行间同业拆借利率（LIBOR），以便从大型交易中获利，并错误地宣称该银行的财务状况比以前更好。

LIBOR是伦敦各大银行报告其能借款的利率。这一利率随后成为无数其他贷款（从信用卡到抵押贷款和银行间贷款）的基准利率。它还可以作为衡量市场对该银行信心的指标；如果一家银行必须支付比其他银行更高的贷款利率，那么市场对该机构财务实力的信心就会降低。

LIBOR的确定非常简单。伦敦时间每天上午11点，英国银行家协会（British Bankers Association，BBA）的成员公司向汤森路透（Thomson Reuters）财务公司报告它们从其他银行获得贷款的预期利率。抛开最高和最低四分位数，汤森路透计算每日平均值，成为每日LIBOR基准。汤森路透在1小时内公布这一全球平均水平，以及向该银行报告的所有个人利率。然后，该基准用于结算短期利率及期货和期权合约。据估计，LIBOR用于为价值超过500万亿美元的全球金融交易设定利率。个别利率还间接衡量了各报告银行的财务状况：利率越低，其财务状况越好。

有证据表明，早在2007年雷曼兄弟发生重大金融崩溃及随后的全球金融危机之前，美国和英国的监管机构就获悉有指控称巴克莱低估了利率。在2008年金融危机的早期，《华尔街日报》发表了一系列文章，质疑LIBOR报告的完整性，并暗示银行有意误报利率，以增强公众对其金融健康状况的认知。奥巴马总统任内的美国财政部部长蒂莫西·盖特纳（Timothy Geithner）称，2008年他担任纽约联邦储备银行（New York Federal Reserve Bank）主席时，曾建议英国监管机构修改设定LIBOR的程序。2012年7月，盖特纳在美国国会作证时说："我们（在2008年）意识到，这种设计方式所带来的风险不仅是少报的动机，而且也是少报的机会。"[①]

巴克莱银行在调查期间确认的内部文件和电子邮件表明，交易员、合规官和高级管理层都知道并批准了少报。2007年，巴克莱一名员工曾向其主管发送了一封电子邮件，其中写道："我担心我们被视为提供了明显虚假的利率。因此，从这一点上讲，我们是不诚实的，并且有可能损害我们在市场和监管机构中的声誉。我们可以紧急讨论一下吗？"[②]

讨论题

1. 本案涉及哪些伦理问题？

2. 谁是本案的利益相关者？谁因操纵利率而受损？
3. 巴克莱银行的高级管理层负有什么责任来防止欺诈行为在这种情况下发生，用蒂莫西·盖特纳的话来说，这种情况既创造了欺诈的动机，也创造了欺诈的机会？
4. 巴克莱董事会应该采取何种内部控制措施来防止此类欺诈？

① Timothy Geithner, testimony before U.S. Congress, July 2012.
② Brandon Garrett, *Too Big to Jail* (Cambridge, MA: Harvard University Press, 2014).

资料来源： Sources for this Decision Point, as well as detailed summaries of the ongoing LIBOR scandal, can be found at the websites for the *Financial Times*, www.ft.com/indepth/libor-scandal (accessed December 27, 2012); and the BBC, www.bbc.co.uk/news/business-18671255 (accessed December 27, 2012).

这些专业人士被认为是"把关人"或"守门人"，因为他们的角色就是确保那些进入市场的人遵守游戏规则，并且遵守维持市场正常运行的规则。本书第3章曾论述过角色认知在确定专业人员的道德义务中发挥着至关重要的作用。这些角色提供了规则的来源，由此我们可以知道专业人士该做什么。在进入一个行业时，我们接受基于我们的角色的责任。

这些职业也可以理解为市场中各方的中间人。因此这种角色，必定承担了一定的道德义务。市场的所有参与者，尤其是投资者、董事会、管理层及银行从业者，都依赖于这些"把关人"。审计师核实公司财务报表，以避免投资者被欺诈；分析师给公司做出财务前景或信用评估，银行和投资者才能做出明智的决定；律师则确保这些决策和交易符合法律规范。其实，董事会也是如此。董事会就是公司股东和管理者的中间人，应该确保管理者行为代表的是股东利益。

在商业环境中，职业把关人或中间人所面对的最主要的伦理问题就是利益冲突（conflict of interest）。一个人由于受信于另一个人而必须代表他的利益行动，然而自己的私人利益或责任却与其他人的利益相互冲突。这就产生了所谓的利益冲突。例如，你要去跳蚤市场，你朋友叫你留意一下是否有漂亮的被子卖，如果看到较好的，就帮忙买下。而你正是为了帮母亲购买礼物才去的跳蚤市场。当你看到一床物美价廉的被子时，你很想买给你的母亲。这时，你就处于利益冲突之中，因为你的朋友出于信任叫你代表他购买物品，而你个人的利益现在与你对朋友的职责相冲突了。

当一个人的职业道德义务与个人私利违背时，也会产生利益冲突。最臭名昭著的例子就是金融规划师违背自己的职业道德，不顾客户利益，唆使客户进行特定投资，从而自己可以从经纪公司获取回扣。这些专业人士对于他们的客户应具有一种受托责任（fiduciary duty）——不将个人利益凌驾于客户利益之上的职业与道德责任（见伦理决策10-2）。

■ 伦理决策 10-2

如何解决"代理问题"

许多观察家认为，现代资本主义经济的核心存在着一个深刻的问题。现代经济依赖于法律上称为"代理人"的个人，他们为他人即"委托人"的利益最大化而工作。为了使制度发挥作用，代理人必须是其委托人利益的忠实代表，即使在其个人利益受到威胁的情况下也是如此。例如，董事会成员可以作为股东的代理人，高管可以作为董事会的代理人，律师和会计师可以作为客户的代理人。这种"委托－代理"模型假设个人可以搁置自己的利益，并有足够的动机代表他人行事。但这似乎与现代经济理论所假设的人性观背道而驰：个人是自利的，因此，这就产生了"代理问题"。如果自利的个人必须牺牲自身利益，我们怎么能相信他们会为他人的福祉而行动呢？

许多败德行为都属于代理问题，例如董事会未能保护股东利益；高管未能为董事会服务；会计师、律师和金融分析师也未能代表客户行事。

经济学和管理理论家为代理问题提供了几种解决方案。一些人认为，最好的解决办法是建立激励机制，将代理人的自身利益与委托人的自身利益联系起来。将高管薪酬与业绩挂钩，使奖金取决于股价，这意味着高管只有在股东获利时才能获利。在公司董事会中安排大股东代表，就像大众汽车那样，使公司利益与股东利益相一致。

另一种方法是创建限制代理行为的结构和制度。严格的法律约束将是这种方法最明显的版本。代理人有忠诚、保密和服从的特定法律义务，如果不履行这些义务，将面临刑事处罚。专业或公司行为准则和其他形式的自律也是这种方法的版本。

这两种最常见的方法有一个基本特征：代理问题可以通过将代表委托人行事的动机与代理人自身利益联系起来解决。在第一种情况下，动机以"胡萝卜"的形式存在，代理人通过为委托人服务而受益；在第二种情况下，动机是以"大棒"的形式存在，如果代理人不能为委托人服务，就会受到惩罚。

关于代理问题的第三种方法是否定自我利益驱动的人类动机，从而否认确实存在问题。第三种方法指出，事实上，人类的行为通常来自忠诚、信任和利他主义。人际关系建立在信任和可靠的基础上；利他和自利一样，都非常普遍。因此，这种方法将鼓励企业关注道德品质和企业文化，以制定政策和实践，强化、塑造和约束人们做正确的事情。

讨论题

1. 在你自己的经历中，有人被要求为另一个人做代理人，或者你作为代理人参与其中，你能想到一些例子吗？在这种特殊情况下，代理人的动机如何？
2. 如果你被要求设计一项政策，为你工作的公司中的代理问题提供解决方案，你会从哪方面着手？
3. 回顾第3章中关于德行伦理的部分，并解释如何从这个角度看待代理问题。
4. 在什么情况下，或者对于什么类型的任务，你认为代理问题最有可能成为一个挑战？

不幸以及令人尴尬的是，这类的职业中间人的确有不少。除了获得他们所服务企业的报酬以外，他们可能也受聘于另一家企业。例如，大卫·邓肯（David Duncan）是安达信会计师事务所的一位主要会计师，但他也受雇于安然公司。安达信案很清楚地告诉人们，职业责任和私人利益之间存在明显冲突。注册会计师（CPA）对公众是有职业责任的。但他们客户的利益并不总能通过获取全面、准确、独立的财务信息而得以实现。更危险的是，他们每天共同工作，而且是被与董事会存在利益冲突的管理层所雇用的。因此，真正的复杂冲突存在于职业责任与自身利益之间。本章后面会继续探讨存在于会计职业中的利益冲突（见图10-1）。

在某种意义上，有关职业责任的道德问题是很明确的。因为这些职业的把关人职责是经济合法性的必要条件，它是员工可能有的职责中最重要的。作为审计师的大卫·邓肯，他的审计师责任应该高于他作为安达信雇员的责任。但知道自己的职责和履行职责往往是两码事。

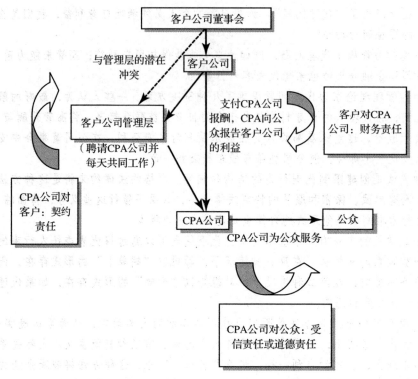

图 10-1　CPA 活动中的利益冲突

这些普遍状况对职业道德产生许多影响。如果人们都意识到把关职责对于经济市场的正常运转不可或缺，而且人们也意识到个人很难履行这一职责的话，那么社会就有责任将这些利益冲突最小化。例如，只要审计师的薪水是由他们所服务的客户支付，那么其职责与自身利益之间就存在必然的冲突。这为会计制度的结构性变革提供了很好的理由。或许应该由董事会而非管理层来雇用审计师并与之合作，因为审计师更可能是针对管理者行为而不是董事会行为进行报告。或许会计人员的薪酬应该由公共费用支付，又或许应该针对专业人员利益冲突问题建立相关法律保护或制裁制度。这些变革能去除由多重角色所带来的明显的利益冲突，以及由此造成的多重职责。从社会伦理的角度看，对于近几年的会计丑闻，一定的结构性变革将是最恰当的回应（见伦理决策 10-3）。

■ 伦理决策 10-3

当面临利益冲突时该怎么办

利益冲突在现代商业中相当普遍，在生活中更为普遍。这是因为在许多情况下，个人需要信任他人提出的建议或判断。我们相信我们的医生会在我们生病时照顾我们，我们相信我们的律师会为我们提供良好的法律建议，我们相信我们的投资顾问会为我们提供良好的投资建议。在每一种情况下，如果我们发现我们所依赖的专业人士在处理问题时存在其他利益冲突，例如他们个人的财务利益，我们就有理由担心。因为我们希望他们关注我们的利益，而不是他们自己的利益。

重要的是要看到利益冲突不是一种指控，而是一种情况。你可以很容易地发现自己处于利益冲突之中，而这不是你自己的过错。有时利益冲突是不可能完全避免的。从伦理的角度来看，真正的问题是你如何对待和处理这种情况。

一个不太合适的解决办法是简单地"努力"以公正的方式行事。也就是说，个人诚信不能成为解决方案。许多偏见是无意识的，在利益冲突中，即使是最正直的人也有理由不相信自己的判断。

当你发现自己处于利益冲突时，以下是大多数专家建议的标准步骤：
- 通知利益相关者（例如，如果你是招聘委员会的成员，并且你注意到你姐姐的简历也在，你应该立即大声说出来，通知委员会的其他成员你有利益冲突）。
- 如果可能，将自己排除在决策之外（在招聘的例子中，如果可能的话，你应该完全离开委员会。如果不可能的话，也许你有委员会所依赖的特殊专业知识，那么你至少应该在你姐姐的简历被考虑和排名时离开房间）。

21世纪初出现的银行业的崩溃所带来的最具破坏性的结果就是公众对市场和美国企业的信任度大幅下降。大型投资银行和其他金融机构的决策者忽视了他们对股东、员工和公众的信托责任。为了个人利益，直接的利益冲突导致了非同寻常的个人破产和世界上一些最大的投资银行的倒闭，导致了一场伤害数百万人的重大经济危机。事实上，安然事件后颁布的旨在对此类行为进行监管检查的主要联邦立法未能阻止此类行为的发生。

批评者认为，仅靠政府监管规则并不能使社会完全摆脱导致悲剧产生的严重状况（见伦理决策10-4）。他们认为，是巨额的管理层薪酬及会计和金融行业内部的利益冲突制造了一种监管机构几乎无力阻止伤害的环境。给予管理层股票期权的薪酬方案诱导他们过分关注股票价格波动，并尝试抬高股价。公司合并，以及例如独立公司间的咨询与审计服务等狂热的服务"交叉销售"，造成了会计行业的许多改变。而这些改变都使得利益冲突变得常态化。

■ 伦理决策10-4

裙带资本主义：政府与企业的伙伴关系

裙带资本主义（crony capitalism）指的是企业和政府官员之间的合谋情况，其中的经济赢家和输家由具体勾结决定。通常，我们对企业和政府之间关系的标准理解是，政府的作用是确保公共利益由一个经济体系来维持，在这个经济体系中，参与者的动机是自我利益。在这一标准模式下，政府的政治权力起着制衡各商业主体经济权力的作用。政府充当中立的仲裁员和法官，确保每个经济竞争主体都遵守规则，公平解决冲突。

当政府官员与他们的商业伙伴或"亲信"合谋，利用政府权力为他们提供非法和不劳而获的利益时，裙带资本主义就产生了，它会破坏上述经济体系。结果将产生一个被操纵的系统，其中政治权力和经济权力相勾结而不是平衡，政府权力服务于私人而不是公共利益。

裙带资本主义可以发生在多个层面，从系统性腐败到个人腐败。在系统层面上，整个国家的特点是任人唯亲。例如，执政党或政权可能只向其所在政党、宗教或地区的成员授予政府合同或执照，这在非民主的寡头和富豪政治中经常发生。任人唯亲很普遍，就像某些行业或公司通过竞选捐款和密集游说获得特殊优待一样。任人唯亲甚至可以存在于个人层面，比如政府官员在获得某种政府利益时给予朋友优待。

在当代环境中，批评者认为导致裙带资本主义的原因有许多。左翼的批评者断言，任人唯亲是权力集中在少数富裕人手中的必然结果。一些批评人士声称，美国最高法院 2010 年在公民联合案中裁定[1]，根据第一修正案，企业的政治支出是受保护的一种言论自由形式，通过允许企业在政治中施加不当影响，将裙带资本主义制度化。

来自右翼的批评者则认为，裙带资本主义是政府越来越多地参与市场而不可避免的腐败。从这个角度来看，认为政府监管机构可以规避自身的个人利益，做出符合公众利益的决定是错误的（关于类似问题的讨论，请再次参阅伦理决策 10-2 "如何解决'代理问题'"）。据称此类情况属于企业和政府监管机构之间密切工作关系中的常见情况。通过与负责监管的公司开展密切的合作，并且不可避免地依赖这些公司来获得工作所需的大部分信息，政府监管机构被上级机构"抓获"。其结果是，监管机构更多地成为行业腐败的实施者，而不是行业的制约者。

政府和私营企业之间的"旋转门"导致太多前政府官员在离任后进入私营企业，并利用其曾经的政治影响力来帮助新雇主谋取利益。同时，为了填补政府职位，政府从它们将监管的企业中招聘候选人。批评者认为，裙带资本主义给那些不依赖政府朋友帮助而诚实经营的公司和行业带来了不公平的市场劣势。

对裙带资本主义的伦理批判涉及一些最基本的价值观。当一些公司获得不公平的利益时，平等权利被剥夺。为了私利而损害公共利益。当赢家和输家来自被操纵的市场时，市场的功利主义和效率目标就消失了。政府权威失去了合法性，取而代之的是原始的权力和影响力。

裙带资本主义的现实让那些遵守规则的公司和行业陷入了两难境地。一方面，如果它们继续按照道德操守的规则行事，它们就有可能因为在市场上不应有的劣势而失败；另一方面，在一个腐败的系统中成功的代价是放弃你的诚信。

解决这些问题并非易事。想象一下，高管的薪酬根据其业绩对股价的影响来决定。如果股价总上不去，这位高管就将被撤换。股价的大幅提升，即使是短期的，也是防止管理层被替换的有效防御手段，并能提高公司外部扩张的净资产融资杠杆水平。此外，股票期权作为高管薪酬架构的主要成分，追求更高的股价，对扮演领导者角色的管理层来说更是理所当然的。但是，管理层应该具有为公司追求长期利益的信托责任，但这种责任却往往与管理者私人利益相左。现实中不存在能做出完美决策的最佳环境，甚至连做出基本像样的决策所需的最优环境也没有。

10.3 2002 年《萨班斯－奥克斯利法案》

自 21 世纪初以来美国的一系列企业丑闻打击了投资者的信心。由于依赖公司董事会来监管自己似乎不起作用，2002 年，美国国会通过了《会计改革和投资者保护法案》，通常被称为《萨班斯－奥克斯利法案》，由美国证券交易委员会（SEC）执行。该法案适用于美国 15 000 多家上市公司和一些外国发行机构。此外，美国一些州也颁布了类似法案，适用于私营公司，一些私人营利组织和非营利组织已经开始遵循《萨班斯－奥克斯利法案》的标准，尽管它们不是一定要遵守该法案的要求。

《萨班斯－奥克斯利法案》对丑闻做出回应，规定了防止不道德行为的保障措施。因为人们不一定能预测每一次判断失误，所以没有一个监管"修复"是完美的。然而，该法案旨在

---

[1] *Citizens United v. FEC*, 558 U.S. 310 (2010).

为以前不存在监督的情况提供保护。有些人可能会认为，在商业环境中，防止判断失误是不可能的，但《萨班斯－奥克斯利法案》试图在直接问责和责任方面提供监督。以下条款对公司治理和董事会产生了最重大的影响：

- 第 201 条：审计师范围之外的服务限制（禁止被确定为咨询而非审计的各种形式的专业服务）。
- 第 301 条：上市公司审计委员会（要求独立性），要求任何董事会中的大多数独立人士（以及审计委员会中的所有人）与当前或以前的业务完全没有关联。
- 第 307 条：律师职业责任规则（要求律师在不当行为未得到解决的情况下报告他们的担忧）。
- 第 404 条：管理层对内部控制的评估（要求管理层每年在年度报告中提交一份内部控制报告，以描述管理层如何建立和维持对财务报告的有效内部控制）。
- 第 406 条：高级财务人员职业道德规范（必须汇报）。
- 第 407 条：审计委员会财务专家的披露（要求他们实际上至少有一名专家）。[4]

《萨班斯－奥克斯利法案》包括由官员对文件进行认证的要求。当一家公司的高管和审计师被要求在这些声明上签字，证明其真实性、公平性和完整性时，他们才更可能亲自确保其真实性。

10.4　企业内部环境控制

许多法律（例如，美国《萨班斯－奥克斯利法案》）都希望寻求能确保道德性质的公司治理模式的外部解决方案。与此同时，内部解决机制也能发挥作用。一条确保组织内部有效控制的途径，就是利用美国虚假财务报告委员会下属的发起人委员会（Committee of Sponsoring Organizations，COSO）提供的框架。COSO 是一个致力于通过一种结合了控制与治理标准的内部控制体系来提升财务报告水平的自发性联盟。它成立于 1985 年，由五家主要的专业会计和金融组织发起。最初，它主要研究欺诈性的财务报告，而后转向为上市公司制定标准。COSO 将控制描述为将组织里的各种元素压缩在一起，共同支持组织成员完成既定目标的过程。[5] 这些元素包含的管理结构已为人们所熟知。它们包括：

- 环境控制——一个企业的基调或文化，环境控制设定了一个公司的基调，并且影响公司员工的管理意识。
- 风险评估——对那些可能会阻碍公司实现目标的风险进行评估。
- 活动控制——支撑环境控制的政策和程序。
- 信息交流——通过公正和可信的信息传递来支撑环境控制。
- 持续监管——提供对环境的评价能力并关注各方问题。

环境控制（control environment）是指文化方面的问题，例如诚信、道德观、能力、哲学。其中，许多要素我们在第 4 章讨论企业文化时已经提及。COSO 是最早强调企业文化对组织目标实现具有影响的组织之一。环境控制还可以是指更为具体的元素，例如权威分立、报告结构、责任义务、行为准则。

用于实现内部管理的COSO框架，使审计、承诺和管理从以数字为中心转向环境控制。承认环境控制和《萨班斯－奥克斯利法案》的相互作用，对明确影响文化的要素起着至关重要的作用。第4章对企业文化的讨论提醒我们，内部因素和外部因素都必须得到问责文化的支持。事实上，这些转变不仅对管理人员，也对董事会产生了影响。内部审计和专职人员也要对财务管理负责，这带来更高的透明度、更完善的问责制度，也就更有利于预防错误行为的发生。如果没有统一的企业文化来支撑或统一的任务来指引，那么所有可以实施的控制措施都没有什么价值。有理由认为，在大众汽车欺诈案中，该公司所描述的权威管理的"僵化等级"限制了所有内部努力来防止欺诈。

2004年，COSO颁布了"企业风险管理整合框架"，为公司董事提供了对预防风险、风险监控及对风险管理进行评估和改善指导的框架。它是在先前的内部控制整合框架的基础上扩展得来的。框架认为，风险性的文化倾向取决于公司至高无上的目标和使命，因此"目标设定"也就成为企业风险管理中的一个构成要素。COSO对企业风险管理的定义是基于企业使命、文化及风险承受度，为了解决企业或其治理主体道德问题的一个过程。

10.5 超越法律之外：成为一名有道德的董事会成员

如上所述，也许企业避免短命的最行之有效的方法，就是寄希望于董事会成员的责任感。毕竟，保护公司利益最大化是董事会成员的受信责任。然而，安然董事会成员导致公司败落的所作所为，恰恰是符合法律规定的。例如，通过投票来抵制与公司利益相冲突的政策，这种方式是合法的。这对公司的利益相关者而言或许是不道德的。但不管怎样，它却是合法的。因此，怎样才算是一位有道德的董事会成员，怎样才能以道德的方式来治理公司，为什么治理如此关键？法律为董事会成员行为的基本标准提供了一些指导。

10.5.1 董事会成员的法律义务

董事会成员具有三项法律义务：关注义务、诚信义务以及忠诚义务。

关注义务（duty of care）是指董事会成员对管理层是否执行其管理义务以及是否以合法行为维护公司利益进行合理监督的义务。只要有公司官员、雇员、董事委员会成员或其他专业人员列举出信息或想法，并得到董事们的充分认可，董事都可以依据这些信息谨慎地处理公司的问题。董事会成员也可以用他们的商业判断来履行谨慎的公司守门人的职责：董事应该是公平无私的，并且以维护公司最大利益为目的进行合理决策。关注义务的底线是，董事不一定是行业内的专家，也不需要参与公司的实际经营。

诚信义务（duty of good faith）要求董事会成员诚信地对待公司使命。换句话说，不允许董事做出与公司核心目标不一致的行为。他们所做的决策必须符合公司目标，避免偏离公司方向。

忠诚义务（duty of loyalty）要求董事会成员在做出影响公司的决策时，必须对公司保持忠诚。当发生利益冲突时，董事必须以对公司有利的方式解决。董事不得因职位便利利用任何信息获取个人利益，而应该维护并实现公司利益的最大化。

董事会成员之间的利益冲突提出了一个巨大的挑战。但更精确地说，这是他们之间的利益分配问题。哪怕只是由于他们这个董事的职位和名誉，董事们就不拥有公司未来的一些财务利益吗？思考一下董事能否拥有公司股票。如果有的话，董事的利益与其他股东之间就有着紧密的联系，从而导致他们之间的利益冲突。然而，如果不能拥有公司股票，董事就会考虑公司的长远利益，而不是注重因某个决策可能带来的巨大短期利益。最终，董事们在利益问题上总能找到合理的平衡。

《联邦量刑指南》（Federal Sentencing Guidelines，FSG），由美国量刑委员会颁布。该指南为如何通过注重伦理与规范来减轻贯彻这些义务中的最终罚款和判刑提供了一些细节方面的指导。尤其指出董事会必须与管理层一起，参与分析对道德行为的激励因素。有关这些伦理计划的内容与执行也必须为大家所知。我们必须清楚地了解计划的进展、目的、过程及接下来的步骤，而不是仅仅知道培训的内容。《联邦量刑指南》还指出，董事会在伦理或规范计划的实施和有效性方面应予以合理的监督，以确保项目有足够的资源、适当的权利及与董事会直接联系的便利。为了确保《联邦量刑指南》的有效性并且实现伦理规范计划的目标，《联邦量刑指南》还针对犯罪行为风险及计划的有效性进行阶段性的评估。董事会应当评估它们的培训材料、治理结构和职位描述、个人绩效评估、提拔或罢免董事会成员的方法，以及所有的董事会政策、程序和过程，包括行为准则和利益冲突解决政策。

10.5.2 除了法律，还有伦理

法律只能解决有关董事会的部分问题。很明显，有一个问题，我们不能指望用法律解决。这个问题就是：董事究竟代表谁的利益？谁是主要的利益相关者？根据法律，公司董事对公司所有者——股东承担受信责任。

然而，许多学者、法学家及评论员对于这些有限的董事责任并不满意，声称董事也是公司社会责任的监护人。值得注意的是，不同地区相关的法律规定可能有所不同。例如，在加拿大，加拿大最高法院在2008年的一起案件中认为，董事的信托义务是对公司本身，而不是对任何特定的利益相关者（包括股东）。[6]（关于董事会的道德责任讨论，请见现实观察10-1。）

⊙ 现实观察 10-1

基本信息

比尔·乔治（Bill George），美敦力公司（Medtronic）的前任董事长兼CEO，同时也是一位知名的公司治理专家，他认为要确保建立恰当的、符合道德的公司治理体制，董事应该遵守10条原则：

1. 标准：应该具有由独立董事制定的公开的治理原则。
2. 独立：董事会应该确保其独立性，董事会的大部分成员应该是独立的。
3. 选举（1）：不仅应该根据候选人的经验或在其他公司的位置，而且应该根据候选人的价值结构来选举董事会成员。
4. 选举（2）：董事会的治理与提名委员会应该由独立董事组成，以确保独立的一致性。
5. 执行会议：独立董事应当定期召开执行会议，以保持其沟通的真实性和可信度。
6. 委员会：董事会必须有独立的审计和财务委员会，并且由在这些领域有广泛专业知识

的董事会成员组成。

7. 领导力：如果 CEO 和董事长是同一人，那么董事会选举出一名与之相互制衡的首席董事，这就十分关键。

8. 外部专家组成的薪酬委员会：董事会应该在高层管理者薪酬方案方面寻求外部指导。

9. 董事会文化：董事会不仅应该把握机会，而且应提倡发展一种能接受质疑与差异化的董事会文化。

10. 责任：董事会应该意识到自身为公司长远发展考虑及通过恰当的治理程序控制管理者的责任。

资料来源：William W. George, "Restoring Governance to Our Corporations," address given to the Council of Institutional Investors (September 23, 2002), www.bus.wisc.edu/update/fall02/ten_step.htm (accessed April 10, 2010).

一些高层管理者可能会问，董事会是否有合法的权利质疑高管和其他人的道德。如果董事会认为高管的行为是不道德但却完全合法的，那么董事会凭什么能要求高管停止这种行为呢？董事会为了保护公司的长期可持续性，可以阻止某些行为。不道德行为会给企业的利益相关者，比如消费者或雇员，带来负面影响，这些利益相关者反过来也会给企业带来负面影响，并最终可能导致企业的灭亡，而且好的治理也可能有适得其反的效果（见现实观察 10-2）。实际上这就是董事会的受信责任，即通过阻止不道德的行为来保护公司，而且事实上他们也只是这样做。

⊙ 现实观察 10-2

公司董事的担忧

以下是来自多伦多大学克拉克森商业伦理和董事会有效性中心的研究，是关于加拿大公司董事们表达的最关注的五大问题：

- 战略规划、风险管理。董事会在战略规划中的作用是公司长期成功的关键。许多董事认为，他们的董事会没有在董事会会议上分配足够的时间制定战略，以确保战略规划的有效性。此外，许多董事会不具备充分理解业务、行业的技能和专业知识来制定相关战略。
- 董事会独立性。为了能在董事会中更好地代表股东利益，独立董事在任职时必须能独立于管理层的利益，并独立于董事会的其他董事。通常董事与管理层的关系紧密，这增加了将管理层利益置于股东利益之前的潜在风险。提升董事会独立性有助于减轻管理层和董事会之间利益冲突的影响，并更好地使董事会的决策与股东利益保持一致。
- 首席执行官薪酬。董事会全权负责首席执行官的薪酬管理。为了更好地协调管理层和股东的利益，薪酬必须与公司的财务业绩挂钩。自 2008 年以来，市场和投资者的审查力度不断加大，许多董事会都在努力设计能吸引和留住高层管理人员的薪酬方案，同时确保大众投资者的持续信心。
- 高级管理人员继任计划。许多董事坚持认为，聘用和解雇首席执行官是董事会最重要的责任。无论是在正常情况下还是在意外情况下，董事会通常都没有正式、持续的 CEO 继任计划。有时董事会感到缺乏紧迫感，因为他们现任的首席执行官效率很高。在其他情况下，董事会发现贸然提出首席执行官离职的问题很尴尬。然而，无论原因如何，董事们都面临着越来越多的内部和外部压力，需要正式确定CEO继任流程。
- 董事会更新、多元化。正式的董事会更新流程为董事会提供了一个有效的工具，让董事会了解是否需要人员流动及何时需要人员流动，以及董事会当前的结构平衡是否合理。董事会更新的主要目标是维持有效性和活力。董事会更新的正式流程是实现这一目标的有力工具。董事会正面临股东、利益相关者越来越多的审查，以增加性别和种族多样性。董事们表示，增加董事会多样性可以提高董事会决策的有效性。然而，董事会在寻找最佳人选填补董事会席位时，在增加性别和种族多样性方面依然困难重重。

资料来源：Clarkson Centre for Business Ethics and Board Effectiveness, "Top 5 Director Concerns of Corporate Directors" (August 21, 2012), http://clarksoncentre.wordpress.com/2012/08/21/top-5-concerns-of-corporate-directors/. Used with permission.

《财富》杂志记者拉姆·查兰（Ram Charan）和朱莉·施洛塞尔（Julie Schlosser）[7]认为，董事会除了法律责任以外，还应该承担其他责任来监督它们的公司。他们还认为开放的对话是沟通理解的最好方式。这不仅能让董事会成员了解他们知道的同时了解他们所不知道的。他们认为董事会往往忽略最基本的问题，比如公司实际上是如何获得收入的，以及消费者与客户是否真正会为产品和服务付款。这是最基本的问题。而事实是，资金流可以解释公司资金的流动状况。董事会成员也应该对公司弱点有所调查——公司存在什么漏洞，竞争对手会有何举动。除非你知道病人的受伤之处，否则很难找到治疗的切口（或者只是贴创口贴而已）。确保有关漏洞的信息能始终不断地传送到高管人员和董事会成员手中，这样才能建立有效的预防机制。董事会成员需要充分了解公司的目标方向及实现该目标是否现实。如果公司出手太吝啬，或者公司为实现其可持续增长而向高层管理者支付了太多报酬，都不太可能实现其目标。

在这些领域的失败对公司和董事会都会造成压力。他们需要去弥补松弛的管理体系，管理那些不该出现的问题及被迫去做那些只要信息系统正常工作就不需考虑的决定。监督是董事会的最后责任。然而在不知道上述问题答案的情况下，解决问题几乎是不可能的。

10.6 会计和金融市场上的利益冲突

如前所述，利益冲突经常出现在董事和官员之中。它同时也超越了整个金融领域的董事会会议室和经理办公室的范围。事实上，信任在金融业内是不可或缺的要素。毕竟，还有什么能比审计师、会计师或分析师的正直和诚信带来更多的好处呢？信任，不是可以销售的真实、有形的产品，也不能"先试后买"。因此，公正地对待客户和建立公平交易的声誉，可能是金融专业人士的最大资产。冲突，往往因利益相关者之间不同的利益而产生。而它无论是真实的还是想象的，都会削弱信任。正如本章所讨论过的，会计师对他们的股东负责，即依赖于他们的报告的股东和投资者。因此会计师要始终扮演服务于他们所审计公司的独立服务商角色。在这方面，公司因为相信审计的独立性，会愿意根据外部会计师的说法管理公司。而另一方面，如果会计人员只是沦为为公司说话的橡皮图章，他们将不再具备独立性。

标准的商业教科书中给会计的定义是：通过记录借方和贷方及平衡账目，为任何企业记录其金融活动的过程。会计学为规范公司财务报表的格式和内容提供了一系列规则和原则。

会计，按其本身性质，是用于呈现企业财务状况及其经营成果和现金流量的一个规则系统。坚持遵守这些规则才能提供公正准确的财务信息。现在，你还认为会计师是企业的看门人或猎犬吗？会计人员是只为公司"站岗"还是查找财务报告中的疑点？对这个问题的回答，可能取决于任职的会计师是公司内部聘用的还是作为外部工作人员参与的。

会计活动和投资银行、证券分析师之间的结合，会导致审计和核实信息的责任与其为投资前景提供指导的责任之间产生巨大的冲突。曾经美国十家顶级投资公司均卷入了研究评估与投资银行之间发生利益冲突的事件，它们也不得不为此支付罚款。从事于投资银行业务的公司迫使研究分析人员为发行股票的公司给予很高的评估，而不顾评估是否准确真实。这一令人震惊的事实也许是带来负面道德影响的利益冲突中最突出的例子了。

会计行为的伦理问题和潜在冲突远远超过了与之相结合的服务。这些问题可能包括少报收入、伪造文件、允许或采取可疑的扣减、非法逃避所得税及欺诈。为了防止出现这些行为，美国注册会计师协会（American Institute of Certified Public Accountants，AICPA）公布了会计专业守则。此外，美国财务会计标准委员会（Financial Accounting Standards Board）建立的公认会计准则（generally accepted accounting principle，GAAP）也规定了会计人员收集和报告信息的方法。AICPA规定的专业行为守则（code of professional conduct）同样也对会计人员有约束。这个准则对会计专业人员职责的履行进行判断，而不是制定具体的行为规则。

但是，这些标准能随时跟上新兴企业不断变化的会计活动步伐吗，比如互联网公司的演变及近年来投资银行的变化？在此类复杂案件中，监管机构、立法机构和法院可能需要数年时间才能跟上商业实践的变化。无论如何，监管标准是否足够？道德困境的答案并不总是那么容易在管理该行业的规则和条例中找到。学者凯文·巴哈尔（Kevin Bahr）找到一些解释金融市场中存在冲突的原因。通过简单的规则也许能解决这些冲突。

- 会计师事务所与其审计的客户之间的财务关系：因为由需要审计的客户公司来支付审计师的报酬，所以在这种财务关系中存在一种内在的冲突。
- 会计师事务所提供的服务之间的冲突：由于许多会计事务所向其客户提供咨询服务，因此在公司独立意见及需支付费用的咨询服务之间存在冲突。
- 缺乏独立专业的审计委员会。
- 会计人员的自律：会计行业历来都是自行监管，缺乏严格的监督。
- 缺乏股东行为：由于市场上个人投资者的多样性，几乎不存在管理与监督董事会的集体力量。
- 短期的管理者利益与股东的长期财富：管理层薪酬计划不能为具备良好道德的管理层和董事会决策创造恰当的激励制度。"在2001年12月2日安然公司申请破产的前一年，安然公司向120名高管支付了大约6.81亿美元的现金和股票，其中包括向前董事长和执行总裁肯尼思·莱（Kenneth Lay）支付的至少6 740万美元。当申请破产保护时，公司的股价从2001年1月的80美元跌至不到1美元。"
- 管理层薪酬方案：股票期权及其会计处理方式仍是会计界和投资界长期讨论的话题。其尽管代表一种对管理层激励与肯定的薪酬方式，但并不能作为损益表中的费用出现，且还有激励短期增长而非长期可持续性的趋势。
- 股票分析师的薪酬方案：投资银行的分析师对上市很感兴趣，因为通过上市他们能从中获得自己的佣金或费用。但是，由于存在潜在的冲突，上市并不总是客户公司的最好选择。[8]

同样，学者尤金·怀特（Eugene White）认为，基于上述部分挑战，市场相对来说是无效的。唯一可能的办法是更多的监管。虽然巴哈尔认为有解决冲突的方法，例如适当的通知和调查与审计活动的分开，但是怀特认为这不可能真正消除这些冲突。[9] "金融企业可能会隐瞒相关资料，而且信息披露可能透露太多的产权信息。"目前仍没有任何完美的解决方案，而在受法律限制的市场中，投资者除了部分依靠代理人做出道德的决策以外别无选择。

10.7 高管薪酬

近年来，在公司治理和财务中，很少有领域像管理层薪酬一样受到广泛的公众监督。《财富》杂志封面上写道：CEO 薪酬大抢劫。而在文章中也详细指出了有多少公司高层管理人员现在收到"前所未有的巨额薪酬"。用《财富》杂志文章标题的话就是《众所周知——高管薪酬如拦路抢劫，漫天要价》。[10]

1965 年，美国最大公司的首席执行官的平均收入是普通工人的 20 倍，平均每年 84.3 万美元。这一比率在 2000 年达到峰值，为 376∶1（平均薪酬为 2 070 万美元）。到 2016 年，这一比例降至 271∶1（1 560 万美元）。[11]

据《福布斯》报道，1997 年 800 家公司 CEO 的平均加薪比例为 23%，而美国工人的平均加薪比例仅为 3%。这 800 名 CEO 的总薪酬中位数为 230 万美元。其中，工资和奖金占这一数额的一半，10% 为寿险保费、养老金和个人退休账户、乡村俱乐部会员资格及汽车津贴等，股票期权略少于半数（见现实观察 10-3）。

⊙ 现实观察 10-3

平均首席执行官与平均工人薪酬比率

2019 年，Equilar 数据公司提供了 2018 年最大公司首席执行官的薪酬和薪酬比率数据（按收入）。举例如下：

- 甲骨文的联合首席执行官马克·赫德（Mark Hurd）和萨弗拉·卡茨（Safra Catz）各赚 1.08 亿美元，是甲骨文员工收入中位数的 1 205 倍。
- 迪士尼首席执行官罗伯特·艾格（Robert Iger）的收入仅为 6 500 万美元，但这是迪士尼员工薪酬中位数的 1 424 倍。（可以自己思考一下：为什么艾格的薪酬比赫德和卡茨低，但他的比例却高？）
- 人力资源集团（ManpowerGroup Inc.）首席执行官乔纳斯·普里辛（Jonas Prising）的收入"仅"1 100 万美元。但这是该公司员工薪酬中位数的 2 508 倍。

资料来源：Equilar, "Equilar 100: CEO Pay at the Largest Companies by Revenue," www.equilar.com/reports/63-table-highest-paid-ceos-2019-equilar-100.html.

埃克森美孚公司（Exxon Mobil）的高管薪酬方案曾在油价上涨和利润飙升的情况下引起了公众严厉的批评。2003 年，时任埃克森美孚公司 CEO 李·雷蒙德（Lee Raymond）获得 2 800 万美元的报酬总额，包括在 2003 年价值 1 800 万美元的股票；2004 年，他的报酬为

3 800万美元，其中2 800万为埃克森美孚的股票价值。2005年，也就是他退休的那一年，雷蒙德又收到5 100万美元的年薪。仅是这个为期3年的薪酬利息，以5%这样一个较低的利率计算，每年都一直可以产生585万美元。显然，这对雷蒙德来说仍是不够的。他还收到了综合价值达4亿美元的额外退休福利。当雷克斯·蒂勒森（Rex Tillerson）继任雷蒙德的职位之后，这位新任CEO的工资增加了33%，包括875万美元的股票，总价达到1 300万美元。2004年和2005年仅是这两位高管的合计薪酬就超过了5亿美元。同一时期，埃克森美孚公司也取得了创纪录的利润，2004年收入超过250亿美元，2005年超过360亿美元。

这些差距一直在扩大。在1990年至2000年的十年间，美国的最低工资上涨了36%，从每小时3.8美元涨到了5.15美元。美国中产阶级家庭的收入增长了43%，从29 943美元增加到42 680美元。在纽约，一位终身教师的年平均收入增加了20%，从41 000美元增加到49 030美元。同一时期，花旗集团的CEO的总薪资上涨了12 444%，从每年的120万美元涨到1.5亿美元。通用电气的CEO杰克·韦尔奇（Jack Welch）的年薪上涨了2 496%，从480万美元涨到1.25亿美元。

高管们暴涨的薪酬引发了许多伦理问题。从美德的角度看，贪婪是对这些人道德品格最为贴切的描述了。和普通工人相比，以及和全球范围内生活在赤贫中的数十亿人相比，分配公平与公正的这一个基本问题就出现了（见现实观察10-4）。

⊙ 现实观察 10-4

薪资如何产生激励作用

是什么激励高管寻求高额薪酬？请看《纽约时报》记者与泰科国际（Tyco International）的前任CEO丹尼斯·科洛斯基（Dennis Kozlowski）的对话。

记者：人们常说，达到一定的水平后，你们赚多少都不再重要，因为做与不做都能拿到差不多1亿美元或2 000万美元的薪水。

科洛斯基：是的，只要我在的地方，我所有的饭菜都是免费的。所以，我不用再为薪资而工作。但是如果最终我在慈善机构留有款项，那就不一样了，因为这是一个保持绩效记录的方式。

资料来源：William Shaw, "Justice, Incentives, and Executive Compensation," in *The Ethics of Executive Compensation*, ed. Robert Kolb (Malden, MA: Blackwell, 2006), p. 93.

但是，从商业角度看，这些做法面临着严峻的道德挑战。《财富》和《福布斯》杂志尽管仍是企业利益及自由市场的坚定捍卫者，但它们都曾经刊登过对巨额薪酬的批判文章。然而，除了个人的道德和经济公平的问题，高额的高管薪酬也涉及公司治理和财务中重大的伦理问题。

理论上，高额薪酬方案能在两个方面维护企业利益。高额薪酬能对高管的经营业绩提供一种激励与奖励。从伦理道德角度看，当高薪作为鼓励高管创造更好的整体业绩的一种激励时，它所发挥的就是一种功利实用性的作用。而且根据个人的业绩与应得来支付薪资是一个道德原则问题。

在实践中，针对这些理论都存在合理的质疑。正如前面《福布斯》故事中所提到的，薪酬与业绩的相关性低于我们的预期。至少就股票的表现来说，无论企业成功与否，高管都能获得巨额奖金。当然，有人可能会辩解道，在经济困难时期，管理层面临着更大的挑战，因此也许比在经济繁荣时更值得获得这些工资。然而，这种论断却可以推出，在经济繁荣时期，比如埃克森美孚公司创造 300 亿美元的利润时，高管们与公司的成功并无多大关系。

从公司治理的角度看，高额薪资可能证明公司董事未履行其职责。这一问题的原因有很多。第一，正如前面所提到的，很多情况下，薪酬与绩效之间不挂钩。第二，上述薪酬方案实际上并不能对业绩产生激励作用。公司董事的受信责任应包括批准足以产生激励作用的高额薪资，但又不能过度。当然，薪资超过一定的水平后，激励的效用就会递减。这就是一份 4 000 万美元的年薪按照 2 次 2 000 万美元，还是 4 次 1 000 万美元，抑或是 40 次 100 万美元来发放的问题。

另一个关键的治理问题就是薪资，特别是对股票期权的过度依赖所造成的反激励作用。当管理层的薪酬和股票价格联系在一起时，就会诱导高管人员过度关注股票的短期价值，而不注重公司的长期利益。提高股价的最快途径之一就是裁员。而这并不总是出于公司自身的利益。因此，把高管人员的薪资基于他们如何成功地裁员是很不恰当的。

此外，涉及收入的贪污也部分归咎于股票期权。两项学术性研究总结道，谎报财务报告与管理层的高额薪酬之间存在着很强的联系。[12] 当高额的薪酬依靠季度收益报告时，高管人员就会有强烈的动机来操纵这些报告。

过高的管理层薪酬也涉及各种利益冲突和裙带关系。董事会的职责应包括确保制定公平的高管人员薪酬方案，不给高管人员支付过高的薪资。董事会还有对高管人员的业绩进行评估的职责。然而，往往是需要被评估、被支付薪资的高管人员与董事会主席是同一个人。董事会成员往往是由高层管理者自己任命的。此外，董事会成员的工资也由 CEO 决定，从而造成新的利益冲突。（见图 10-2）

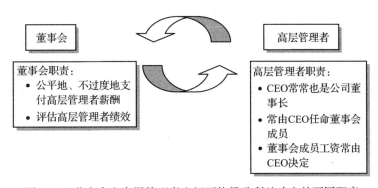

图 10-2　董事会和高层管理者之间可能导致利益冲突的不同职责

裙带现象不仅仅存在于董事会中。最近几年出现的一个较大问题是董事会之间的交叉关联。例如，百事的董事会成员罗伯特·艾伦（Robert Allen）和可口可乐董事会成员詹姆斯·D. 罗宾逊（James D. Robinson）一起担任了美国百时美施贵宝公司（Bristol-Myers Squibb）的董事会成员。虽然担任同一家公司的董事会成员并不一定意味着百事董事会成员将会获得可口可乐的秘方，但是这的确可能会引起一些不恰当行为或造成冲突。

在另一个涉及不太知名公司的案例中，三个人在三家公司的董事会任职，每个人都身兼 CEO 和董事长两职，这三家公司分别是博科通信系统公司（Brocade）、维圣公司（Verisign）和丘博网络公司（Juniper）。不幸的是，这些公司被查出有回溯期权，每个公司发现自己要么被证券交易委员会查处，要么受到刑事或民事法律诉讼。裙带现象或董事会成员的交叉重叠很可能发生，当然，仅仅是因为一些具有专业知识的人具有的高素质。然而，交叉关联导致的是公司有效的监督与治理（主要取决于董事会成员的法律和道德的责任感）的失败，这对公司所有利益相关者都会产生巨大的影响。

10.8　内幕交易

所有对公司治理和财务伦理问题的讨论都会提到董事会成员、高管和其他内部人士的**内幕交易**（insider trading）行为。这个问题成为头版新闻是在20世纪80年代。那时伊万·布斯基（Ivan Boesky）因进行内幕交易锒铛入狱。尽管在这期间对内幕交易没有什么商业报道，但是当安然公司事件发生时，内幕交易再次成为主要话题。安然事件中，据传肯·雷（Ken Lay）和他的同事们知道股价将有不可避免的下跌趋势，于是抛售自己持有的安然公司股票，并鼓励其他人购买。因此，他们受到了进行内幕交易的指控。2019年，苹果公司的一名高级律师吉恩·列沃夫（Gene Levoff）因在公司宣布季度收益前几天出售价值数百万美元的股票而被指控进行内幕交易。列沃夫在公司公布业绩之前就看到了这一消息，结果导致该公司股价下跌。还有一个讽刺之处就是，此前列沃夫的工作职责就包括监控苹果的内幕交易。

内幕交易的定义是持有私人内幕信息的股东进行的交易，这些信息对股票价值有重大影响，并使他们能从购买或出售股票中获利。当公司内部人员根据这些信息向家人、朋友或他人提供购买或出售公司股票的暗示时，也构成了内幕交易。秘密信息包括尚未向公众公布的只有特权人士才了解的信息。如果这些信息可能对公司短期或长期业绩造成财务影响，或对谨慎的投资者做出投资决策有重要影响，那么这些信息就是十分重要的。

美国证券交易委员会对内幕交易的定义如下：

> 内幕交易一般是指根据掌握的重大未公开的证券信息，违反受托责任或其他诚信、信赖的关系进行证券买卖的行为。内幕交易的违法行为可能还包括建议他人买卖证券、知悉内幕信息的知情人员买卖证券及非法利用内幕信息。该委员会提出的内幕交易所涉及的内幕人员包括：公司职员、董事和掌握公司发展重大机密进行公司证券交易的员工；朋友、商业伙伴、家庭成员，以及经过他人获得内幕信息进行证券交易的职员、董事和员工；作为为发行人提供服务从而获得内幕信息的律师、银行、经纪人和编排印刷人员等；由于为政府工作而获知内幕信息的政府人员；以及其他从雇主那里获取信息、滥用内幕信息的人员。[13]

因为内幕交易损害了证券市场的公平性和健全性，并且将降低投资者的信心，美国证券交易委员会已将对内幕交易行为的侦查和检举作为其职责的优先事项之一。[14]因此，由于除少数内部人知道以外，没有人了解有关公司的坏消息，如果一位高管获知公司股票将大幅下跌便抛售公司股票，那么这名高管也就是利用了未得到完全公开的信息而对公司股票进行交易的人。

内幕交易也可能是基于不道德地滥用专有知识，即只有公司拥有的知识及通过滥用受信责任而利用的知识。因此，有关内幕交易的法律规定了一个保护机密信息、专利信息和知识产权的责任。对于内幕人，例如高管人员，也存在相应的责任。滥用内幕信息会降低使公司正常运作所必需的信任，并且对购买股票的人来说是不公平的。虽然有人会争辩道，从长远来看，内幕交易并非如此糟糕，因为内幕信息将很快被发现，市场会自行纠正。然而这一论点并没有考虑到那些处于无知状态并且已完成原始交易的受害者。

内幕交易显然是被视为不公平和不道德的,因为它违反了基于同等获得公开信息而公平定价的原则。如果市场参与者都知道一方可能因为掌握未公开的信息而比另一方占据优势时,那么单纯的价格竞争将无法实现,对于市场原则的信任也将丧失殆尽。

另外,内幕交易也不是没有道德防线。如果有人为了在公司取得一定的位置而努力工作,并且由于该位置能获知公司内幕信息,那么他辛辛苦苦获得这个位置,利用该位置的信息难道不是正确的吗?这种做法真的不对?不道德?考虑一个更接近你生活的例子。如果你的哥哥在商界总能成功,那么你购买他刚收购的公司的股票是不道德的吗?由于别人并不知道他有多成功,所以你就是利用内幕信息进行交易?你会告诉别人吗?那么对于一个公司人员,如果他投资于其客户公司的股票,情况又是如何呢?除了美国证券交易委员会对与内幕交易的传统规定,没有其他法规做出解释(见伦理决策 10-5)。

■ **伦理决策 10-5**

无所不知的人

私人投资者如何找到有关购买股票的信息?除了内幕交易,所有的投资者都真正能获得同等的公司信息吗?

1. 有关获取公司信息涉及哪些道德问题?
2. 私人投资者如何获得有关购买股票的信息?他们依靠哪些人的意见?是否每个人都能获得相同的意见?如果不是,在公开市场中,哪些事物对获取信息有决定性作用?或者说,这些事物是否给予人们同等获取信息的机会?
3. 在获取信息的问题中涉及哪些利益相关者?哪些人对有关购买股票的信息有依赖?
4. 哪些人希望获得同等的机会?
5. 获取信息时有什么其他可行的方法?怎样做才最能确保获取信息的公平性?
6. 如何对这些不同方法做出比较?这些方法如何影响利益相关者?

有些人似乎能比别人获得更多的信息,而且他们获取信息的方法似乎并不总是那么公平。看一下是什么导致玛莎·斯图尔特(Martha Stewart)入狱的。斯图尔特和 ImClone 公司的创始人兼 CEO 萨姆·瓦克萨(Sam Waksal)是要好的朋友。瓦克萨研制了一种极有前景的新型治癌药物,并以 20 亿美元的价格将此药卖给了美国百时美施贵宝公司。然而不幸的是,当大家都认为这种药物很快能被批准时,瓦克萨却得知,美国食品和药物管理局认为数据不足以让此药进行到下一阶段,需要更多的临床试验。当此消息公布时,ImClone 的股价显著下跌。

得知此内部消息后(2001 年 12 月 26 日),瓦克萨联系他的女儿,并提示她出售手中持有的 ImClone 公司股票。然后他把自己持有的价值近 500 万美元的股票转给女儿并让女儿替他出售。他似乎没有考虑到当股票价格下跌时,美国证券交易委员会可能会调查此类行为。"如果我去仔细想想,我当然是会知道的",瓦克萨说,"但是当时我有没有想到呢?肯定是没有。我非常不尽责"。[15] 瓦克萨最终被判以长达 7 年的监禁。

斯图尔特是如何卷入此案的?公开审判揭示,斯图尔特的经纪人指派美林证券前助理告诉她瓦克萨正在出售其持有的股票,因此她也应该出售她的股票。于是在 2001 年 12 月 27 日,也就是瓦克萨卖出手中股票的第二天,同时也正好是公司准备向公众披露关于药物没能通过审批消息的前一天,斯图尔特抛出了近 4 000 股股票。

在 2003 年 11 月 7 日，斯图尔特开口称当时自己的真的十分害怕被判入狱，但同时她认为自己几乎不可能获罪。然而，最终除了证券欺诈之外，她的所有罪名都被认定成立，因此被判入狱 5 个月，外加 5 个月的家庭监禁和 3 万美元的罚金。而这也是法庭在《联邦量刑指南》允许下所能给出的最低水平了。

在审讯期间，公众听到了斯图尔特的朋友马里亚纳·帕斯捷尔纳克（Mariana Pasternak）的证词。斯图尔特在出售 ImClone 公司股票几天后告诉她，预先知道了瓦克萨卖出股票的事，而且斯图尔特还说："有经纪人告诉你这些事情不是很好么？"因此，回到此案例涉及的问题，一些投资者似乎总能获得一些不一定所有个人投资者都能获知的内幕信息（见伦理决策 10-6）。

■ 伦理决策 10-6

你信任苹果公司还是高盛？还是都信任

2019 年年初，科技博客作者大卫·格维茨（David Gewirtz）写了一篇关于新"苹果卡"的文章——一种与 iPhone 相连的时尚钛合金信用卡。在指出了几个可用性方面的挑战之后，他接着谈到了他最大的担忧：使用苹果卡的金融交易将由金融服务公司高盛管理。

在推出苹果卡的过程中，苹果试图通过减少零售交易费用，在信用卡市场上展开竞争。它试图使交易更简单、更快、更方便，因为消费者喜欢方便。然而，商业的交易费用主要是源于缺乏信任：我们越不信任我们的贸易伙伴，我们（和他们）就越需要花费高昂的成本来监督执行，以便开展业务。随着这些成本的上升，交易带来的盈利也会减少。这使得诚信可能是一家企业或一个商人能拥有的最重要的资产。你越值得信赖，你就越能为自己和你的贸易伙伴带来利润。诚信是自由市场建立和运行的基础。

通过联合品牌和外包等机制建立的关联，既可以获得也可能失去可信度。Gewritz 的批评很有趣，他指出了苹果卡的三个技术限制，这可能会限制消费者和商家的接受度。但随后他转向了一个潜在的不信任来源：苹果与高盛在提供和管理苹果卡方面的合作关系。Gewirtz 指出了高盛在法律和道德方面的种种不当行为，当然值得一提的是，内容主要与逃税和内幕交易等问题有关，其中大多数都不会直接影响消费者的个人利益。因此结果取决于读者，读者来决定作者是否提出了一个有说服力的理由来否定高盛的可信度。然而，这篇文章表明，技术价值只是拥有一个好产品的开始。只有当人们信任你或你所依赖的代理人时，技术上的优势才会让你走得更远。

讨论题

1. 你会基于苹果的声誉而信赖苹果开发的金融产品吗？
2. 你会基于高盛的声誉而信赖高盛提供的金融产品吗？
3. 对于由一家有黑历史的世界顶级金融机构支持的苹果产品，你会更加信赖还是更不信赖呢？
4. 在网上查找高盛的一些"黑历史"。作为一名消费者，高盛的不当历史背景会让你担心吗？

资料来源：Adapted from "Should Consumers Trust the Goldman Sachs-Connected Apple Card?" *Business Ethics Highlights* (April 4, 2019), https://businessethicshighlights.com/2019/04/04/should-consumers-trust-the-goldman-sachs- connected-apple-card/. Gewirtz's original piece can be found here: David Gewirtz, "Apple Card: Three Fatal Flaws That Hinder Usability (and Then There's Goldman Sachs)," *ZDNet* (April 3, 2019), www.zdnet.com/article/apple-card-three-fatal-flaws-that-hinder-usability-and-then-theres-goldman-sachs/.

虽然斯图尔特、瓦克萨及其他涉及此案的人都被逮捕并被控有犯罪行为，但是有许多人认为他们之所以被关注然后被指控都是因为他们处在公众舆论与监督之中。如果有其他人不在公众监督之下，并且进行内幕交易，证券交易委员能否真正监督所有违法交易呢？在如今的市场上，对阻止内幕交易是否有足够的威慑作用呢？如果没有，还可以或应该做些什么？或者相反，这是否仅仅是市场的性质而已，那些能获得内幕信息的人是否应该最充分地利用自己的这种能力呢？如果是这样，那么后果将会如何呢？如果允许内幕交易，那么哪些人的权利会受到侵犯？

再论开篇伦理决策

政府监管与大众丑闻

许多人和机构负责公司的监督和控制。开篇伦理决策讨论了大多数关键利益相关者：专业员工、管理层、董事会。但政府也扮演着重要角色，值得思考的是，政府监管机构在这个案例中起到了什么作用。

制定环境排放标准是政府监管机构的责任。考虑到与外部性和公共性相关的既定经济问题，很难想象汽车制造商或消费者自愿制定环境标准，尤其是当这些标准增加了汽车价格的成本时。在制定这些标准的过程中，政府常常会与制造商合作，有时是几十年，以制定有意义且可执行的标准。本案例中也提到美国的政府监管机构曾与大众汽车磋商了一年或更长时间，以确定测试结果的有效性。尽管大众汽车否认并试图误导监管机构，但政府机构还是发现了其中的欺诈行为，并采取了有力措施制止违规柴油车的销售。随后调查范围扩大到了其他制造商，虽然不同企业的具体情况有所不同，但三菱汽车的相关人员在2016年4月承认，数十年来，他们伪造了数十万辆汽车的里程和排放测试数据。

批评人士也指责政府在监管这些问题方面过于缓慢或无效。2012年，现代汽车和起亚汽车都因伪造燃油经济性测试而被罚款。批评者指出，在资金不足的情况下，政府监管机构往往将责任转给制造商，让它们自己进行测试并提交报告。

一旦大众汽车欺诈案成立，其他政府机构就会介入，评估损失，裁决纠纷，并确保被骗的消费者和经销商获得足够的赔偿。绝大多数时候，政府是唯一履行监督职责的机构，政府负责监管以防止损害，并对发生损害的案件监督企业执行赔偿。

1. 你认为政府机构在这个案件中履行了它们的职责吗？
2. 政府还能做些什么来更好地制定和执行环境标准？
3. 为防止类似情况发生，政府有哪些政策或行动可以用来监督和鼓励大众公司更好地采取环境保护措施？

练习与应用

1. 假设你被要求在一个大公司的董事会制定一个董事会评估和效益的机制，可以采用调查、采访、评估系统或能让你向董事会报告个人或团队效益的其他方式。你会如何选择？
2. 假设你被邀请加入一个小型慈善组织的董事会。加入之前，你首先应该问哪些问题？你寻求的答案是什么？
3. 美国法律对公司董事会规定了谨慎、诚信和忠诚的义务。在线搜索：加拿大、英国和日本等其他司法管辖区的法律对董事会规定了哪些义务？它们在哪些重要的方面存在不同？

4. 学者们强烈要求在董事会中为非股东的利益相关者保留代表权。这些利益相关者可以是公司员工、社区成员或其他人，这取决于不同的行业特性。这种方法可能带来的好处及成本是什么？

5. 你是一家大型非营利组织的高管。你的一些董事会成员建议，也许公司应该自愿遵守《萨班斯－奥克斯利法案》。请问该组织可能考虑这样做或不这样做的原因是什么？

6. 假设你是公司董事会薪酬委员会的成员，需要为下一位 CEO 制定一个薪酬架构。在下列网站上搜寻相关高管薪酬的资料，并为你的公司制定一个决定 CEO 薪酬的架构或程序：www.sec.gov/news/speech/spch120304cs.htm；www.investopedia.com/managing-wealth/guide-ceo-compensation/；www.execcomp.org/Basics/Basic-Pay-Packages-Explained.

7. 一篇新闻稿对你公司的股票价格有严重的负面影响，仅在一个交易日内就会减少超过 50% 的价值。你在公司走廊中听到对话说排除这次意外事件，公司的基本盘仍会保持强劲。你认为这是一个购买股票的好机会。根据这一信息采取行动购买公司的股票是否恰当？买 100 股与 1 000 股是否存在区别？与家人和朋友讨论这个"两难问题"是否恰当？如果你把此信息透露给了家人和朋友，但后来又感到不安，你应该怎么做？

8. 稍微改动一下前面的问题。假设你也知道有关收入的年度预测，从而使你肯定公司的基本盘依然强劲。股票分析师和投资者也提供了同样的信息。那你的答案有何改变？

9. 联系前面两个问题。相反地，假设你认为重大消息即将公开，因为所有人员一直留在公司到很晚，而公司已召开了一个特别董事会，你和你的上司也被告知要在整个周末随叫随到，整个公司也一直在流传各种谣言。你不知道事情的细节，但可以合理地推断出公司即将释放出好消息或坏消息。因此，你决定找一个在会计部门一直加班到很晚的朋友。在这种情况下，你的做法将有何改变？参与散布谣言是否恰当？把你了解到的信息与家人和朋友讨论是否恰当？基于这些信息（这些信息仅仅是你的猜测，你并不知道事实）买入或卖出公司股票又是否恰当呢？

10. 你是否遇到或看到过出现利益冲突的情况？它是如何被解决的？你能想出一些规则或惯例来防止这种情况的发生吗？你能想出任何可以使未来避免此类冲突变得容易的解决方案、结构或程序吗？

注释

1. "VW under Fire Amid EPA Accusations It Cheated on Emissions Tests," *Washington Post* (September 15, 2015), www.washingtonpost.com/business/economy/vw-shares-plunge-as-epa-accuses-automaker-of-cheating/2015/09/21/3c7b2f2e-607b-11e5-8e9e-dce8a2a2a679_story.html (accessed September 10, 2019).

2. Jack Ewing and Jad Mouawad, "Directors Say Volkswagen Delayed Informing Them of Trickery," *The New York Times* (October 23, 2015), https://www.nytimes.com/2015/10/24/business/international/directors-say-volkswagen-delayed-informing-them-of-trickery.html.

3. C. William Thomas, "The Rise and Fall of Enron," *Journal of Accountancy* (April 2002), p. 7.

4. Sarbanes-Oxley Act of 2002, Pub. L. No. 107-204, 116 Stat. 745.

5. Committee of Sponsoring Organizations, "Board Guidance on Control," www.coso.org/guidance.htm (accessed December 27, 2012).

6. *BCE Inc. v. 1976 Debentureholders*, [2008] 3 S.C.R. 560 (Can.).

7. Ram Charan and Julie Schlosser, "Ten Questions Every Board Member Should Ask; And for That Matter, Every Shareholder Too," *Fortune* (November 10, 2003), p. 181.
8. Kevin Bahr, "Conflicts of Interest in the Financial Markets" (Stevens Point, WI: Central Wisconsin Economic Research Bureau, 2002), www.uwsp.edu/busecon/Special%20Reports/2000-2009/2002/Conflicts%20of%20Interest%20in%20the%20Financial%20Markets.pdf (accessed September 10, 2019).
9. Eugene N. White, "Can the Market Control Conflicts of Interest in the Financial Industry?" presentation at the International Monetary Fund (June 4, 2004), www.imf.org/external/np/leg/sem/2004/cdmfl/eng/enw.pdf (accessed April 10, 2010).
10. Geoffrey Colvin, "The Great CEO Pay Heist," *Fortune* (June 25, 2001), p. 64.
11. Lawrence Mishel and Jessica Schieder, "CEO Pay Remains High Relative to the Pay of Typical Workers and High-Wage Earners," Economic Policy Institute (July 20, 2017), www.epi.org/publication/ceo-pay-remains-high-relative-to-the-pay-of-typical-workers-and-high-wage-earners/.
12. J. Harris and P. Bromiley, "Incentives to Cheat: Executive Compensation and Corporate Malfeasance," paper presented at the Strategic Management Society International Conference, Baltimore, MD, 2003; J. Patrick O'Connor Jr., et al., "Do CEO Stock Options Prevent or Promote Corporate Accounting Irregularities?" *Academy of Management Journal* 49, no. 3 (June 2006), as quoted in Jared Harris, "How Much Is Too Much?" in *The Ethics of Executive Compensation,* ed. Robert Kolb (Malden, MA: Blackwell, 2006), pp. 67–86.
13. U.S. Securities and Exchange Commission, "Key Topics: Insider Trading," www.sec.gov/answers/insider.htm (accessed April 24, 2010).
14. U.S. Securities and Exchange Commission, "Insider Trading," www.sec.gov/divisions/enforce/insider.htm (accessed April 10, 2010).
15. "Sam Waksal: I Was Arrogant," *CBS News* (June 27, 2004), www.cbsnews.com/stories/2003/10/02/60minutes/main576328.shtml (accessed April 10, 2010).